AF536775

Andreas Mühlleitner

MÜHLVIERTEL
aktiv

edition panoptikum

„Meine ganze Seele
hängt an dieser Gegend,
wenn ich irgendwo völlig genese,
so ist es dort ...“

Adalbert Stifter

160 Km

7 Tage

Am ältesten Weitwanderweg Österreichs

Eine lange Geschichte und ein gewisser Mythos umgibt den Nordwaldkammweg. Nahe an der Grenze zu Tschechien folgt er dem Grünen Band Europas. Von den höchsten Gipfeln am Kammverlauf schweifen die Blicke weit über den Böhmerwald und das Mühlviertel bis hin zu den Alpen. Den Weg weist uns seine markant blau-weiße Markierung.

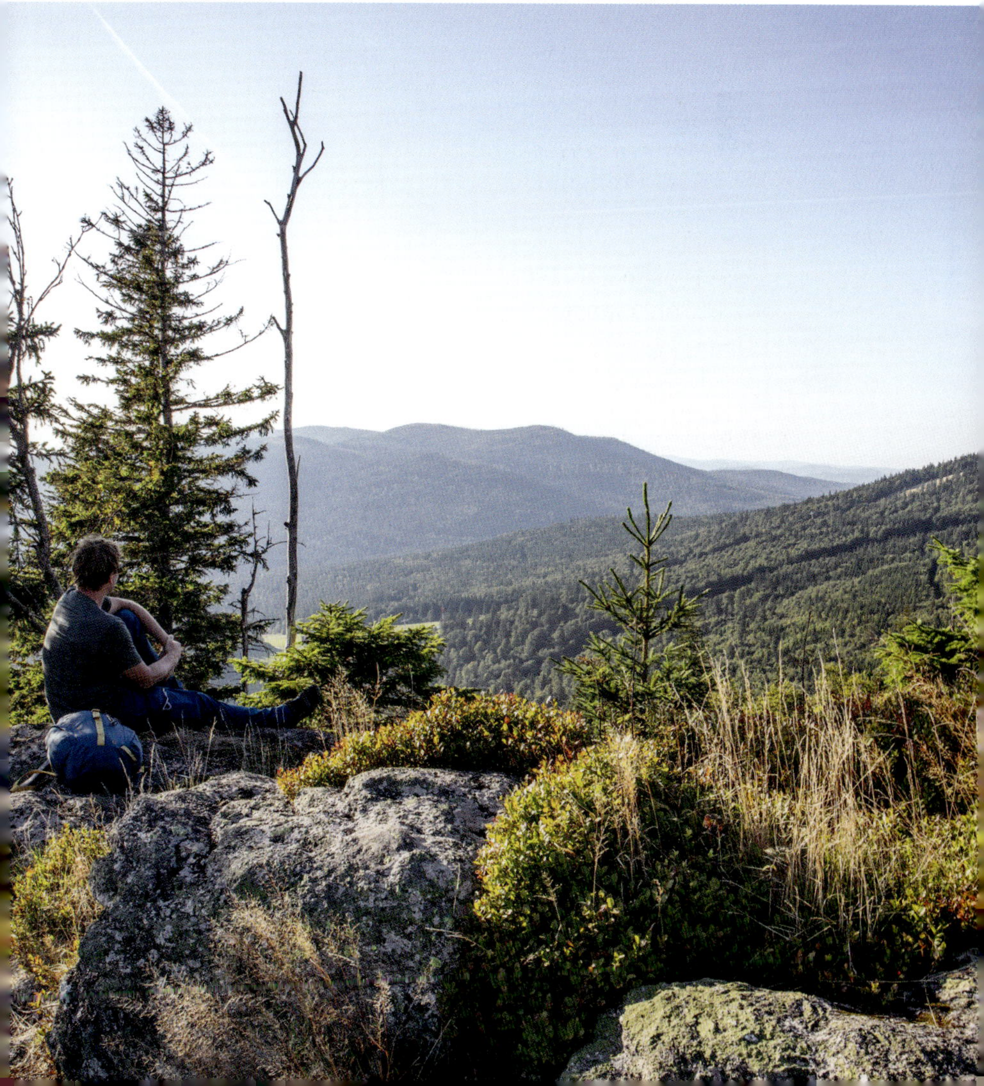

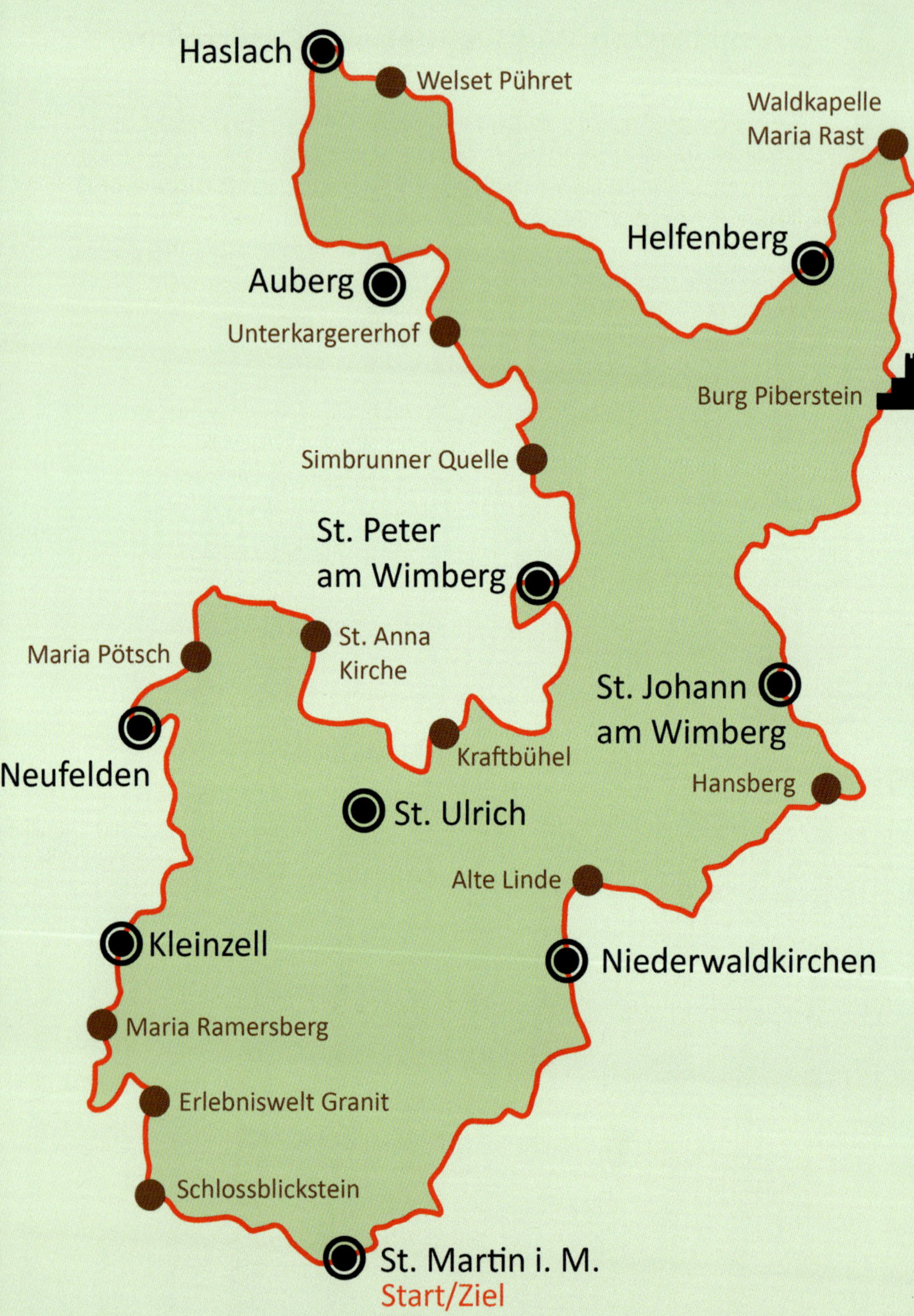
Haslach
Welset Pühret
Waldkapelle
Maria Rast
Helfenberg
Auberg
Unterkargererhof
Burg Piberstein
Simbrunner Quelle
St. Peter
am Wimberg
St. Anna
Kirche
Maria Pötsch
Neufelden
St. Johann
am Wimberg
Kraftbühel
Hansberg
St. Ulrich
Alte Linde
Kleinzell
Niederwaldkirchen
Maria Ramersberg
Erlebniswelt Granit
Schlossblickstein
St. Martin i. M.
Start/Ziel

Andreas Mühlleitner

MÜHLVIERTEL *aktiv*

Wandern - Entdecken - Genießen

edition panoptikum

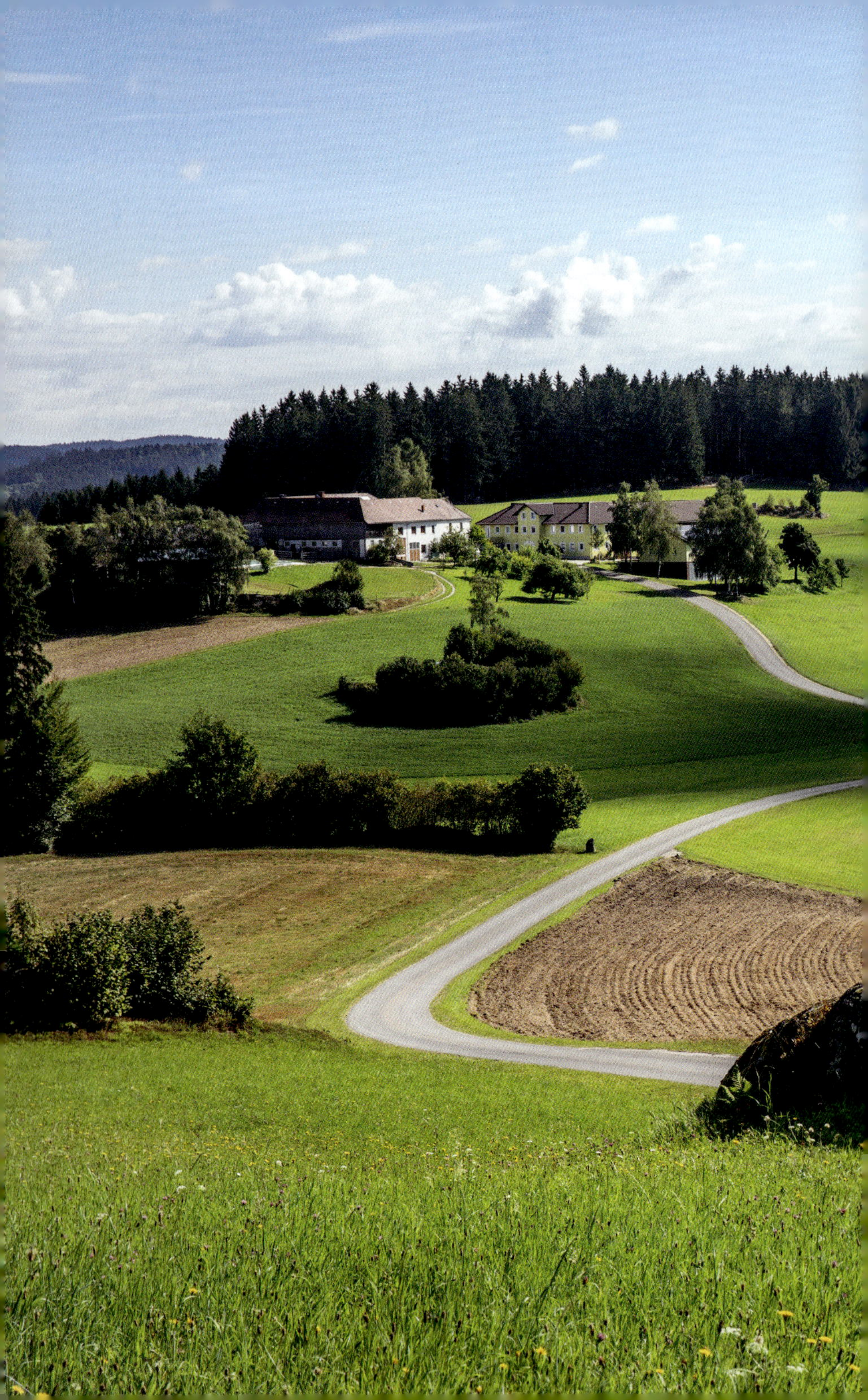

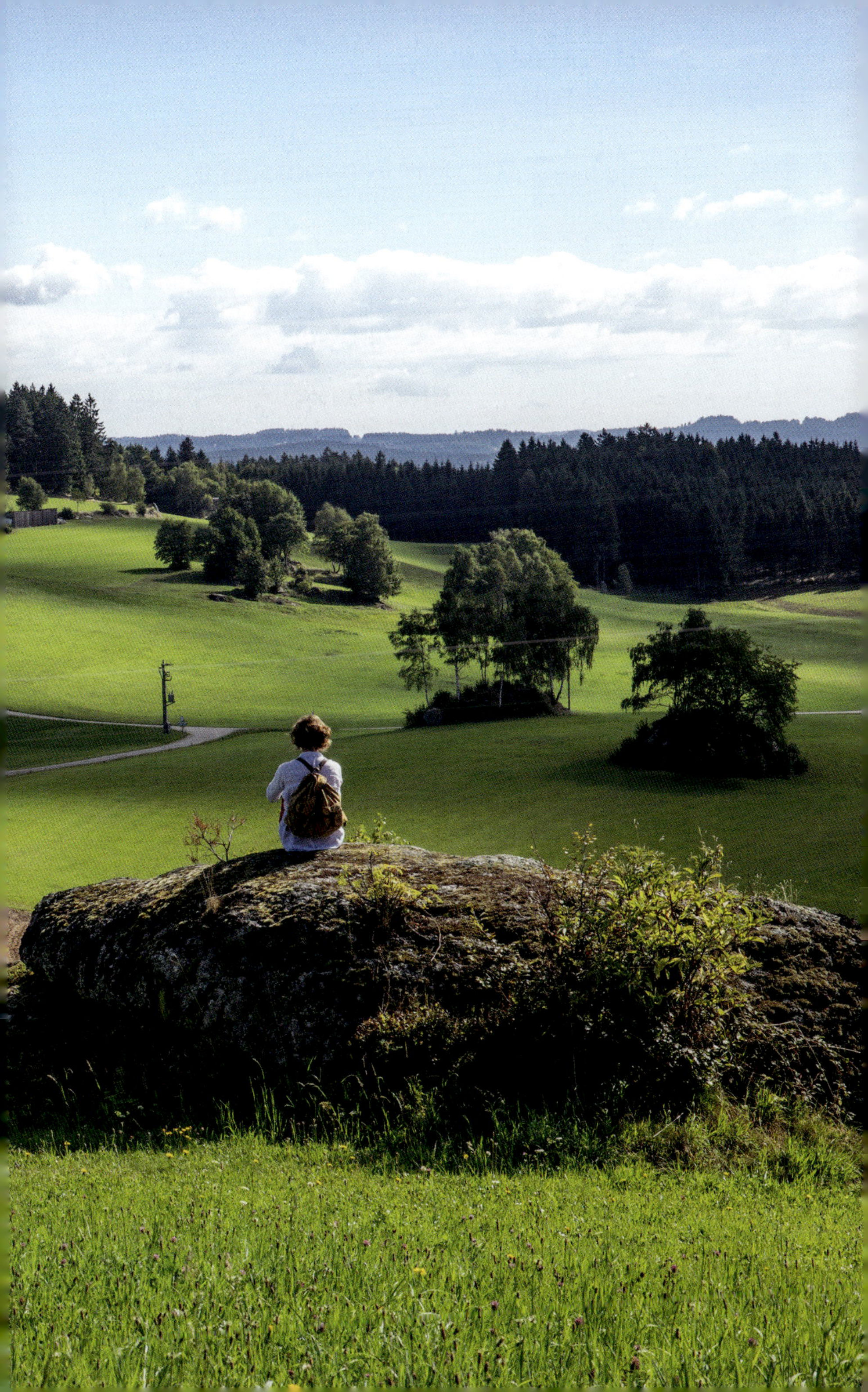

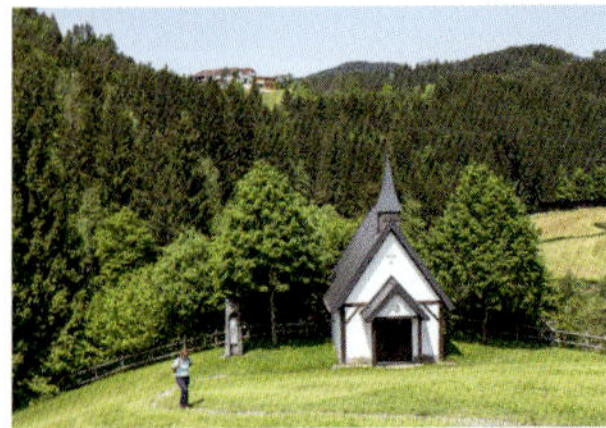

Der Johannesweg

Vier bis fünf Tage Auszeit, ein- und abtauchen in eine Landschaft voller Mystik sowie an außergewöhnlichen Kraftplätzen Energie tanken und Inspiration finden, ... Seite 268

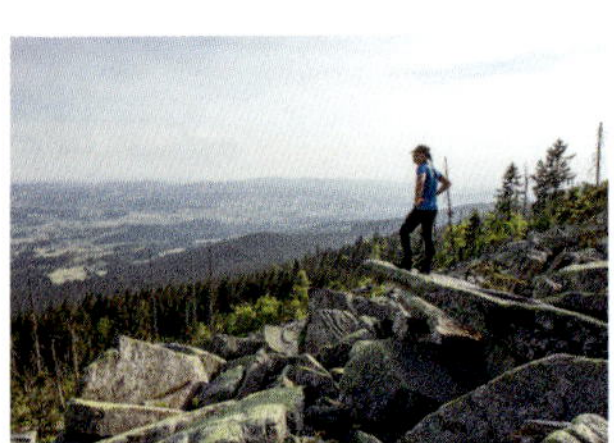

Über die Teufelsschüsseln zum Plöckenstein

Hinaufsteigen auf den Dachfirst von Adalbert Stifters Hochwald und hoch oben die Blicke über ein Waldmeer bis zu den Alpengipfeln schweifen lassen, ... Seite 24

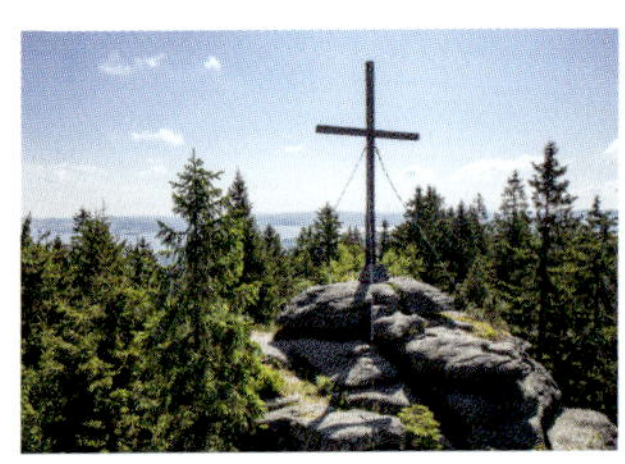

Die Bärensteinrunde

Durchatmen in der klaren Luft des Böhmerwalds und am Bärenstein die weitreichende Aussicht zum Moldaustausee genießen, ... Seite 36

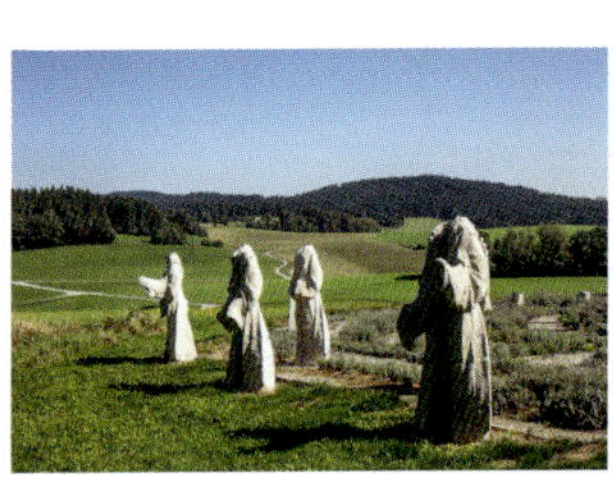

Der Labyrinth-Wanderweg

Hoch über der Donau durch das sich weitende Hügelland wandern und bei beeindruckenden Landart-installationen seine Mitte im Leben finden, ... Seite 74

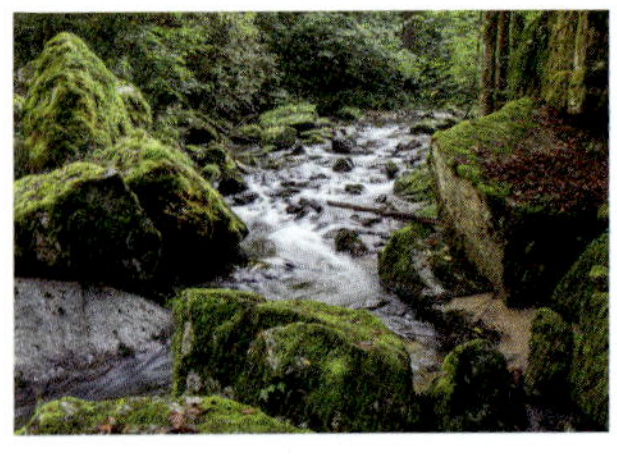

Durch das Pesenbachtal

Sich verzaubern lassen in einer märchenhaften Schlucht aus moosgrünen Steinen und die heilsame Kraft des Wassers spüren, ... Seite 92

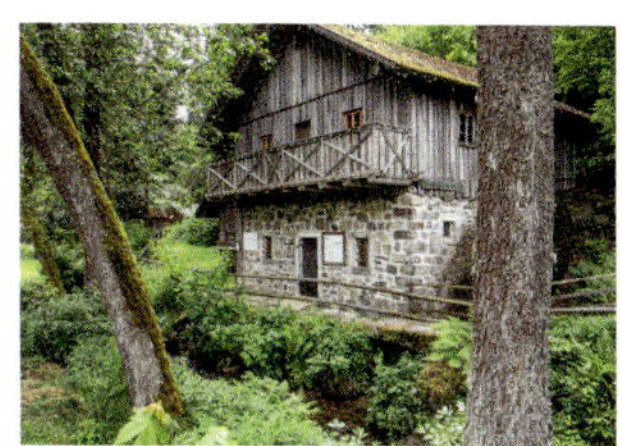

Der 10-Mühlenwanderweg

Auf den Spuren früherer Alltagskultur wandeln und entlang romantischer Bachläufe eine noch urwüchsige Natur entdecken, ... Seite 120

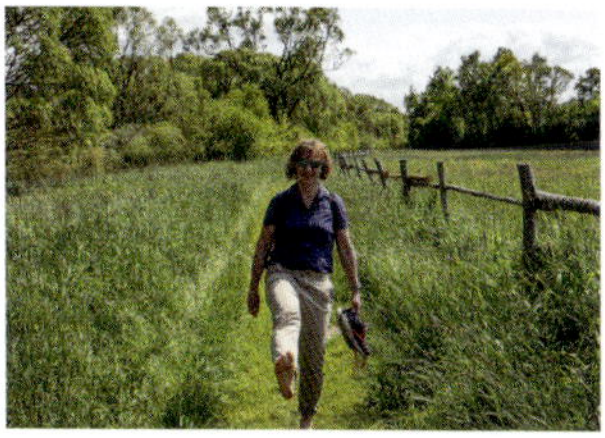

Der Töpferweg am Grünen Band Europas

Am Grenzfluss der Maltsch etwas über die Geschichte am Eisernen Vorhang erfahren und barfuß blühende Blumenwiesen durchschreiten, ... Seite 138

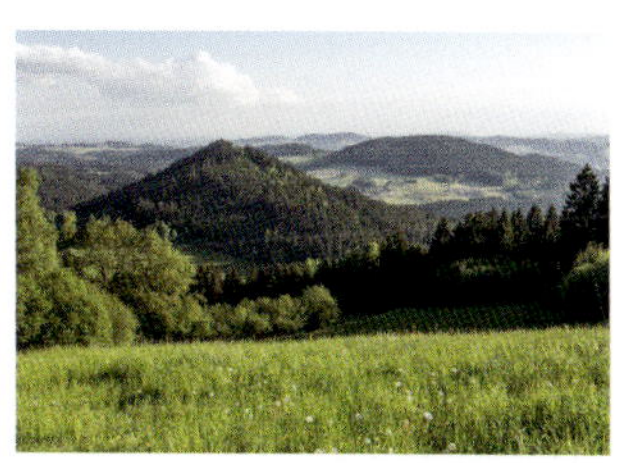

Auf den Braunberggipfel

Andacht an einer uralten Quelle halten und am Braunberg die Einkehr und Aussicht bei einer urigen Alpenvereinshütte genießen, ... Seite 150

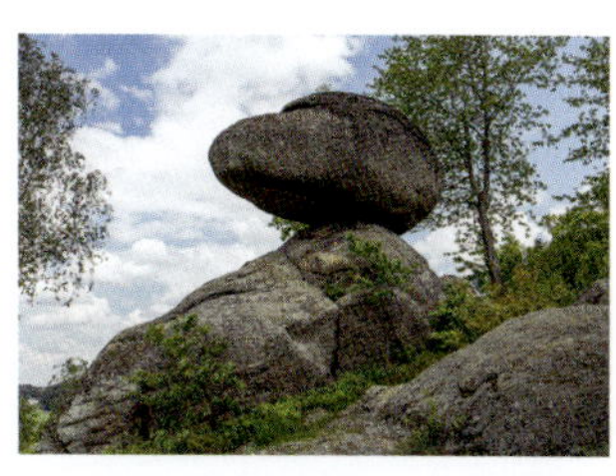

Der Naturparkweg

Aufblühen in der reich strukturierten Kulturlandschaft des Naturparks Mühlviertel und staunen über imposante Granitformationen, ... Seite 226

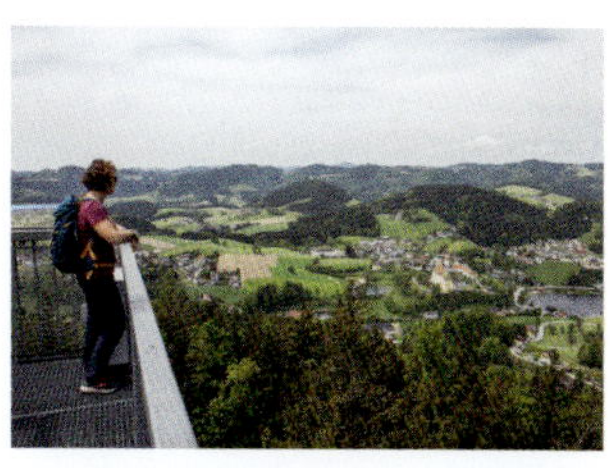

Die Waldhausener Ausblickrunde

Sich klein fühlen vor riesenhaften Felsgebilden und zwischen Baumwipfeln über die zauberhafte Landschaft des Strudengaus blicken, ... Seite 248

INHALT

BEZIRK URFAHR-UMGEBUNG

BEZIRK FREISTADT

BEZIRK PERG

MEHRTAGESTOUREN

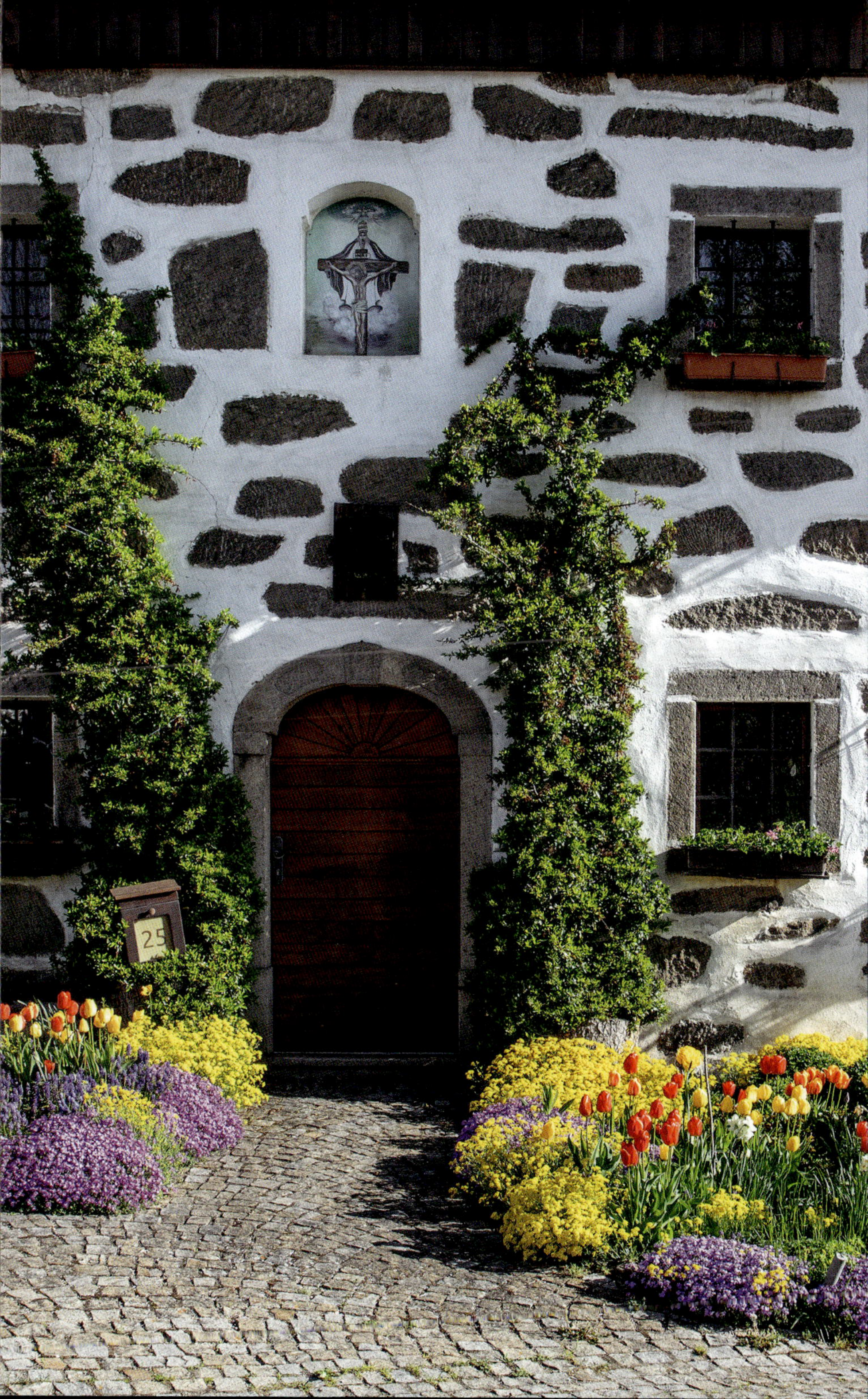
25

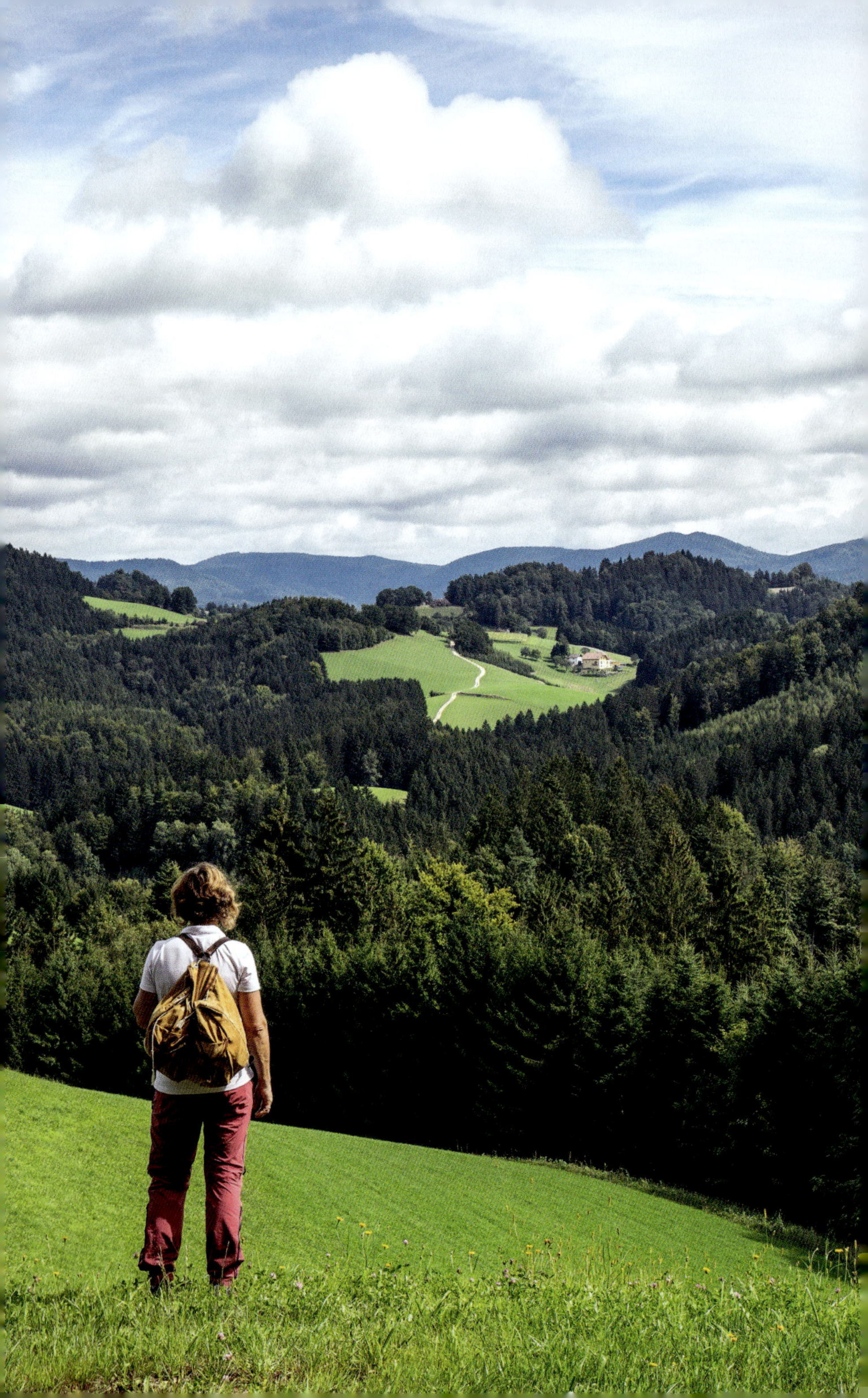

Durchatmen – Sie sind im Mühlviertel!

Wohin soll die Reise gehen? In die Berge? Oder ans Meer? Warum nicht einmal ins Mühlviertel? Ach, Sie wissen gar nicht so recht, wo das ist und was dieser Landstrich zu bieten hat? Das ist leicht erklärt: Vom Böhmerwald haben Sie sicher schon gehört. Und von der Donau auch. Das Eine sind dunkelgrüne Waldwogen, die im hohen Norden Oberösterreichs den Grenzverlauf zu Tschechien markieren. Das Andere ist ein vielbesungener Strom, der nach Passau die Böhmische Masse durchschneidet, die Landeshauptstadt Linz und den Strudengau durchfließt. Dazwischen liegt ein faszinierendes Hochland, dünn besiedelt, von zauberhafter Landschaft, sagenumwoben und voller Mystik – das ist das Mühlviertel.

◀ Landschaft oberhalb der Stillensteinklamm in Grein an der Donau.

So einfach ist dieses nördlichste Viertel Oberösterreichs beschrieben – und doch ist es noch so viel mehr! Vor allem ist es ideal für einen Aktivurlaub. Perfekt, um in einer herrlichen Natur- und Kulturlandschaft tief durchzuatmen, um Abstand vom Alltag zu bekommen und Erholung zu finden. „Nun mal langsam", lautet das Motto, das die Uhren dieser Gegend vorzugeben wissen. Genussreich unterwegs sein, die Wanderschuhe geschnürt und den Rucksack gepackt – diesen jedoch nicht schwer am Rücken, sondern leicht über der Schulter getragen.
Herausragende Sehenswürdigkeiten, bei denen sich an Wochenenden die Massen tummeln, suchen Sie im Mühlviertel vergebens. Wo sich andernorts Autokolonnen bilden und Menschen Schlange stehen, herrscht in Rohrbach oder in der Altstadt von Freistadt entspannte Gelassenheit. Wo es in den Bergen auf manchen Modegipfeln schon einmal zu Platzmangel kommen kann und es schwierig ist eine Sitzgelegenheit zu ergattern, genießen wir auf den Gipfelfelsen der

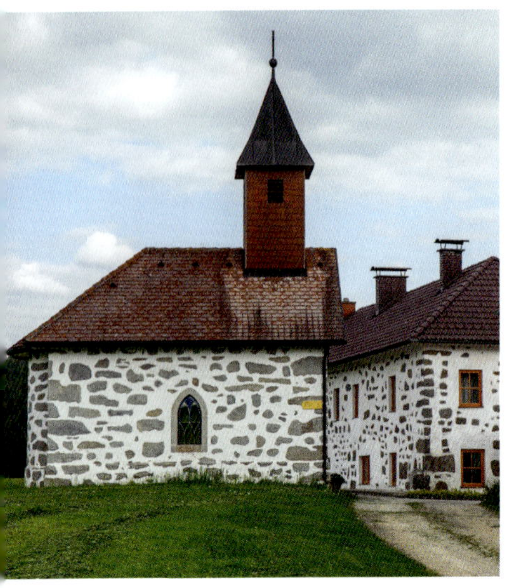

▲ Steinbloß-Kapelle in Weitersfelden.

▶ Wo Steine Glücksbringer sind.

Mühlviertler Alm noch wahre Bergeinsamkeit. Zudem sind wir auf den gut ausgebauten Wanderwegen sicher unterwegs. Es droht uns auch kein Stein auf den Kopf zu fallen und sie legen sich uns nicht als Hindernisse in den Weg.

Im Gegenteil – Steine sind im Mühlviertel Glücksbringer. Natürlich nicht für die Landwirtschaft, aber gewiss für den Wanderer. Die Natur hat sie in die Landschaft gewürfelt, damit die Menschen an ihrer Seite Kraft schöpfen können. Das funktioniert schon seit Jahrtausenden. Bereits in vorchristlicher Zeit haben unsere Vorfahren diese Plätze aufgesucht und geheiligt. Felsformationen wurden so zu göttlichen Offenbarungsstätten, Schalensteine zu Opferschalen. Kommt man zu diesen geheimnisvollen Felsen, spürt man, dass sie älter sind als alles andere, das sie umgibt – als wären sie direkt aus dem Urgrund der Schöpfung aufgestiegen.

So breitet sich das Granithochland mit seinem wesentlichsten Charakteristikum vor uns aus. Rund 300 Millionen Jahre altes, kristallines Urgestein prägt fast überall das Landschaftsbild. Die sogenannte Wollsackverwitterung hat den Felsen alle Kanten genommen und ihnen ihr kissenartiges Erscheinungsbild verliehen. Die Erosion hat sie auf den Hügelkuppen und an den Abhängen freigelegt. Da und dort stapeln sich tonnenschwere Granittürme auf. Einzelne große Felsblöcke, Opfer- und Schalensteine, verstecken sich in den Wäldern. Ganze Blockhalden überziehen die Flanken manch schluchtartiger Täler, freigewaschen von den zahlreichen Bächen und Flüssen auf ihrem Weg von den Höhenzügen zur Donau hinab.

Dem sanften Dahinplätschern eines Bachlaufs folgen, sich am

Rand einer blühenden Blumenwiese niederlassen, auf einer Bank unter einem alten Baum seine Jause verzehren, innehalten bei einer sagenumwobenen Kapelle, dem Rauschen des Hochwalds lauschen, in die wassergefüllte Schale eines Opfersteins blicken und im Spiegel darin den vorüberziehenden Wolken am Himmel zusehen – auch das ist das Mühlviertel.
Wo genau sich das alles und am besten finden lässt – von den schönsten Plätzen zu den lohnendsten Wegen – das habe ich für diesen Wanderführer versucht herauszufinden. Jede einzelne der hier vorgestellten Tages- und Halbtagestouren bin ich selbst gegangen, vielfach in Begleitung meiner Frau oder eines Freundes. Rund 700 Kilometer per pedes sind in einem Jahr von Mai bis Oktober insgesamt zusammengekommen.
Das hört sich viel an, aber die Zeit ist im Gehen schneller verflogen, als ich anfangs gedacht habe.
Immer mit dabei war meine Kamera. Sie ist mein Notizblock, um meine Eindrücke und persönlichen Blickwinkel festzuhalten. Gerade als Landschaftsfotograf lag es mir besonders am Herzen auf eine ausreichende Bebilderung dieses Wanderbuchs nicht zu verzichten. Bilder sagen bekanntlich mehr als Worte. Sich also von einer Gegend oder einer bestimmten Wanderung sprichwörtlich ein Bild machen zu können, ist wichtig. Wie habe ich das an anderer Stelle, im Vorfeld vieler meiner Reisen und Trekkingtouren, oft vermisst.
So hoffe ich, Sie hiermit auf das Mühlviertel ausreichend einstimmen zu können: Mit frischen Bildern, spannenden Texten, kompakten Wegbeschreibungen, guten Übersichtskarten, Tipps und Einkehrempfehlungen. Damit Sie bald selbst in dieses zauberhafte Granithochland eintauchen und es aus erster Hand erleben können.

Andreas Mühlleitner

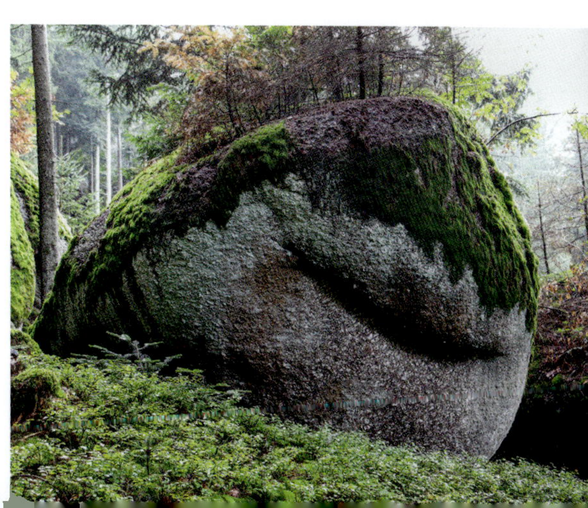

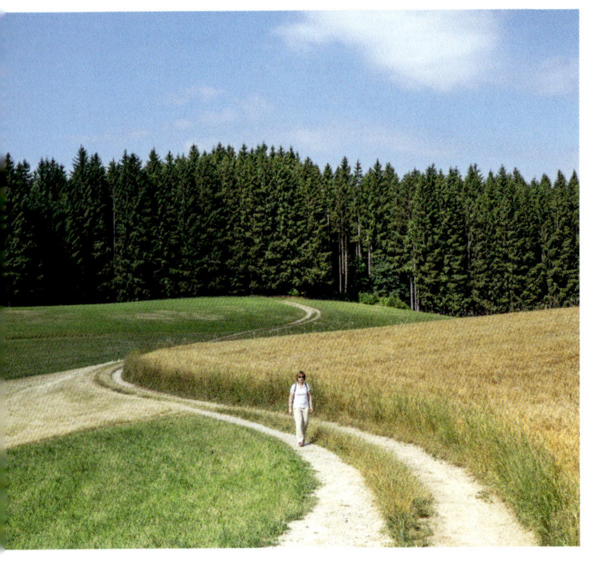

Tourenauswahl

Wer benötigt heute noch einen Wanderführer in gedruckter Form? Gibt es nicht unzählige Internetseiten und Tourenportale – jederzeit und überall zugänglich? Aber versuchen Sie einmal in diesem Pool der fast unendlich vielen Routenvorschläge und Variationsmöglichkeiten, Orientierung zu finden. Wo jeder um „Likes" und alles um Aufmerksamkeit ringt, wird das zu einer echten Herausforderung. Im „Netz" fehlt es vielfach an Übersichtlichkeit, es raubt einem Zeit und führt nicht selten zu unbefriedigenden Ergebnissen.

Genau an dieser Stelle setzt der Mehrwert dieses Buchs an. Was im virtuellen Raum einem ungefilterten Informationsrauschen gleicht, erscheint hier wohltuend geordnet und ist bereits einem sorgfältigen Auswahlverfahren durch den Autor unterzogen worden. Dieser hat nicht nur im Internet recherchiert, sondern er hat auch die verfügbaren analogen Karten studiert und allerlei Infomaterial der Gemeinden und Tourismusverbände ausgewertet. Alle von ihm in diesem Ranking als Erfolg versprechend befundenen Touren ist er nachfolgend selbst gegangen, um sich aus erster Hand ein Urteil zu bilden. Seine reichen Erfahrungen als Berggeher und Wanderer, als Naturkenner und Landschaftsfotograf sind dabei mit eingeflossen.

Die so vollzogene Auswahl der Touren richtet sich an naturverbundene Menschen, die im genussreichen Gehen die schönsten Plätze der Region für sich entdecken möchten. Dabei wurden die schon bekannteren Orte nicht ausgespart, noch mehr aber die erst weniger bekannten mitaufgenommen. Wo verstecken sich außergewöhnliche Kraftplätze und Felsformationen, wo befinden sich die herrlichsten Aussichtspunkte oder eine Sehenswürdigkeit, die man auf keinen Fall verpassen sollte? Die unter diesen Gesichtspunkten lohnendsten

Touren aus einem Überangebot herauszulösen, das hat sich dieser Wanderführer als Ziel gesetzt: Ihnen – liebe Leserin, lieber Leser – eine wertvolle Orientierungshilfe mit auf den Weg zu geben. Ihr Handy können Sie dabei entspannt im Rucksack lassen.

Tourismusverbände

Diese versorgen Sie mit zusätzlichen Informationen und mit Kartenmaterial. Freundlich und kompetent erteilen Sie Auskunft zu diversen Unternehmungen und geben Anregungen zu Veranstaltungen in der Region. Wollen Sie ein paar Tage zum Wandern bleiben und Urlaub machen, vermitteln sie Ihnen die passenden Übernachtungsmöglichkeiten und halten Einkehrtipps parat. Ob Hotel oder traditionelle Gaststätte, Privatunterkunft oder Urlaub am Bauernhof – das Angebot ist vielfältig. Nehmen Sie also unbedingt mit ihnen Kontakt auf oder schauen Sie persönlich in ihren Infobüros vorbei:

Mühlviertel Tourismus Information
4240 Freistadt, Waaggasse 6
+43 50 7263-21
www.muehlviertel.at

Ferienregion Böhmerwald
4160 Aigen-Schlägl, Hauptstraße 2
+43 5 7890-100
www.boehmerwald.at

Mühlviertler Alm Freistadt
4283 Bad Zell, Lebensquellplatz 1
+43 5 07263
www.muehlviertel-urlaub.at

Mühlviertler Hochland
4190 Bad Leonfelden, Hauptplatz 19
+43 7213 6397
www.muehlviertlerhochland.at

Donau Oberösterreich
4040 Linz, Lindengasse 9
+43 732 7277-800
www.donauregion.at

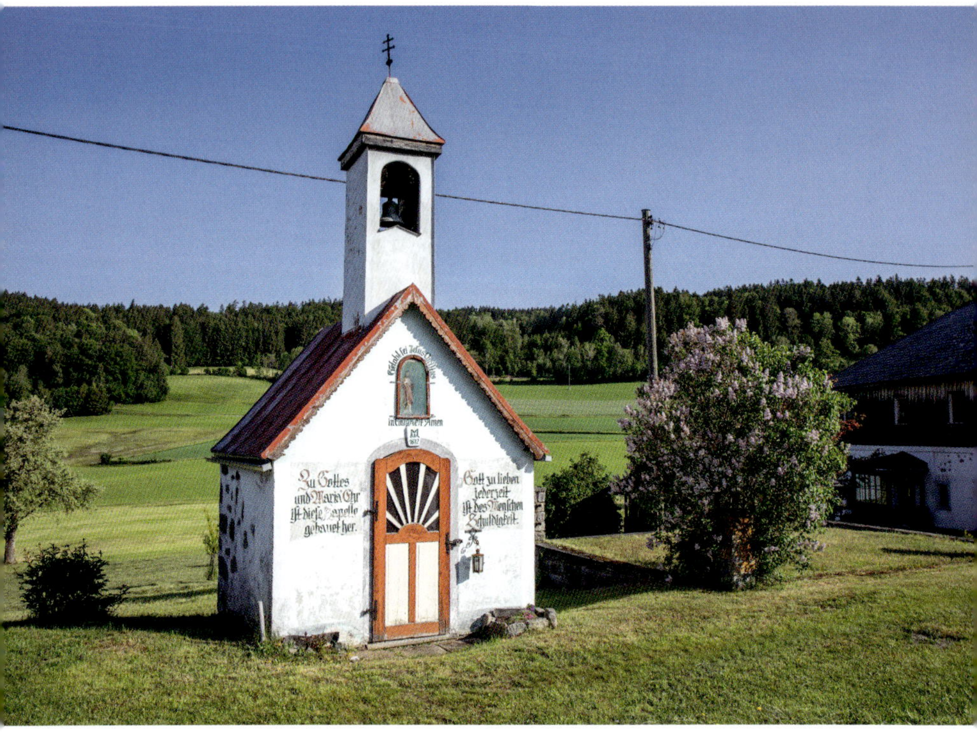

Anforderungen

Im Vergleich zu den üblichen Bewertungen für Bergtouren (leicht, mittel, schwer) können alle in diesem Führer beschriebenen Wanderungen als relativ leicht eingestuft werden. Dennoch setzen die allermeisten Wege, die im Wald über Steine und Wurzeln führen, Trittsicherheit und gutes Schuhwerk voraus. Beachten Sie bei der Planung die zu bewältigenden Höhenmeter und die Länge der Touren. Eine gute Grundkondition für das fordernde Auf und Ab in der Mühlviertler Hügellandschaft erhöht den Genuss. Ratsam ist für Pausen und Besichtigungen genügend Zeitreserven einzuplanen.

Gehzeiten

Die Angaben zu den Gehzeiten stellen einen Richtwert dar, wurden im Allgemeinen aber eher großzügig bemessen und können von guten Gehern leicht unterboten werden. Pausen sind zu den Gehzeiten hinzuzuaddieren.

Orientierung

Alle in diesem Wanderführer aufgenommenen Wege sind beschildert und die Orientierung stellt normalerweise kein Problem dar. Dennoch bedarf es beim Gehen einer gewissen Konzentration, Markierungen, Wegweiser und Wegkreuzungen nicht zu übersehen. Auch kann es sein, dass Wege mit der Zeit verlegt, nicht mehr gewartet oder aufgelassen werden. Als Grundlage dienen die jeder Wanderung beigefügten Übersichtskarten und die darunter angeführten Wegbeschreibungen. Umfassendere Wanderkarten und Infos sind in den jeweiligen Tourismusbüros sowie auf den Gemeinden erhältlich.

Einkehr

In jedem größeren Dorf gab es früher ein Wirtshaus. Aber wie fast überall im ländlichen Raum sind diese Zeiten auch im Mühlviertel vorbei. Wenn auch die Gebäude meist noch existieren, kann es passieren, dass wir vor verschlossenen Türen stehen. Dennoch gibt es im Mühlviertel in fast jeder Gemeinde mindestens einen noch traditionell geführten Gastronomiebetrieb. Dazu gesellen sich Direktvermarkter, die meist auch als Jausenstationen fungieren und die nicht selten direkt an den Wanderrouten liegen. Bodenständigkeit, liebevoll zubereitete Speisen und eine herzhafte Bedienung sind in diesen Familienbetrieben Standard.

In diesem Buch finden Sie zu jeder Wanderung eine Einkehrempfehlung. Berücksichtigen Sie jedoch, dass diese Angaben mit der Zeit an Aktualität verlieren können. Am besten erkundigen Sie sich bereits vor Antritt der Wanderungen über den neuesten Stand und die Öffnungszeiten der Betriebe.

◀ Eine Kapelle neben einem Bauernhof in Helfenberg.

▶ In der Stillensteinklamm.

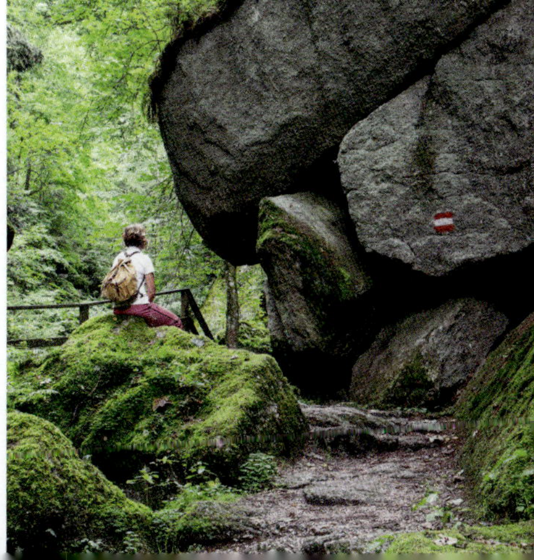

BEZIRK ROHRBACH

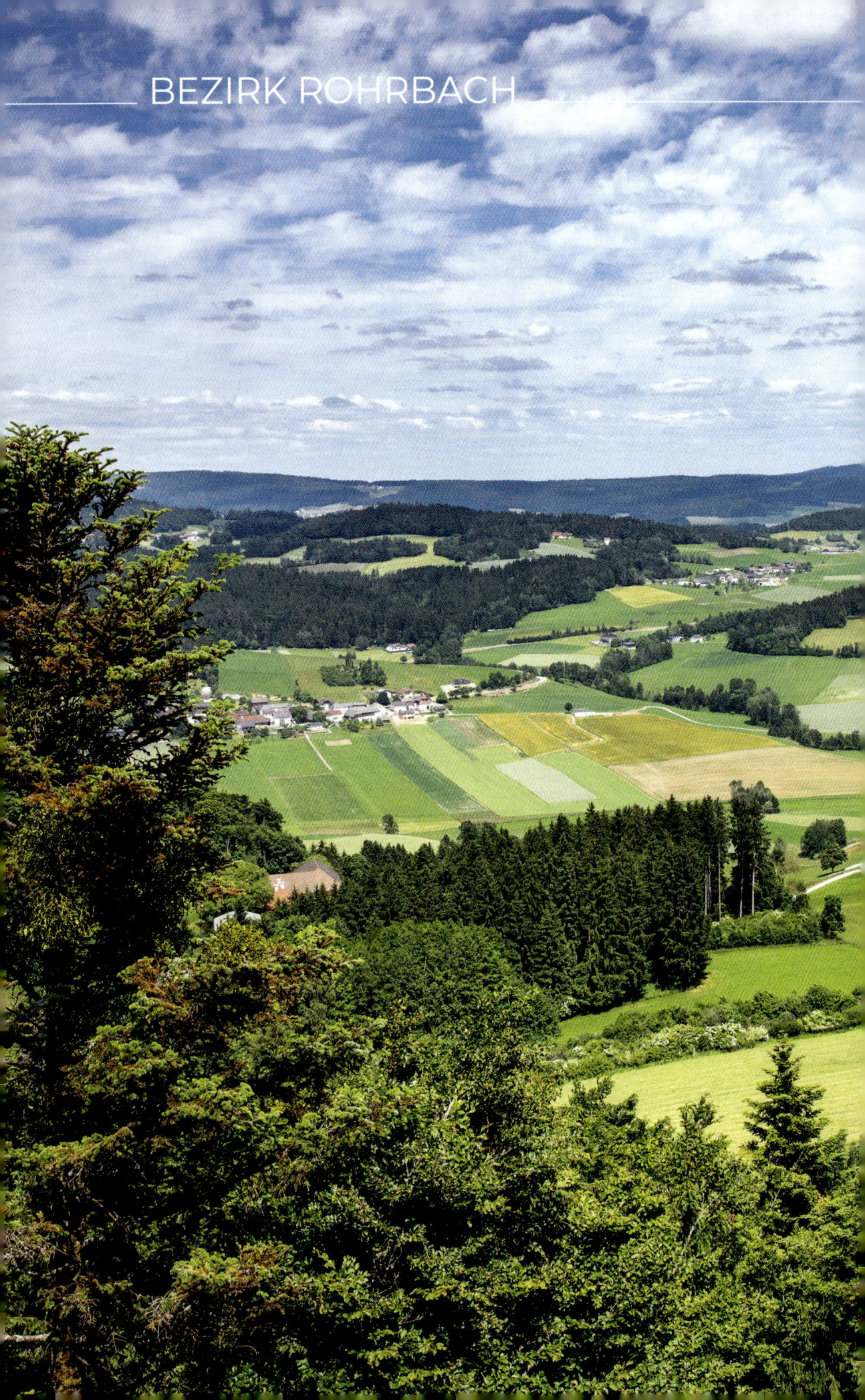

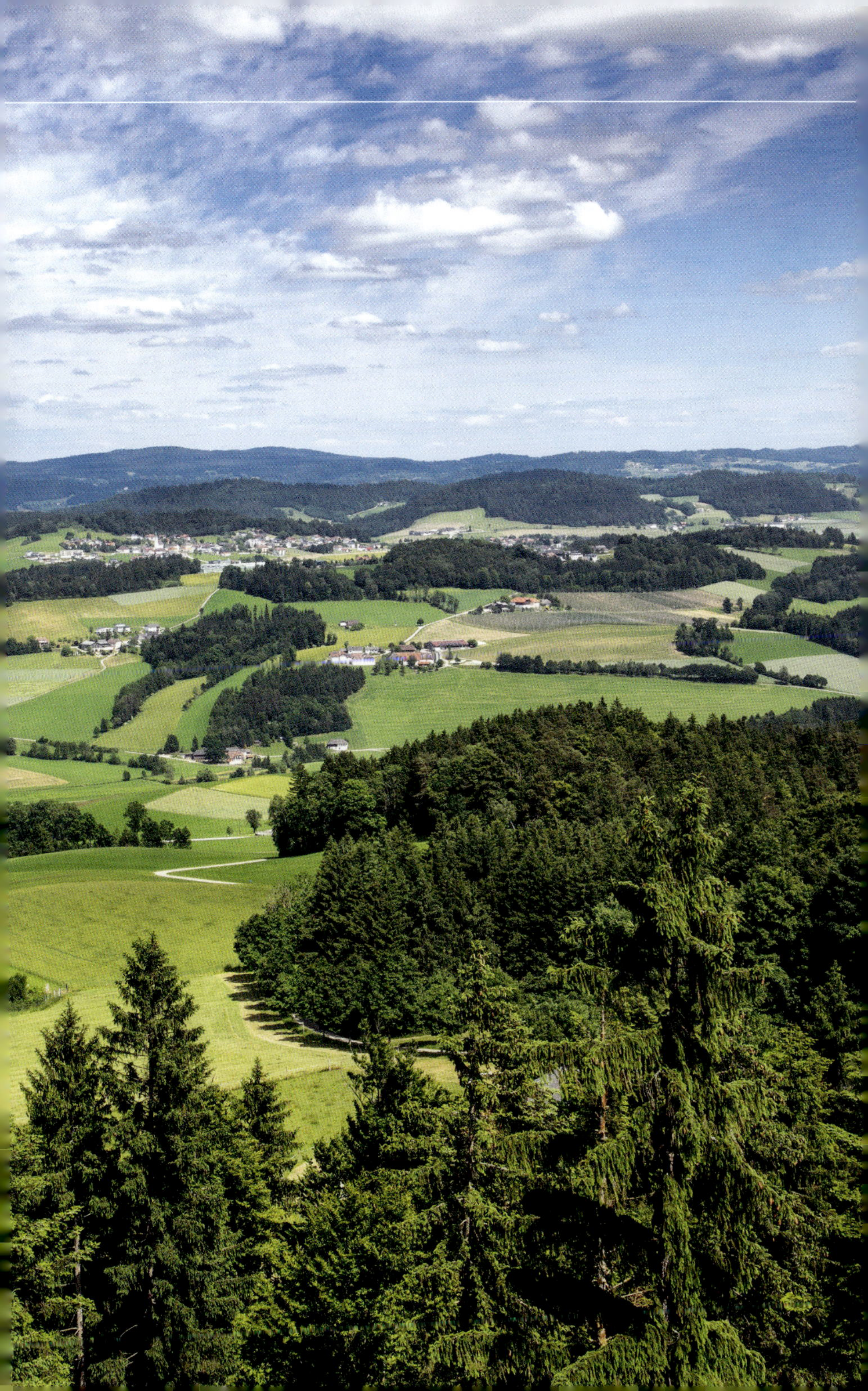

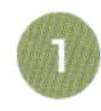

Über die Teufelsschüsseln zum Plöckenstein

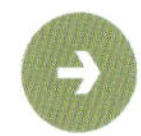

10 Km

450 Hm

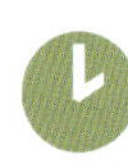

4 Std

Eine Wanderung, auf der wir tief in Adalbert Stifters Hochwald eintauchen. Auf einem bestens ausgebauten Wanderwegenetz kommen wir an beeindruckenden Felsformationen vorbei und gelangen hinauf zum Dreiländereck, an dem Tschechien, Deutschland und Österreich aufeinandertreffen. Als Grenzgänger erreichen wir schließlich die höchste Erhebung im Kammverlauf – den 1379 Meter hohen Plöckenstein.

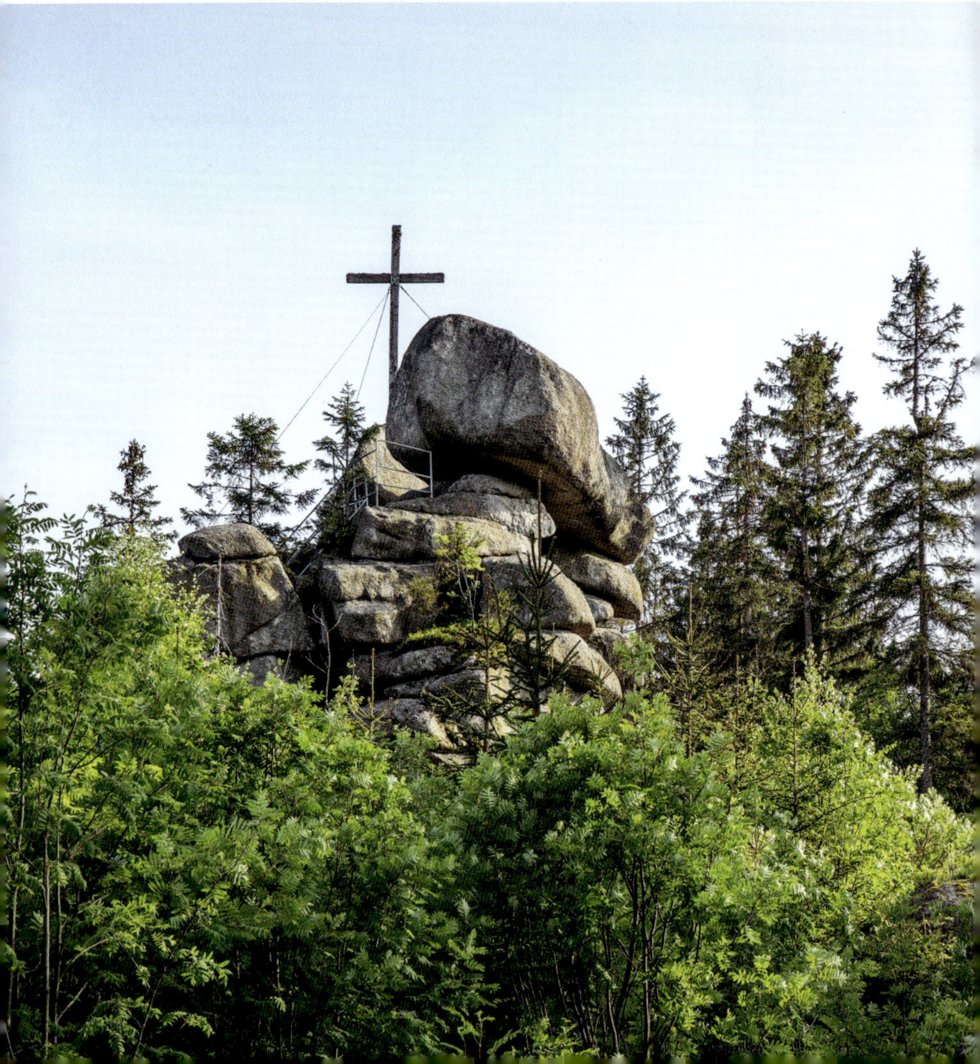

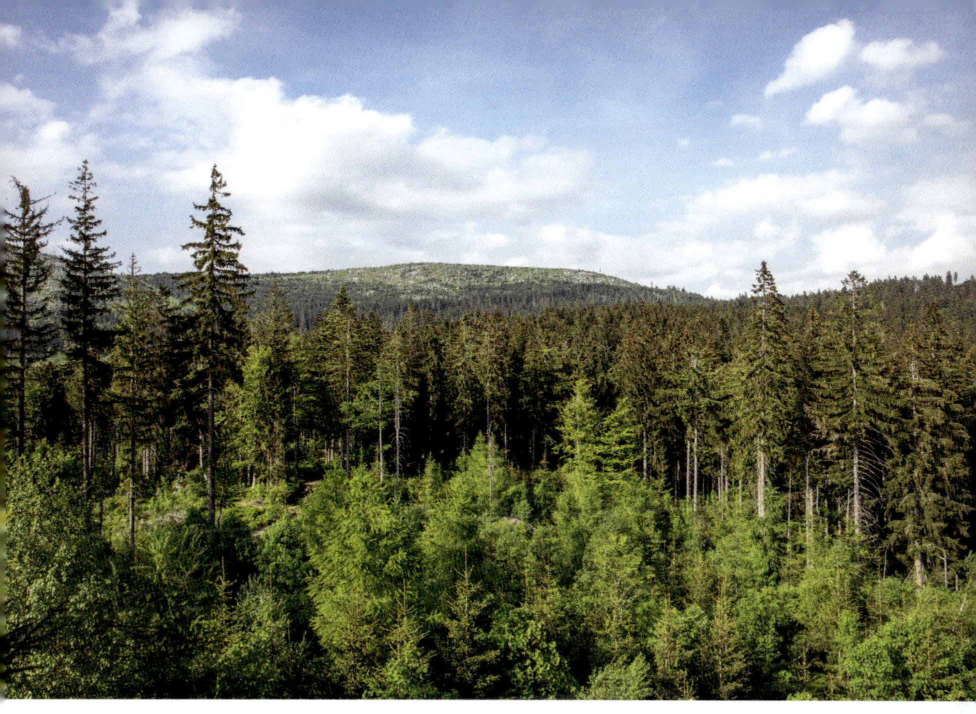

Kein anderer hat die Landschaft des Böhmerwalds schöner beschrieben als Adalbert Stifter. Der große Poet, der in Oberplan als Sohn eines Leinenwebers geboren wurde, hat diesem Ort ein literarisches Denkmal gesetzt. In seiner Erzählung „Der Hochwald“ hat er zum Ausdruck gebracht, wie sehr er sich durch tiefgreifende Naturerfahrungen zeitlebens mit seiner Heimatregion verbunden fühlte. Unvergleichlich in seiner Sprachkunst formulierte er: „Waldwoge steht hinter Waldwoge, bis eine die letzte ist und den Himmel schneidet. Großartig ist es, wenn Wolkenberge an dem Himmel lagern, und mit blauen Schattenflecken dieses Waldmeer unterbrechen.“ Als wollte er uns, mit solchen Darstellungen, ein neues Sehen lehren.

Erste Station auf unserem Weg zum Grenzkamm hinauf sind die Teufelsschüsseln. Dabei handelt es sich um haushohe Felstürme, die an versteinerte Pfannkuchen erinnern und aufeinandergestapelt aus dem Wald ragen. Ein paar Schritte über eine stählerne Treppe – und schon schauen wir über die Fichtenwipfel hinaus. Schüsselartige Vertiefungen

▲ Blick von den Teufelsschüsseln über den Hochwald zum Grenzkamm.

◀ Wenn auch von schaurigen Sagen umrankt, sind die Teufelsschüsseln gewiss nicht zum Fürchten.

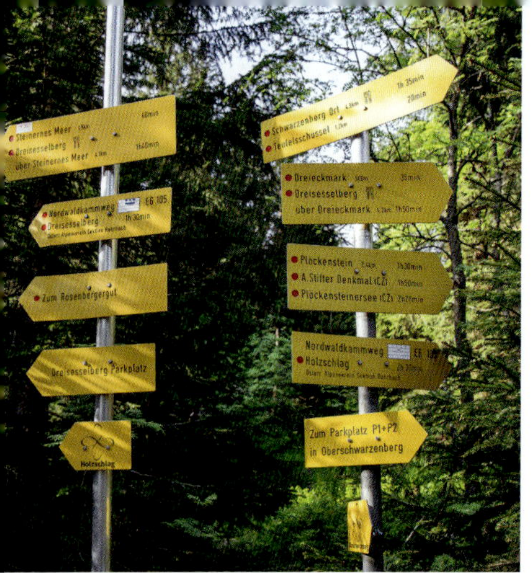

▲ Die Wanderwege am Plöckenstein sind mit Zeit- und Kilometerangaben vorbildlich ausgeschildert.

▼ Am Steinernen Meer: Die Füße baumeln und die Blicke schweifen lassen.

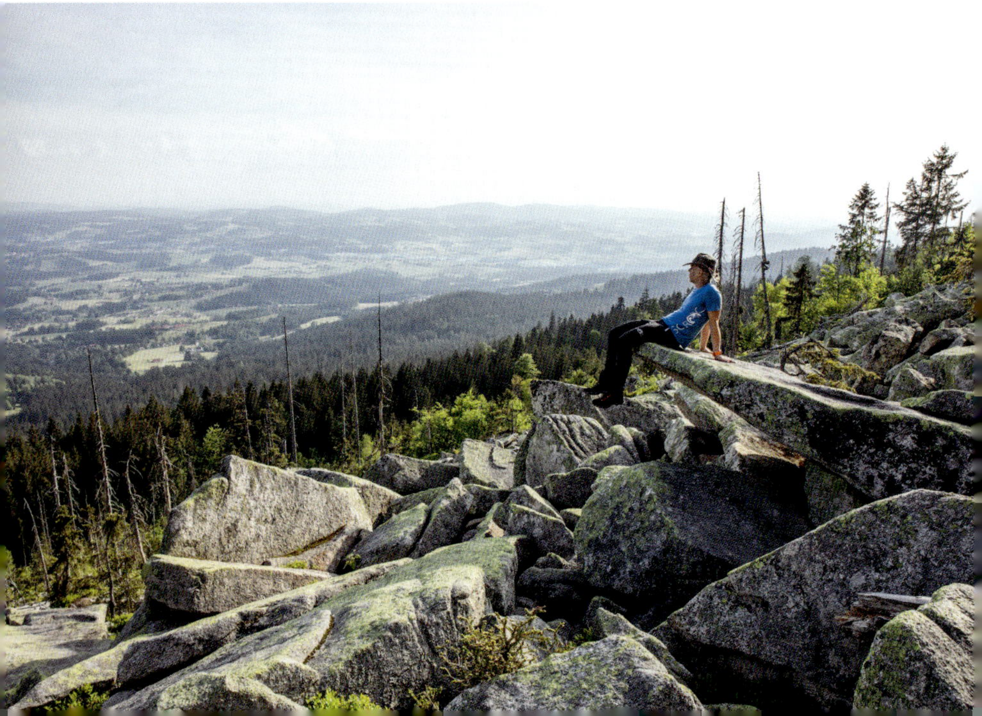

auf den obersten Felsen lassen Vermutungen auf einen alten Kultplatz zu. Eine Sage erzählt von einem Teufel und Hexen, die hier bei Vollmond ihren schaurigen Zauberkünsten nachgingen. Ein kurzer Abstecher führt uns über den Grenzbach zum sogenannten Steinernen Meer, das bereits auf bayerischer Seite liegt. Es ist eine mit grüngelben Flechten überzogene Blockhalde: Wild durcheinandergewürfelte Steine, auf denen man ein wenig herumturnen kann oder eine Sitzgelegenheit findet, um den Panoramablick über das Land zu genießen.
Am mannshohen Grenzstein der Dreiländermark angelangt, ändert sich das Landschaftsbild.

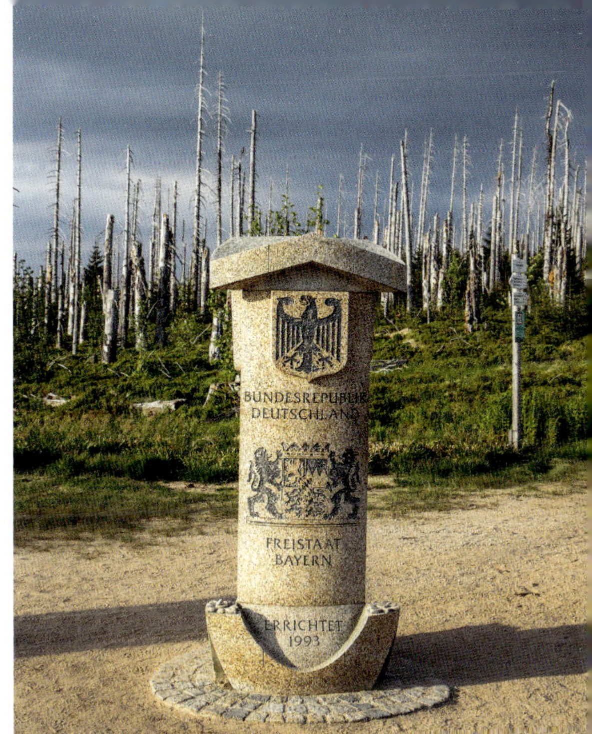

▶ Bei der sogenannten Dreiecksmark treffen Österreich, Deutschland und Tschechien aufeinander.

▼ Am Grenzkamm bleibt die Natur sich selbst überlassen. Zwischen abgestorbenen Bäumen keimt neues Leben.

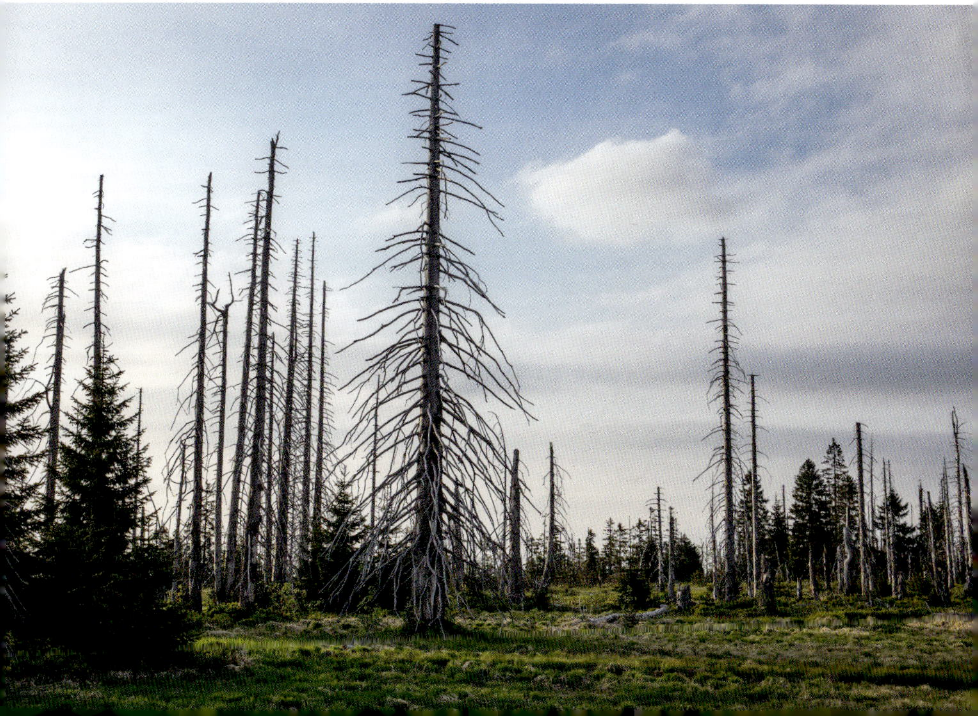

Der Borkenkäfer hat hier ganze Arbeit geleistet und den Wald entlang des Höhenrückens zum Absterben gebracht. Ein ungewöhnliches Bild, das einerseits nachdenklich stimmt und andererseits doch auch faszinierend ist. Sieht so die Kulisse für einen dystopischen Film aus? Oder ist es doch nur die Natur, die in einem Befreiungsschlag neuem Leben Raum geben will? Zwischen den kreidebleichen Baumleichen wächst schon die nächste Generation heran. Der Plöckenstein begrüßt uns, ähnlich wie schon die Teufelsschüsseln, als aufgetürmte Felskanzel. Geschmückt mit einem großen Gipfelkreuz, ist er der höchste Punkt im Mühlviertel sowie des österreichischen Böhmerwalds. Gleichzeitig ist er Grenzberg und Begegnungsstätte von Wanderern unterschiedlicher Herkunft. In den Norden blickend, sehen wir hinüber nach Tschechien, zum Moldaustausee und zum Geburtsort Adalbert Stifters, nach Süden über Bayern und das Mühlviertel hinweg bis zur Alpenkette. Hier kann man lange verweilen und wird sich ob dieser großartigen Fernsicht wegen gar nicht sattsehen können.

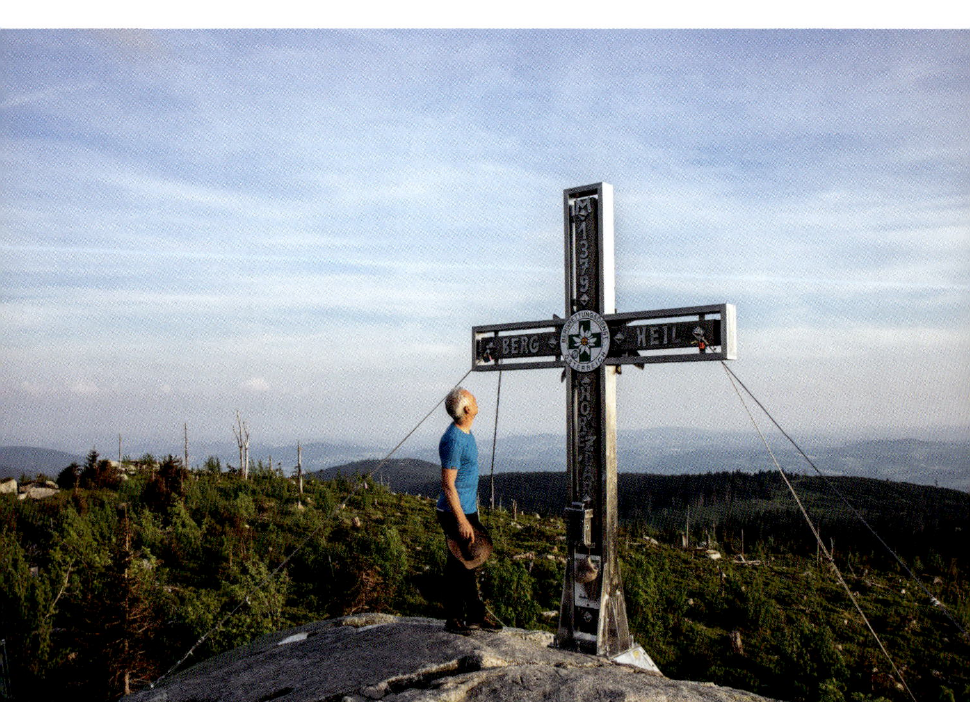

▼ Da zieht man seinen Hut: Am Gipfel des Plöckensteins, dem höchsten Punkt des Mühlviertels und Südböhmens.

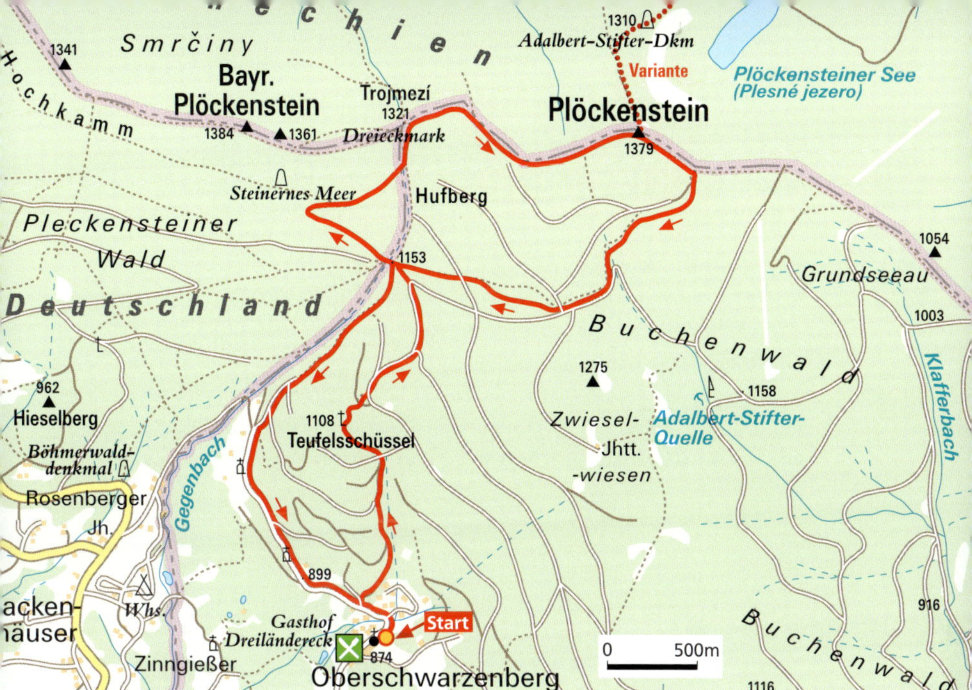

Wegbeschreibung: Alle Wege rund um den Plöckenstein sind sehr gut präpariert und ausgeschildert. Anhand der vielen Wegweiser mit den dazugehörigen Zeitangaben kann man sich gut orientieren. Startpunkt ist einer der beiden großen Wanderparkplätze in Oberschwarzenberg. Die hier vorgeschlagene Route führt über die Teufelsschüsseln, mit einem kurzen Abstecher zum Steinernen Meer, zur Dreiecksmark. Entlang des Höhenrückens und der Grenze zwischen Tschechien und Österreich wandern wir zum Plöckenstein. Einige hundert Meter nach dem Gipfel zweigen wir rechts ab und folgen den Wegweisern zurück nach Oberschwarzenberg.
Weglänge: 10 Km; **Höhenmeter ↑↓:** 450 Hm; **Gehzeit:** 4 Std.

Variante: Wer Zeit und noch Ausdauer hat, kann diese Wanderung mit einem Abstecher zum Adalbert-Stifter-Denkmal und zum schön gelegenen Plöckensteiner See auf Tschechischer Seite erweitern. Für die rund 200 Hm Ab- und Gegenanstieg sollte man ca. zwei Stunden Gehzeit veranschlagen.

Tipp: Aufgrund der teilweise grenzüberschreitenden Wege sollte ein gültiges Reisedokument mitgeführt werden. Ein Besuch des Adalbert Stifter Museums in Schwarzenberg bietet einen guten Überblick über das Leben und literarische Schaffen des berühmten Schriftstellers.

Einkehr: Regionale Spezialitäten serviert der *Gasthof Dreiländereck* in Oberschwarzenberg sowie das *Hotel-Restaurant Bergkristall* im Ortszentrum von Schwarzenberg.

Vier-Gipfel-Genuss

10,8 Km

410 Hm

4 Std

Lockt einen der Böhmerwald im Winter zum Skifahren, so kommt man in der warmen Jahreszeit zum Wandern hierher. Auf dieser Rundtour überschreiten wir am Grenzkamm vier Gipfel: Reischlberg, Schönbergfelsen, Hochficht und Stinglfelsen – jeder mit eigenem Charakter und weitreichenden Ausblicken über die großen Waldflächen, zum Moldaustausee und über das Mühlviertel bis zu den Alpen.

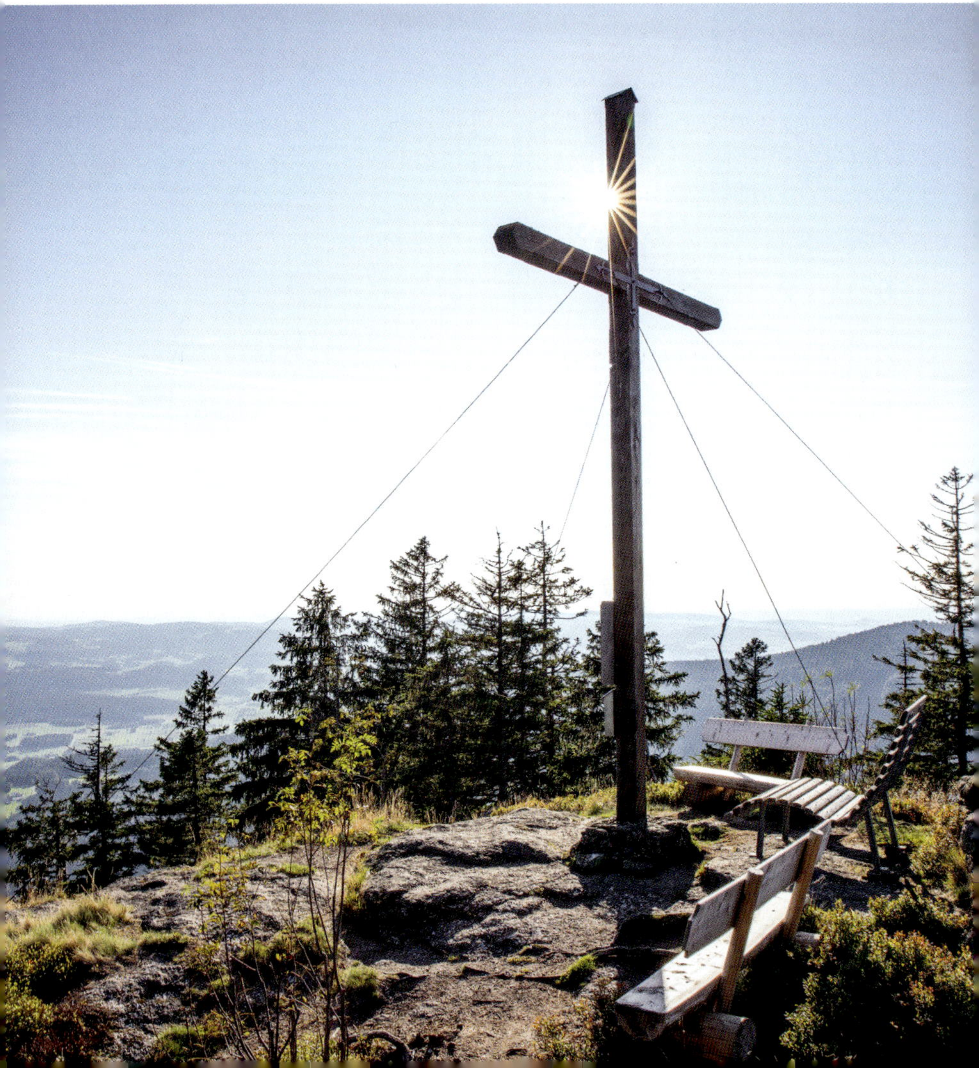

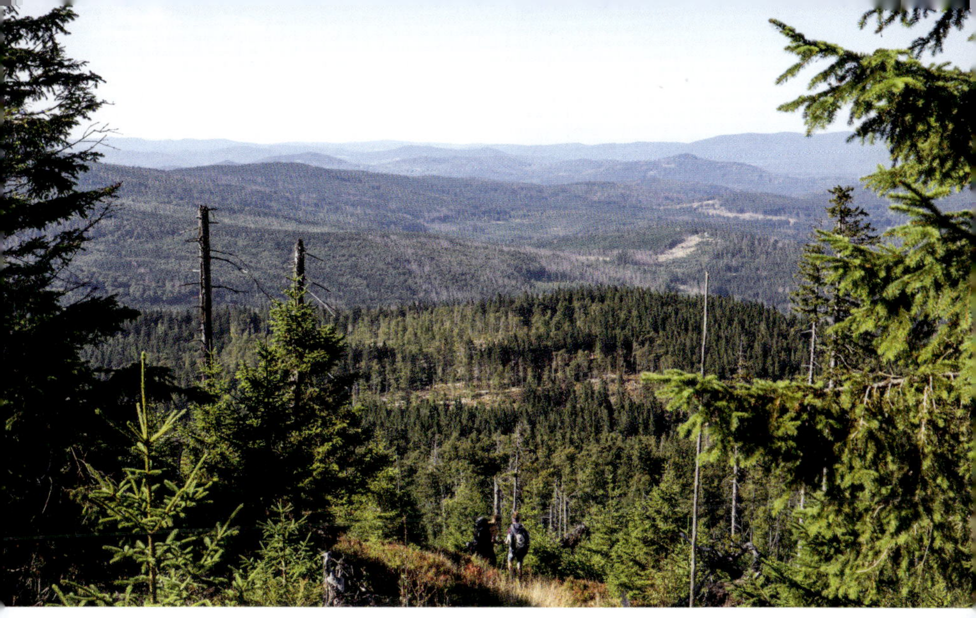

Hoch oben, am Dach des Mühlviertels, sind in der Landschaft nicht nur die Täler und Hügel in weite Ferne gerückt. Mit jedem Atemzug in der klaren Luft des Böhmerwalds gewinnt auch der Alltag zunehmend an Abstand. Mit jedem Schritt, den wir höher steigen, steigt die Vorfreude bald ganz oben zu stehen und die Welt ein Stück weit hinter sich gelassen zu haben. Von oben dann auf sie hinabzublicken, wie ein freischwebender Vogel, das wird uns hier in Aussicht gestellt.

Zunächst – am Startpunkt des Weges, der sich auf den Wegweisern so verheißungsvoll „Gipfelge(h)nussweg" nennt, könnte man meinen, dass es unattraktiv ist, sich zwischen Skipisten und Liftstationen hin und her zu bewegen. Denn ganz offensichtlich ist man hier in einem Skigebiet unterwegs, das im Wald Narben hinterlassen hat. Umso überraschter sind wir, dass wir während der gesamten Wanderung fast nicht mehr mit den Pisten in Berührung kommen. Kaum sind wir losmarschiert, hat uns der Wald in sich aufgenommen. Eine Forststraße bringt uns geradewegs zur Staatsgrenze und zum Ansatz des „Dachfirsts", der hier den Böhmerwald zwischen Österreich und Tschechien politisch aufteilt.

▲ Blick vom Reischlberg über die weiten Waldflächen des Nationalparks Sumava.

◀ Hoch oben am Dach des Mühlviertels steht das Gipfelkreuz der Stinglfelsen.

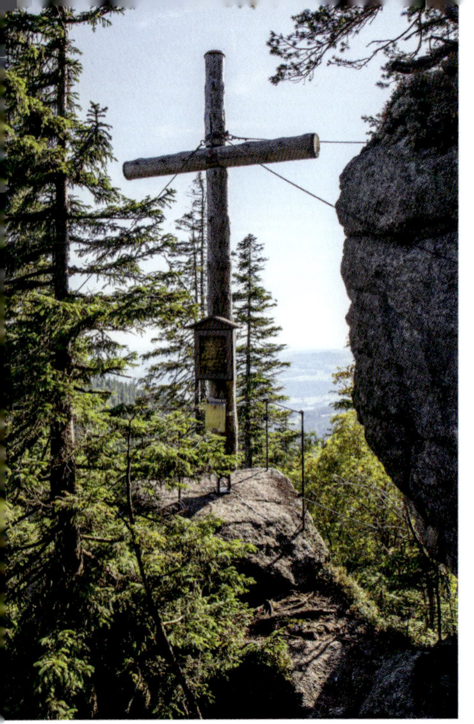

Am Grenzsteig an Höhe gewinnend, wird der Wald zusehends lichter, bis er in der Gipfelregion nur mehr spärlich vorhanden ist. Als Markenzeichen des Borkenkäfers ragen wie am Plöckenstein einige Baumleichen auf, vorwiegend auf tschechischer Seite. Dort sind sie Teil des Nationalparks Sumava und dürfen eines natürlichen Todes sterben. Für uns Wanderer bedeutet das in den Höhen freie Sicht in alle Richtungen. Im sanften Auf und Ab über die vier Gipfel hinweg wird jeder Schritt zum Genuss, genauso, wie es uns der Name dieser Wanderung versprochen hat.

▲ Das Gipfelkreuz auf dem Schönbergfelsen.

▼ Auf dem Gipfel des Hochfichts – mit 1.338 Meter Seehöhe der höchste Punkt der Wanderung.

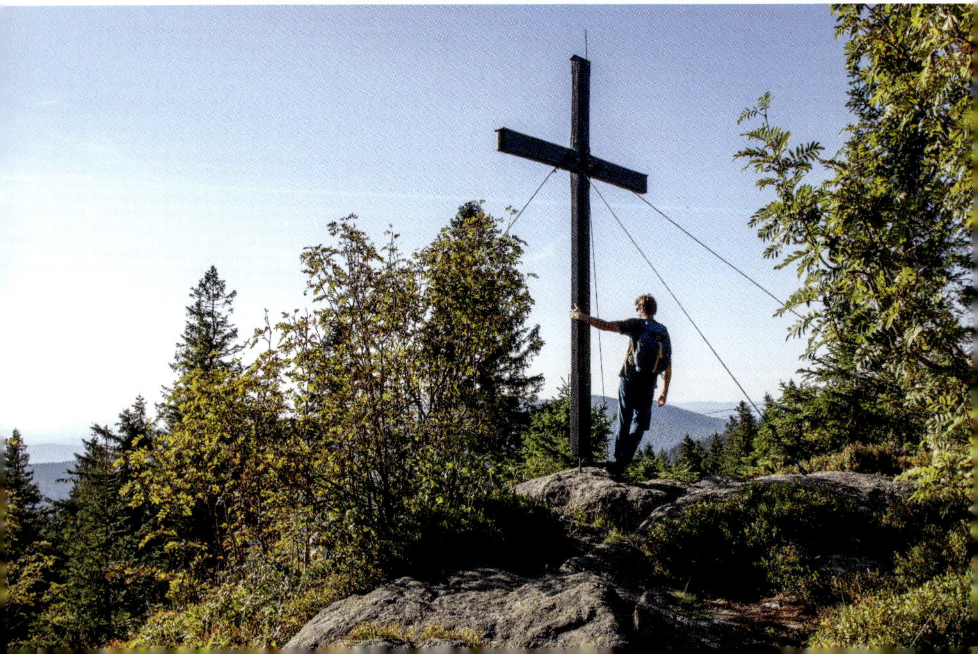

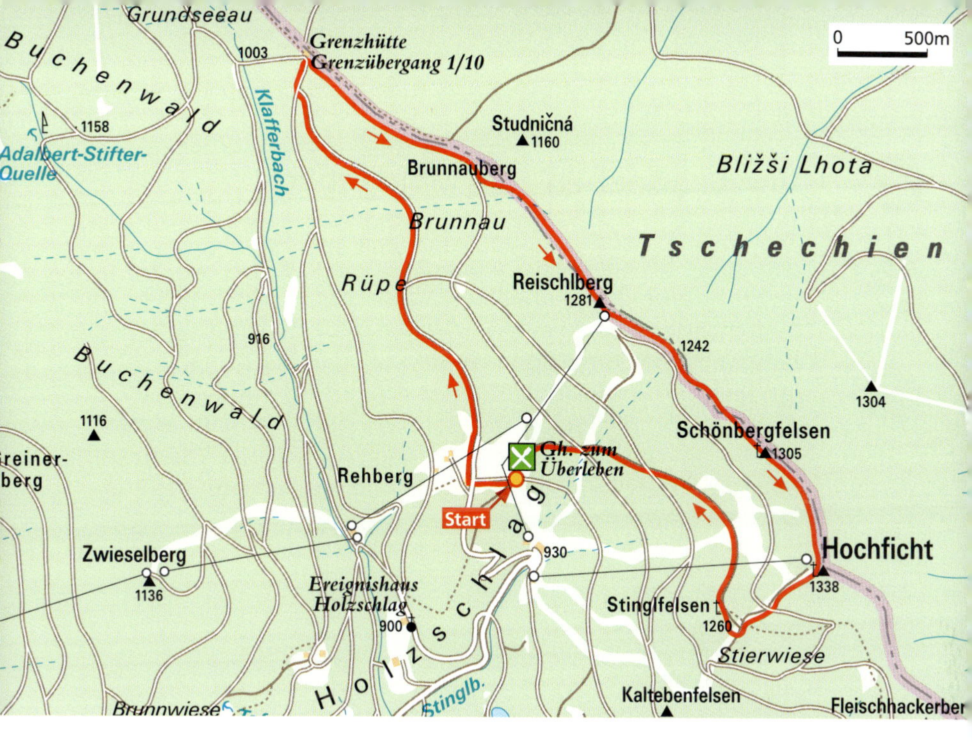

Wegbeschreibung: Startpunkt der Wanderung ist in Holzschlag beim *Gasthaus zum Überleben*. Dieses liegt oberhalb der Talstation der Hochficht-Bergbahnen und ist über einige Kehren auf einer Schotterstraße mit dem Auto erreichbar. Von hier folgen wir den Wegweisern mit der Aufschrift *Gipfelge(h)nussweg (Wegnummer 27)*. Die ersten drei Kilometer wandern wir im Wald auf einer Forststraße leicht ansteigend bis zur Grenzhütte. Hier beginnt der Grenzsteig, der uns, mit einem kurzen Schlenker auf die tschechische Staatsseite, hinauf zum Reischlberg (1.281 m), dem ersten Gipfel, bringt. Am Kammverlauf folgen die Gipfel der Schönbergfelsen (1.305 m) und des Hochfichts (1.338 m), beide etwas versetzt vom Hauptweg. Vom Hochficht geht es kurz die Schipiste hinab, bis wir den Hang queren und zu den schön gelegenen Stinglfelsen (1.260 m) gelangen. Von ihnen erreichen wir nach rund 1,5 Kilometern, abwechselnd im Wald und über einige freie Flächen, wieder den Ausgangspunkt.
Weglänge: 10,8 Km; **Höhenmeter ↑↓:** 410 Hm; **Gehzeit:** 4 Std.

Variante: Wer nur zu den Stinglfelsen hinauf will, steigt direkt vom *Gasthaus zum Überleben* zu diesen an (ca. 0,5 Std).

Tipp: Besuchen Sie im Ort Klaffer Österreichs größten Bio-Heilkräutergarten.

Einkehr: Am Start- und Endpunkt der Wanderung serviert das *Gasthaus zum Überleben* auf seiner gemütlichen Sonnenterrasse vielseitige Gerichte.

4 Km

70 Hm

1 Std

Von Schöneben zum Moldaublick

Schon seit dem Jahr 1967 ragt auf dem Sulzberg ein 24 Meter hoher Aussichtsturm über die Baumwipfel hinaus. Und bis heute lohnt es sich, die 137 Stufen auf diesen ehemaligen Ölbohrturm aus Gänserndorf hinaufzusteigen. Auf seiner obersten Plattform angelangt, eröffnet sich uns eine umfassende Aussicht über die Weiten des Böhmerwalds und hinüber zum Moldaustausee nach Tschechien. Auch Horni Planá (Oberplan), den Geburtsort Adalbert Stifters, können wir am Ufer des Stausees gut erkennen.

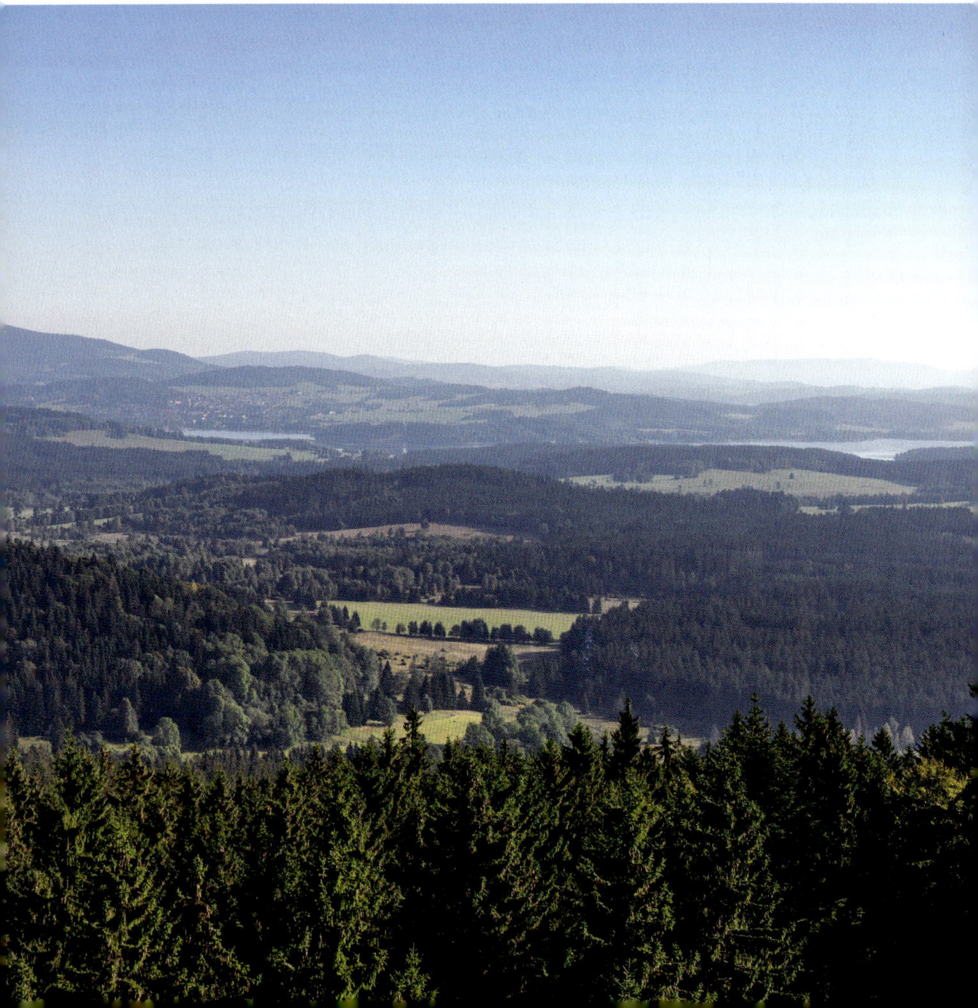

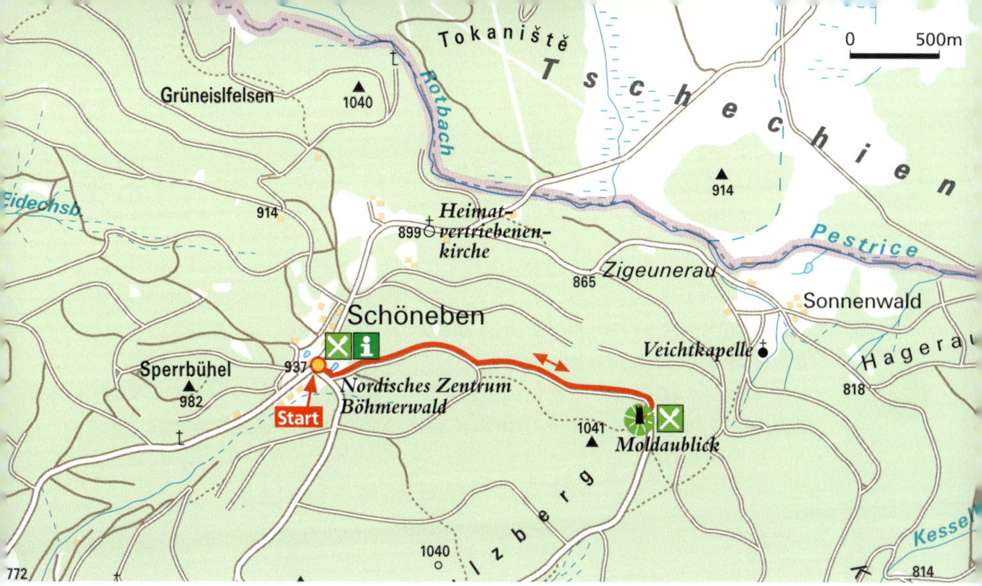

0 500m
Tokaniště
Tschechien
Grüneislfelsen
1040
Rotbach
914
Eidechsb.
914
Heimat-
899 vertriebenen-
kirche
Pestrice
Zigeunerau
865
Sonnenwald
Schöneben
Veichtkapelle
Hagerau
Sperrbühel
937
982
Start
Nordisches Zentrum
Böhmerwald
818
1041
Moldaublick
lzberg
Kessel
1040
772
814

Wegbeschreibung: Startpunkt dieser kurzweiligen Wanderung ist der Parkplatz im Nordischen Zentrum Böhmerwald in Schöneben. Hier kreuzen sich mehrere Wanderwege und Walkingstrecken. Zum Moldaublick gelangen wir auf einem bezeichneten Waldweg. Auf der gleichen Route wandern wir zurück zum Ausgangspunkt.
Weglänge: hin und retour 4 Km; **Höhenmeter ↑↓:** 70 Hm; **Gehzeit:** 1 Std.

Variante: Wer den Aussichtsturm in eine längere Rundwanderung einbinden möchte, der begibt sich auf den *Moldaublickweg* und startet im Ortszentrum von Ulrichsberg.
Weglänge: 14,5 Km; **Höhenmeter ↑↓:** 610 Hm; **Gehzeit:** 5 Std.

Tipp: Besuchen Sie im Ort Klaffer am Hochficht den größten Bio-Heilkräutergarten Österreichs, geöffnet von Mai bis Oktober.

Einkehr: Bei der *Jausenstation Moldaublick* direkt unterhalb des Aussichtsturms. Hier serviert man im Gastgarten Suppen, Imbisse und Mehlspeisen.

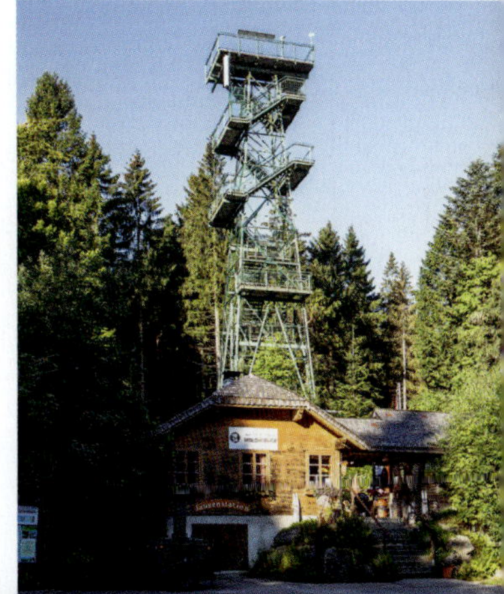

◄ Blick über den Böhmerwald zum Moldaustausee.

11 Km

570 Hm

4,5 Std

Die Bärensteinrunde

Gewiss zählt die Wanderung zum Bärenstein zu den beliebtesten Ausflugszielen im Oberen Mühlviertel. Das verwundert nicht, denn die Aussicht von dieser Felskanzel hoch oben im Böhmerwald ist sagenhaft. Im Norden streckt sich unter uns in seiner gesamten Länge der Moldau-Stausee hin. Dazu spüren wir das hier beständige Rauschen des Hochwalds mit allen Sinnen.

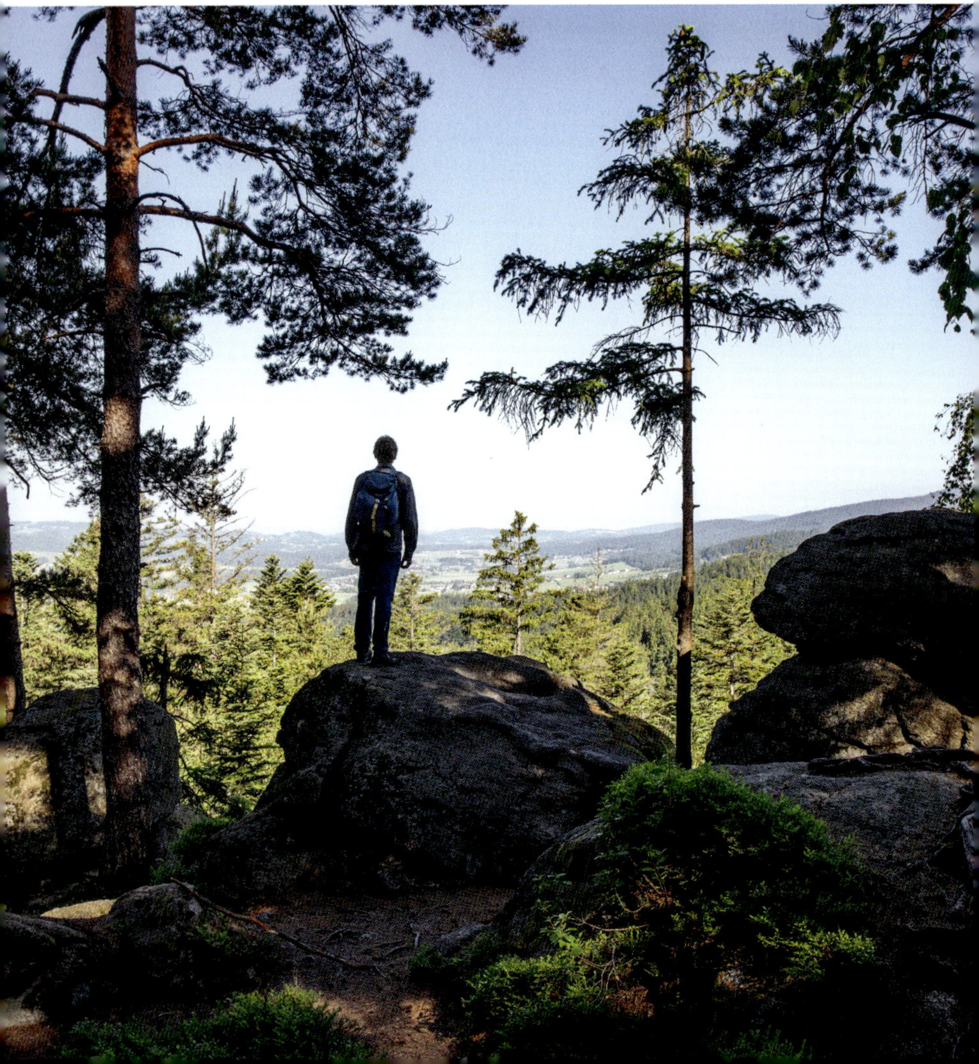

Die meisten starten für ihren Ausflug zum Bärenstein vom Parkplatz Panyhaus in Grünwald. Von hier erreicht man den Gipfel in ca. einer halben Stunde Gehzeit. Es lohnt sich jedoch sehr, etwas mehr Mühen in Kauf zu nehmen und vom Marktplatz in Aigen-Schlägl loszumarschieren. So ist die Wanderung nicht nur etwas sportlicher angelegt, sondern sie beglückt uns auch mit einigen weiteren tollen Plätzen. Diese nicht gesehen zu haben, wäre schade. Dazu kommt, dass der untere Teil des Weges, selbst an Wochenenden, viel weniger stark frequentiert ist, als jener in Gipfelnähe.
Sind wir erst einmal in den Wald eingetaucht, können wir schnell abschalten und die Ruhe in der Natur genießen. Sehr bewusst nehmen wir das gleich bei einer Quelle wahr, deren Wasser glasklar in einen hölzernen Brunnen fließt. In der Gegend ist sie bereits seit dem 17. Jahrhundert als Michaelsquelle bekannt. Neben ihr spiegelt sich in einer Lacke wunderschön der Wald. Etwas weiter oben des Weges treffen wir auf die Liebesfelsen. Steinformationen, die ihrer Legende nach einmal nicht mit dem Teufel in Verbindung stehen. Stattdessen ziehen die nach Westen steil abfallenden Felsen angeblich seit jeher Liebespärchen an, die hier oben zurückgezogen ihr Glück zu schätzen wissen. Daran hat sich bis heute nichts geändert, denn meistens genießt man die schöne Aussicht ins Mühltal von hier ganz ungestört.

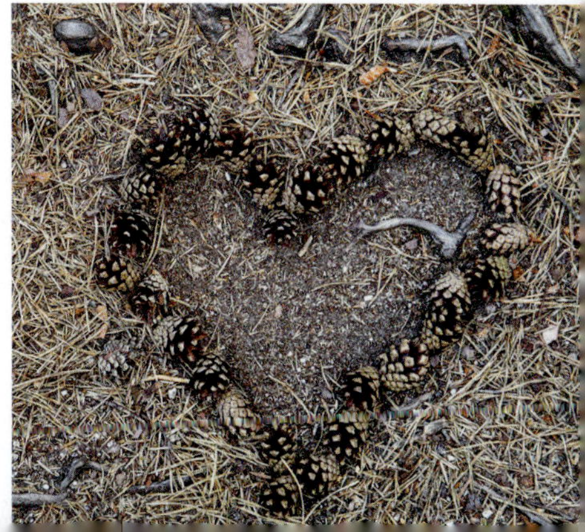

▲ Ein Wasserrad in der Nähe der Michaelsquelle erinnert an vergangene Zeiten.

► Wer hat hier an wen gedacht?

◄ Ob allein oder zu zweit, die Liebesfelsen sind ein großartiger Platz um die Ruhe in der Natur zu genießen.

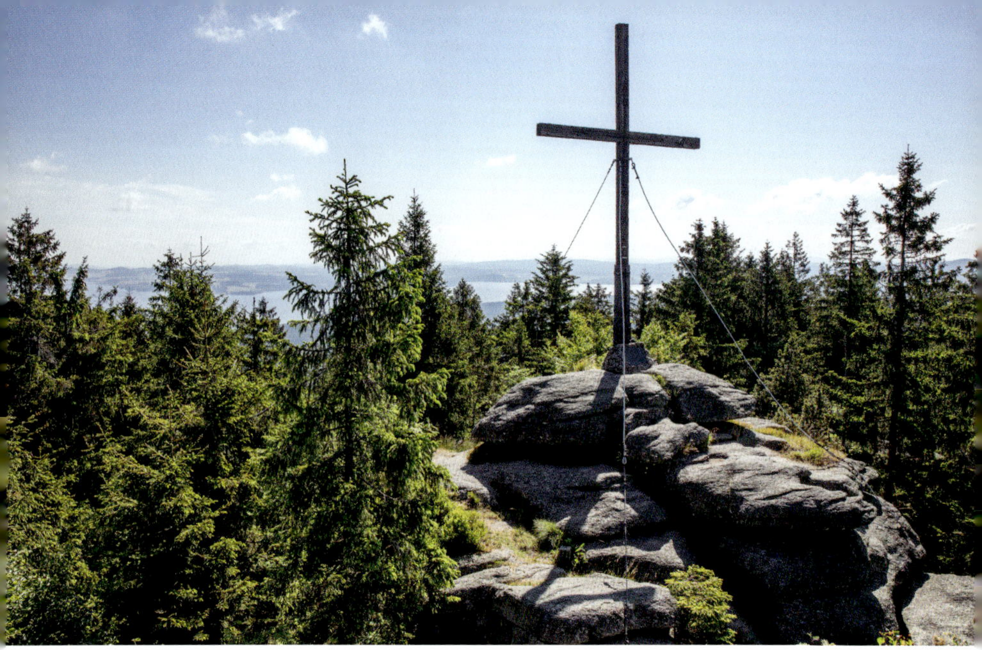

▲ Der Gipfel des Bärensteins. Jenseits des Hochwalds schimmert im Gegenlicht auf tschechischer Seite der Moldau-Stausee zwischen den Baumwipfeln hindurch.

▼ Die Wollsackverwitterung hat am Bärenstein erstaunliche Felsgebilde geschaffen.

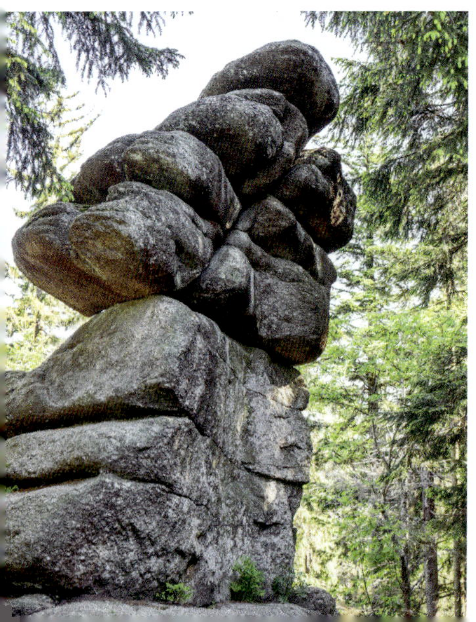

Ein weiterer schöner Aussichtspunkt sind dann im unteren Wegabschnitt die Hochbuchet-Felsen, die über eine kurze Leiter erklommen werden. Geländestufe um Geländestufe gelangen wir so immer höher, bis die Tour schließlich am 1077 Meter hohen Bärenstein gipfelt. Am hier weitum höchsten Punkt, auf einer mächtigen Blockburg über den Baumwipfeln stehend, bekommen wir ein 360 Grad Panorama vom Feinsten serviert. Unterhalb der Gipfelfelsen dieses Naturdenkmals finden wir noch gute Plätze für eine nun wohlverdiente Rast.

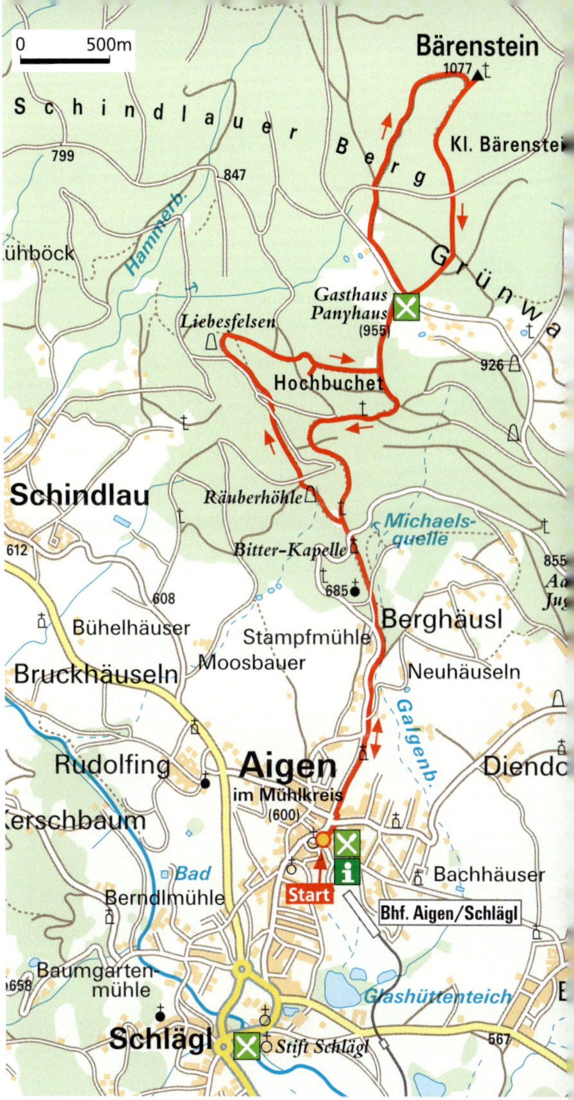

Wegbeschreibung: Wir starten am schönen Marktplatz von Aigen-Schlägl und folgen den gelben Wegweisern mit der Aufschrift *Bärensteinrunde*. Wir verlassen den Ort entlang einer Allee nach Norden und erreichen schon bald den Wald. Auf einem Wanderweg geht es von hier über die Michaelsquelle, die Liebesfelsen und die Hochbuchet-Felsen stetig bergauf bis nach Grünwald. Teil dieser einstigen Holzfällersiedlung ist das *Gasthaus Panyhaus*, das auch mit dem Auto erreichbar ist und für Kurzentschlossene ebenfalls als Ausgangspunkt gilt. Den Gipfel des Bärensteins erwandern wir von hier in ca. einer halben Stunde. Teilweise auf dem Aufstiegsweg – zweimal aber auch ein wenig versetzt von diesem – gelangen wir anschließend zurück zum Ausgangspunkt.

Weglänge: 11 Km; **Höhenmeter ↑↓:** 570 Hm; **Gehzeit:** 4,5 Std.

Variante: Wer nur zum Bärenstein will, startet in Grünwald beim *Gasthaus Panyhaus*. Für den Hin- und Rückweg muss man ca. 1 Std. Gehzeit einplanen.

Tipp: Besuchen Sie auch das sehenswerte *Stift Schlägl*, das geistliche Zentrum im Oberen Mühlviertel.

Einkehr: Beliebter Wandertreffpunkt ist das *Gasthaus Panyhaus* in Grünwald. Es verwöhnt uns mit hauseigenen Schmankerln in einem schönen Gastgarten.

Über den Schwemmkanal zur Bayrischen Au

12,8 Km

190 Hm

4 Std

Wer sich nach ausgedehnten Waldspaziergängen und viel Natur sehnt, für den ist diese Rundtour genau richtig. Dabei queren wir zwei Mal den Schwarzenbergischen Schwemmkanal, auf dem einst das Holz des Böhmerwaldes zur Donau getriftet wurde. Höhepunkt ist ein Holzplankenweg durch den Moorwald der Bayrischen Au, der bis zur Tschechischen Grenze am Moldaustausee heranführt.

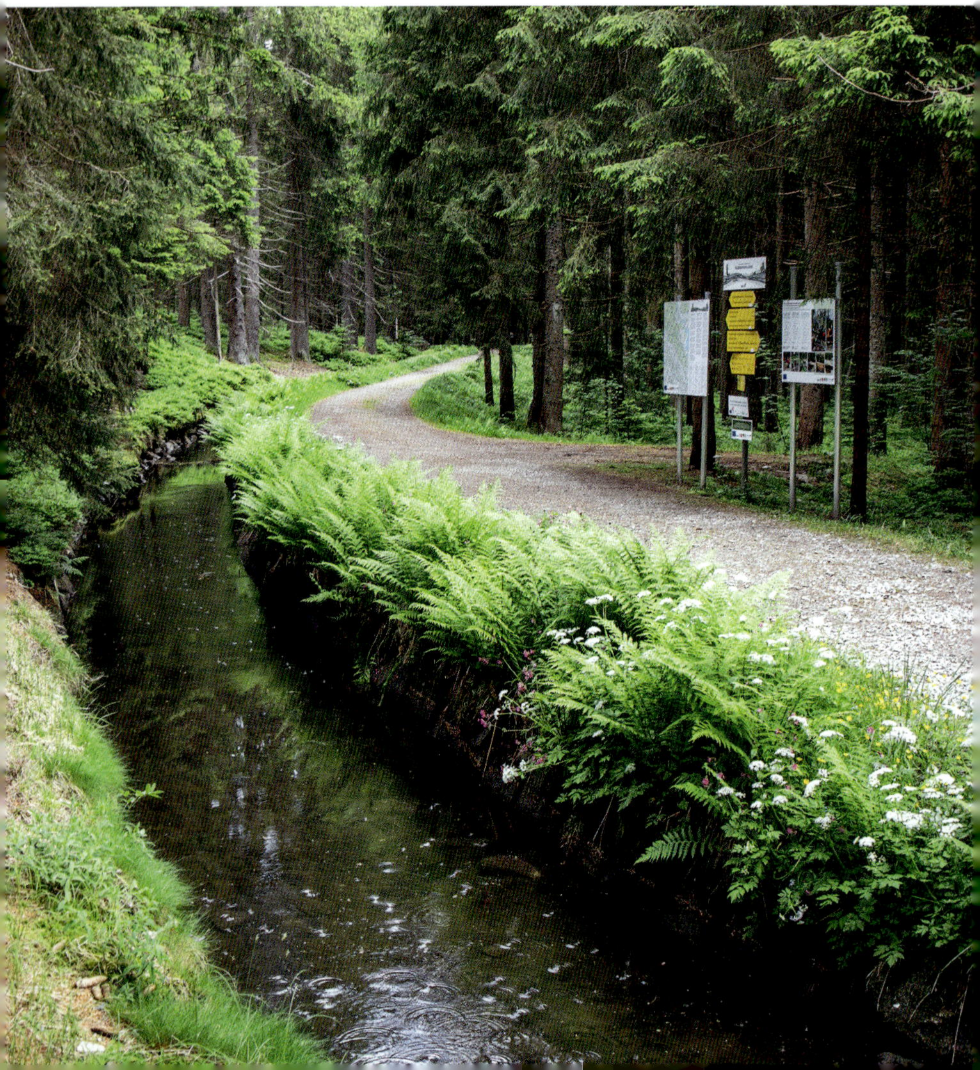

An heißen Sommertagen in einen kühlenden Wald einzutauchen, was gibt es Angenehmeres? Der weitläufige Böhmerwald als natürliche Klimaanlage bietet dazu Gelegenheit. Wenn es hierbei noch eine außergewöhnliche Sehenswürdigkeit zu bestaunen gibt und nach einer Weile Gehzeit das Gesicht des Waldes eine wundersame Wandlung erfährt, dann ist eine solche Unternehmung umso erlebnisreicher.

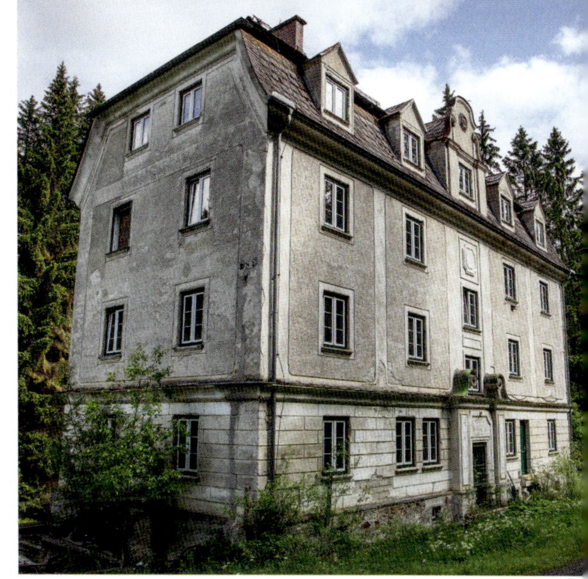

Zum Ersten ist da der Schwarzenbergische Schwemmkanal, eine technische Meisterleistung aus dem 18. Jahrhundert. So lange ist es nämlich her, dass der fürstliche Forstingenieur Joseph Rosenauer den Grundstein legte, um eine Holzschwemme zu realisieren, die das im Böhmerwald reichlich vorhandene Bau- und Brennholz zur Donau befördern konnte. Dabei galt es vom Einzugsgebiet der Moldau die Europäische Wasserscheide zu überwinden. Eine Pionierleistung von außerordentlichem Nutzen für die gesamte Region. Wenn der Schwemmkanal heute auch keine wirtschaftliche Bedeutung mehr hat, so ist es immer noch faszinierend sich mit seiner Geschichte zu beschäftigen. Dort, wo unser Weg ihn quert, an der Schrollenbach- und Iglbachschleuse, bekommt man einen guten Einblick seiner einstigen Funktionsweise.
Zum Zweiten ist es die sogenannte Bayrische Au, die auf etwa halbem Weg unser Naturerleben auf Touren bringt. In Form eines Holzstegs hat man hier nämlich einen Naturerlebnisweg geschaffen, der auf 700 Metern Länge durch einen Moorwald führt. Dieses rund 30 Hektar große Gebiet wurde zu einem Naturwaldreservat erklärt und darf nicht mehr bewirtschaftet werden. Eine Besonderheit ist das Vorkommen der Moorspirke, einer seltenen

▲ An der Staatsgrenze kommen wir bei einem historischen Zollhaus vorbei.

◀ Wild umwachsen – der Schwarzenbergische Schwemmkanal bei der Iglbachschleuse.

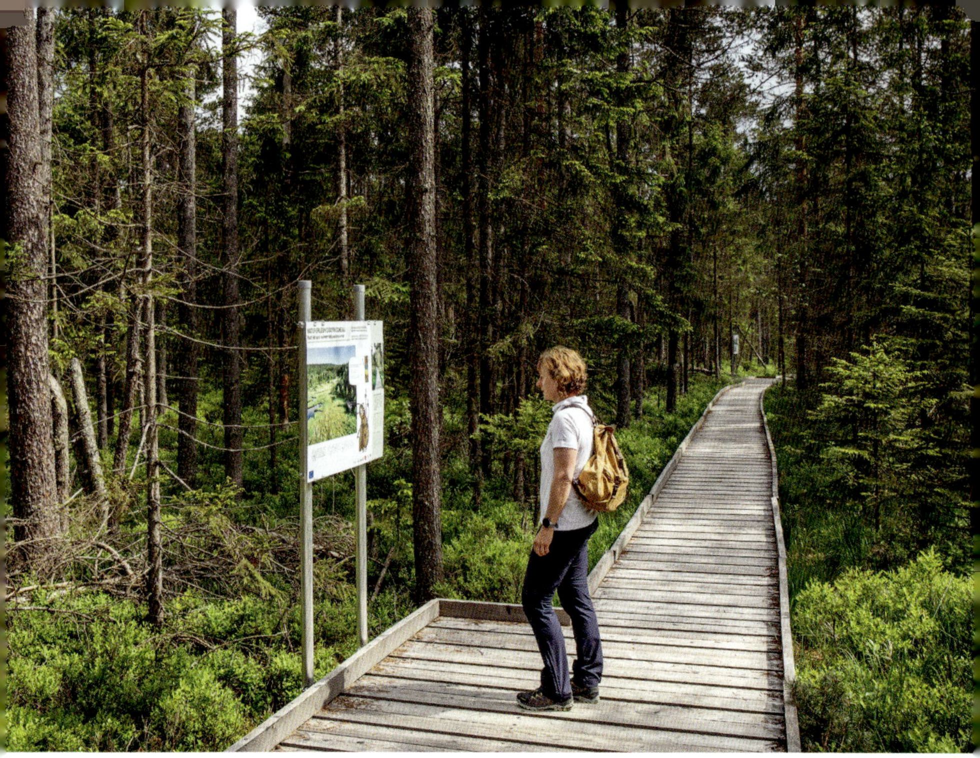

Kiefernart, die nur in Hochmooren gedeiht. Am Ende des mit Infotafeln versehenen Lehrpfads erwartet uns eine Aussichtsplattform am Moldaustausee, der hier an einer schmalen Stelle die Staatsgrenze berührt.

▲ Naturkundliche Tafeln informieren uns über den Lebensraum Moorwald.

▼ Ziel und Wendepunkt des Naturerlebnisweges ist die Aussichtsplattform am Moldaustausee.

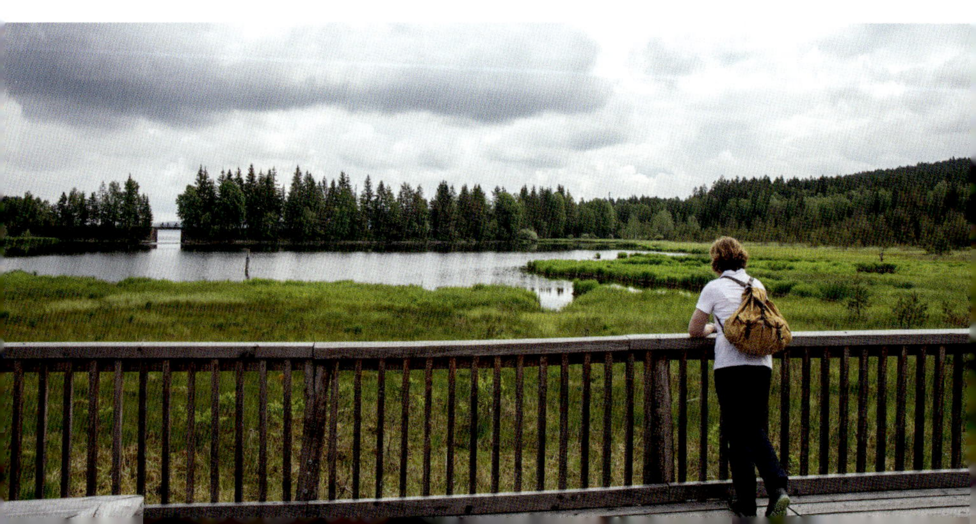

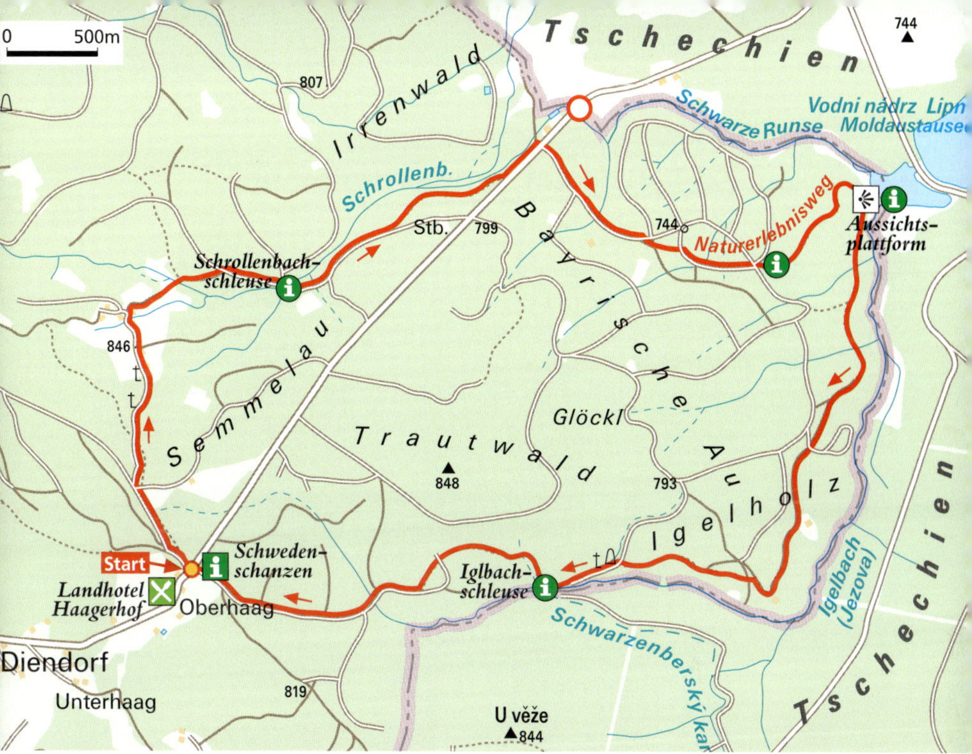

Wegbeschreibung: Der Rundweg startet bei einem für Wanderer ausgewiesenen Parkplatz in Oberhaag. Er ist mit gelben Wegweisern mit der Aufschrift *Schwemmkanal/Bayrische Au (Wegnummer 42)* gekennzeichnet. Nach rund 2,5 Kilometern erreichen wir den Schwemmkanal bei der Schrollenbach-Schleuse. Nach weiteren vier Kilometern im Wald beginnt der Naturerlebnisweg. Hier lassen wir uns Zeit und spazieren über einen Holzsteg durch den Spirkenmoorwald bis wir die Aussichtsplattform am Moldaustausee erreichen. Bänke laden dort zur Rast ein. Auf Infotafeln erzählt uns der Moorlaufkäfer Carabus etwas über seinen Lebensraum. Zurück zum Ausgangspunkt geht es über die Iglbachschleuse, bei der wir abermals den Schwemmkanal queren.
Weglänge: 12,8 Km; **Höhenmeter ↑↓:** 190 Hm; **Gehzeit:** 4 Std.

Tipp: Im Wald kreuzen sich viele Wege und Forststraßen, daher achten wir besonders auf die Wegweiser mit der Nr. 42. Dann aber sollte die Orientierung keine Probleme bereiten.

Einkehr: Idealerweise gleich unterhalb des Ausgangspunkts dieser Wanderung beim Restaurant und Landhotel *Haagerhof*. Hier wird hochwertige Qualität serviert, mit Produkten, die großteils aus der eigenen biologischen Landwirtschaft kommen.

Zur Steilstufe am Schwemmkanal

4,5 Km

150 Hm

1,5 Std

Der Schwarzenbergische Schwemmkanal gilt als bauliche Meisterleistung seiner Zeit. In St. Oswald musste er sein stärkstes Gefälle überwinden. Heute gilt diese rund zwei Kilometer lange Steilstufe, am direkten Grenzverlauf zu Tschechien, zu seinen schönsten wanderbaren Abschnitten.

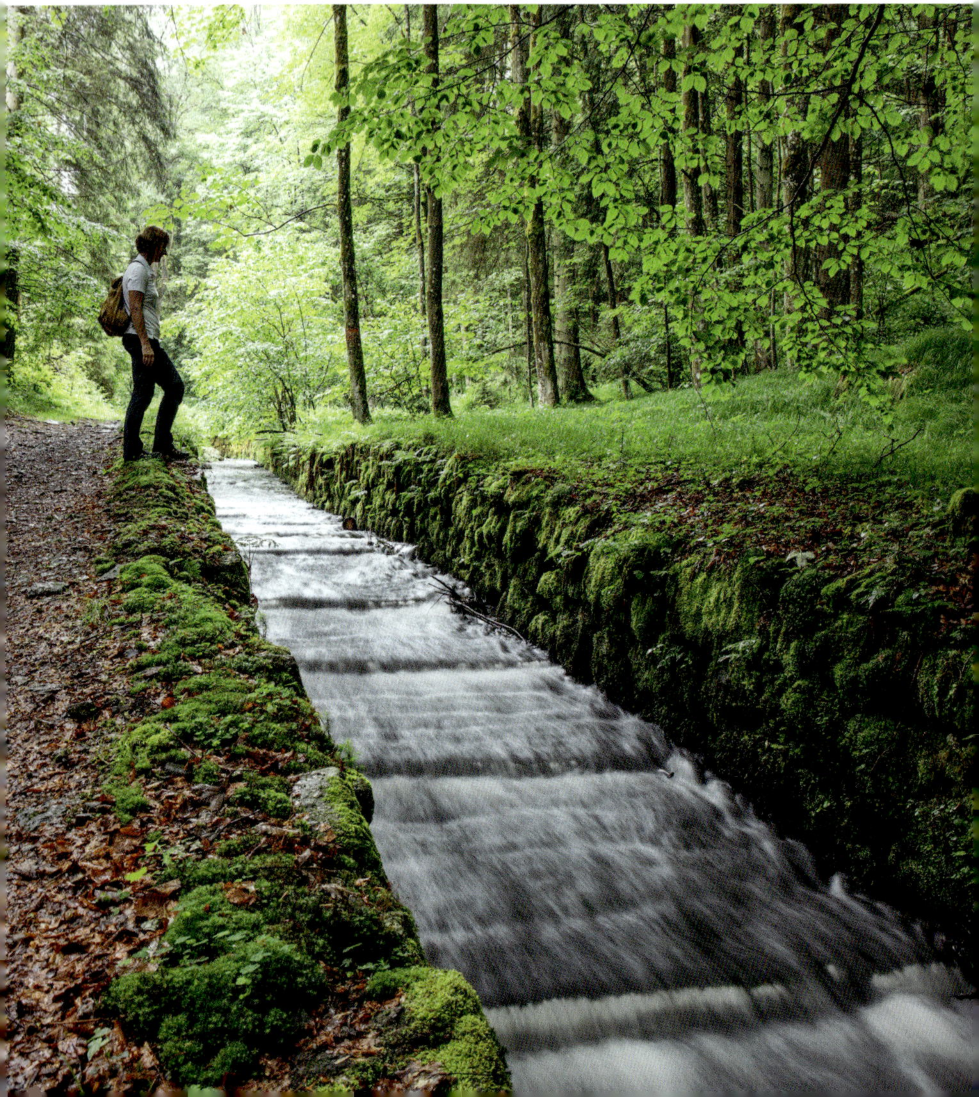

Kaum mehr vorstellbar, welch herausfordernde und gefährliche Arbeit es gewesen sein muss, das Holz an der Steilstufe bei St. Oswald seiner Wege zu leiten. Waren die Schleusen zur Zeit der Schneeschmelze geöffnet, donnerte das Wasser geradezu durch die schmalen granitbewehrten Kanäle. Verhakte sich irgendwo ein Baumstamm, war es schnell geschehen, dass nachfolgende Stämme herausgeschleudert wurden oder sich verhängnisvoll verkeilten. Nur mit viel Erfahrung und Geschick war es den Schwemmern möglich, hier alles unter Kontrolle zu halten.
Fast 170 Jahre lang wurde über den Schwarzenbergischen Schwemmkanal Holz zur Donau getriftet. Die letzten Holzschwemmen fanden bis in die 1960er-Jahre statt. Spazieren wir heute an diesem historischen Bauwerk entlang, ist es ein beschauliches Erlebnis inmitten der Natur. Neben uns plätschert am Grund des Kanals das Wasser dahin, seine Ränder umwachsen von schattenliebenden Moosen und Farnen.

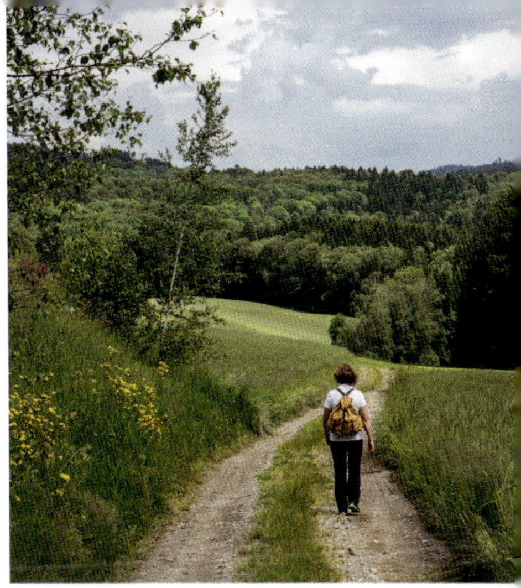

Gelegentlich liegt ein geknickter Baumstamm quer. Die Grenze zu Tschechien ist dabei immer nur einen Steinwurf entfernt. Sehenswert ist ein besonders schöner Grenzstein aus dem Jahr 1788. Solange steht dieser schon an Ort und Stelle. Und das Wasser rauscht immer noch an ihm vorbei, wie damals schon, als das für die Region noch von enormer wirtschaftlicher Bedeutung war.

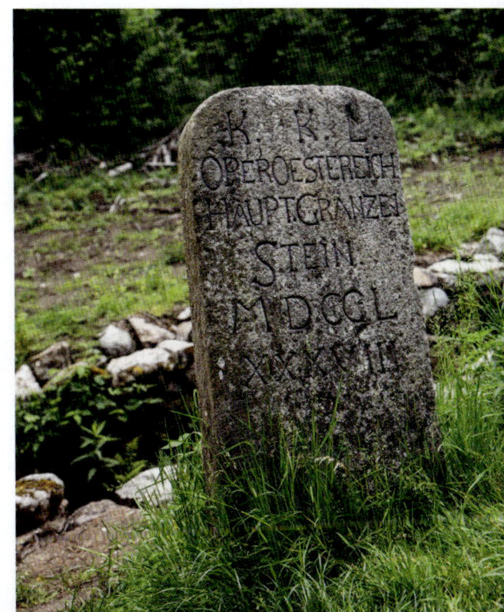

▲ Auf dem Weg hinab zur Steilstufe.

▶ Er hat schon über 230 Jahre auf dem Buckel – der historische Grenzstein.

◀ Staunen über eine bauliche Meisterleistung vergangener Zeiten.

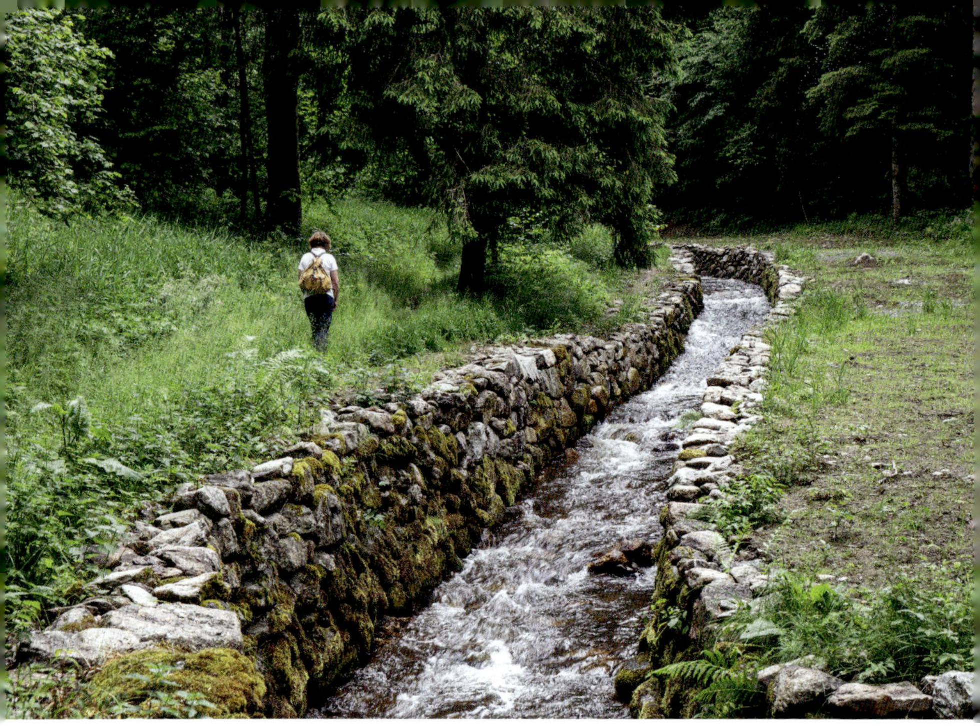

▲ Rund zwei Kilometer begleitet der Weg auf österreichischer
▼ Seite den Schwemmkanal.

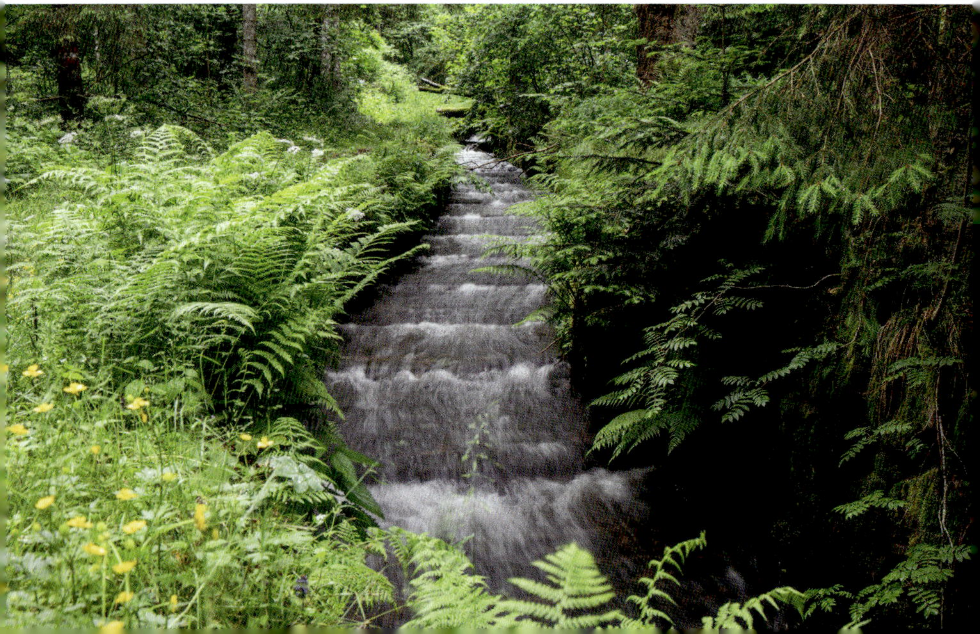

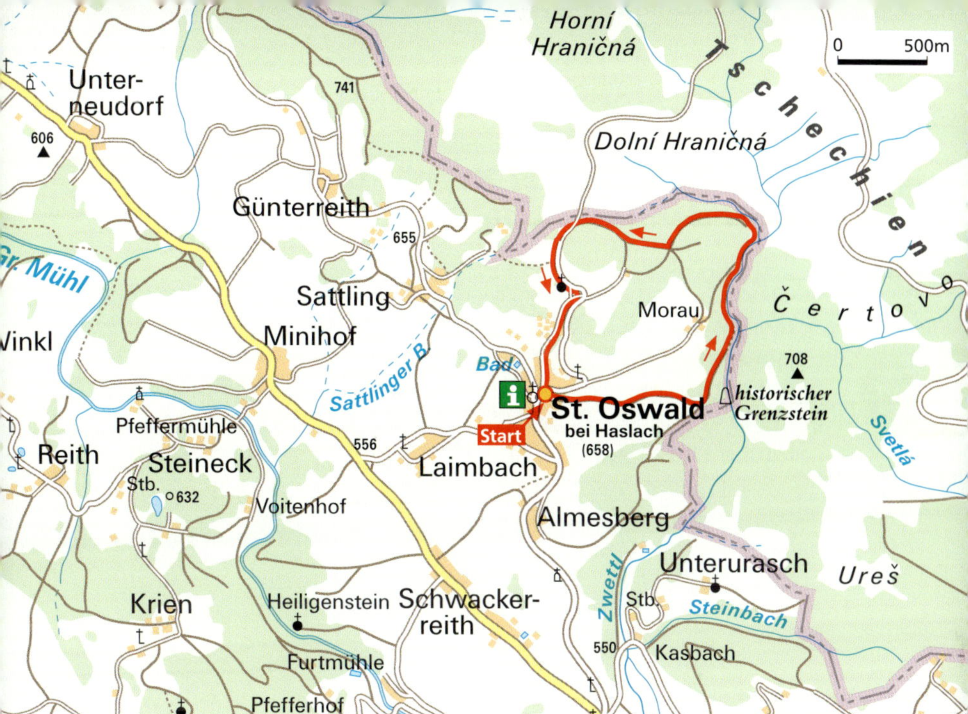

Wegbeschreibung: Startpunkt für diese Rundwanderung ist das Ortszentrum von St. Oswald. Dabei achten wir auf die gelben Wegweiser mit der Aufschrift *Steilstufenweg Kleine Runde (Wegnummer 70)*. Den Ort verlassen wir in östlicher Richtung und wandern auf einem Feldweg leicht bergab in den Wald hinein. Dort treffen wir auf den Schwemmkanal und den historischen Grenzstein. Auf österreichischer Staatsseite folgen wir dem Kanal rund 1,5 Kilometer aufwärts, bevor wir ihn linker Hand wieder verlassen und im Wald hinauf zum Galgenberg gelangen. Dieser liegt an der alten Straße nach Böhmen und diente einst als Richtstätte. Noch an einer Kapelle vorbeigehend, spazieren wir auf dieser Straße zurück zum Ausgangspunkt.
Weglänge: 4,5 Km; **Höhenmeter ↑↓:** 150 Hm; **Gehzeit:** 1,5 Std.

Variante: Man kann den Steilstufenweg auch im Ortszentrum von Haslach an der Mühl starten und ihn mit einem Streifzug durch sein Umland erweitern *(Wegnummer 78)*.
Weglänge: 16,5 Km; **Höhenmeter ↑↓:** 480 Hm; **Gehzeit:** 5 Std.

Einkehr: In St. Oswald hat leider auch das letzte Gasthaus dauerhaft geschlossen. In der näheren Umgebung bietet sich die Gastronomie in Haslach oder Aigen-Schlägl an.

12 Km

380 Hm

4 Std

Zur Heilig-Wasser-Kapelle und über den Tanzboden

Gleich zu Beginn dieser Rundtour erfreut uns der schmucke Marktplatz von Haslach. Von dort geht es über teils bewaldete Höhenrücken mit schönen Ausblicken nahe an die Tschechische Staatsgrenze heran. Eine Kapelle am Wegrand, neben der eine geheimnisvolle Quelle entspringt, ladet zum Pausieren und Innehalten ein.

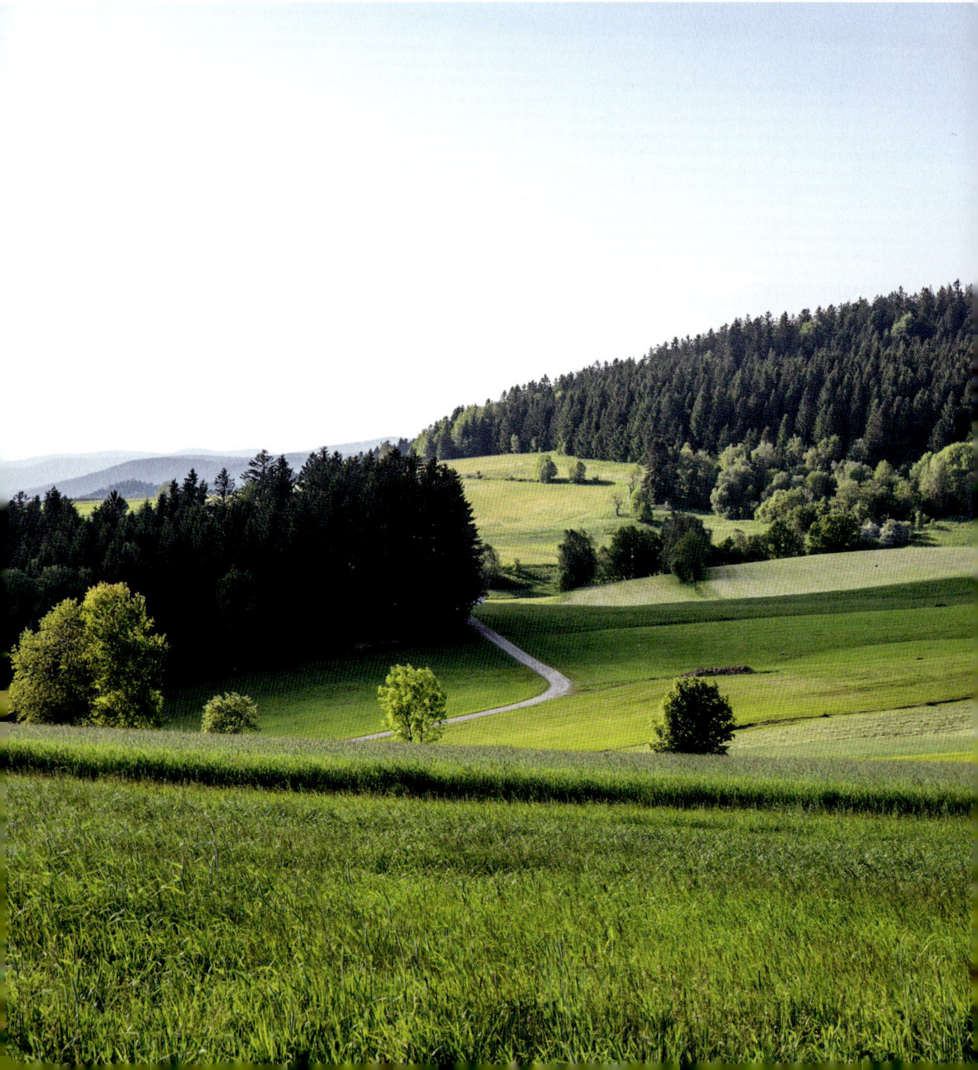

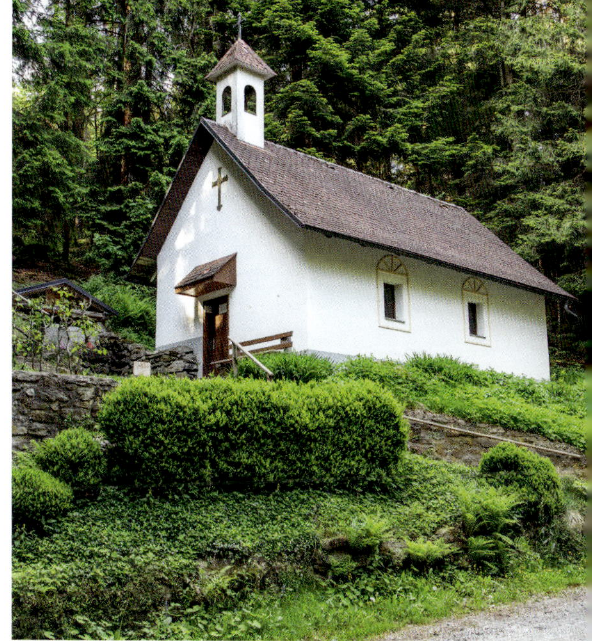

Haslach hat an Sehenswürdigkeiten einiges zu bieten und das Ortszentrum ist idealer Ausgangspunkt für diese Wanderung. Auch ohne zu wissen, dass hier einst das Zentrum einer florierenden Textilindustrie war, sieht man dem Ort seine historische Bedeutung an. Allein die Größe des Marktplatzes, die schönen Häuserreihen, die verwinkelten Gassen, eine imposante Pfarrkirche und ein alter Befestigungsturm am Ortseingang deuten darauf hin. Die vielen Museen der Gemeinde unterstreichen ebenfalls ihren Status im nordwestlichen Mühlviertel. Allen voran das neu gestaltete Webereimuseum, ausgezeichnet mit dem Österreichischen Museumspreis. In ihm lässt sich der ganze Kosmos der Textilerzeugung, von der Faser bis zum fertigen Stoff, hautnah erleben.

▲ Ein idyllischer Ort: Die Heilig-Wasser-Kapelle mit ihrer geheimnisvollen Quelle.

◄ Die südlichen Ausläufer des Böhmerwalds erweisen sich in der Umgebung von Haslach als ideales Wandergebiet.

Mit diesen Eindrücken im Gepäck ziehen wir los, hinaus in die Natur und die den Ort umgebende Hügellandschaft. Im sanften Auf und Ab ergeben sich hier an den südlichen Ausläufern des Böhmerwalds herrliche Ausblicke, die an klaren Tagen bis zu den Alpen reichen.
Freuen dürfen wir uns auch auf die Heilig-Wasser-Kapelle, neben der ein Bründl ist, das eine schöne Sage umgibt. So wird erzählt, dass die Menschen, die an dieser Stelle einst vorüberkamen, Stimmen und ein seltsames Singen hörten – im Wald aber nie jemand zu sehen war. Das sprach sich herum und immer mehr Menschen kamen, um von diesem Phänomen ergriffen zu werden. Erst als man dann die Kapelle erbaut hatte, verstummten angeblich die Stimmen.

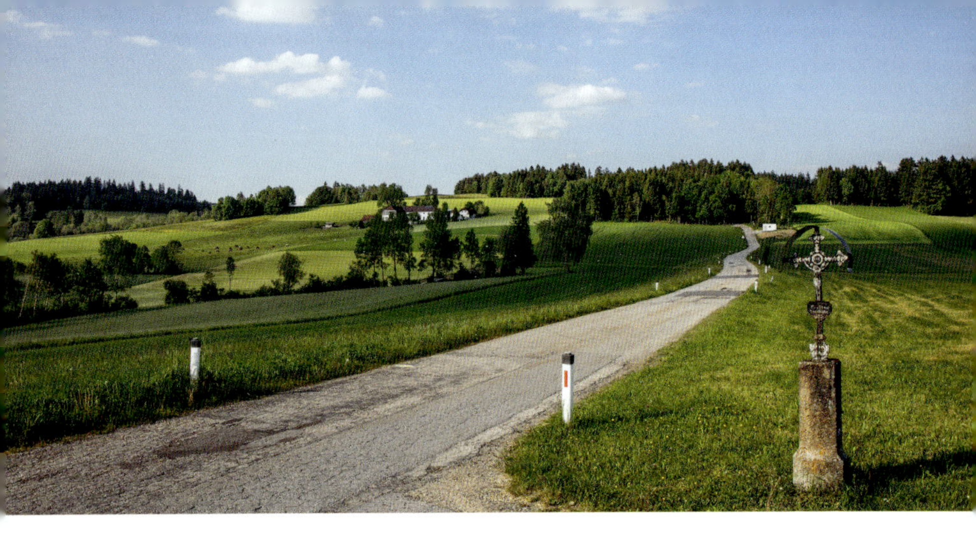

▲ Auf den Straßen nahe der Tschechischen Staatsgrenze kommt uns nur selten ein Auto entgegen.

▼ Blick auf Haslach an der Mühl mit seiner imposanten spätgotischen Kirche.

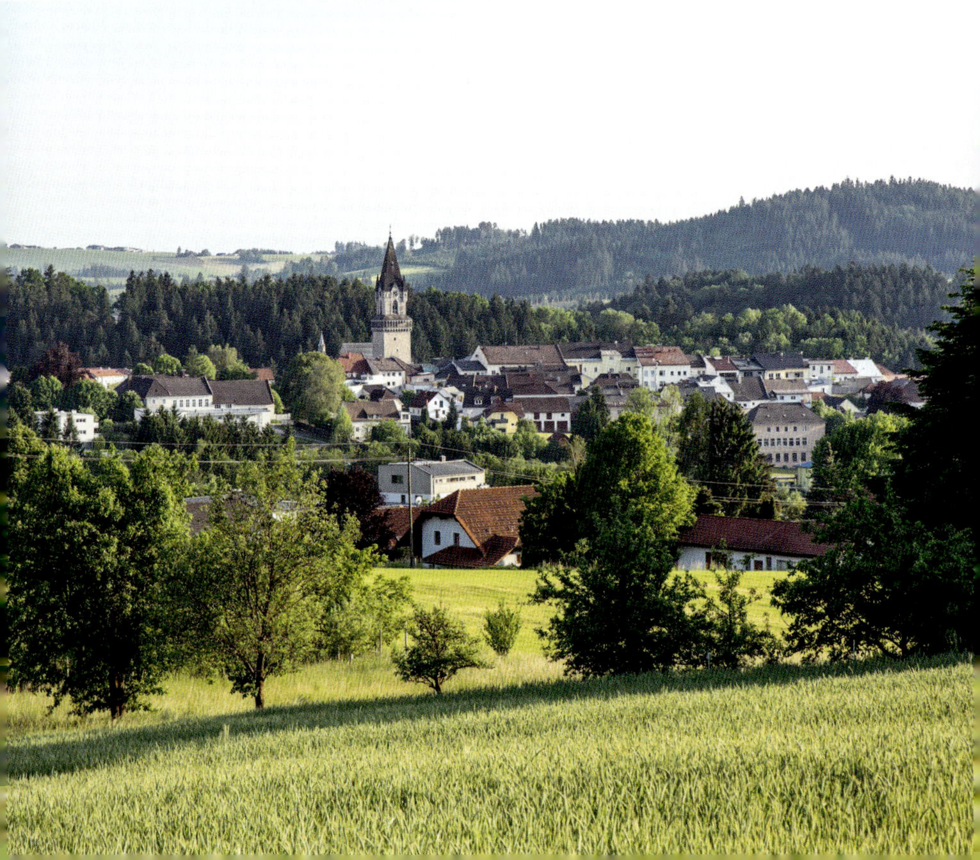

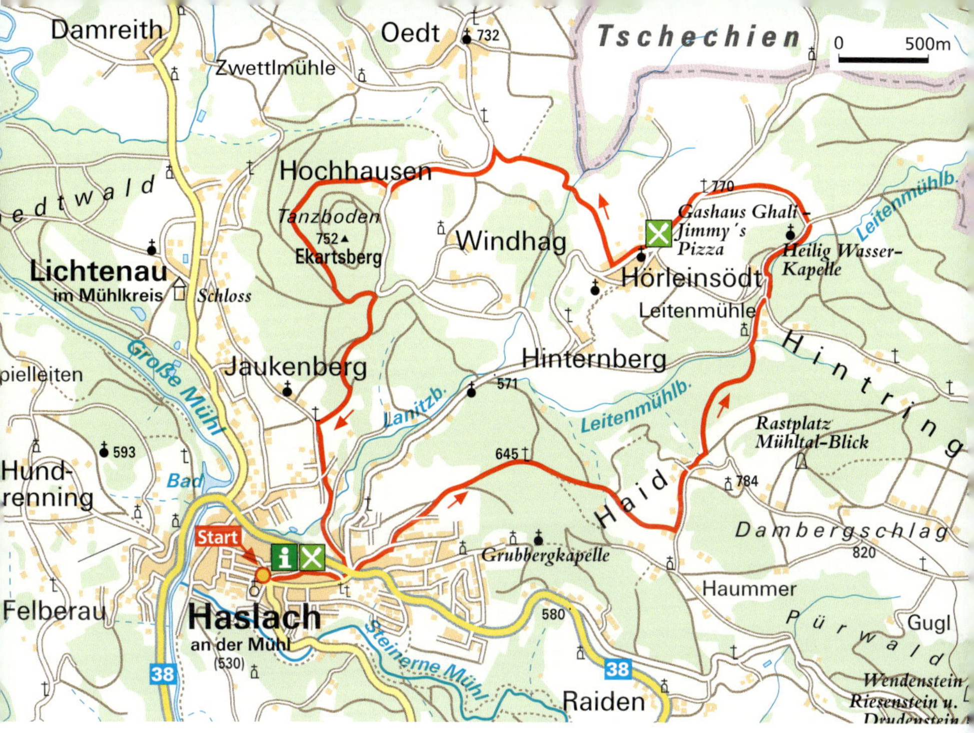

Wegbeschreibung: Ausgangspunkt für diese Rundwanderung ist der Marktplatz von Haslach. Der Weg ist durchgehend beschildert und trägt die Bezeichnung *Tanzbodenweg (Wegnummer 77)*. Den Ort in nordöstlicher Richtung verlassend, führt er uns über Felder bergan. Wir durchwandern zwei Waldstücke, queren in einer Talsenke einen Bach und erreichen nach ca. einem Drittel des Weges die Heilig-Wasser-Kapelle, die zu einer Pause einlädt. Den Wald wieder verlassend, erreichen wir über Güterwege die Ortschaft Hörleinsödt. Nach sanften Hügeln mit schönen Ausblicken geht es schließlich noch über den Tanzboden (Ekartsberg), eine der höchsten bewaldeten Erhebungen im Gemeindegebiet. Durch den Wald und über Wiesen hinab gelangen wir zurück zum Ausgangspunkt.
Weglänge: 12 Km; **Höhenmeter ↑↓:** 380 Hm; **Gehzeit:** 4 Std.

Tipp: Nicht nur das Webereimuseum ist in Haslach eine Besichtigung wert. Sehenswert ist auch der Traditionsbetrieb der *Mühlviertler Ölmühle* oder das Museum *Mechanische Klangfabrik*, wo kuriose Musikinstrumente erklingen.

Einkehr: Auf halbem Weg dieser Wanderung bietet sich in Hörleinsödt der *Gasthof Ghali – Jimmys Pizza* an. Im Restaurant sowie im schönen Gastgarten werden sowohl traditionelle wie auch mediterrane Speisen serviert.

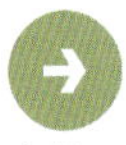

4 Km

15 Hm

1,5 Std

Der Naturerlebnisweg an der Steinernen Mühl

Im Talbecken von Haslach vereinigen sich die Große und die Steinerne Mühl. Eine Zusammenkunft zweier Flüsse, bei der die Natur im Vordergrund steht. Auf einer Rundtour entlang der Steinernen Mühl entdecken wir einen faszinierenden Lebensraum, der uns einlädt, ökologische Zusammenhänge besser verstehen zu lernen.

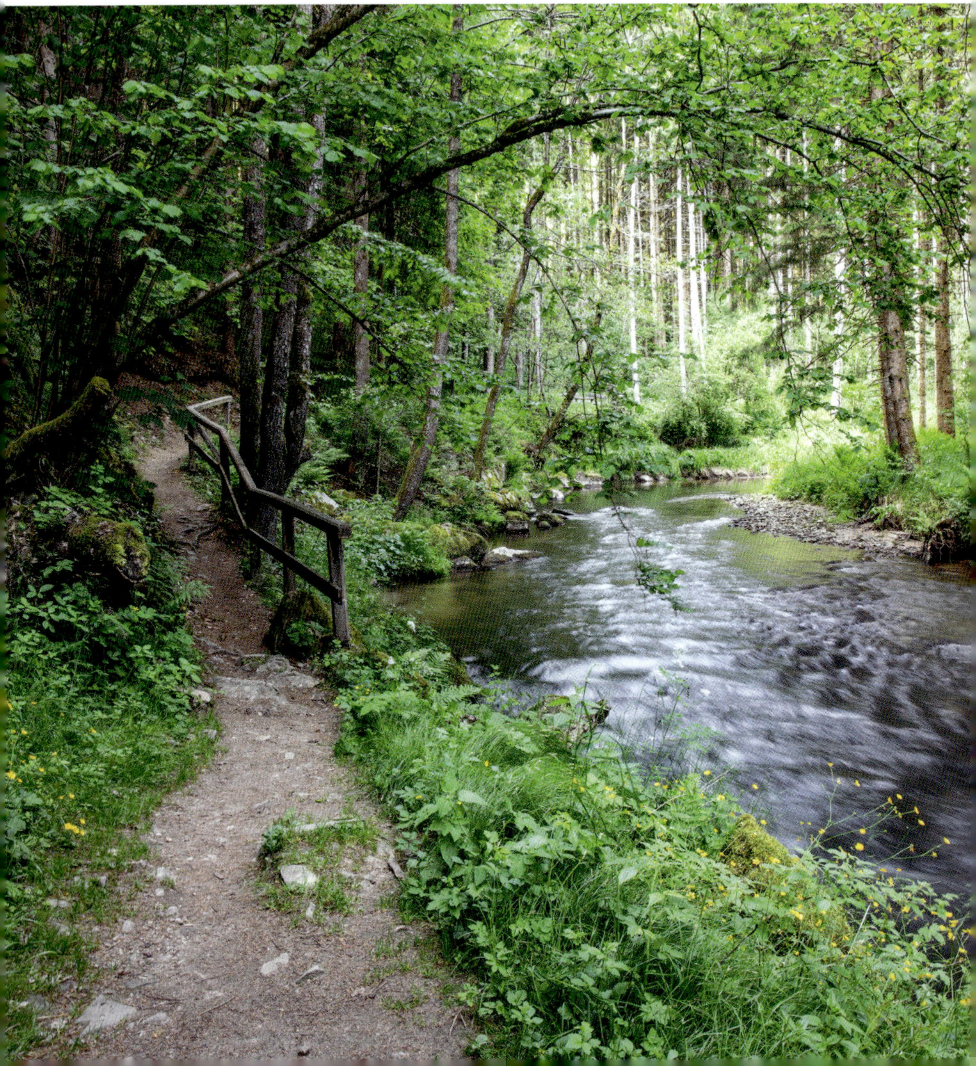

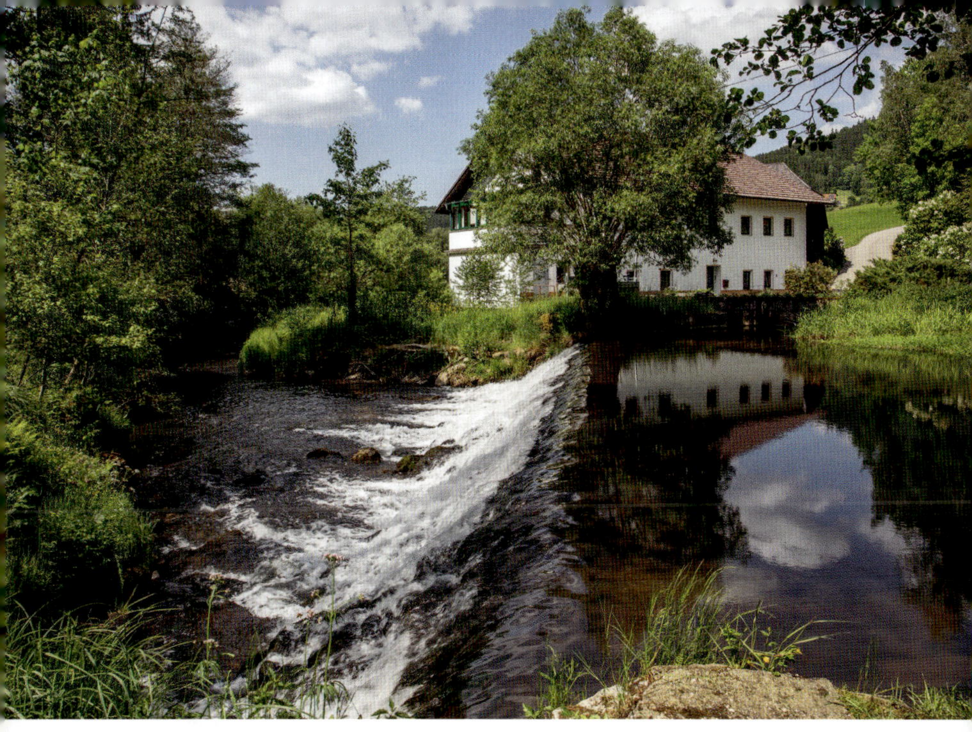

Die Steinerne Mühl entspringt in Südböhmen nahe der Ortschaft Svatý Tomás. Rund 24 Kilometer ist sie von dort bis nach Haslach – ihrem Zusammenfluss mit der Großen Mühl – unterwegs. Namensgebend sind wohl die ausgeprägten Blockhalden gewesen, die den Fluss über weite Strecken begleiten. Manchmal ist es sogar so wie an einem Abschnitt bei Helfenberg, dass das Wasser dort unterhalb der Steinblöcke fließt und an der Oberfläche unsichtbar bleibt.

▲ Bei der Zaglmühle, am Wendepunkt des Weges.

◀ Beschauliche Flussidylle an einem besonders schönen Wegabschnitt.

Nur ein geheimnisvolles unterirdisches Gurgeln verrät dann die Anwesenheit des Flusses.
An ihrem schon breiten Unterlauf bei Haslach sprudelt das Wasser förmlich wieder über den Steinen. Ein natürliches Flussbett schafft unterschiedliche Tiefen und somit Nischen für eine Vielzahl von Fischarten und anderen wasserlebenden Kleintieren. Größere Felsen werden vom Wasser umspült und bilden Inseln für feuchtigkeitsliebende Pflanzen sowie Anflugplätze für Bachstelzen und Wasseramseln. Die Ufer der Steinernen Mühl werden von einem Mischwald und Farnpflanzen geschmückt. Zahlreiche Ameisenhaufen am Waldboden zeugen von noch funktionierenden Lebensgemeinschaften.

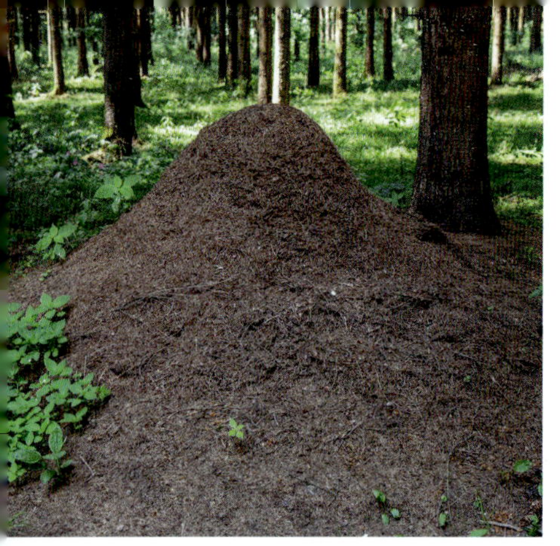

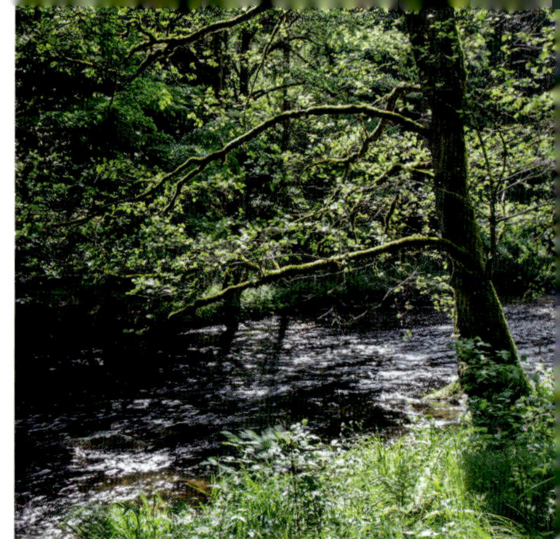

▲ In der Heimat der Roten Waldameise.

▲ Licht- und Schattenspiel an einem alten Baum.

▼ Auf einem Wiesenweg geht es wieder hinunter zum Fluss und zurück zum Ausgangspunkt.

Gute Voraussetzungen also für eine Naturvermittlung, die in diesem geschützten Landschaftsteil das Erlebnis am Fluss mit einem Wissensgewinn verknüpft. Stationen mit Infotafeln entlang des Weges nehmen Bezug auf die vom Wasserlauf geschaffenen Habitate. So lernen wir etwas über ökologische Kreisläufe und das „Netzwerken" verschiedener Lebewesen. Gerade auch Kindern bietet dieser Naturerlebnisweg die Möglichkeit, prägende Erfahrungen zu sammeln. Das ist wichtig, um sich später vielleicht auch anderswo für den Erhalt und Schutz unserer noch verbliebenen Natur einzusetzen.

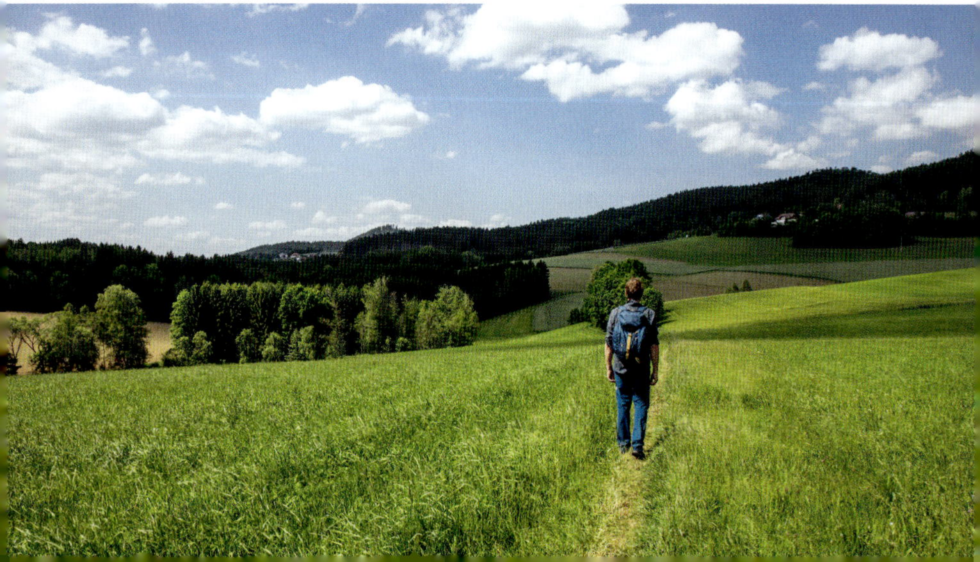

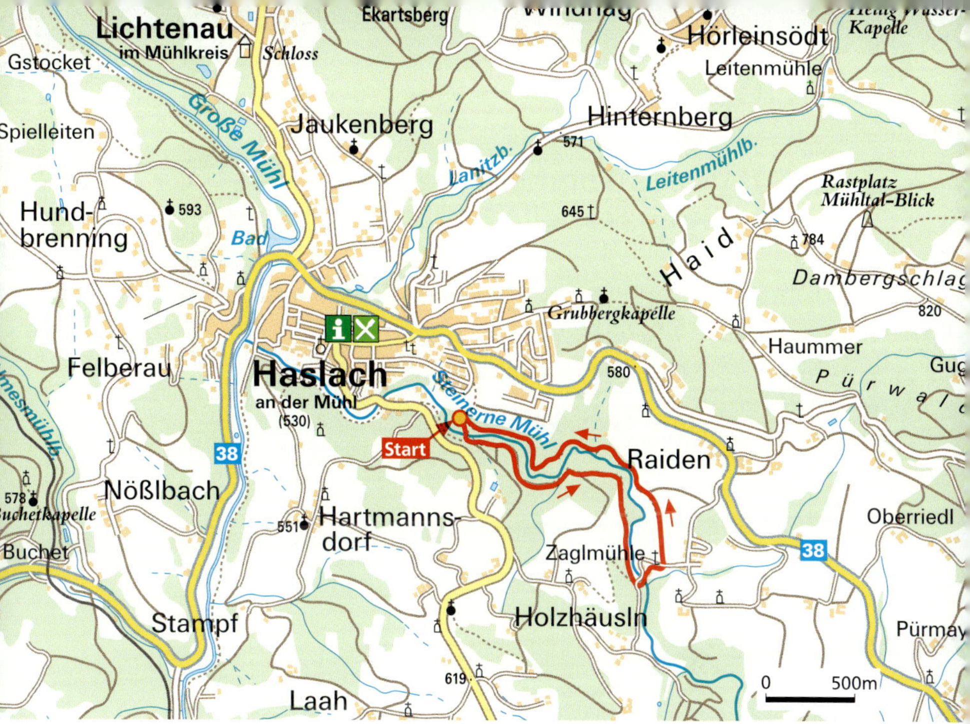

Wegbeschreibung: Ausgangspunkt ist ein für den Naturerlebnisweg ausgewiesener Parkplatz, den man über die Umfahrungsstraße von Haslach in Richtung Helfenberg erreicht. Der Rundweg ist gut ausgeschildert und die Orientierung fällt nicht schwer. Nach der Eingangstafel beim Parkplatz überqueren wir den Fluss und folgen ihm auf einem Wanderweg im Wald aufwärts bis zur Zaglmühle. Dort die Steinerne Mühl abermals querend, geht es auf der anderen Seite über einen schönen Wiesenweg und weiter im Wald zurück zum Ausgangspunkt.

Weglänge: 4 Km; **Höhenmeter ↑↓:** 15 Hm; **Gehzeit:** 1,5 Std.

Variante: Alternativ kann man die Wanderung auch am schönen Marktplatz von Haslach starten, man muss dann aber ca. eine halbe Stunde mehr Zeit einplanen.

Tipp: Nehmen Sie eine Picknickdecke und vielleicht auch ein Handtuch mit. Es gibt einige schöne Plätze, die einladen, im Fluss die Füße zu kühlen oder gar ein Bad zu nehmen. Manche haben hier schon ihr „Lieblingsplatzerl“ gefunden.

Einkehr: Im Ortszentrum von Haslach bietet sich für eine Jause oder einen Kaffee das *Cafe-Bar RISANO* an, ebenso der Gasthof *Zum alten Turm* sowie im Sommer der schöne Gastgarten im Gasthaus *Cafe-Pub Baier*.

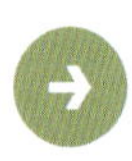
14 Km

370 Hm

4 Std

Auf dem 3-Themenweg zur Waldkreuzkapelle Maria Rast

Unterhaltsames, Erholsames und Wissenswertes soll der 3-Themenweg für uns bereithalten. So kommunizieren es die gängigen Beschreibungen. Darüber hinaus wandern wir über sanfte Hügelkuppen und durch die Wiesenlandschaft des „Himmelreichs“. Ein Höhepunkt ist der Besuch eines uralten Kraftplatzes im Wald mit einer großen steinernen Wallfahrtskapelle.

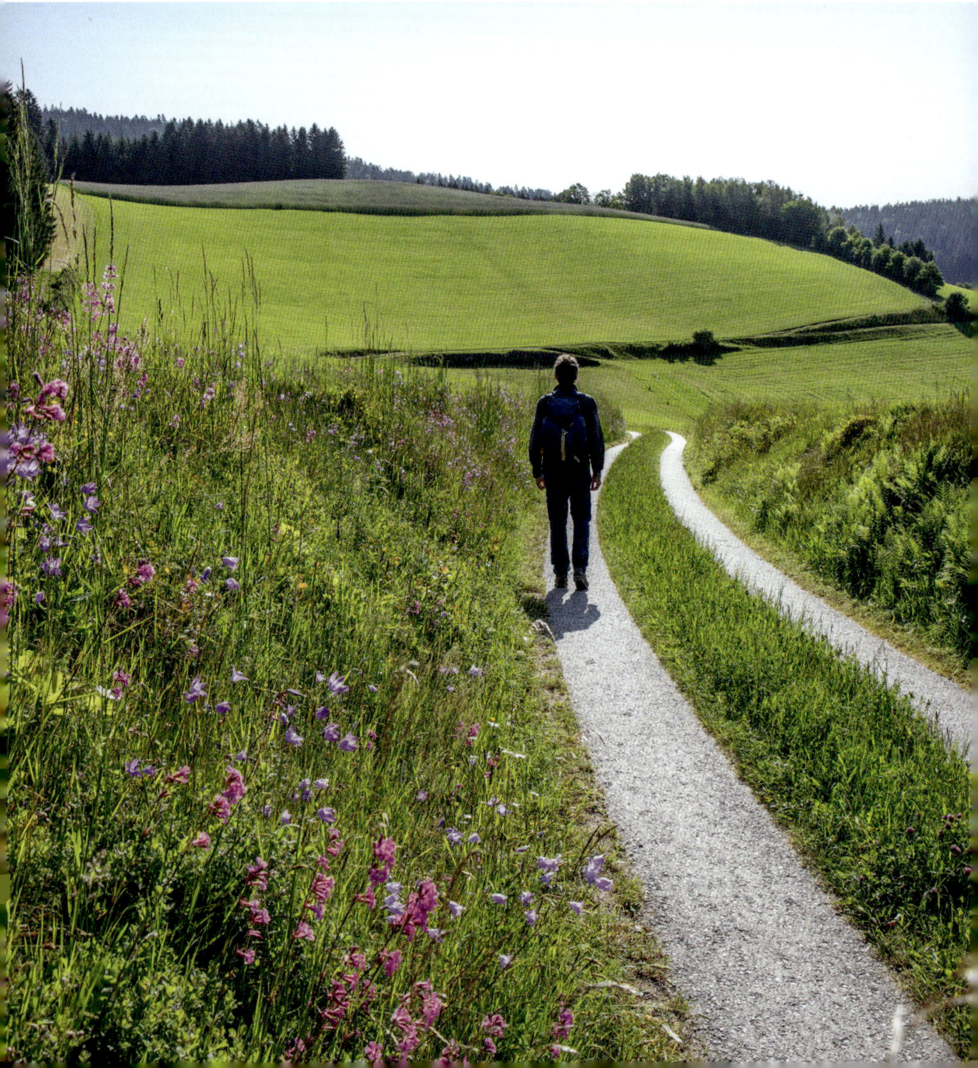

▶ Eine gepflegte Gartenanlage umgibt das Schloss Revertera.

◀ Wenn im Frühjahr die Blumen blühen ist die Wanderung durch die Wiesen des „Himmelreichs" am schönsten.

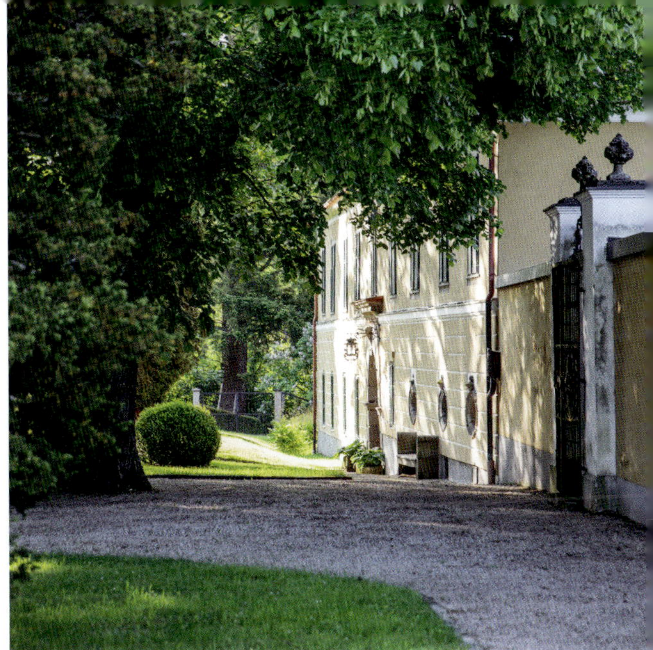

Gleich zu Beginn unserer Wanderung staunen wir über ein Kuriosum. Auf dem Marktplatz von Helfenberg steht in einem gläsernen Pavillon der Jahrhundertwebstuhl. Als der wahrscheinlich langsamste Webstuhl der Welt hat er am 1. 1. 2000 um 0.01 Uhr seine Arbeit aufgenommen. Hundert Jahre lang soll er jede Stunde einen Schuss (Faden) setzen und so einen Mühlviertler Fleckerlteppich produzieren, der pro Jahr um 14 Meter wächst. Kommenden Generationen soll dieser Teppich Zeugnis von der langen Tradition der Weberei ablegen, mit der Helfenberg seit dem 18. Jahrhundert verbunden ist.
Ein Stück außerhalb des Ortes gehen wir am Schloss Helfenberg vorüber, einem Renaissancebau, der beinahe noch immer so aussieht, wie ihn schon ein Kupferstich aus dem Jahr 1675 zeigt. Die Gebäude, im heutigen Besitz der Adelsfamilie Revertera, zieren schöne Gartenanlagen mit alten Bäumen und Skulpturen.
Besonders ansprechend wird die Gegend dann nach einem Waldstück, wenn es auf einem Wiesenweg durchs sogenannte „Himmelreich" geht. Eine sanft hügelige Landschaft aus blumenreichen Wiesen und Feldern, wo man gerne das Tempo reduziert und in den Genießermodus schaltet. Zudem ergeben sich schöne Ausblicke ins Umland.
Wieder im Wald empfängt uns als Ort der Ruhe die Waldkreuzkapelle Maria Rast. Sie ist legen-

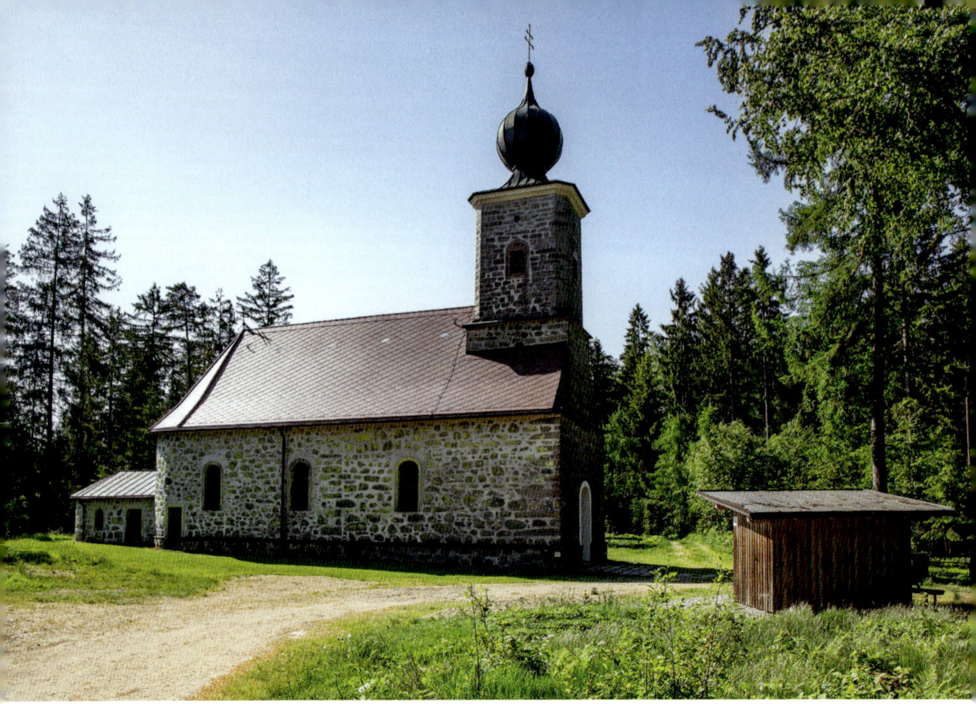

denumrankt und seit jeher ein beliebter Wallfahrtsort. Schon lange vor der Errichtung dieses Steinbaus soll hier in vorchristlicher Zeit ein keltischer Kultplatz bestanden haben. Unweit der Kapelle deuten darauf die Überreste dreier Steinkreise. Außerdem gibt es noch zwei mysteriöse Schalensteine und eine Quelle, deren Wasser angeblich nach einer Marienerscheinung geheiligt wurde. Ein Platz also, der metaphysisch aufgeladen scheint.

▲ Die steinerne Waldkreuzkapelle Maria Rast – ein stiller Ort im Wald, der zum Pausieren einlädt.

▼ Zu einem christlichen Kultplatz der Marienverehrung und Heilung wurde das Bründl unweit der Wallfahrtskirche.

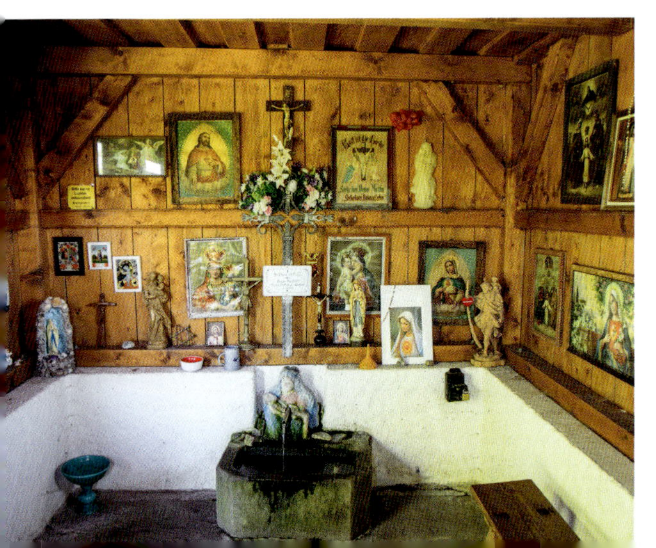

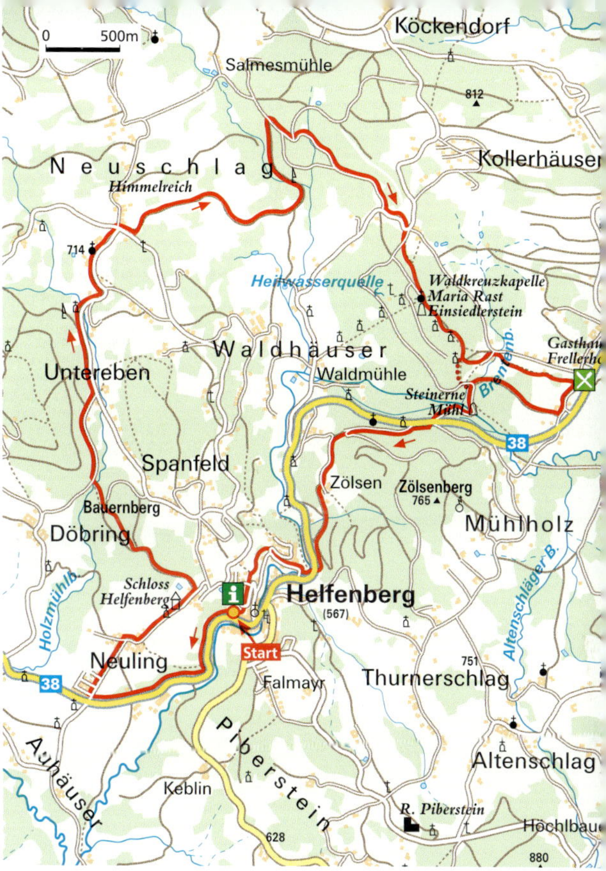

Wegbeschreibung: Wir starten diese Tour am Marktplatz von Helfenberg beim Jahrhundertwebstuhl und folgen den gelben Wegweisern mit der Aufschrift *3 Themen Weg (Wegnummer 85).* Zusätzlich begleiten uns während der gesamten Wanderung 40 Tafeln mit geistreichen Lebensweisheiten. Den Ort verlassen wir auf der Hauptstraße in südwestlicher Richtung, bevor nach ca. einem halben Kilometer der Weg zum Schloss Helfenberg abzweigt. Danach geht es durch einen Wald nach Untereben und weiter nach Neuschlag. Von dort führt ein Wiesenweg ca. 1,5 Kilometer durch die attraktive Landschaft des „Himmelreichs", bevor wir abermals in den Wald eintauchen und nach zwei weiteren Kilometern die Waldkreuzkapelle erreichen. Weiter geht es zum Gasthaus *Frellerhof* und von dort, noch die Steinerne Mühl und die Hauptstraße querend, zurück zum Ausgangspunkt.

Weglänge: 14 Km; **Höhenmeter ↑↓:** 370 Hm; **Gehzeit:** 4 Std.

Variante: Wer nicht zum Gasthaus Frellerhof gehen will, kann die Wanderung um rund zwei Kilometer verkürzen.

Tipp: Schauen Sie sich im Gemeindegebiet die auf einer Hügelkuppe gelegene *Burg Piberstein* an, in der regelmäßig Konzerte und Ausstellungen stattfinden.

Einkehr: Echte Mühlviertler Wirtshauskultur mit hauseigenem Speck und regionalen Schmankerln verspricht der *Frellerhof,* an dem unsere Wanderung in der Ortschaft Piberschlag vorbeiführt.

2,5 Km

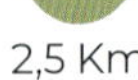

90 Hm

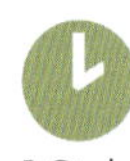

1 Std

Der Panoramaweg über der Stadt

Burgen und Schlösser errichtete man im Mittelalter gerne auf Anhöhen. So auch in Rohrbach-Berg, wo sich östlich des Stadtzentrums einst das Schloss Perg erhob. Heute befindet sich dort oben die Wallfahrtskirche Maria Trost und um die Hügelkuppe herum führt ein Panoramaweg mit herrlichen Ausblicken über die Stadt und das Obere Mühlviertel.

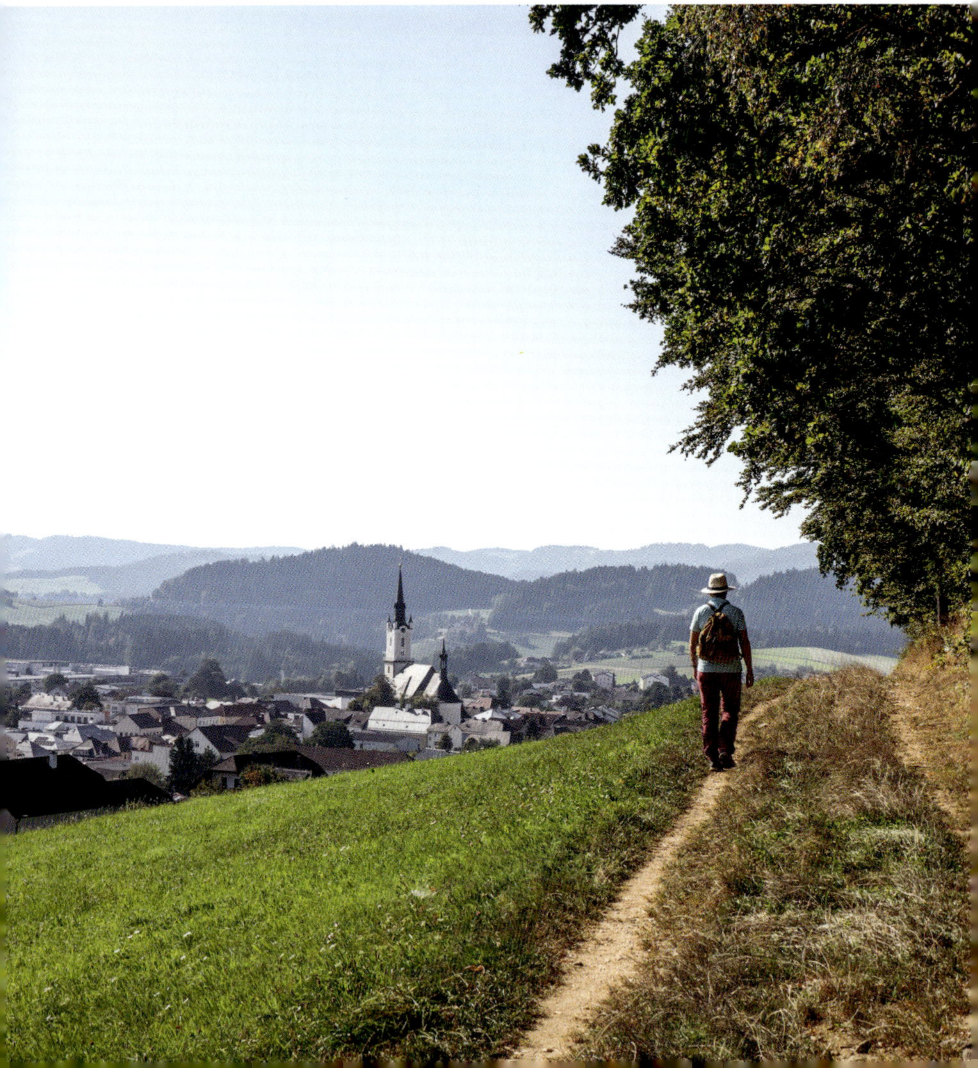

Wer in die Bezirkshauptstadt Rohrbach-Berg kommt, darf sich den Panoramarundweg nicht entgehen lassen. So viel Zeit sollte sein, denn es ist vielmehr ein kurzweiliger Spaziergang als eine echte Wanderung. Dafür bietet dieser viel Genuss, um im Schlendern, oder auf einer der Bänke am Waldrand Platz nehmend, seine Blicke über das Land schweifen zu lassen. Auf halbem Weg haben wir außerdem Gelegenheit, unserem Ausflug die wenigen Schritte hinauf zur Wallfahrtskirche Maria Trost hinzuzufügen. Das ist ebenfalls lohnend und wir erfahren dabei auch etwas über die Geschichte dieses Orts. Weithin sichtbar stand ganz oben jahrhundertelang eine Burg, die Stammsitz der Perger war. Im Zuge eines Neubaus am Fuß des Burgbergs wurden die oberen Gebäude jedoch abgetragen. An ihre Stelle rückte nach dem Jahr 1648 die heutige Wallfahrtskirche, errichtet aus Dankbarkeit, weil man im Dreißigjährigen Krieg vor den Schweden verschont geblieben war. Barockisiert wurde sie gut hundert Jahre später. Sehenswert sind das Deckenfresko und der Hochaltar mit einer beachtenswerten frühbarocken Madonna. Das Mesnerhäus-

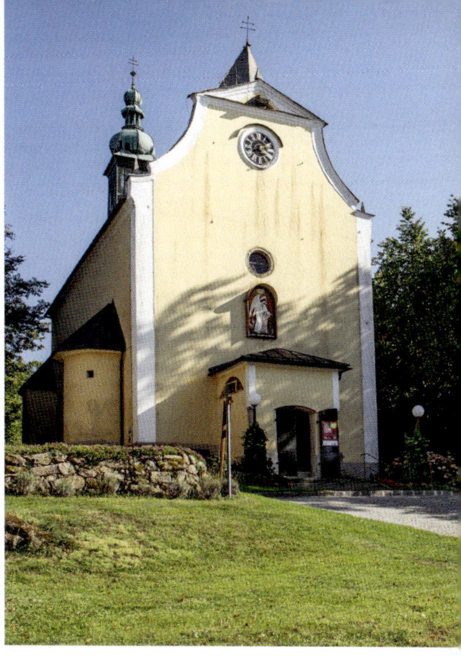

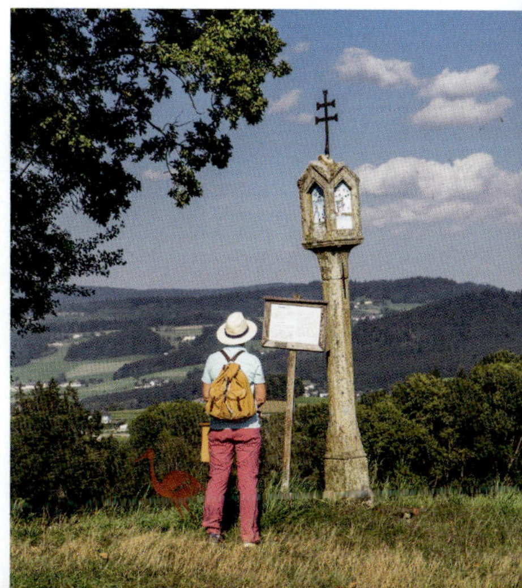

▲ Auf das 17. Jahrhundert geht die Wallfahrtskirche Maria Trost zurück.

▶ Bei der Pestsäule.

◀ Im Spaziermodus oberhalb der Bezirkshauptstadt.

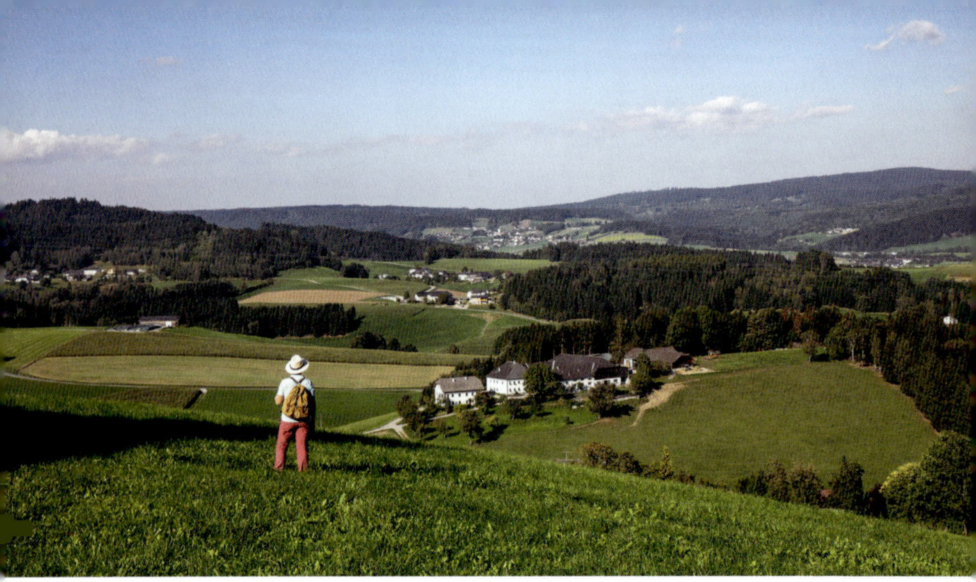

▲ Umwerfend ist der Panoramablick auf den Grenzkamm mit dem Böhmerwald.

▼ Auf dem Weg begleiten uns Heiligenstatuen.

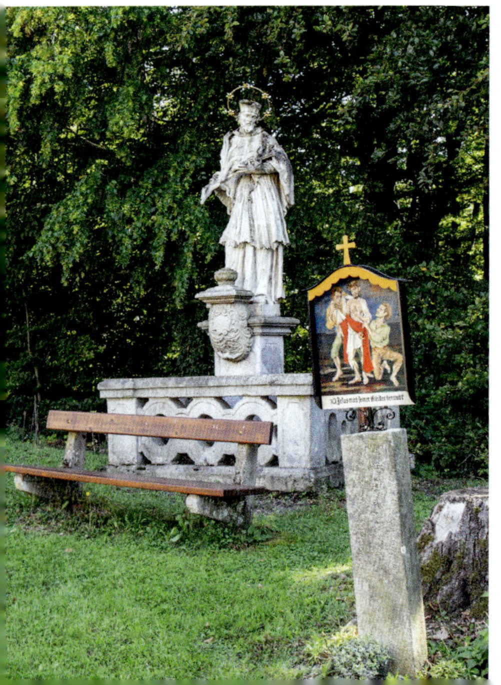

chen neben der Kirche steht noch auf den Grundmauern der verfallenen Burg, genauso wie die Maria Hilf Kapelle, eine weitere schöne Andachtsstätte auf der Bergkuppe. Den schönen, kopfsteingepflasterten Weg hinauf flankieren frisch renovierte Kreuzwegbilder und einige Heiligenstatuen.
Nach diesem Abstecher, wieder auf dem Panoramaweg, tut sich ein weiterer schöner Ausblick auf – diesmal nicht über die Stadt, sondern über die weitläufigen Ausläufer des Böhmerwalds.

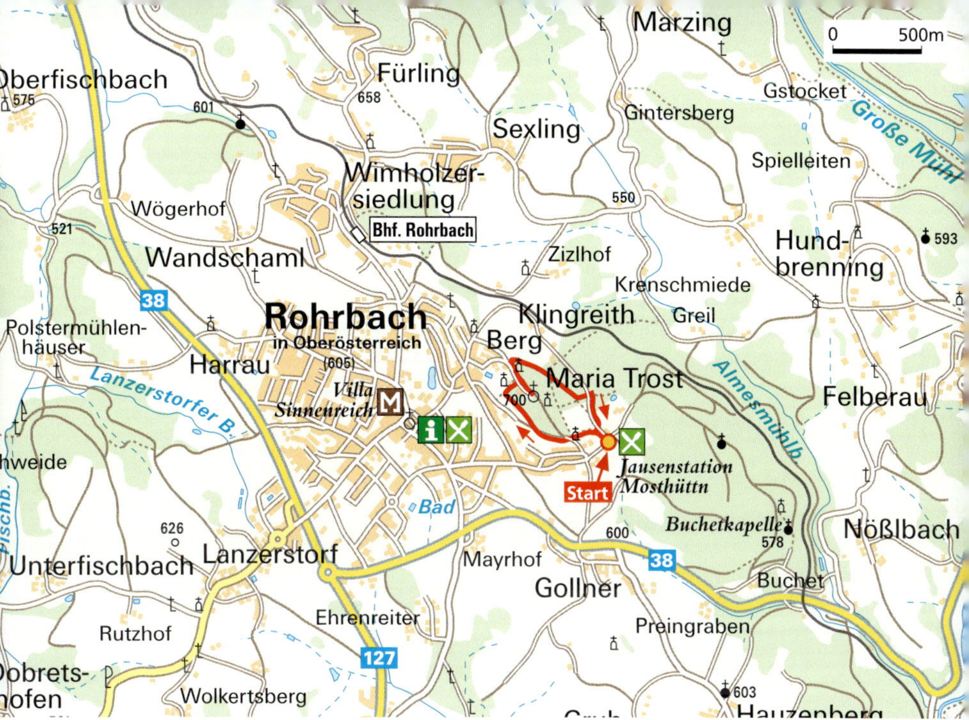

Wegbeschreibung: Startpunkt ist bei der *Jausenstation Mosthüttn (Stifterstraße 69)*. Der Rundweg ist durchgehend beschildert und trägt die Bezeichnung *Panoramaweg (Wegnummer 52)*. Einen Wiesenweg hochwandernd, erreichen wir den ersten Aussichtspunkt bei der Pestsäule, einem Mahnmal, das uns, mit einer Infotafel versehen, an dunklere Zeiten der Rohrbacher Geschichte erinnert. Am Waldrand entlang geht es mit schönen Ausblicken über die Stadt zur Kriegnerkapelle. Über historische Steinstufen an einem Denkmal vorbei, das der Volksmund „Schickanus“ nennt, erreichen wir die gepflasterte Straße, die hinauf zur Wallfahrtskirche Maria Trost führt. Nach diesem kurzen Abstecher wenden wir uns auf dem Panoramaweg nach rechts und gelangen zum „Böhmerwaldblick“. Auf einer Forststraße durch den Wald spazieren wir zurück zum Ausgangspunkt.
Weglänge: 2,5 Km; **Höhenmeter ↑↓:** 90 Hm; **Gehzeit:** 1 Std.

Tipp: Besuchen Sie in Rohrbach-Berg die *Villa sinnenreich*, ein außergewöhnliches Museum der Wahrnehmung. Entdecken Sie auf 400 m² Ausstellungsfläche eine faszinierende Welt aus Illusionen und Sinnestäuschungen.

Einkehr: Die *Jausnstation Mosthütte* am Start- und Endpunkt der Wanderung ist in der Gegend sehr beliebt und ideal für eine Stärkung mit köstlich hausgemachten Gerichten.

4,7 Km

150 Hm

1,5 Std

Den Hochwald im Blick

Plöckenstein, Hochficht und Bärenstein, die höchsten Erhebungen im Grenzverlauf des Böhmerwalds, reihen sich in der Ferne vor uns auf. Aber nicht nur wegen der großartigen Aussicht lohnt sich diese Rundtour. Unterwegs entdecken wir noch ein artenreiches Wiesenbiotop, eine historische Wolfsgrube und den Drucker Franzl Stein.

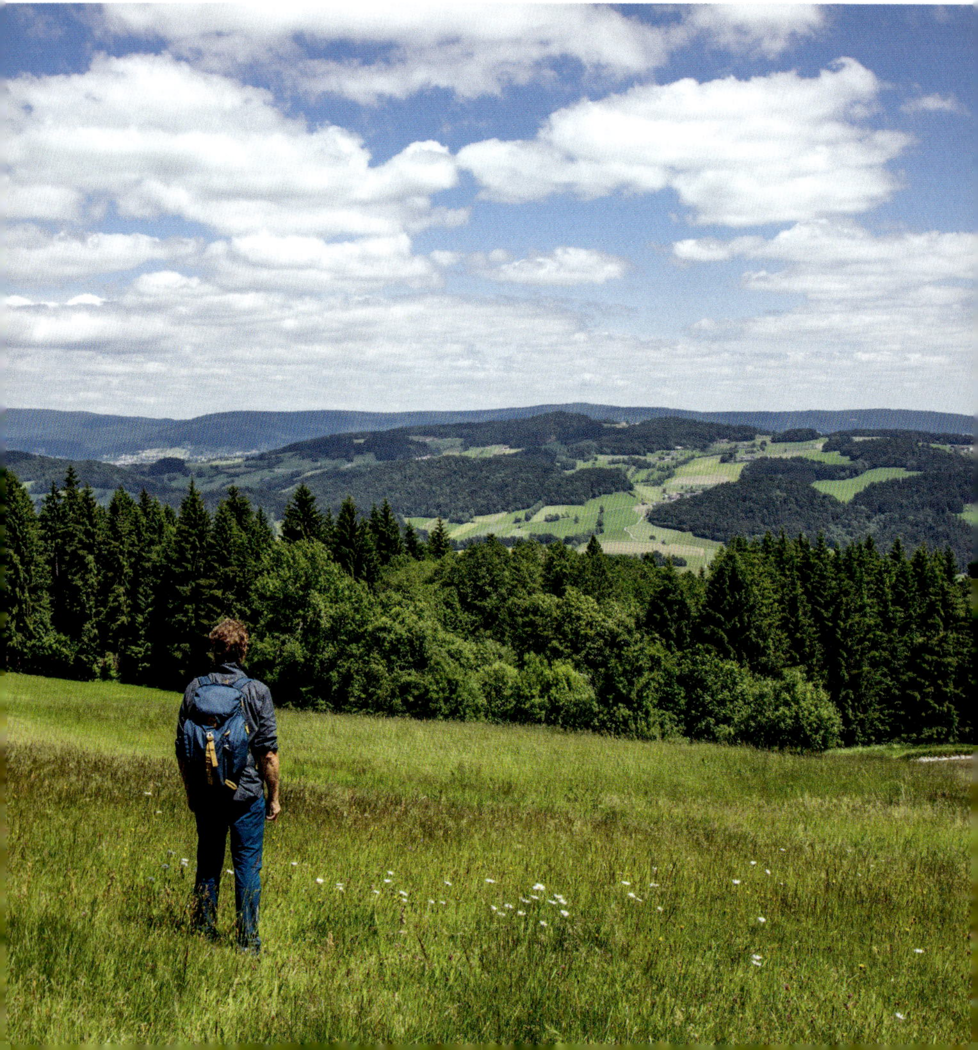

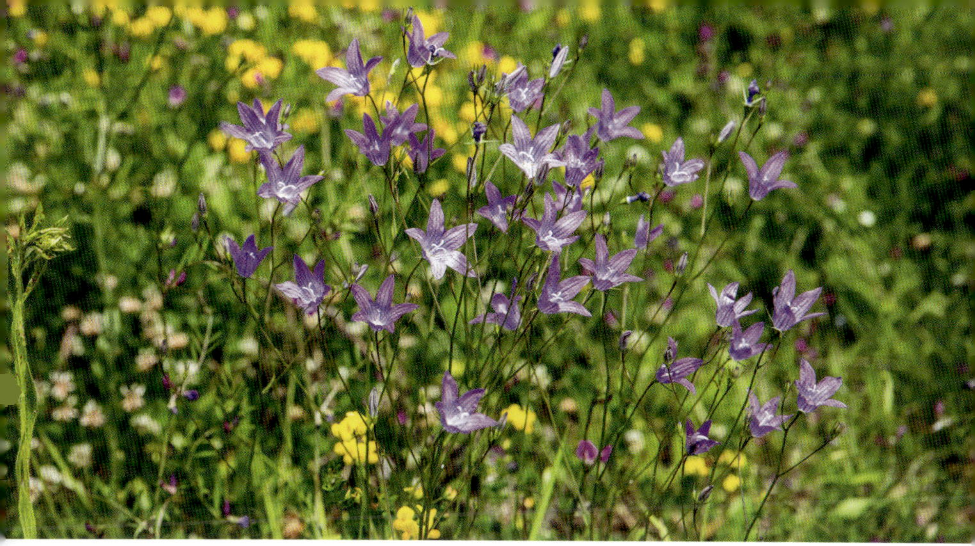

Stifters Hochwald – wie Waldwoge um Waldwoge als dunkelgrünes Band den Himmel schneidet. Wie kein anderer hat der große Dichter des Böhmerwalds es verstanden, in uns Sehnsüchte zu wecken. Beim Aussichtspunkt in Eschernhof, der sich Hochwaldblick nennt, geschieht genau das. Die Worte Adalbert Stifters im Ohr, sind wir berührt von dem, was wir sehen und vielleicht auch spüren dürfen: Das ferne Rauschen des Hochwalds, der zum Greifen nahe ist.

In direkter Nachbarschaft zum Hochwaldblick liegt am Abhang das Biotop Hemmerau. Es ist nicht das Einzige im Gemeindegebiet von Peilstein. Insgesamt sollen es rund 40 Biotope sein, die zu Beginn der 90er-Jahre naturverbundene Gemeindebürger angelegt haben. Das ist wertvolle Landschaftspflege! Bei der Hemmerau handelt es sich um eine Magerwiese, die nur einmal im Jahr gemäht wird. Das begünstigt einen Artenreichtum, sowohl bei den hier reichlich vorkommenden

▲ Glockenblumen im Trockenrasenbiotop der Hemmerau.

▶ Eine restaurierte Wolfsgrube veranschaulicht Jagdmethoden vergangener Zeiten.

◀ Den Hochwald bestens im Blick. Liegt dort vielleicht unser nächstes Wanderziel?

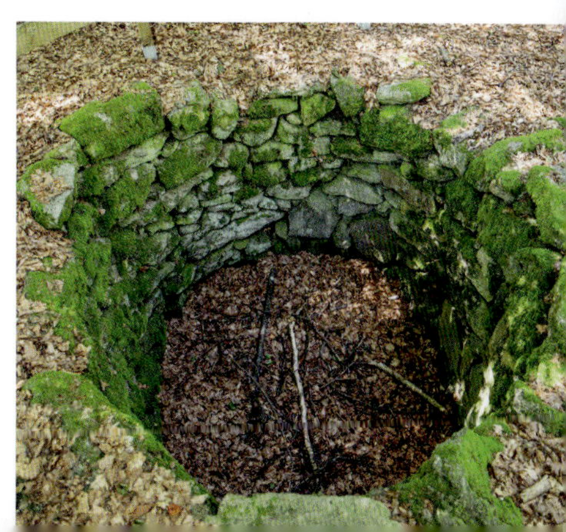

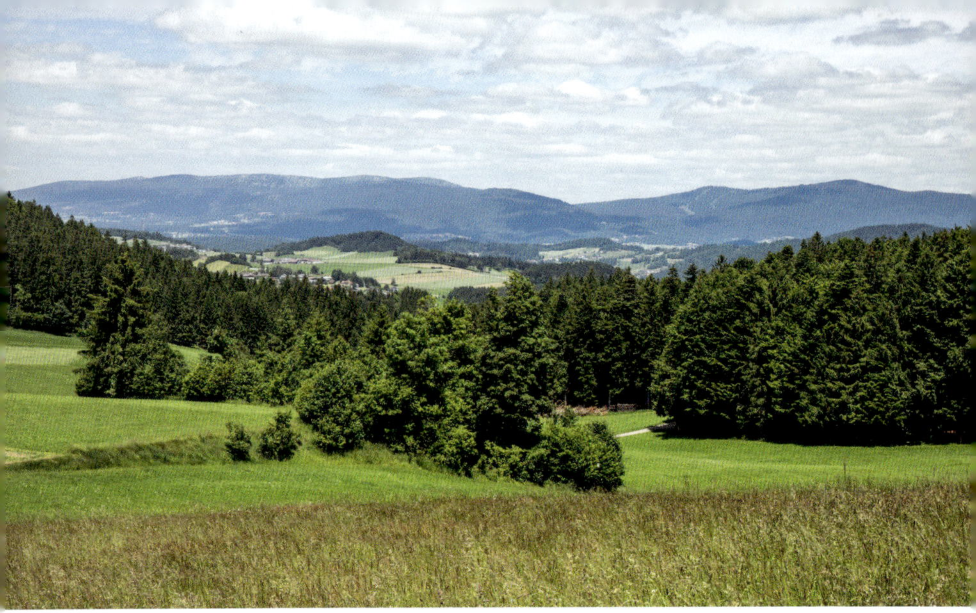

▲ Plöckenstein und Hochficht als breites dunkelgrünes Band den Himmel schneidend, so wie es Adalbert Stifter beschrieben hat.

▼ Die Marienkapelle in Lengau.

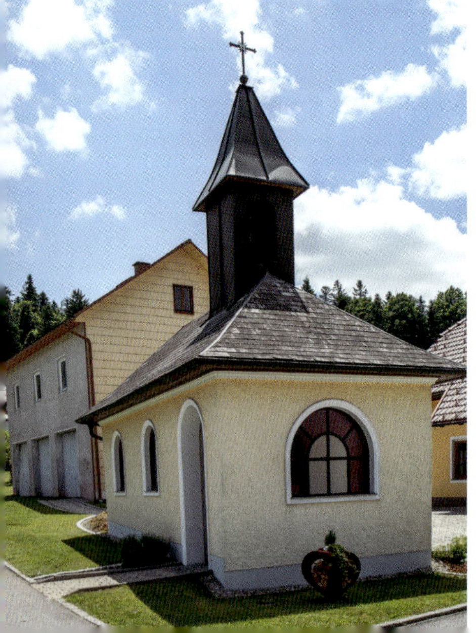

Kräutern und Wiesenblumen als auch bei den mit diesen Pflanzen im ökologischen Gleichgewicht lebenden Insekten. Manche, der hier über den Halmen schaukelnden Schmetterlinge, sieht man woanders nicht mehr. Auf ein Relikt längst vergangener Zeiten treffen wir nahe der Ortschaft Lengau. Eine noch gut erhaltene Wolfsgrube erinnert uns daran, dass man früher nicht immer ganz ohne Angst im Wald unterwegs sein konnte. Bis ins 19. Jahrhundert hinein war der Wolf im Mühlviertel ständiger Mitbewohner. Das wusste bestimmt auch der Drucker Franzl, der in der Gegend angeblich als Schmuggler und Räuber sein Unwesen trieb. Einige große Felsen im Wald haben ihm lange Zeit als Versteck gedient. Darum heißt dieser Ort noch heute „Drucker Franzl Stein".

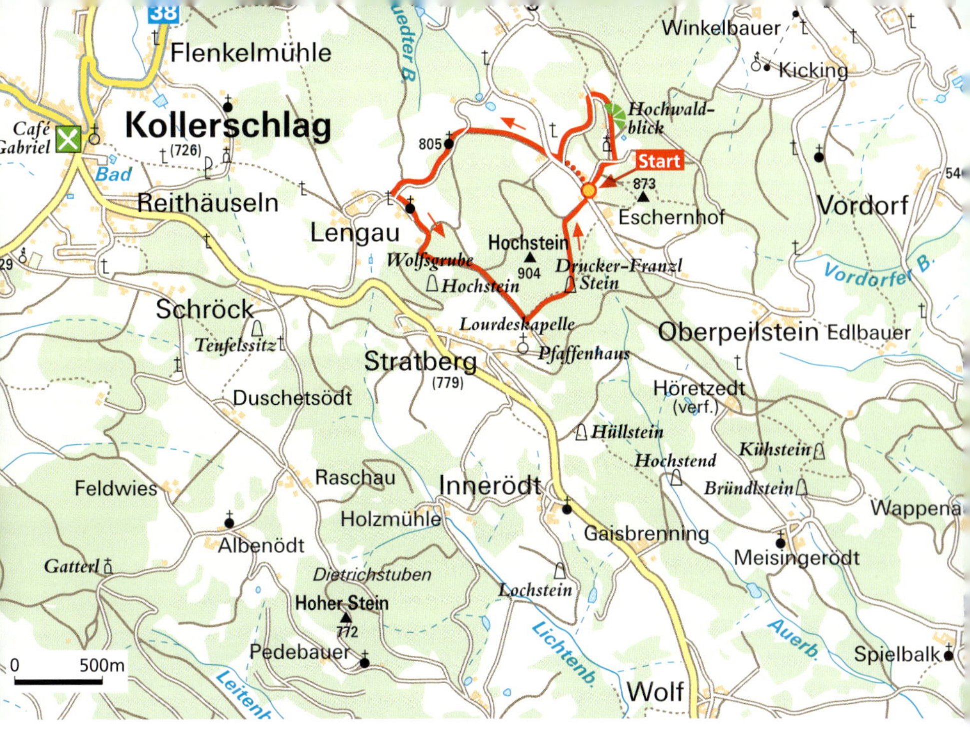

Wegbeschreibung: Startpunkt für diese Rundwanderung ist das Dorf Eschernhof. Den Ort erreichen wir über Oberpeilstein auf einer Nebenstraße. Wir folgen den gelben Wegweisern mit der Aufschrift Dreiländerblickweg *(Wegnummer 39)*. Zum Hochwaldblick spazieren wir auf die Anhöhe nördlich des Orts. Dort befindet sich auch das Trockenbiotop Hemmerau. Über ein Waldstück, an der Wolfskapelle vorbei, kommen wir zum Dorf Lengau mit einer schönen Marienkapelle. Oberhalb von Lengau befindet sich am Waldrand ein idyllischer Rastplatz mit einem weiteren Panoramablick. Es folgt die Wolfsgrube und die Abzweigung Hochstein, die uns über den bewaldeten Höhenrücken und am Drucker Franzl Stein vorbei, zurück zum Ausgangspunkt bringt.

Weglänge: 4,7 Km; **Höhenmeter ↑↓:** 150 Hm; **Gehzeit:** 1,5 Std.

Variante: Will man nur zum Hochwaldblick, wählt man ab Eschernhof die *Kleine Runde (ca. 1,1 Km)*. Der Wegabschnitt von Lengau bis zur Abzweigung Hochstein, der hier beschriebenen Rundtour, ist mit dem Stoanaweg ident. Siehe Tour Nr. 12.

Einkehr: Am Ortsrand von Peilstein freut sich der familiengeführte *Hubertushof* über einen Besuch. Ansprechend renoviert genießen wir dort noch traditionelle Wirtshauskultur.

Auf dem Stoanaweg zum Kühstein

13 Km

440 Hm

4,5 Std

Nicht umsonst sind die „Stoana" namensgebend für diesen Rundweg, denn in der Gegend gibt es nicht wenige von ihnen. Die meisten verstecken sich im Wald als mystische Opferschalen. Manche haben sich aber auch zu Blockburgen aufgetürmt, so wie am 710 Meter hohen Kühstein, dessen Besteigung uns mit einer umwerfenden Aussicht belohnt.

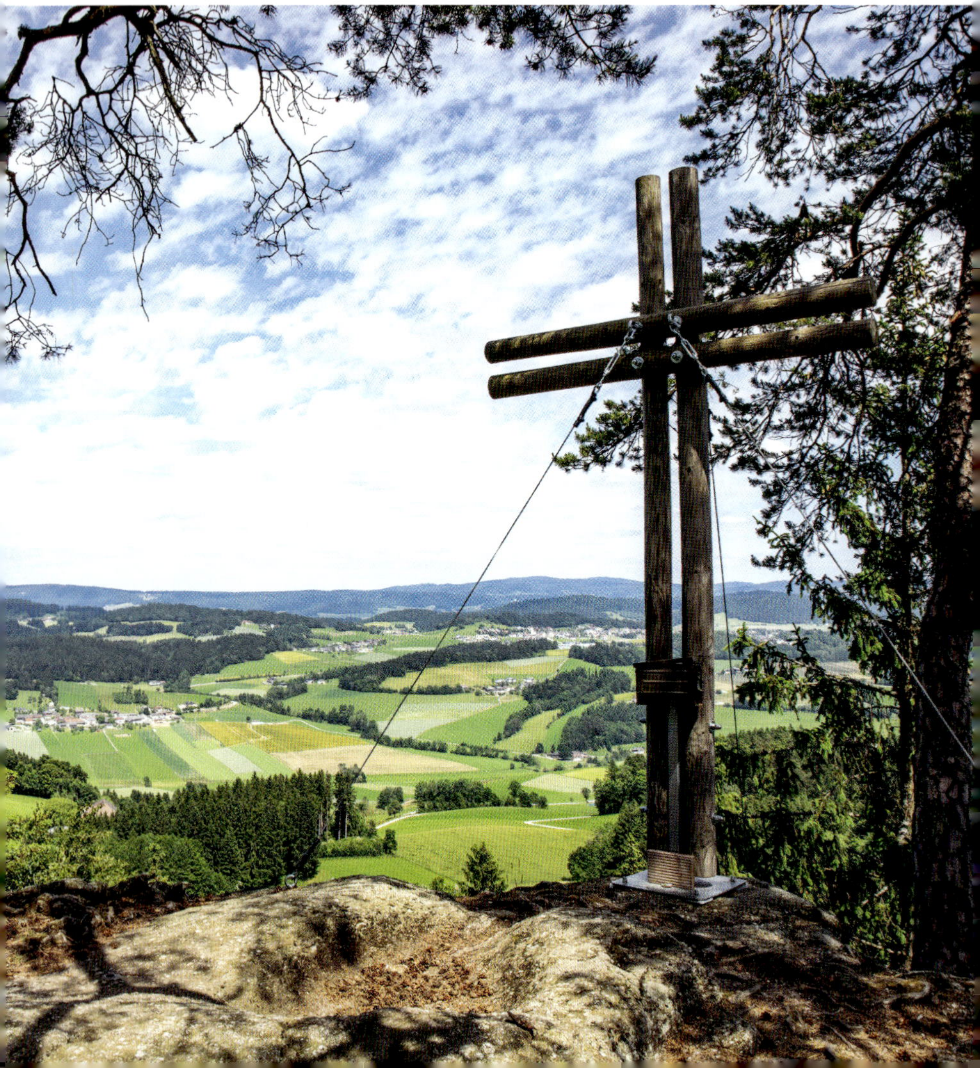

Wer sich darauf einlässt, kann sich auf dieser Wanderung ganz der Mystik hingeben. Waren die vielen im Wald verstreut liegenden Steine einst Kraft- und Kultstätten unserer Vorfahren? Welche Bedeutung wurde ihnen in der Vergangenheit zugeschrieben? Einige weisen seltsame Vertiefungen auf. Wurden diese von Menschenhand geschaffen oder doch nur durch einen natürlichen Verwitterungsprozess? Genau werden wir das wohl nie erfahren, aber es gibt eine Theorie zu den Schalensteinen: Unsere vorchristlichen Ahnen sollen hier ihren Göttern Opfer dargebracht haben.
Als besonders schön gilt der Bründlstein. In ihm befindet sich eine tiefe Mulde, die fast immer mit Wasser gefüllt ist. Über dem großen Stein ist das Walddach ein stückweit geöffnet. Schauen wir in die Pfütze, kann es sein, dass sich darin das Blau und die vorüberziehenden Wolken des Himmels spiegeln. Eine Einladung sich hier in der Stille seinen Träumen hinzugeben.
Legenden ranken sich um den Kühstein, der höchsten Erhebung im Verlauf eines Höhenrückens. Nach Norden hin fällt er 20 Meter senkrecht ab, auf der anderen Seite ist er über den Wanderweg jedoch leicht zu besteigen. Einige alte Föhren haben sich auf seinem Felsdach behaupten können. Ein Gipfelkreuz betont die großartige Lage. Der Blick ins Tal der

▲ Rast unter den Gipfelfelsen des Kühsteins, einem wohltuenden Ruhepol.

▶ In Stratberg führt der Weg an einer schönen Kapelle vorbei, die an die Marienerscheinungen von Lourdes erinnern soll.

◀ Einen Höhepunkt dieser Wanderung bildet die Besteigung des Kühsteins. Neben dem Gipfelkreuz befindet sich eine große schalenförmige Vertiefung, die bis heute Rätsel aufgibt.

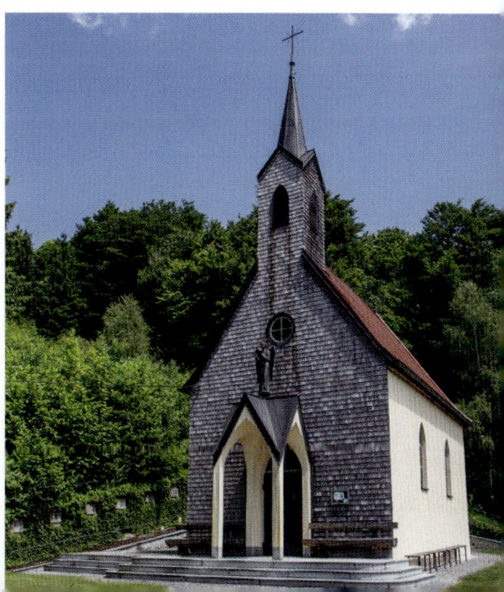

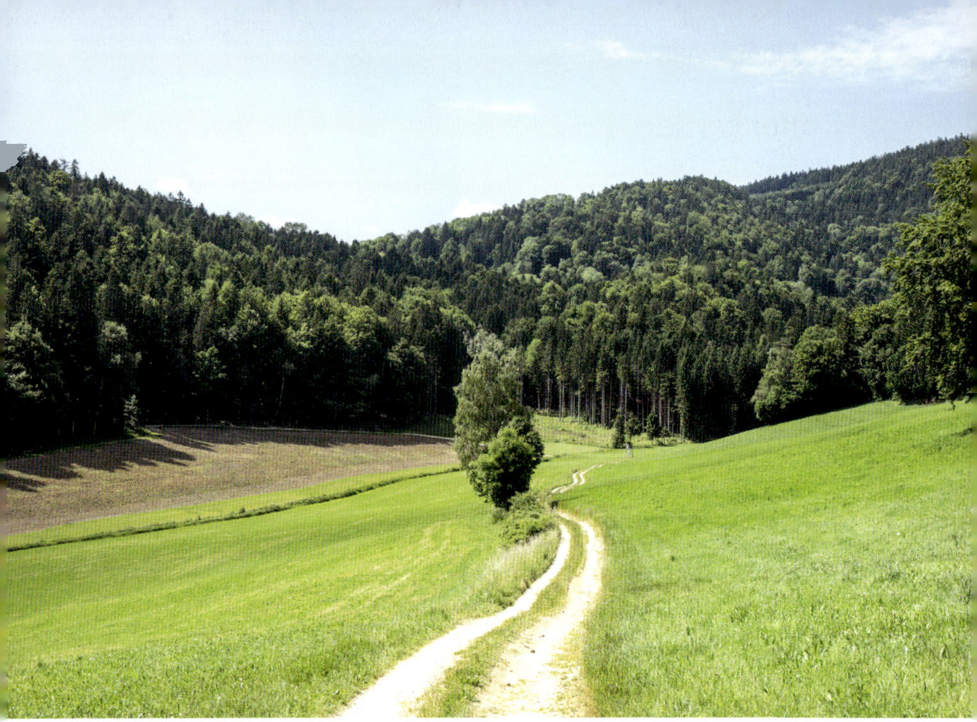

▲ Die Versteckplätze der „Stoana“ verbindet ein Wiesenweg.

▼ Welch großartige Mystik – in der wassergefüllten Schale des Bründlsteins spiegeln sich die am Himmel vorüberziehenden Wolken.

Kleinen Mühl und weit darüber hinaus bleiben unvergesslich, so wie die anderen „Orte der Kraft“, denen wir im Verlauf dieser Wanderung begegnen.

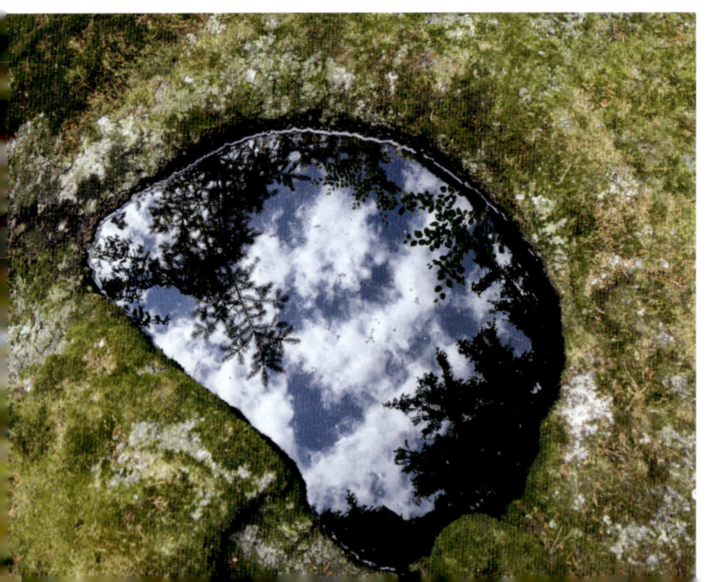

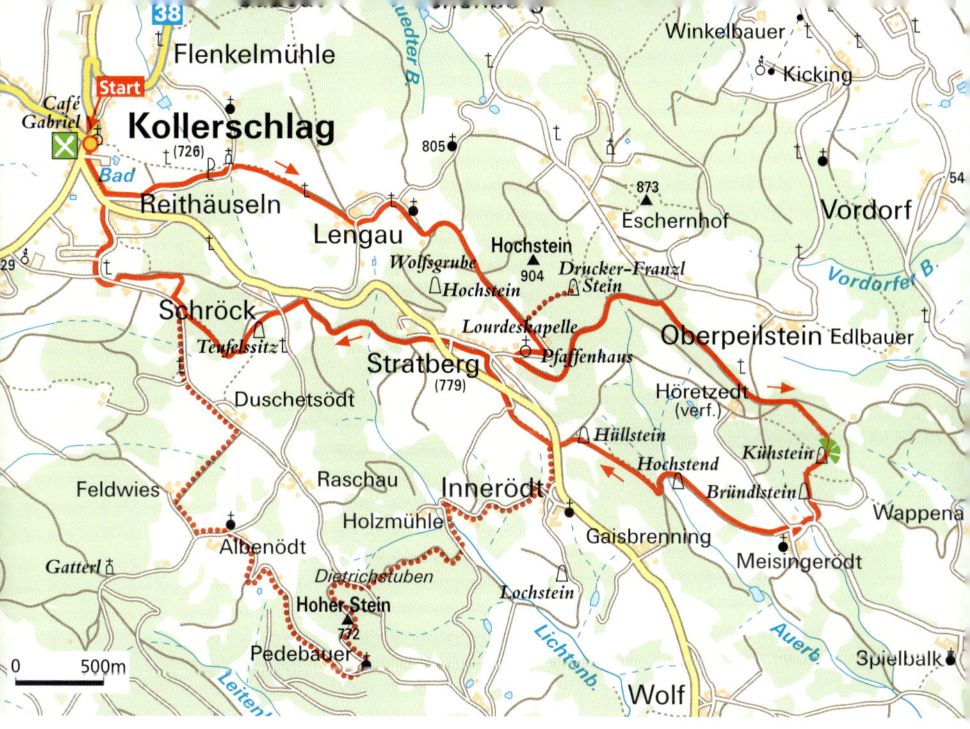

Wegbeschreibung: Wir starten im Ortszentrum und folgen den gelben Wegweisern mit der Aufschrift *Stoanaweg (Wegnummer 11a)*. Nachdem wir die letzten Häuser von Kollerschlag hinter uns gelassen haben, steigen wir über einen Wiesenweg hinauf zum Weiler Lengau. An einer Wolfsgrube aus früheren Tagen vorbei geht es zur schönen Wanger-Fritzn-Kapelle, einer Mariengedenkstätte. Über einen bewaldeten Höhenrücken erreichen wir den Gipfel des Kühsteins. Nicht weit von ihm ist auch der Bründlstein. Abwechselnd im Wald und über Felder und Wiesen geht es, am Hüllstein vorbei, zum Dorf Stratberg. Hier zweimal die Hauptstraße querend, wandern wir über den Teufelssitz, einem weiteren markanten Felsen, zurück zum Ausgangspunkt.
Weglänge: 13 Km; **Höhenmeter ↑↓:** 440 Hm; **Gehzeit:** 4,5 Std.

Variante: Mit mehr Zeit und Ausdauer lässt sich auch eine 19 Kilometer lange Wegvariante des Stoanawegs bewältigen *(Wegnummer 11)*. Diese führt auch noch über die Felsen am Hohen Stein.

Tipp: Planen Sie ausreichend Zeit für eine Rast am Kühstein ein.

Einkehr: Gemütlichkeit und traditionelle Wirtshauskultur bietet in Kollerschlag der *Landgasthof Grenzlos*. Oder besuchen Sie das neu eröffnete Restaurant *Glorious Bastards* im *Loxone Campus* und genießen Sie dort ein Steak vom Grill oder eine frisch gebackene Pizza aus dem Holzofen.

14 Km

280 Hm

4 Std

Vom Rannastausee zum Donaublick Penzenstein

Bischof-Firmian-Weg nennt sich eine ausgedehnte Rundtour, die abwechslungsreiche Landschaftseindrücke bietet. Nahe am Ausgangspunkt lädt der Rannastausee zum Träumen ein und beeindruckt mit seiner imposanten Staumauer. Dann folgen wir einem Pfad ins Naturschutzgebiet Rannatal, einer urwüchsigen Schlucht, mit von Moosen und Flechten überzogenen Blockhalden. Angekommen am sagenumwobenen Penzenstein genießen wir bei einer Kapelle den herrlichen Blick hinab zur Donau und hinüber zum Stift Engelszell im benachbarten Innviertel.

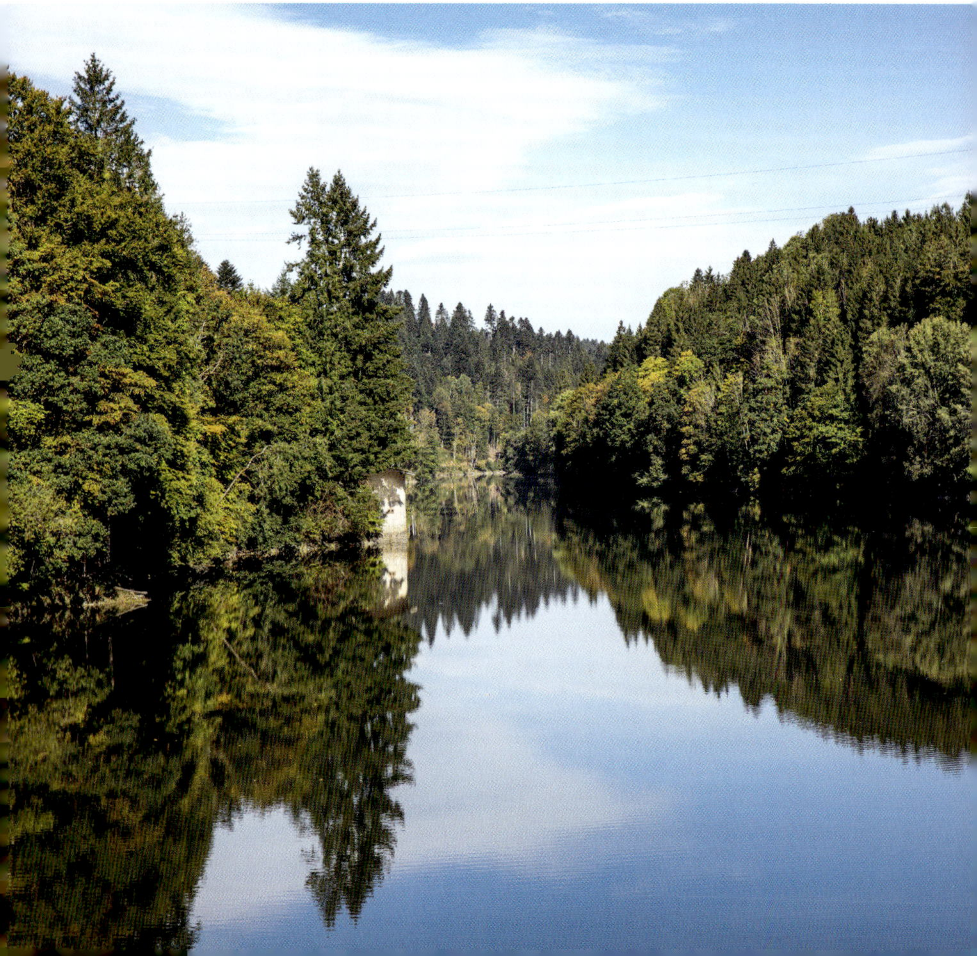

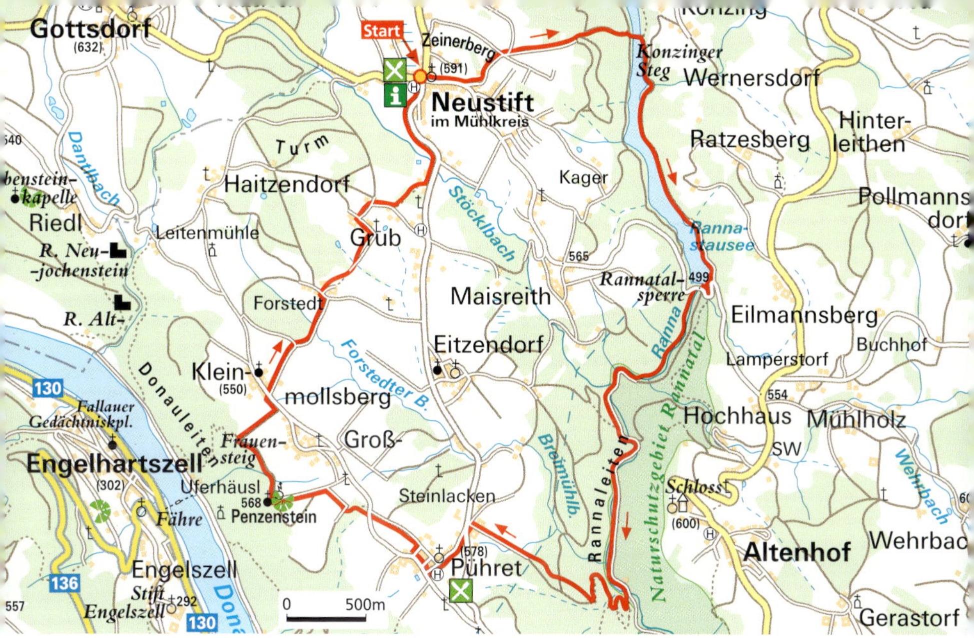

Wegbeschreibung: Startpunkt ist das Ortszentrum von Neustift. Von hier folgen wir den Wegweisern mit der Aufschrift *Bischof-Firmian-Weg*. Es geht zum Rannastausee, den wir beim Konzinger Steg queren. Den Uferweg entlang spazieren wir bis zur Staumauer. Hier zweigt ein Pfad ab, der uns hinab ins Naturschutzgebiet Rannatal führt. Rund zwei Kilometer folgen wir dem Schluchtverlauf, bevor wir auf einem wieder ansteigenden Weg die Ortschaft Pühret erreichen. Nicht mehr weit ist es von hier zum Penzenstein, einer an der Donauleiten vorspringenden Felskanzel. Ein idealer Ort, um eine Rast einzulegen und die Ruhe und Aussicht zu genießen. Über Kleinmollsberg und Forstedt wandern wir zurück zum Ausgangspunkt.

Weglänge: 14 Km; **Höhenmeter ↑↓:** 280 Hm; **Gehzeit:** 4 Std.

Variante: Die Rundtour ist in beide Gehrichtungen beschildert.

Einkehr: Auf dem Weg liegt in Pühret der Hotel- und Gastronomiebetrieb *Weiss*, der uns mit köstlichen Schmankerln aus der Region verwöhnt. In Neustift freut sich das *Gasthaus Wundsam* über einen Besuch.

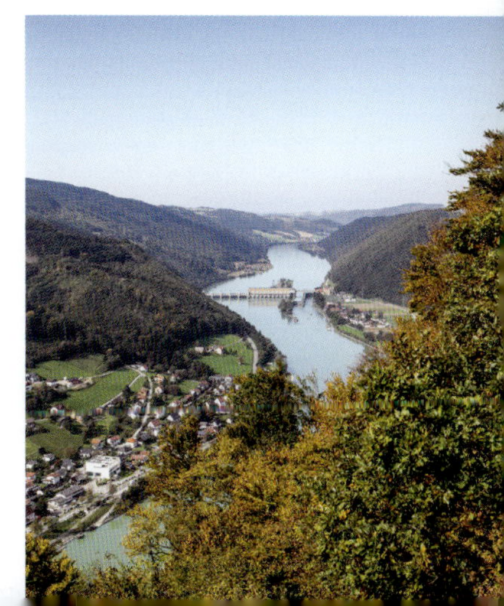

▶ Der Donaublick Penzenstein.

◀ Im Spiegel des Rannastausees.

8,6 Km

150 Hm

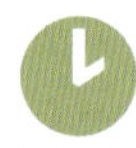

3 Std

Auf dem Labyrinth-Wanderweg

Im Leben Orientierung und seine Mitte finden, das ist mitunter eine Herausforderung. Diesem Thema hat man sich in Hofkirchen in Form von Labyrinthen angenommen, die uns dabei helfen sollen. An dafür ausgewiesenen und besonders schön gelegenen Plätzen wurden drei bemerkenswerte Landartinstallationen geschaffen. Im weitläufigen Hügelland oberhalb der Donau verbindet diese ein Rundwanderweg.

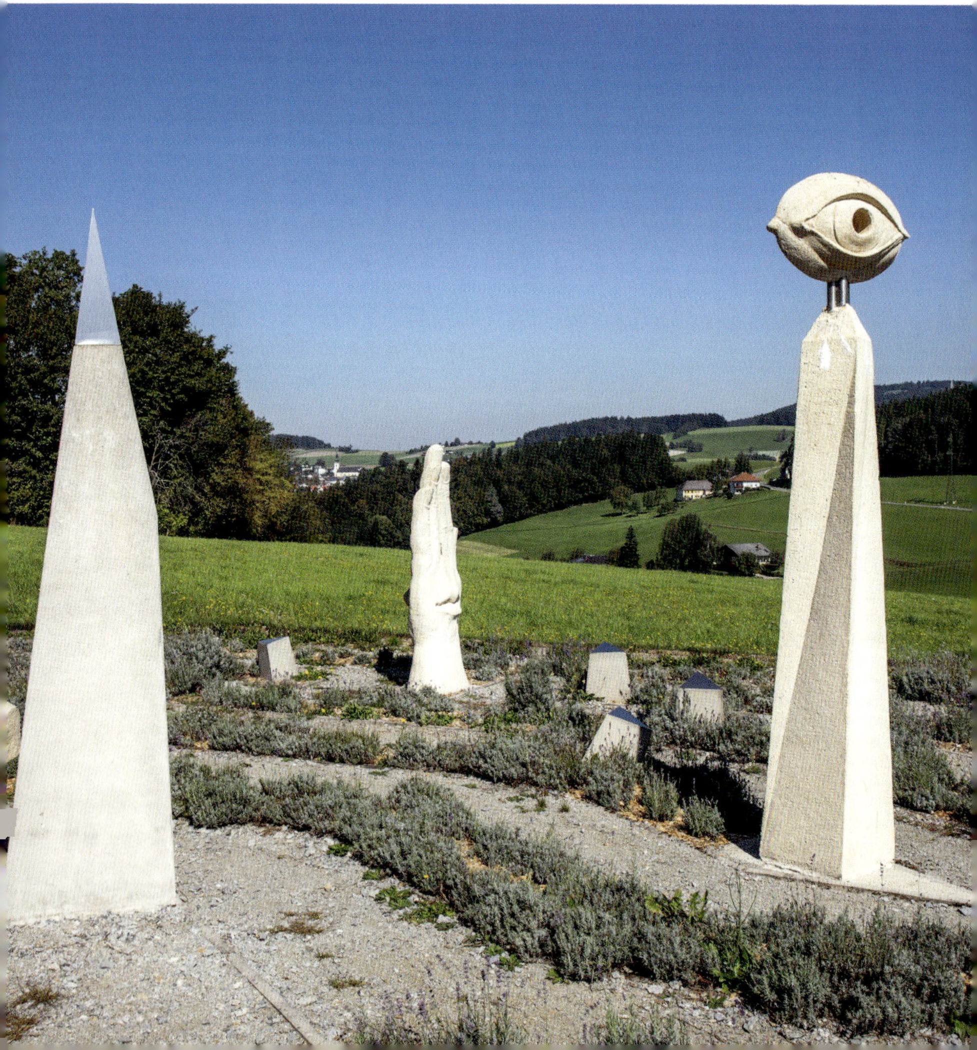

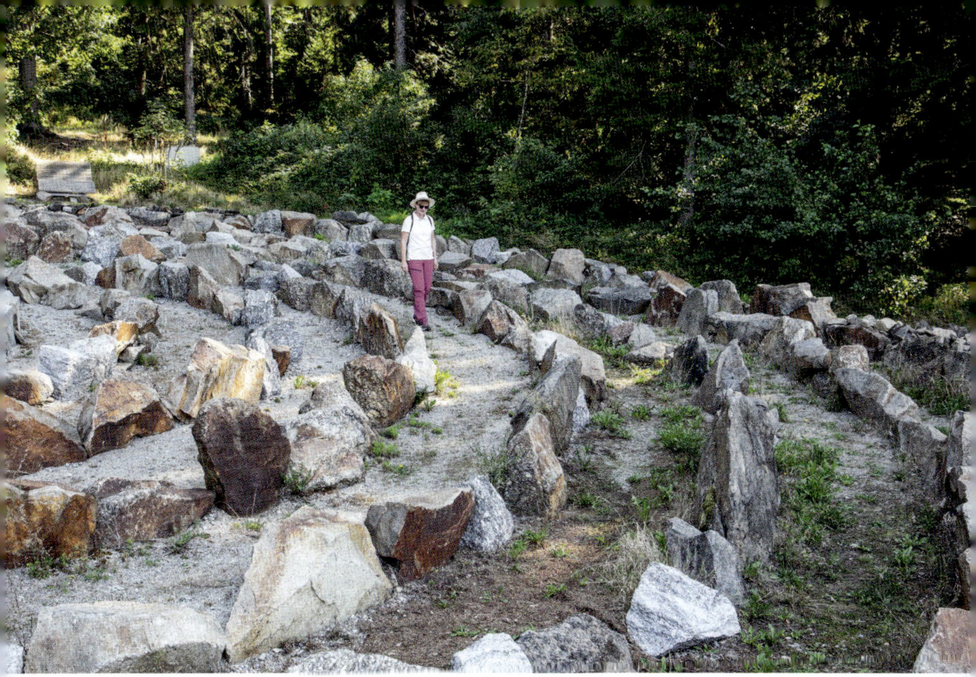

Die Symbolkraft von Labyrinthen ist uralt und findet sich rund um den Globus in den verschiedensten Kulturen wieder. Kein Wunder, stehen sie doch als Sinnbild für unser aller Lebensweg. Auf verschlungenen Pfaden versuchen wir unseren Platz in der Gesellschaft auszumachen, suchen nach dem Sinn und unserer Mitte im Leben. Ein Prozess, der vermutlich nie ganz zum Stillstand kommt.
Warum sich also nicht einmal ganz bewusst mit diesem Thema auseinandersetzen? Auf einer Wanderung, die uns an angenehmen Plätzen in der Natur spielerisch dazu einlädt? Das ist die Idee hinter dem Labyrinth-

▲ Sich selbst und seine Mitte finden – dabei hilft uns das aus Granit gestaltete „Labyrinth zur inneren Einkehr“.

► Oberhalb von Hofkirchen laden beim „Labyrinth der Begegnung“ Bänke zur Rast ein.

◄ Eine herrliche Aussicht auf die Landschaft oberhalb der Donau genießen wir vom „Kunstlabyrinth“.

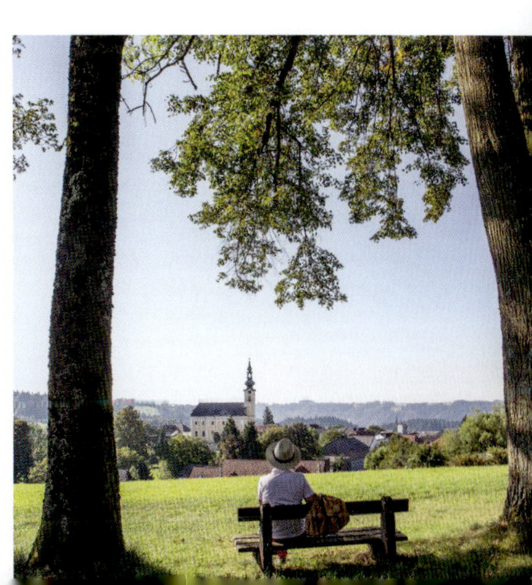

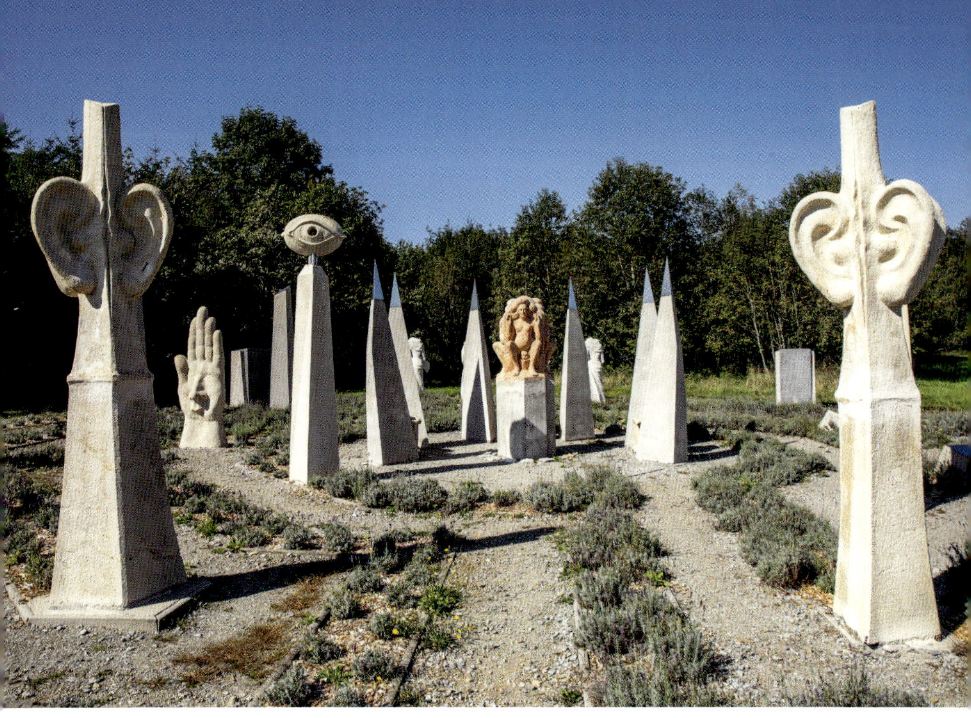

▲ Einer besonders kreativen Landartinstallation gleicht das „Labyrinth der Verwandlung".

weg, der in Hofkirchen aus einer schon länger gehegten Vision schließlich Realität geworden ist. Gleich am Beginn der Wanderung treffen wir auf das „Labyrinth der Begegnung" in Form eines herzförmigen Gartens. Mit einem schönen Blick über den Ort, liegt es genau auf dem Salzweg, einem alten Handelsweg, der einst von der Donau nach Böhmen führte. Ganz aus Mühlviertler Granit wurde das „Labyrinth der inneren Einkehr" angelegt. Ein Steinlabyrinth, das durch seine starke Symbolkraft und Schlichtheit besticht. Wo es am Waldrand seinen Platz gefunden hat, ist es ausgesprochen ruhig – genauso wie beim Emmerstorfer Bründl, einer Heilquelle mit einer Kapelle, in unmittelbarer Nähe. Abschließend staunen wir über das „Labyrinth der Verwandlung", gelegen bei den „Drei Linden", einem abermals historischen Ort, an dem sich einst eine Richtstätte befand. Heute ist es hier ganz friedlich und im Durchschreiten einer besonders gelungenen Kunstinstallation setzt sich vielleicht auch in uns etwas in Bewegung. Labyrinthe schaffen oft wundersame Wendungen, das liegt ganz in ihrer Natur.

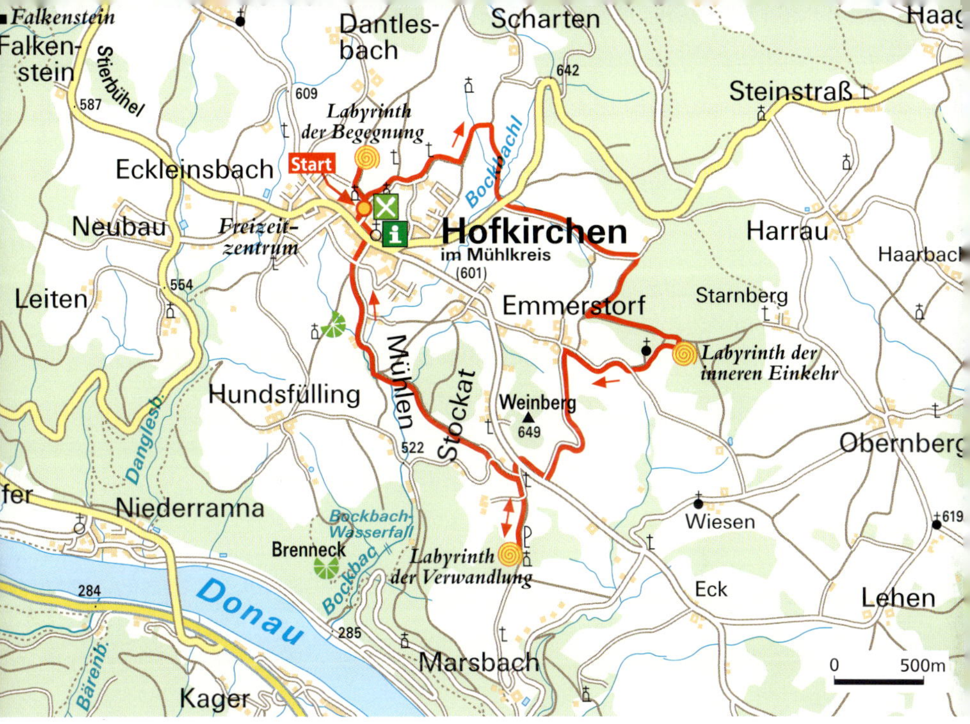

Wegbeschreibung: Ausgangspunkt des Labyrinth-Wanderwegs ist beim *Landgasthof/Cafe Barth Sepp* am Ortsrand von Hofkirchen. Angelegt als Rundwanderweg, ist er mit gelben Wegweisern beschildert, auf denen ein Labyrinthsymbol aufgedruckt ist. Alle drei Stationen liegen an sehr schönen und ruhigen Plätzen. Infotafeln geben eine Einführung in die Welt der Labyrinthe und zu den einzelnen Themen. Die Wanderung beginnt mit einem kurzen Stichweg zum Pflanzenlabyrinth oberhalb des Landgasthofs. Dann geht es über Feld- und Wiesenwege, teilweise aber auch auf Nebenstraßen, zum Stein- und Kunstlabyrinth. Alle drei Labyrinthe liegen in der Landschaft an den Eckpunkten eines Dreiecks, die wir von der Anhöhe beim Kunstlabyrinth gut überblicken können.
Weglänge: 8,6 Km; **Höhenmeter ↑↓:** 150 Hm; **Gehzeit:** 3 Std.

Tipp: Nehmen Sie sich bei den Labyrinthen mit den gut aufbereiteten Themen ausreichend Zeit. Auch sind es hervorragende Plätze zum Picknicken. Wer sich weiter in die Materie vertiefen möchte, kann sich einer begleiteten Wanderung anschließen. Infos unter: www.labyrinthe-hofkirchen.at.

Einkehr: Der *Landgasthof/Cafe Barth Sepp* beim Start- und Endpunkt der Wanderung serviert in seinem Gastgarten heimische Kost und hausgemachte Pizzen.

2 Km

30 Hm

0,75 Std

Zur Burgruine Haichenbach

Hoch über der Donauschlinge ragen aus dem Wald die Mauerreste der Burg Haichenbach heraus. Im 15. Jahrhundert war sie ein gefürchteter Schauplatz des Raubrittertums. Heute sind ihre Ruinen, die der Volksmund „Kerschbaumer Schlössl" nennt, ein friedlicher Ort in malerischer Lage. Hervorragend geeignet für eine kurzweilige Auszeit in der Natur oder sie gar mit einer längeren Wanderung zu verknüpfen. Von einer Aussichtsplattform schauen wir auf die Donau hinab, wie sie um diesen exklusiven Standort herum ihre Bahnen zieht.

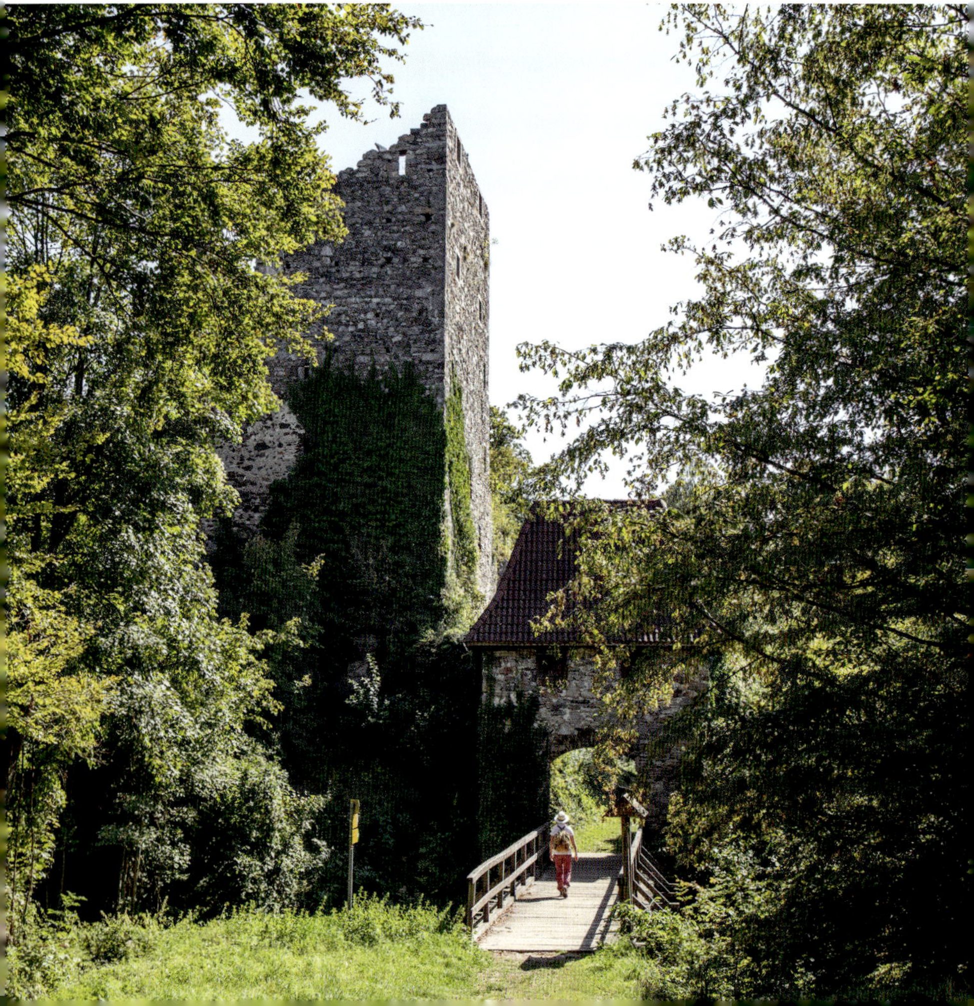

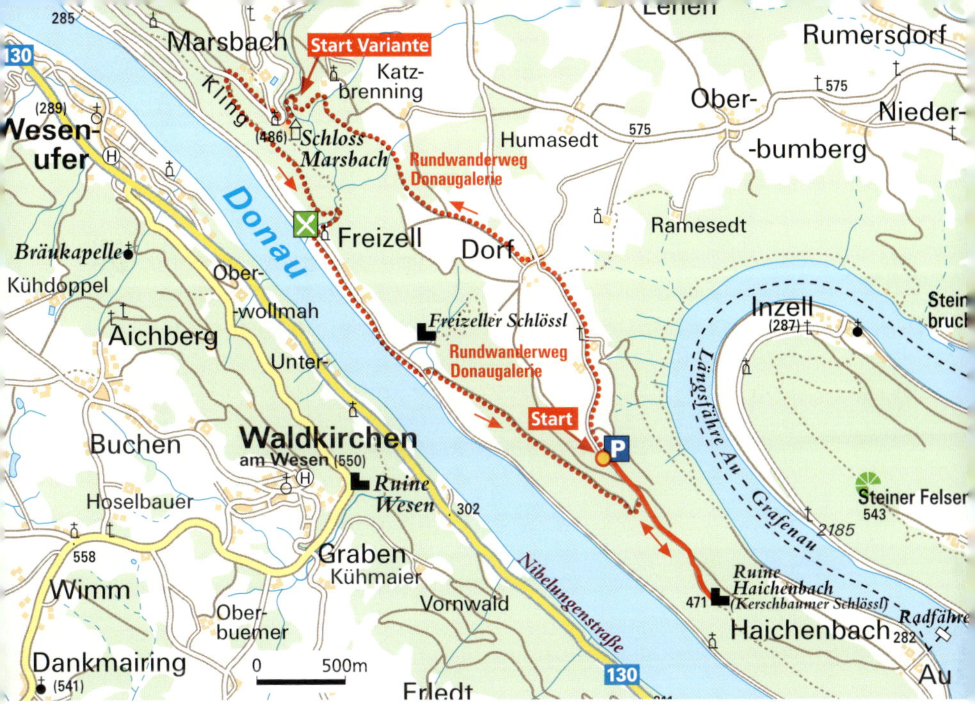

Wegbeschreibung: Von einem kleinen Parkplatz nach der Ortschaft Dorf führt ein Waldweg entlang des Höhenrückens zu den Ruinen und wieder retour.

Weglänge: 2 Km; **Höhenmeter ↑↓:** 30 Hm; **Gehzeit:** 0,75 Std.

Variante: Wer die Burg Haichenbach mit einer längeren Wanderung verbinden möchte, wählt den Rundwanderweg *Donaugalerie (Wegnummer 88).* Dieser startet beim Schloss Marsbach, führt nach Freizell zur Donau hinab und steigt von dort, mit schönen Tiefblicken, zu den Ruinen hinauf an. Über die Ortschaft Dorf gelangen wir zurück zum Ausgangspunkt.

Weglänge: 9,2 Km;
Höhenmeter ↑↓: 370 Hm;
Gehzeit: 3,5 Std.

Einkehr: Gastronomie in Hofkirchen

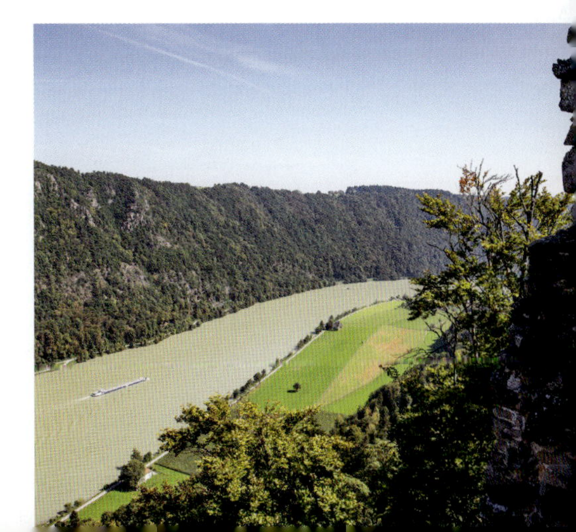

▶ Ausblick von den Burgmauern zur Donauschlinge.

◀ Hier findet man Ruhe in der Natur – bei den wild umwachsenen Ruinen von Haichenbach.

Zum Donaupanorama am Burgstall

1,7 Km

40 Hm

0,75 Std

An einem der schönsten Abschnitte der Donau steht hoch oben über dem Strom der neu errichtete Aussichtsturm „Donau am Berg“. Sein großartiger Standort und seine kreative Gestaltung machen ihn zu einem beliebten Ausflugsziel, das sich auch mit einer unbeschwerlichen Wanderung gut kombinieren lässt. Über einen barrierefreien Zugang eröffnet sich uns ein 360° Panorama vom Feinsten.

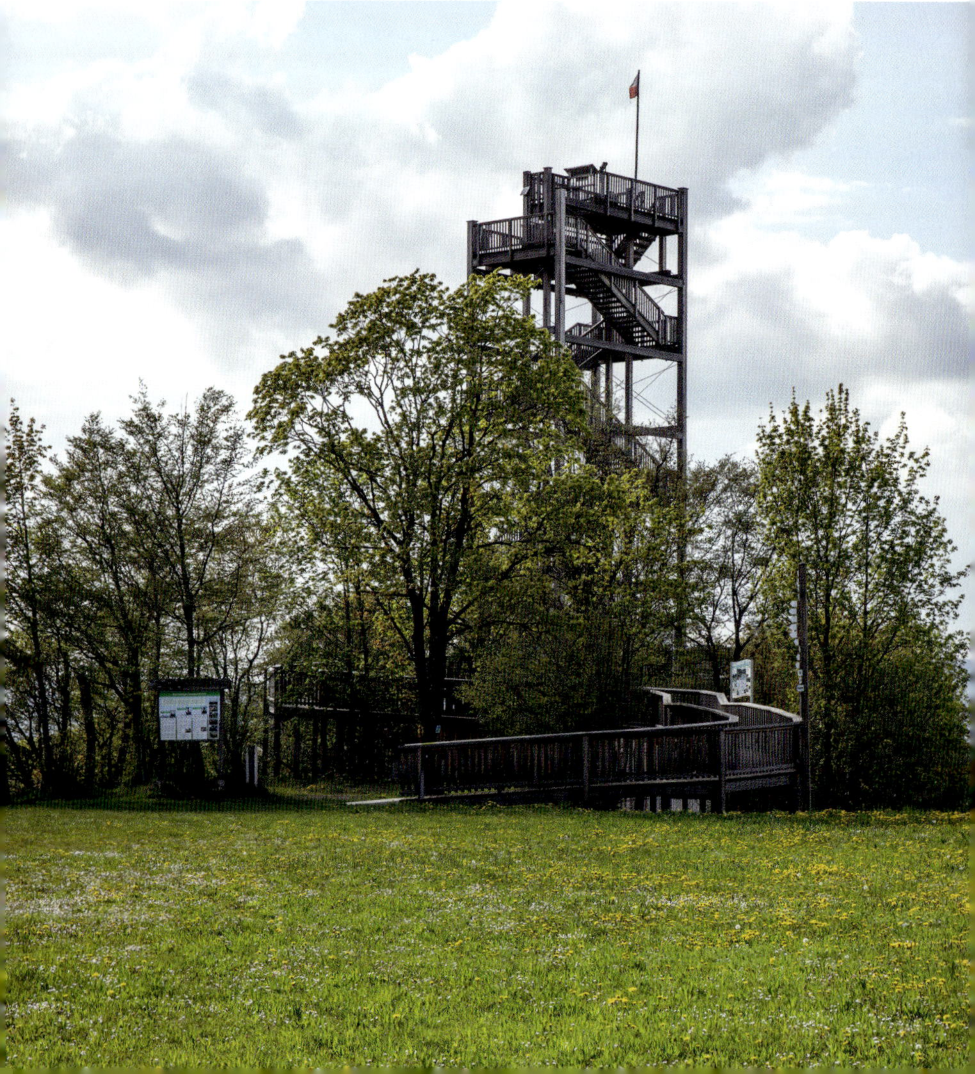

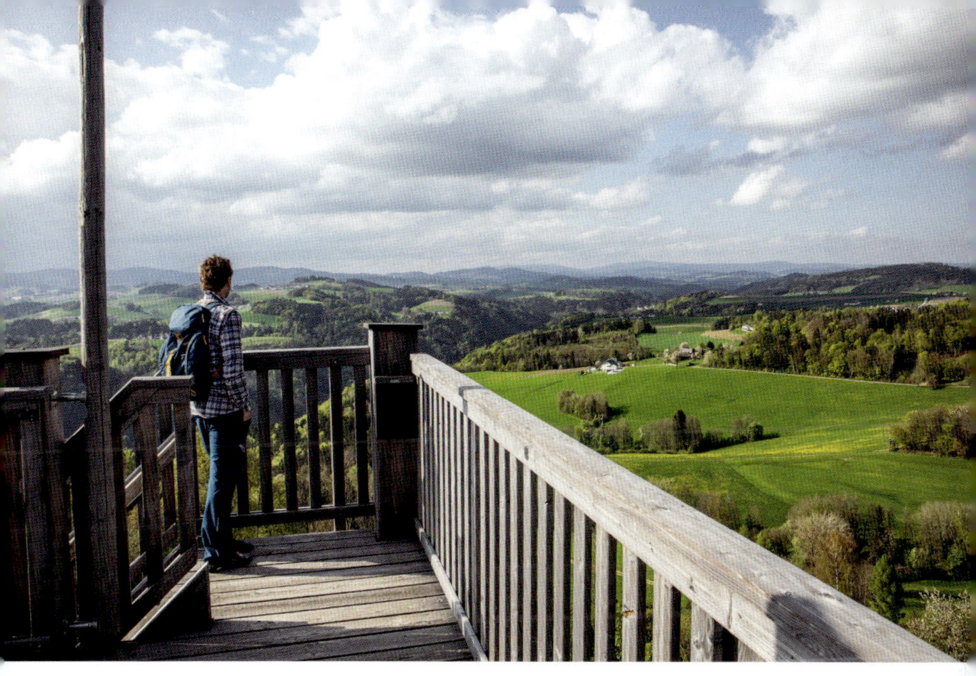

Zwischen dem Innviertel und dem Oberen Mühlviertel hat sich die Donau tief in die Böhmische Masse eingeschnitten. Das hat zur Folge, dass sich an ihrem gesamten 2.850 Kilometer langen Verlauf angeblich die höchste Ufererhebung in Kirchberg befindet. Vom Donauufer bei Obermühl bis hinauf zum 613 Meter hohen Burgstall weist die Höhendifferenz immerhin 330 steile Meter auf. Ein idealer Ort also, um diesen höchsten Punkt an der Donau mit einer besonderen Attraktion zu krönen.

Dazu hat man sich etwas einfallen lassen und Kreativität ins Spiel gebracht. Nachdem die alte Aussichtswarte baufällig geworden ist, hat man diese im Jahr 2020 abgetragen. Somit ergaben sich neue Gestaltungsmöglichkeiten. Herausgekommen ist eine beachtenswerte Holzkonstruktion, die den Verlauf der Donau von Aschach bis Schlögen nachbildet. Sanft schwingt sich ein Holzweg hinauf zur ersten Aussichtsplattform. Noch höher hinaus führen von hier 103 Stufen zu einer zweiten Plattform auf 25 Metern Höhe. Dort angekommen, schweifen die Blicke über

▲ Die Blicke schweifen lassen über die Höhenzüge am Strom.

◀ „Donau am Berg“ nennt sich der im Jahr 2020 neu errichtete Aussichtsturm auf dem Burgstall.

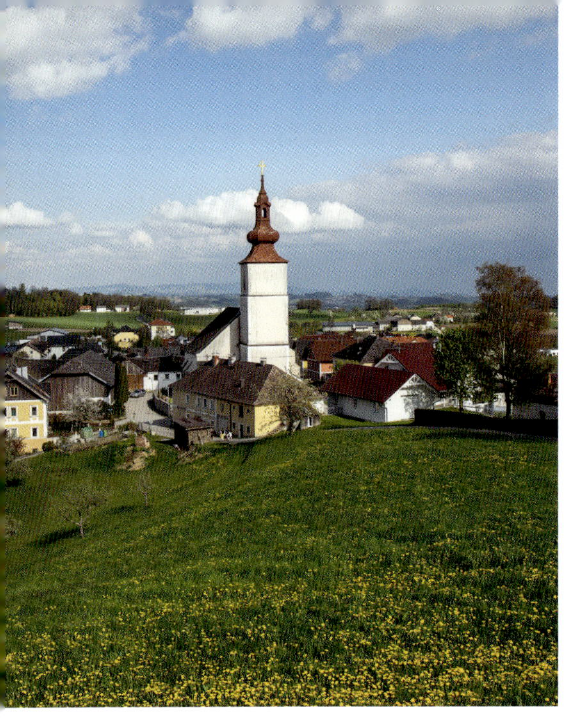

die weite Mühlviertler Hügellandschaft und an klaren Tagen über die Donau hinweg bis zum Dachstein.
So hat die hier landschaftsprägende Donau gewissermaßen auf dem Berg ein Spiegelbild erhalten. Auf Infotafeln erfahren wir etwas zur Geschichte und zum Naturraum am großen Strom. Ein kurzweiliger Rundweg bindet auch noch zwei weitere schöne Aussichtsplätze an den Abhängen zur Donau mit ein.

▲ In Kirchberg hält der Frühling Einzug.

▼ Wolkenstimmung bei einem Rastplatz an der Donauleiten. Grandios hat sich hier der Fluss in die Böhmische Masse eingeschnitten.

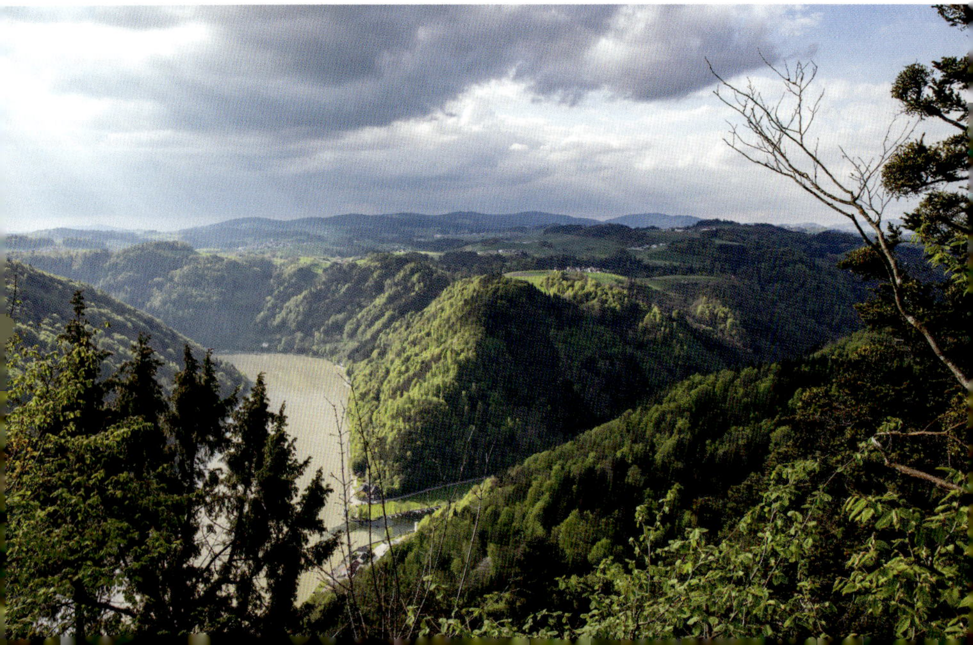

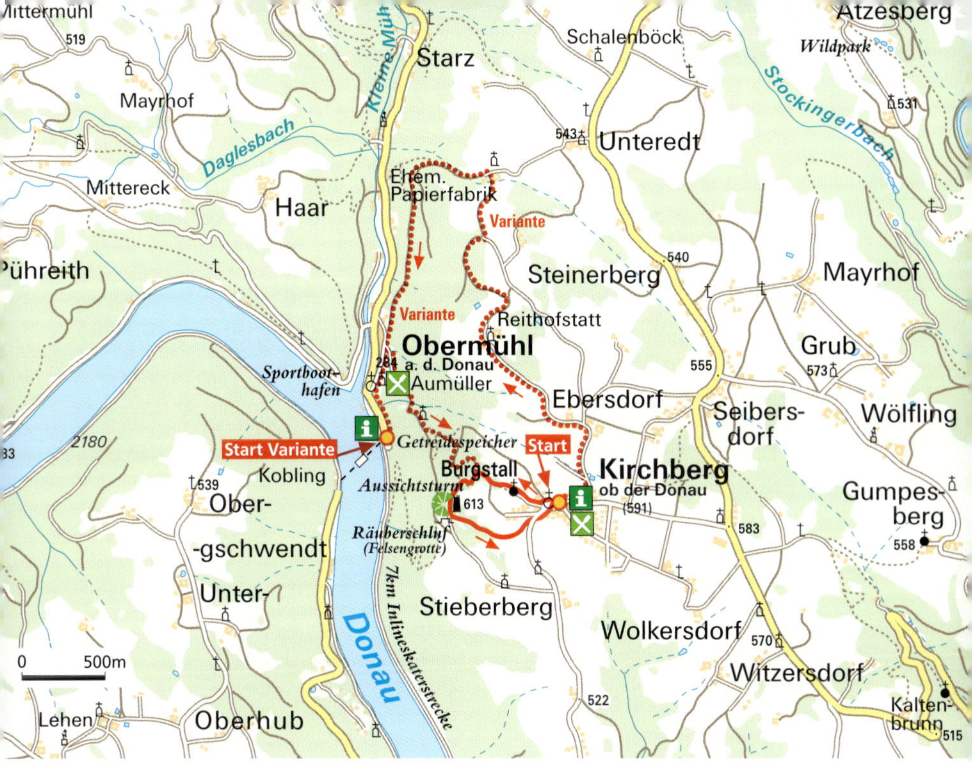

Wegbeschreibung: Hinauf zum Burgstall und dem Aussichtsturm „Donau am Berg" gelangen wir über die *Kleine Burgstallrunde (Wegnummer 11)*. Dieser gut bezeichnete Rundweg startet im Ortszentrum von Kirchberg und ist für jeden leicht zu bewältigen.
Weglänge: 1,7 Km; **Höhenmeter ↑↓:** 40 Hm; **Gehzeit:** 0,75 Std.

Variante: Für eine längere und etwas anspruchsvollere Runde bietet sich der Zustieg von Obermühl über den Donausteig an. Von der Donau aus geht es über die Donauleiten hinauf nach Kirchberg und zum Burgstall. Zurück wandern wir auf dem Weg mit der Bezeichnung *Große Gemeinderunde (Wegnummer 14)*.
Weglänge: 7,7 Km; **Höhenmeter ↑↓:** 340 Hm; **Gehzeit:** 2,5 Std.

Tipp: Ideal zum Rasten und Picknicken sind die beiden Aussichtsplätze, die sich in ruhiger Lage direkt an den Abhängen zur Donau befinden.

Einkehr: Für einen gemütlichen Ausklang sorgt im Ortszentrum das traditionsreiche *Gasthaus Koblmüller* oder der *Gasthof Zalto* mit der ersten Schaufleischerei Österreichs.

12 Km

380 Hm

4,5 Std

Auf dem Granitweg von der Donau zur Erlebniswelt Granit

Gemeindeübergreifend verbindet der Granitweg ganz unterschiedliche Landschaftsreize. Wir starten in Untermühl an der Donau bei der Mündung der Großen Mühl, durchwandern die urwaldähnlichen Leitenwälder und lassen hoch über dem Strom die Blicke über Hügelkuppen schweifen. Ein Highlight sind die Steinbrüche und der geologische Lehrpfad durch die Erlebniswelt Granit.

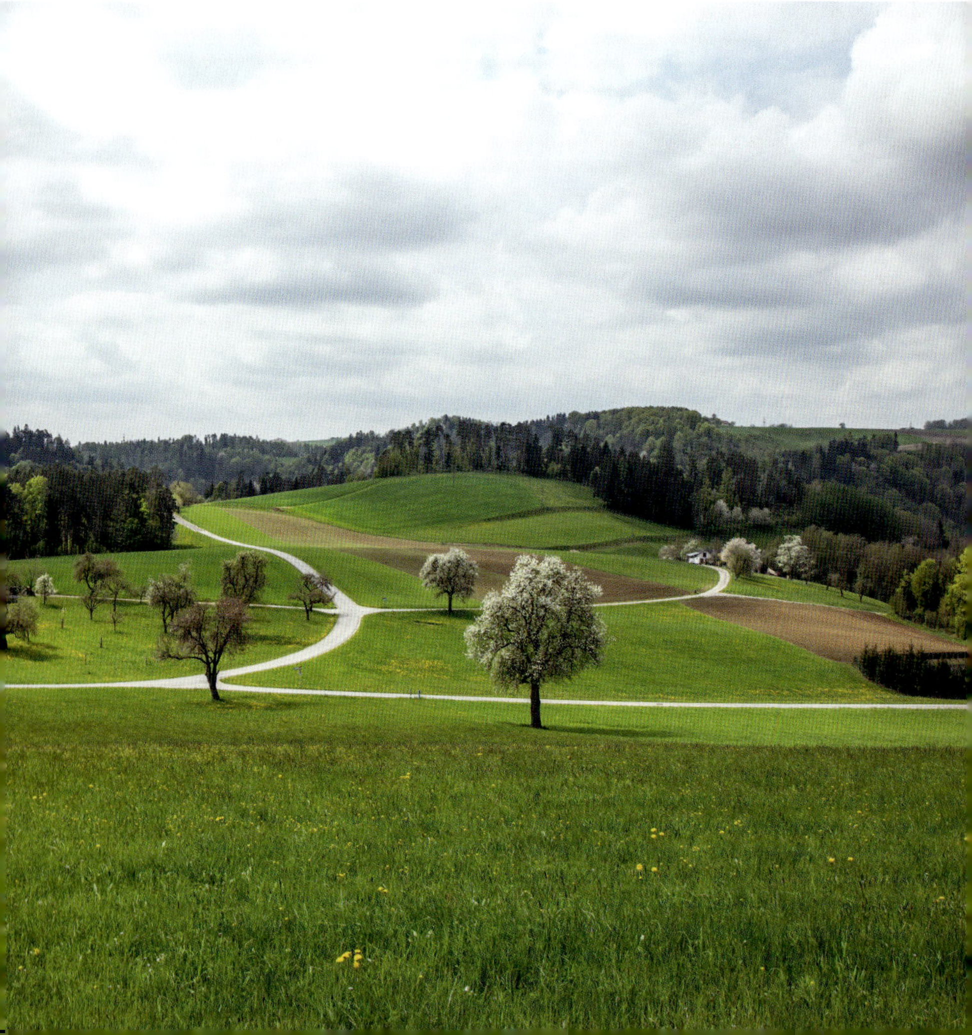

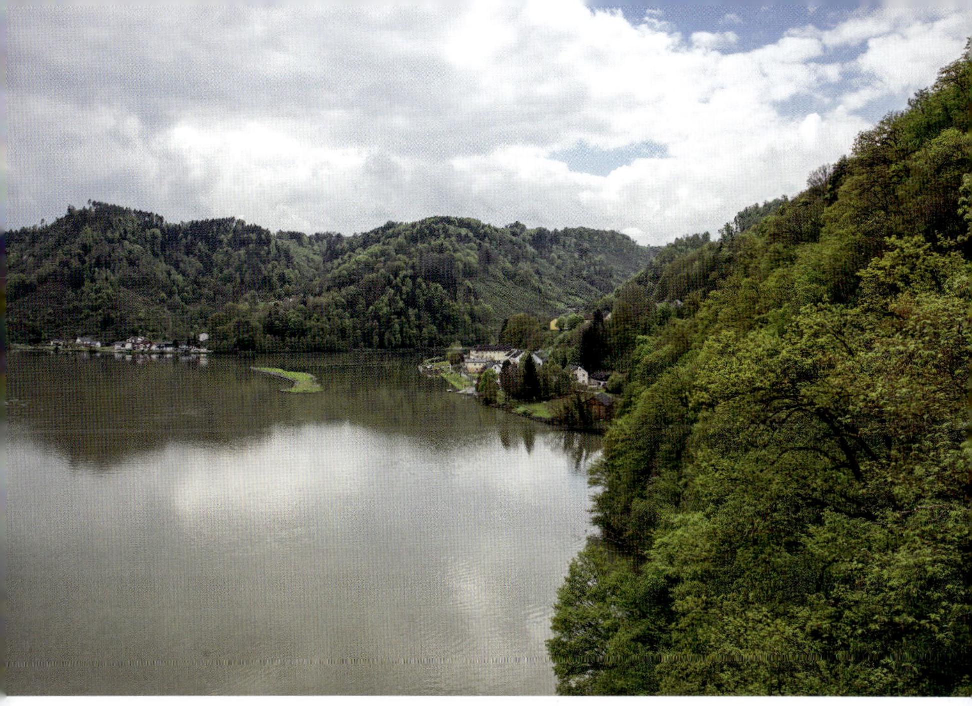

Nicht nur Geologen ist der „Neuhauser Granit“ ein Begriff. Als besonders feinkörniges Gestein wird er vor allem im Bauwesen geschätzt. So finden wir ihn nicht nur auf Pflasterwegen und in den Rippengewölben mancher Pfarrkirchen der Umgebung, sondern auch in den mächtigen Säulen des Linzer Doms oder im Stift St. Florian. Seinen Ursprung hat der Neuhauser Granit in den Steinbrüchen von St. Martin und Kleinzell. Wenn auch der Abbau seine Blütezeit bereits hinter sich gelassen hat, so spielt er in den beiden Gemeinden doch noch immer eine wirtschaftliche Rolle.

Dieser Bedeutung der Steinindustrie für die Region wurde in der Ortschaft Plöcking mit der Errichtung eines Natursteinlehrpfads Rechnung getragen. Mit 160 Exponaten soll dieser sogar der größte seiner Art in Europa sein. In einem parkähnlichen Gelände mit alten Birnbäumen tut sich ein ganzer Gesteinskosmos auf. Zwischen die aufgereihten

▲ Blick vom historischen Kettenturm auf Untermühl an der Donau, dem schön gelegenen Ausgangs- und Endpunkt dieser Wanderung.

◀ Richtung Kleinzell geht es oberhalb der Donau durch weitläufiges Hügelland.

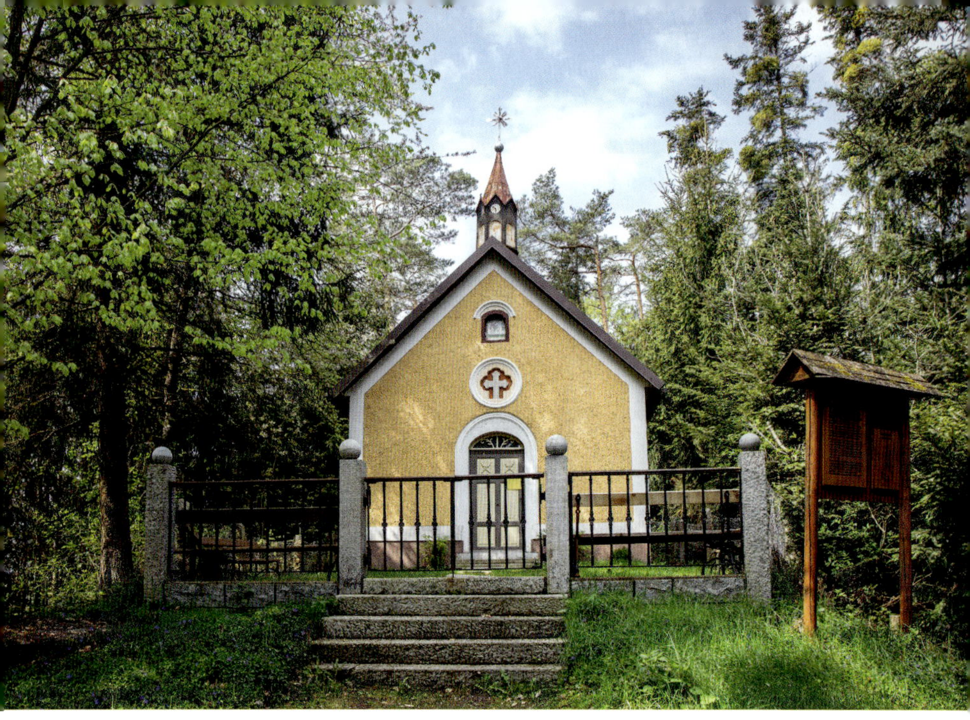

▲ Auf das Jahr 1877 geht die auf einer Hügelkuppe errichtete Wallfahrtskapelle Maria Ramersberg zurück. Der kurze Abstecher zu ihr lohnt sich.

Felsblöcke führen Wege mit erklärenden Tafeln. Tische und Bänke laden zum Picknicken ein. Bevor wir in den Genuss der Erlebniswelt Granit kommen, ist unsere Wanderung durch diese Gegend nicht weniger reizvoll. So steigen wir nach unserem Start in Untermühl auf eine bewaldete Hügelkuppe über der Großen Mühl, auf der die Wallfahrtskirche Ramersberg steht. Inmitten der Natur ist das ein Ort der Stille. Auf dem Weg durch das Hügelland nach Kleinzell ergeben sich schöne Ausblicke. Dann passieren wir einige verlassene wie auch noch aktive Steinbrüche, in denen weiterhin gearbeitet wird. Bei der Resilacke, einer früheren, mit Grundwasser gefüllten Abbaugrube, können wir unsere Füße kühlen oder an einem Sommertag sogar ein Bad nehmen. Abschließend, bevor wir die Donauleiten wieder hinabsteigen, grüßt uns, auf einem Höhenrücken thronend, noch das mächtige Schloss Neuhaus. Da es in Privatbesitz ist, bleibt uns ein Zutritt verwehrt, aber auch die Vorplätze und eine alte Hainbuchenallee sind schön.

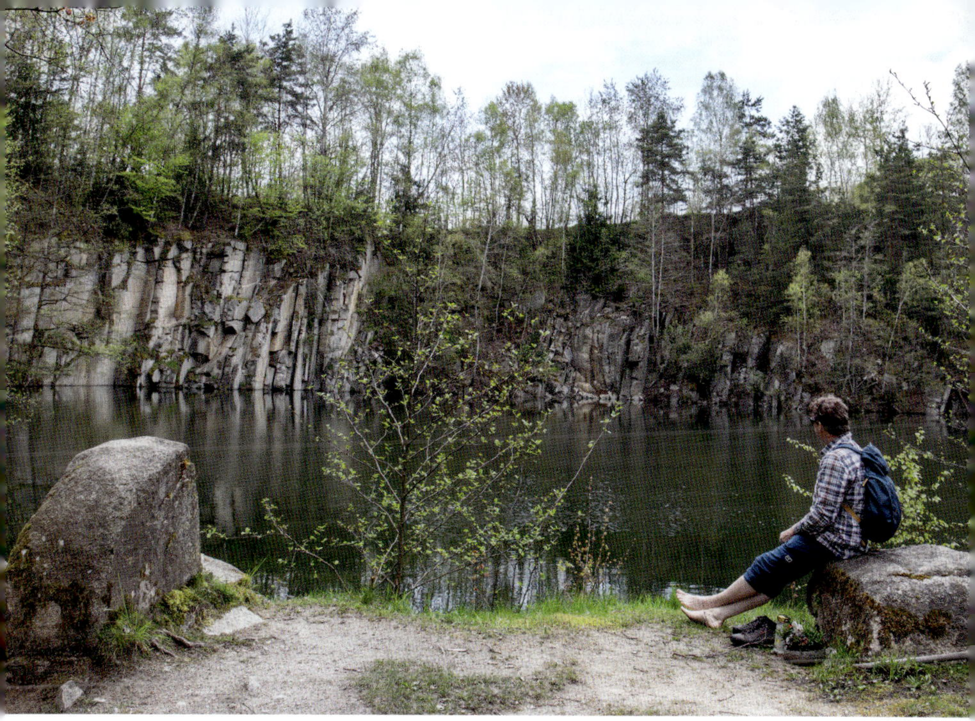

▲ Gut rasten lässt sich bei der Resilacke, einem ehemaligen Steinbruch.

▼ In einem weitläufigen Parkgelände befindet sich in der Ortschaft Plöcking die Erlebniswelt Granit.

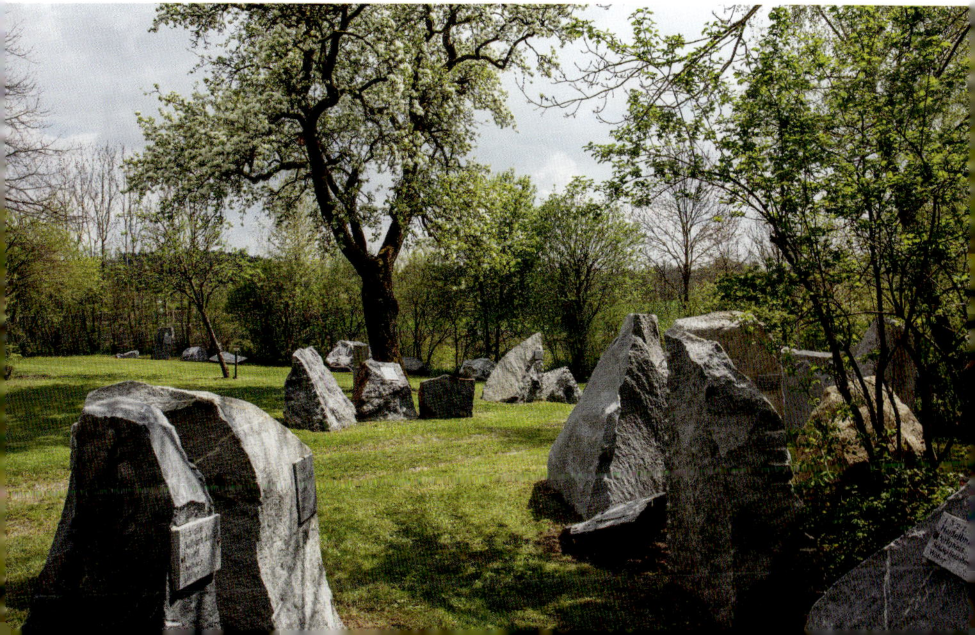

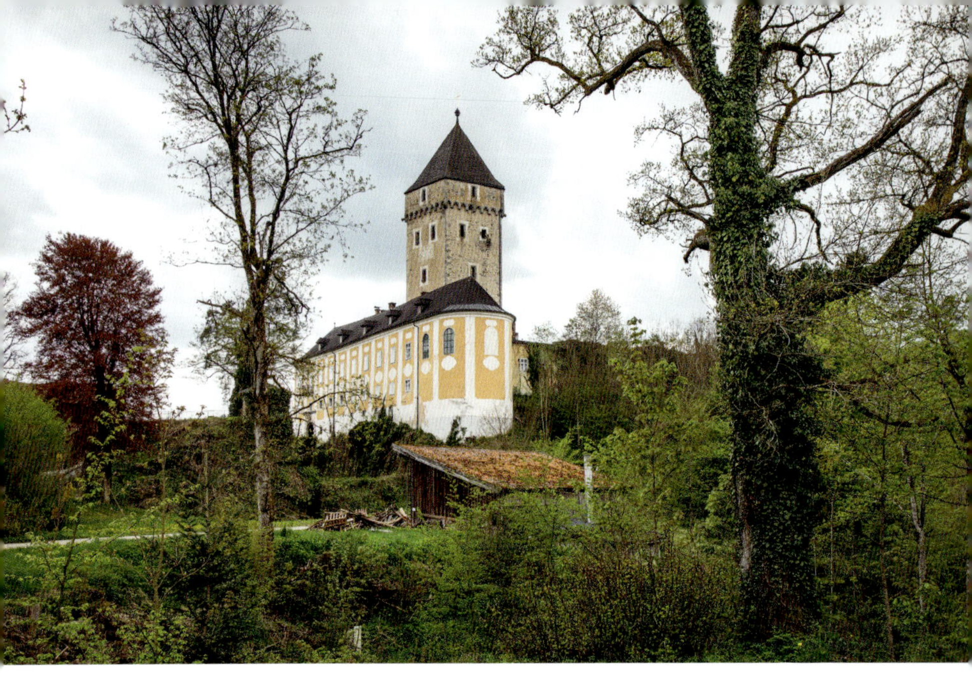

▲ Hoch über der Donau thront Schloss Neuhaus.

Wegbeschreibung: Startpunkt des Granitwegs ist Untermühl, ein kleines Dorf an der Donau, zu dem von St. Martin (Plöcking) eine Straße hinabführt. Der Rundweg ist durchgehend mit gelben Wegweisern mit der Aufschrift *Granitweg (Wegnummer 55)* beschildert. Wir folgen der Großen Mühl bis zum Kraftwerk Partenstein, von wo es hinauf zur Ortschaft Ramersberg geht. Ein kurzer Abstecher führt von hier zur Wallfahrtskirche Ramersberg. Weiter geht es über Hinterleiten nach Kleinzell. Von dort ist es nicht weit zur im Wald versteckten Resilacke. Dann passieren wir einige Steinbrüche und erreichen in Plöcking schließlich die Erlebniswelt Granit. Über das Schloss Neuhaus und die Donauleiten hinab geht es zurück zum Ausgangspunkt.
Weglänge: 12 Km; **Höhenmeter ↑↓:** 380 Hm; **Gehzeit:** 4,5 Std.

Variante: Für einen Start des Granitwegs wirbt auch Kleinzell, er ist von der Wegführung her jedoch vom Startpunkt Untermühl schöner.

Tipp: Unternehmen Sie von Untermühl aus einen kurzen Abstecher zur Aussichtsplattform am Kettenturm, einem der letzten erhaltenen Mauttürme an der Donau.

Einkehr: Kulinarisch verwöhnt wird man im *Gasthof Scharinger* im Ortszentrum von Kleinzell. In Untermühl, direkt an der Donau gelegen, ist der *Gasthof Ernst* sehr beliebt.

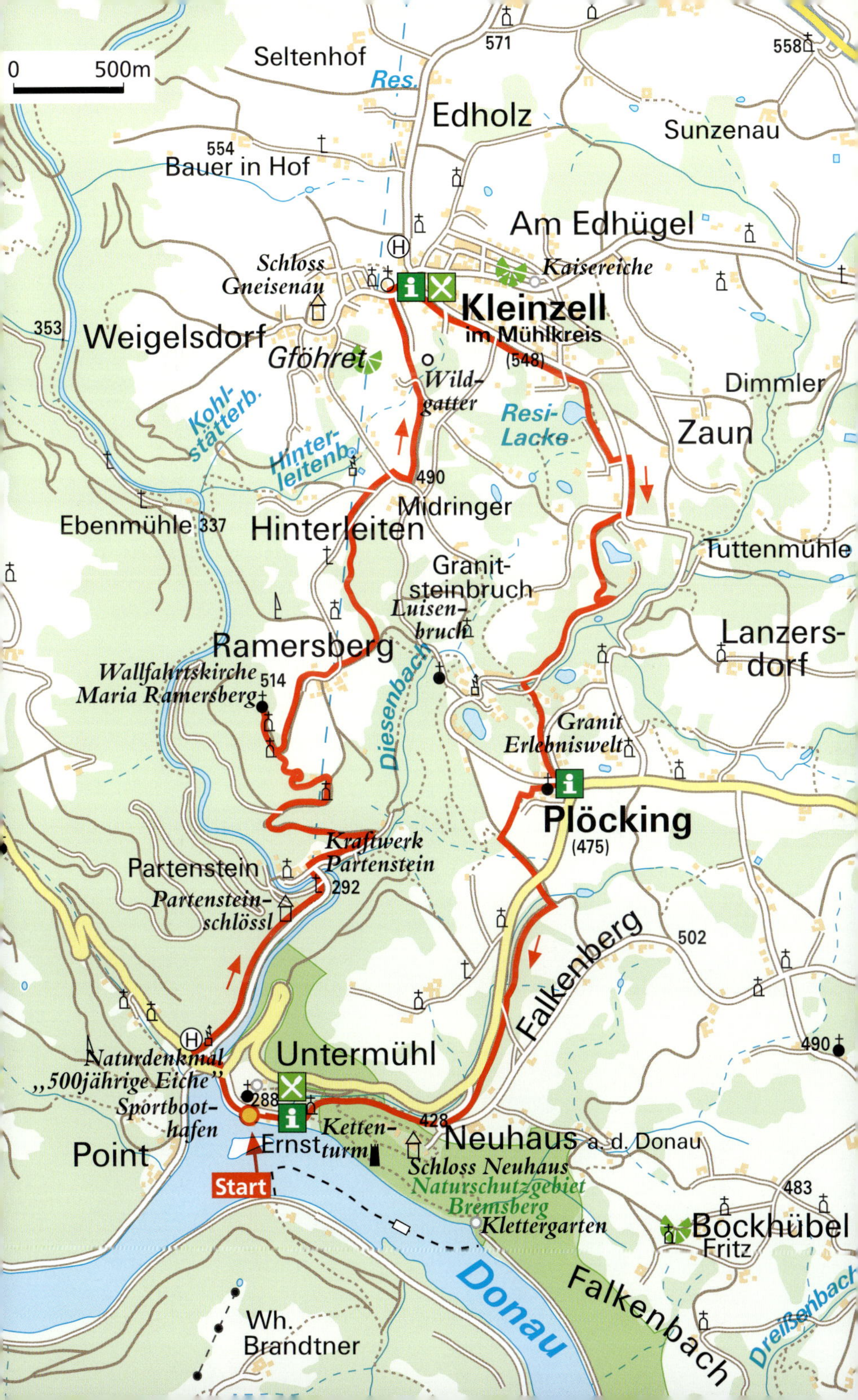

0 500m
Seltenhof
Res.
Edholz
571
558
Sunzenau
554
Bauer in Hof
Am Edhügel
Schloss Gneisenau
Kaisereiche
Kleinzell
im Mühlkreis
(548)
353
Weigelsdorf
Gföhret
Wild-gatter
Dimmler
Kohl-stätterb.
Resi-Lacke
Zaun
Hinter-leitenb.
490
Midringer
Ebenmühle 337
Hinterleiten
Tuttenmühle
Granit-steinbruch
Luisen-bruch
Lanzers-dorf
Ramersberg
Wallfahrtskirche Maria Ramersberg
514
Diesenbach
Granit Erlebniswelt
Plöcking
(475)
Kraftwerk Partenstein
Partenstein
292
Partenstein-schlössl
502
Falkenberg
490
Naturdenkmal „500jährige Eiche"
Untermühl
288
Sportboot-hafen
428
Ketten-turm
Neuhaus a. d. Donau
Point
Ernst
Start
Schloss Neuhaus
Naturschutzgebiet Bremsberg
Klettergarten
483
Bockhübel
Fritz
Donau
Falkenbach
Dreißenbach
Wh. Brandtner

BEZIRK URFAHR-UMGEBUNG

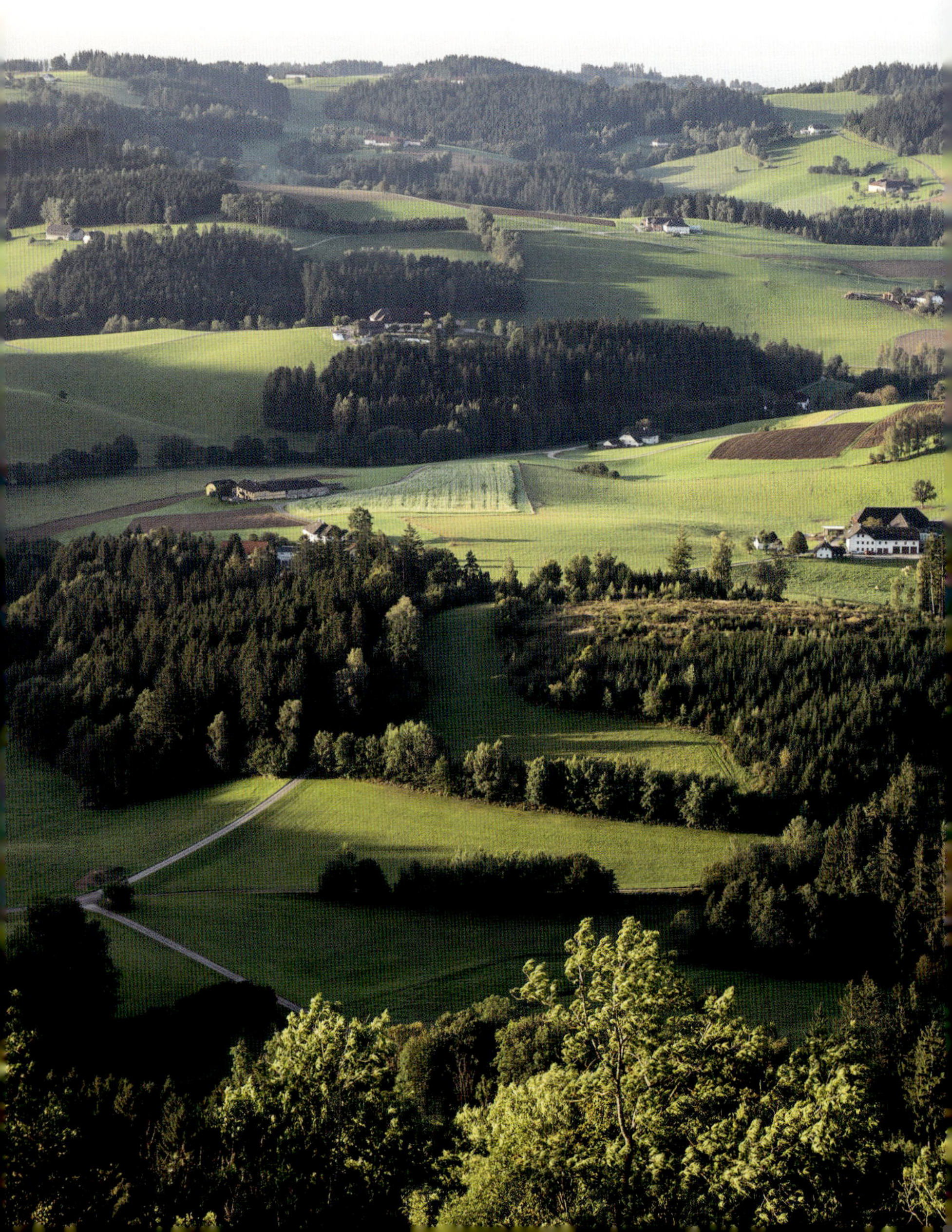

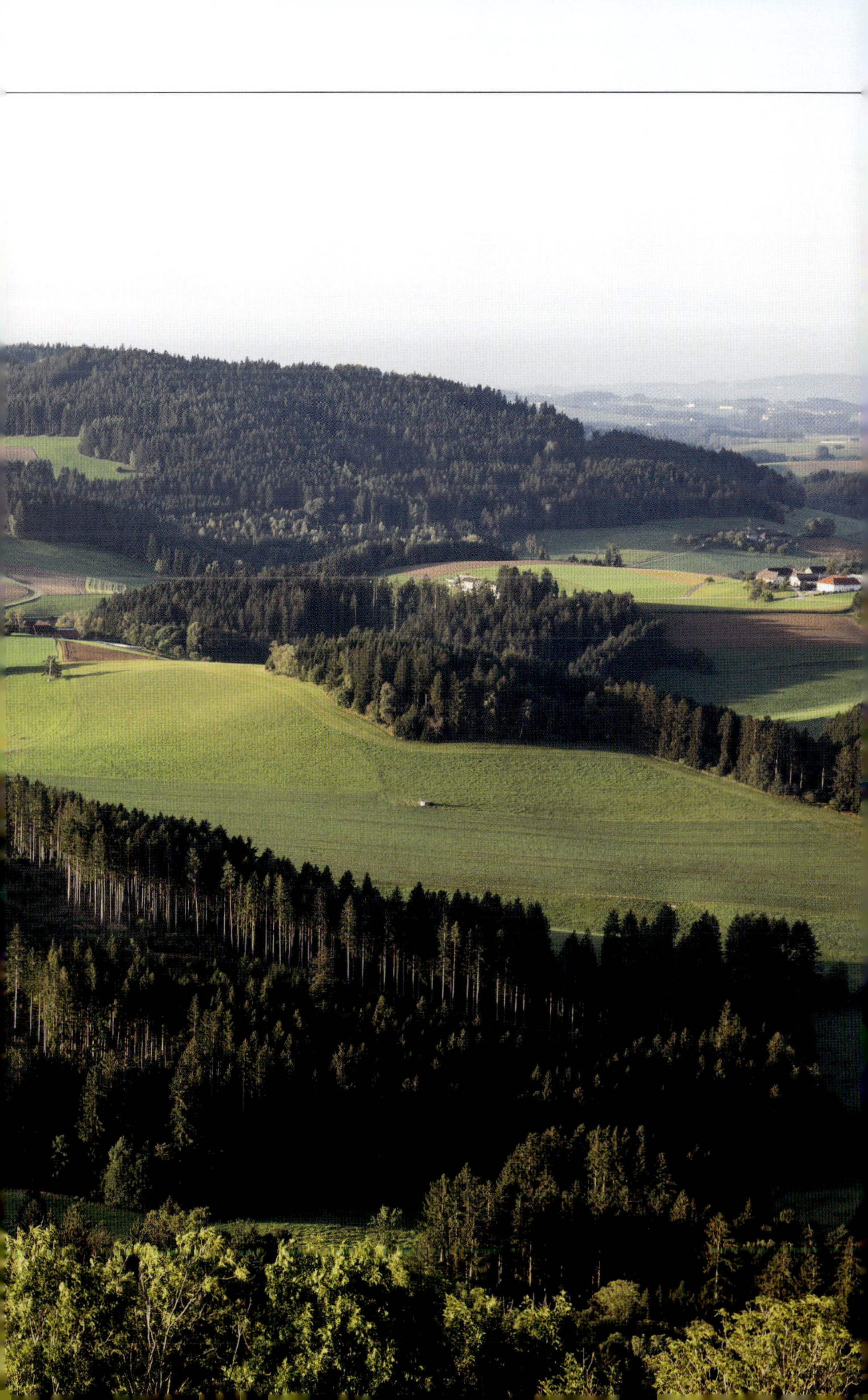

18

FELDKIRCHEN AN DER DONAU – BAD MÜHLLACKEN

8 Km

200 Hm

3 Std

Durch das Pesenbachtal

In einem Wanderführer über das Mühlviertel darf das Pesenbachtal nicht fehlen. Seit Menschengedenken ist es ein außergewöhnlicher Ort der Kraft und Heilung. Wer in das schluchtartige Tal hineinwandert, wird von eindrucksvollen Felsformationen verzaubert, über die sich der Pesenbach in dutzenden Kaskaden zur Donau ergießt.

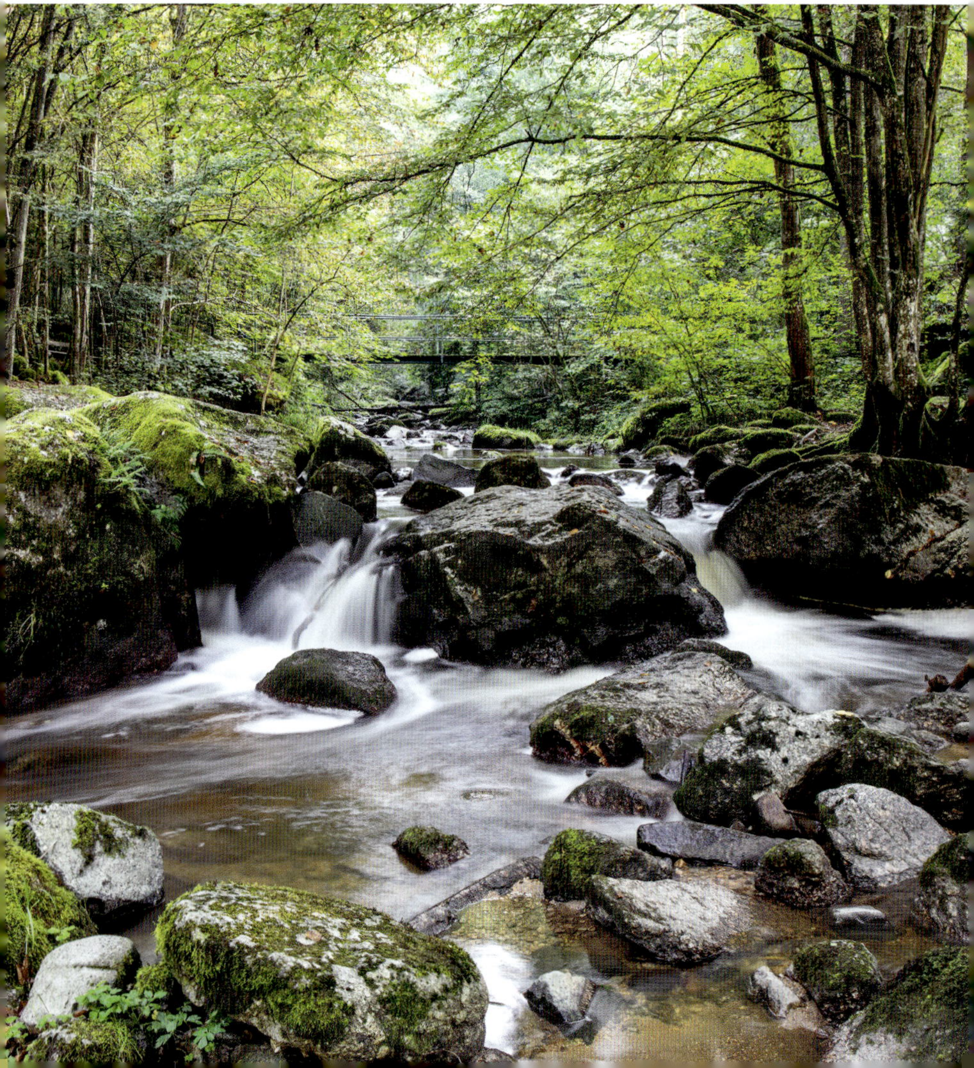

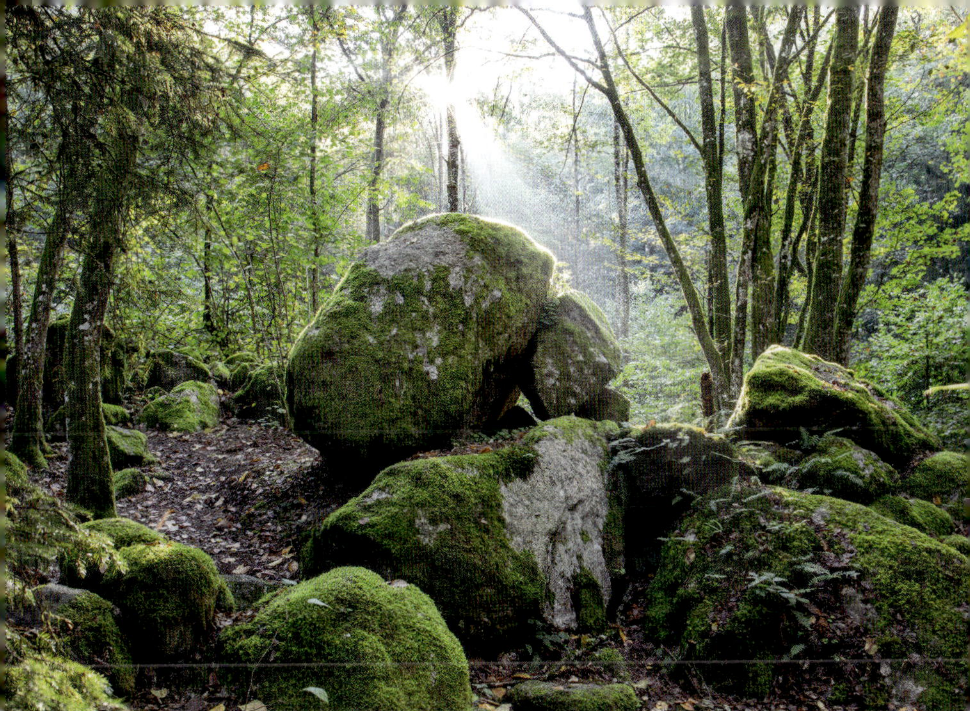

Die Heilkraft des Wassers hat in Bad Mühllacken eine lange Tradition. Eine Legende erzählt vom Knappen Bruno, der im 14. Jahrhundert todkrank von einem Kreuzzug zurückkehrte. In seiner Not erschien ihm die hl. Jungfrau Maria mit dem Jesukind und sprach: „Längs dem Pesenbach wirst du eine Quelle finden, die aus einem Felsen sprudelt, in diesem Wasser bade dich im Namen Jesu und du wirst geheilt." Bei der Brunnkapelle, unweit des Taleingangs, existiert diese Quelle immer noch. Sie ist eine von über 20 Kraftplatzstationen, die man auf einer Wanderung durch das Pesenbachtal passiert. Das Kurhaus Bad Mühllacken, das sich der Lehre Kneipps und der Traditionellen Europäischen Medizin verschrieben hat, bedient sich bis heute dieses Quellwassers und serviert es sogar täglich seinen Gästen in Glaskannen zum Essen.

Wasser ist also im Pesenbachtal das entscheidende Element. Es hat auch die wollsackverwitterten Felsen herausgeschwemmt, die diesen Taleinschnitt begleiten und ihn zu einem einzigartigen Naturraum machen. Das wurde früh erkannt und man

▲ Die ersten Strahlen der Morgensonne finden ihren Weg in die Schlucht.

◄ Der Ausdruck „wildromantisch" ist im Pesenbachtal keine Übertreibung.

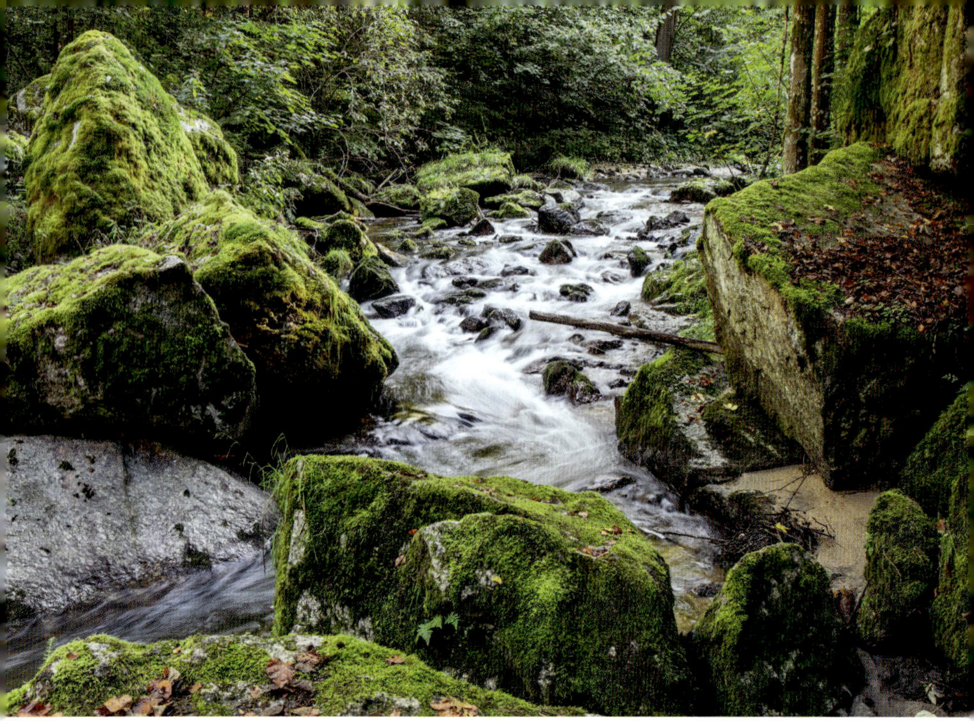

▲ Tonnenschwere Felsblöcke flankieren den Fluss.

▼ Den Endpunkt des Schluchtwegs markiert der markante Kerzenstein.

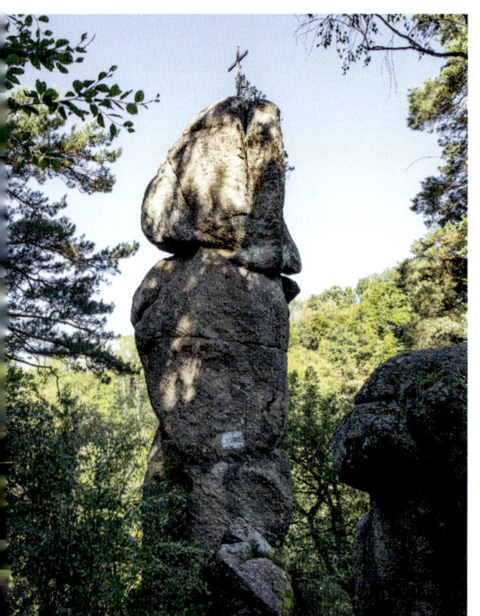

hat das Pesenbachtal bereits im Jahr 1963 zum ersten Naturschutzgebiet des Mühlviertels erklärt. Im Spiel des Wassers mit den Felsen ist eine Vielfalt an Nischen entstanden, die auch seltenen Pflanzen und Tieren als Refugium dienen.
Auf unserem Weg durch das Tal kommen wir an faszinierenden Plätzen vorbei. Tafeln mit Beschreibungen weisen auf deren besondere Qualitäten hin. Wer möchte, kann auch den Übungsanleitungen folgen und sich auf diese „Orte der Kraft" energetisch einlassen. Den Endpunkt im Tal bildet der markante Kerzenstein, ein 12 Meter hoher Felsturm, dem als Naturheiligtum vermutlich bereits in vorchristlicher Zeit Verehrung zuteilwurde.

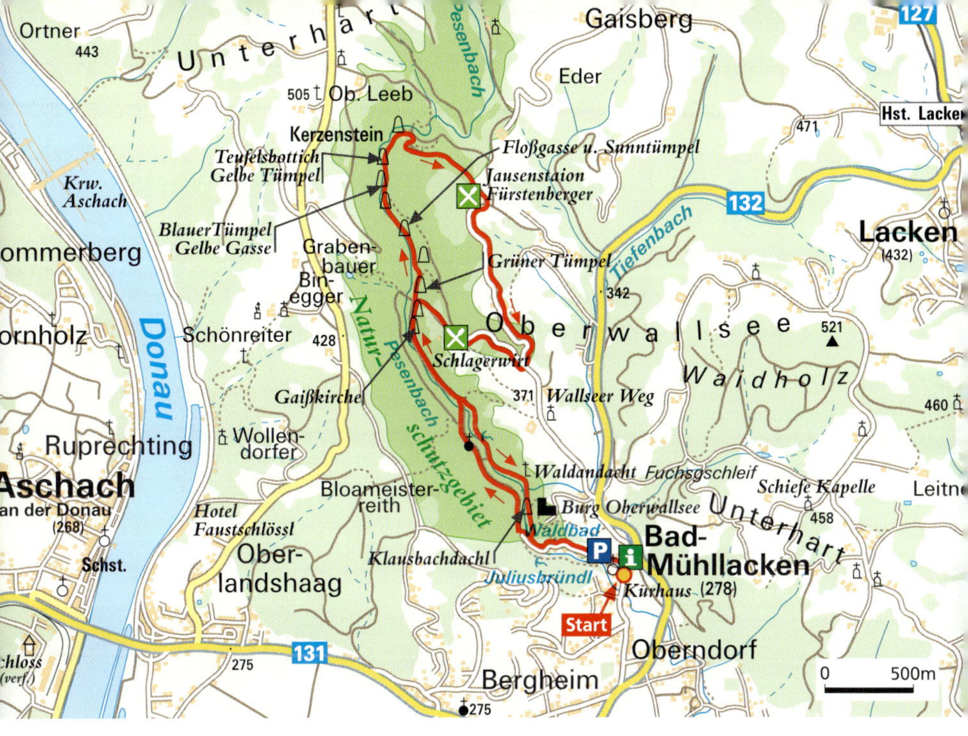

Wegbeschreibung: Ausgangspunkt dieser hier vorgeschlagenen Rundwanderung ist der öffentliche Parkplatz beim Waldbad hinter dem *Curhaus Bad Mühllacken*. Die erste Hälfte der Wanderung führt entlang der ausgewiesenen Kraftplatzstationen bis zum Kerzenstein, wobei der Weg entlang des Pesenbaches klar vorgegeben ist. Orte wie die „Schwarze Klamm“, das „Steinerne Dachl“ oder der „Teufelsbottich“ laden zum Verweilen ein. Beim Kerzenstein, der letzten Station, verlassen wir das Tal und wandern hinaus zur *Jausenstation Fürstberger*. Auf Nebenstraßen, mit schönen Ausblicken über das Hügelland zur Donau, geht es in einer Schleife zum *Gasthaus Schlagerwirt*. Von dort führt ein Weg wieder ins Tal hinab und zurück zum Startpunkt.
Weglänge: 8 Km; **Höhenmeter ↑↓:** 200 Hm; **Gehzeit:** 3 Std.

Variante: Man kann beliebig weit ins Tal hinein und wieder zurückwandern, wodurch man die Weglänge je nach Kondition selbst bestimmen kann. Der Erlebnisweg *Auf Kneipps Spuren* verbindet im vorderen Tal die Wege beidseits des Pesenbachs.

Einkehr: Bei der *Jausenstation Fürstberger* oder beim *Gasthaus Schlagerwirt*. Beide servieren regionale Spezialitäten und Köstlichkeiten vom eigenen Bauernhof.

Von der Eidenberger Alm zur Giselawarte

5,6 Km

140 Hm

2 Std

Wenn an manchen Herbsttagen eine dicke Nebeldecke über dem Zentralraum liegt, wandert man auf dem Lichtenberg buchstäblich über den Wolken. Die 927 Meter hohe Erhebung ist ein beliebter Naherholungsraum der Linzer und gilt als das Tor ins Mühlviertel. Viele Spazier- und Wanderwege führen hinauf zum höchsten Punkt, wo seit dem Jahr 1857 die Giselawarte ihren Besuchern einen großartigen Fernblick nach Süden bis zu den Alpen gewährt. Es lohnt sich also, hier eine gemütliche Runde zu drehen und dabei die wärmende Sonne und die Natur zu genießen.

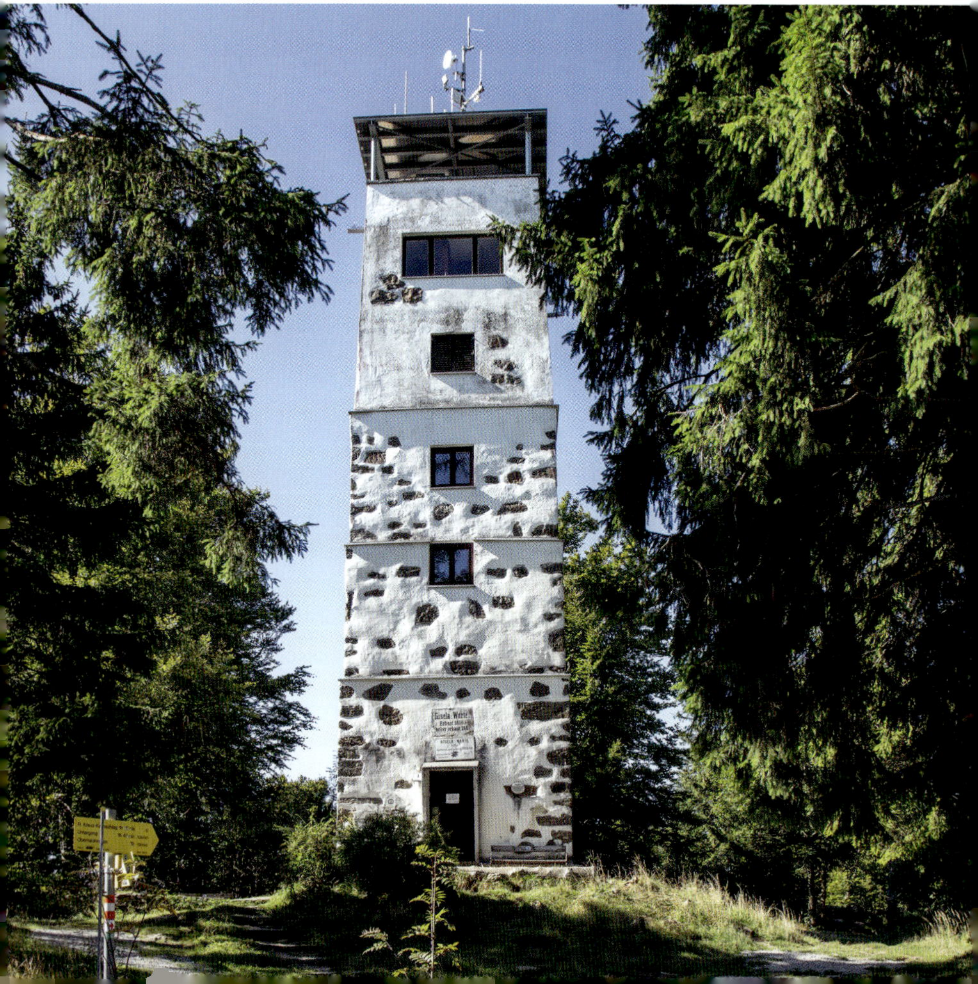

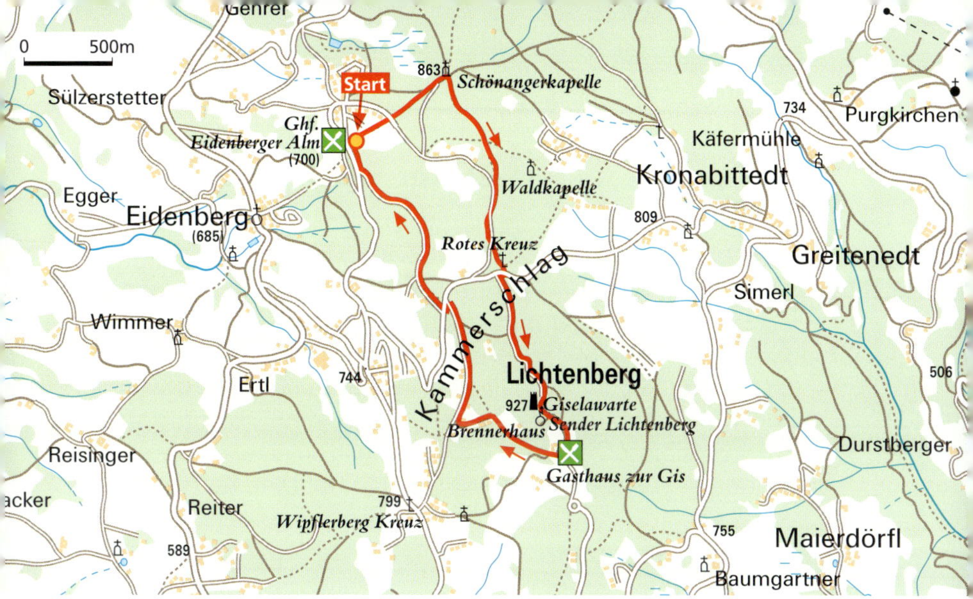

Wegbeschreibung: Startpunkt dieser Rundwanderung ist der Gasthof Eidenberger Alm. Von hier ansteigend, wandern wir auf dem *Almweg (Wegnummer E4)* in umgekehrter Richtung hinauf zur Schönangerkapelle. Im Wald weiter leicht ansteigend, am Roten Kreuz vorbei, erreichen wir die dem Linzer Alpenverein zugeschriebene Giselawarte. Vom 1. März bis zum 30. November ist sie durchgehend geöffnet. Hinab zum Gasthaus Gis und am Brennerhaus vorbei folgen wir den Wegweisern nach Eidenberg zurück zum Ausgangspunkt.
Weglänge: 5,6 Km; **Höhenmeter ↑↓:** 140 Hm; **Gehzeit:** 2 Std.

Einkehr: Das *Seminarhotel/Gasthof Eidenberger Alm* ist für seine gemütliche Atmosphäre und hervorragende Küche bekannt. Schon eine lange Tradition hat das unterhalb der Giselawarte gelegene *Gasthaus zur Gis* mit vielen köstlichen hausgemachten Gerichten.

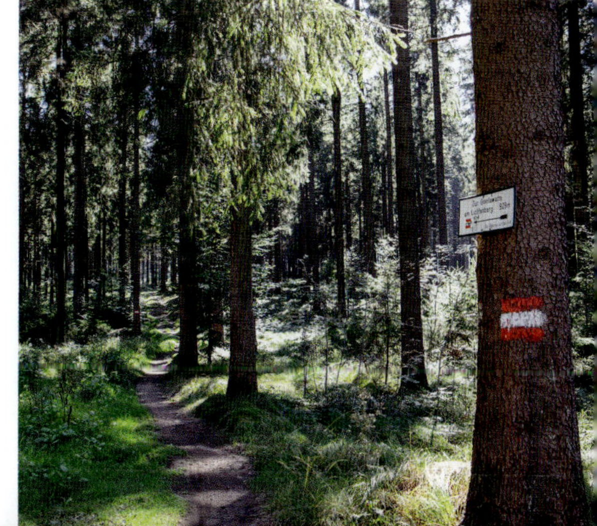

◀ Die historische Giselawarte – beliebtes Ausflugsziel und Knotenpunkt vieler Wanderwege.

6,2 Km

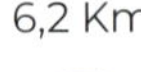
310 Hm

2,5 Std

Auf dem Adalbert-Stifter-Weg

In seinen letzten Lebensjahren weilte der große Dichter des Böhmerwalds, Adalbert Stifter, gerne in Kirchschlag. Für die Gemeinde ein Grund, ihm einen Wanderweg zu widmen. Dieser führt uns, mit schönen Ausblicken über die Höhenzüge der Landschaft, hinab in den tief eingeschnittenen Haselgraben. Dort erheben sich an einer Geländekante die alten Mauern von Schloss Wildberg, das hier einst, an einer strategisch wichtigen Stelle, die Saumstraße nach Böhmen beherrschte.

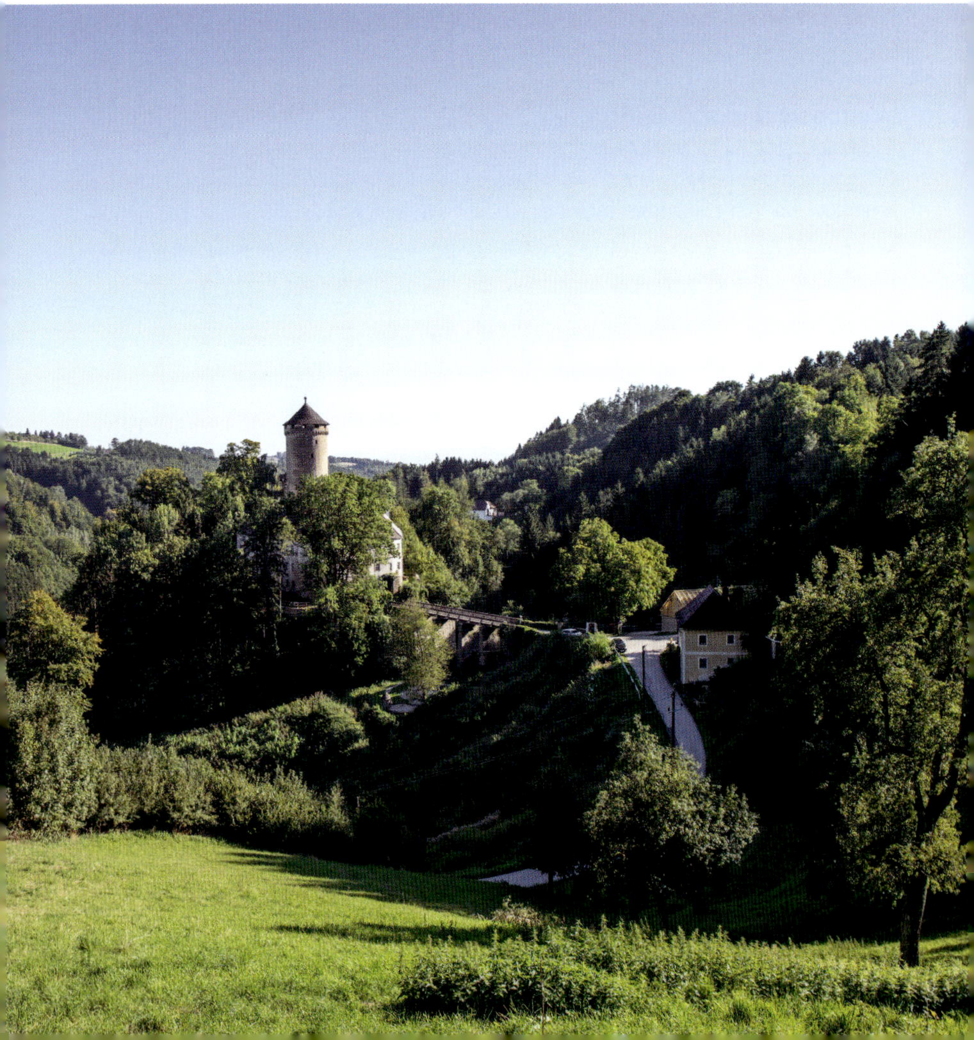

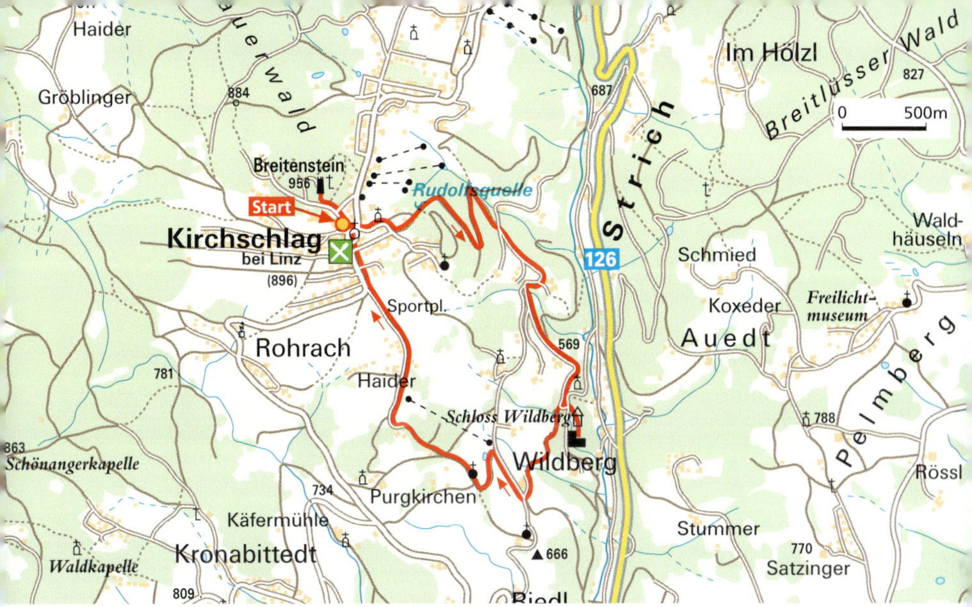

Wegbeschreibung: Startpunkt für die insgesamt sechs ausgeschilderten Rundwanderwege von Kirchschlag ist bei einer großen Infotafel im Ortszentrum. Von hier folgen wir den Wegweisern mit der Aufschrift *Adalbert-Stifter-Weg,* der teilweise mit einem anderen Rundweg, dem *5er,* ident ist. Auf Wald- und Güterwegen geht es hinab in den Taleinschnitt des Haselgrabens und zu den Ruinen von Schloss Wildberg. Über Wiesen und an Bauernhöfen vorbei gewinnen wir anschließend wieder an Höhe und gelangen zurück zum Ausgangspunkt.
Weglänge: 6,2 Km; **Höhenmeter ↑↓:** 310 Hm; **Gehzeit:** 2,5 Std.

Tipp: Kirchschlag bietet an seinem Hausberg, dem Breitenstein, mit einem Bogen-Parcour, einem Hochseilgarten und einer Aussichtswarte ein vielseitiges Freizeitangebot.

Einkehr: Das Gasthaus *Maurerwirt* im Ortszentrum verwöhnt uns in einer gemütlichen, familiären Atmosphäre mit regionalen Schmankerln.

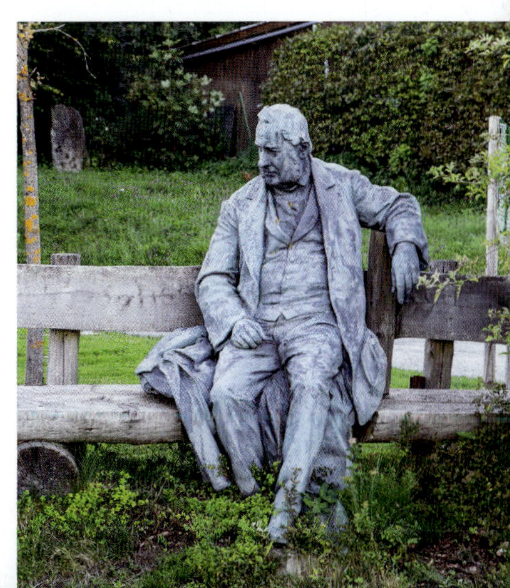

▶ Das Adalbert Stifter-Denkmal in Kirchschlag.

◀ Schloss Wildberg gilt als eine der ältesten Burganlagen des Mühlviertels.

15 Km

470 Hm

5 Std

Vom Steinbloßdorf zum Roadlberg

Gleich zu Beginn dieser Wanderung staunen wir in Ottenschlag über die vielen noch im Steinbloßstil errichteten Bauernhäuser. Dann geht es durch ein für diese Gegend typisches Streusiedlungsgebiet hinauf zur Aussichtswarte am Roadlberg. Abschließend kommen wir im Tal eines Bachlaufs noch bei einem uralten Kultplatz, dem Teufelstein, vorbei.

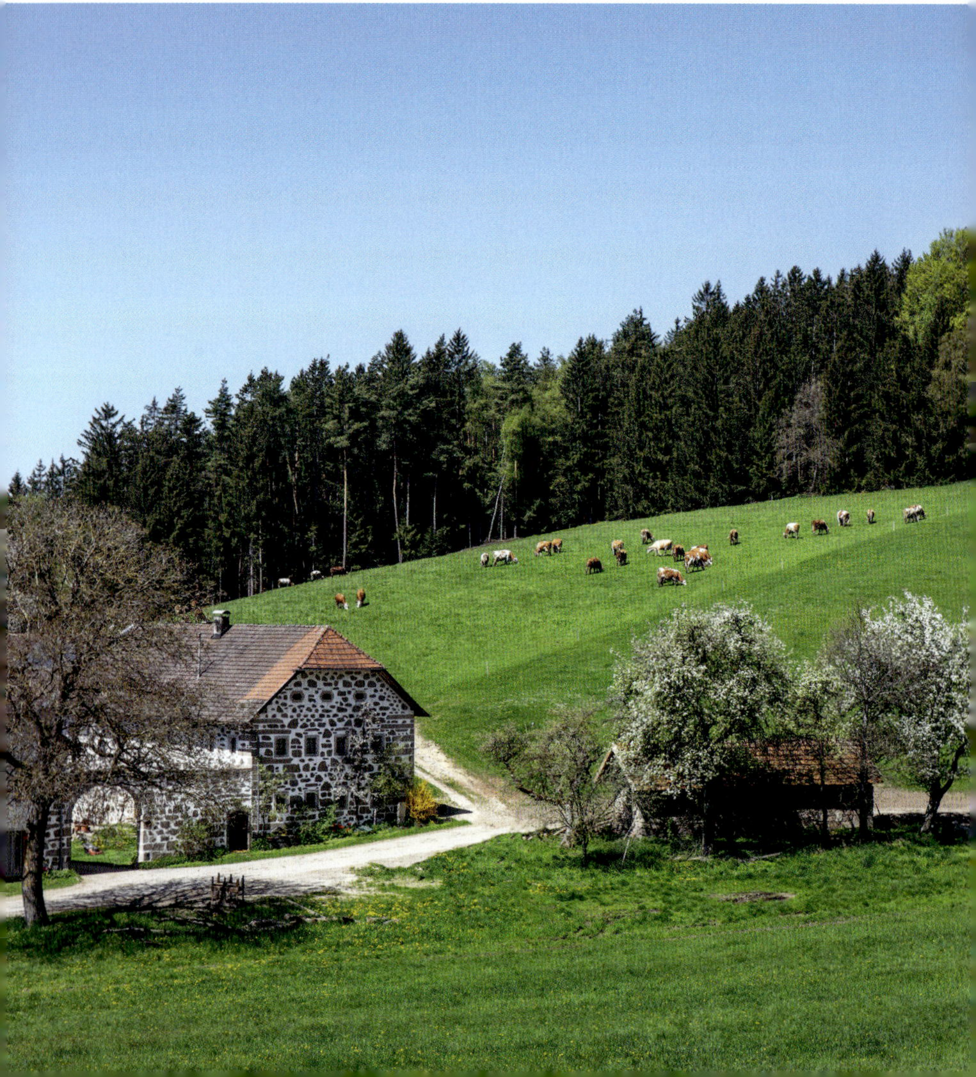

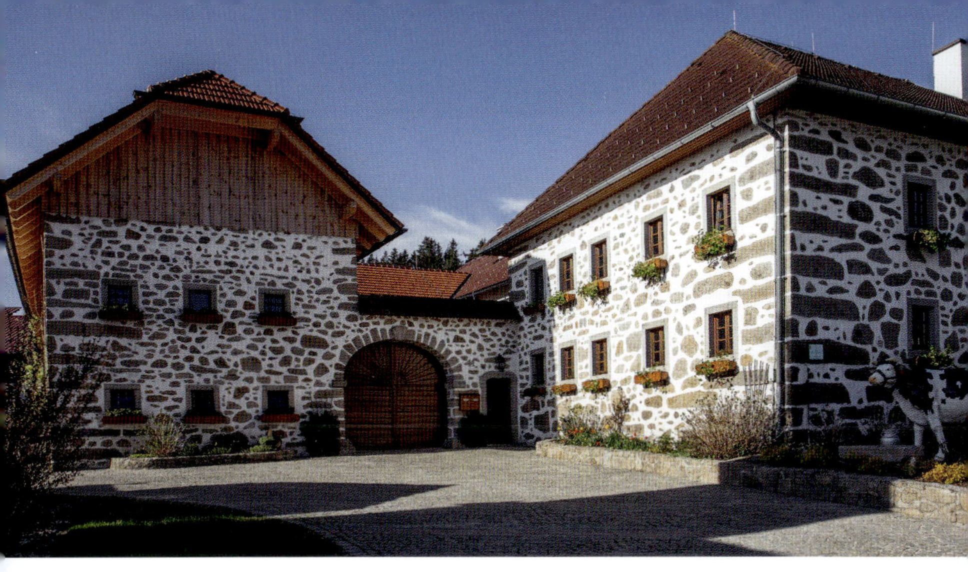

Ottenschlag liegt zwischen den Tälern der Großen und Kleinen Gusen. Bekannt ist der Ort für sein ursprüngliches Flair, das sich in den Fassaden der Häuser spiegelt. In Reih und Glied stehen die alten im Steinbloßstil gemauerten Höfe, fein herausgeputzt, mit schönen Bauerngärten und reichlich Blumenschmuck an den Fenstern. Alles wirkt sehr gepflegt. Viele der Gebäude wurden renoviert.
So gehen wir diese Wanderung entlang dieser baulichen Schönheiten erst einmal im Schlendermodus an. Bemerken aber bald, dass auch die umliegende Kulturlandschaft ihre Reize hat. Ähnlich wie die gut erhaltene bäuerliche Dorfstruktur erscheint auch das Hügelland, als wäre es immer schon so gewesen. Im Grunde gut austariert und in einem ökologischen Gleichgewicht zwischen Wald und landwirtschaftlichen Nutzflächen.
Einen Weitblick über dieses von den Bauern gehegte Land erhalten wir dann am Wendepunkt dieser Rundtour, auf der bewaldeten Kuppe des Roadlbergs. Gerade noch über die Bäume hinaus ragt dort ein hölzener Aussichtsturm. Zeit – um auf einer der Bänke oben Platz zu nehmen und die Blicke schweifen zu lassen. Nach Norden, Richtung Ottenschlag blickend, glauben wir gar nicht so recht, wie weit man schon gewandert ist.

▲ Ein besonders schön renovierter Hof im Ortskern von Ottenschlag.

◄ Ländliche Bilderbuchidylle in der Umgebung von Blaßberg.

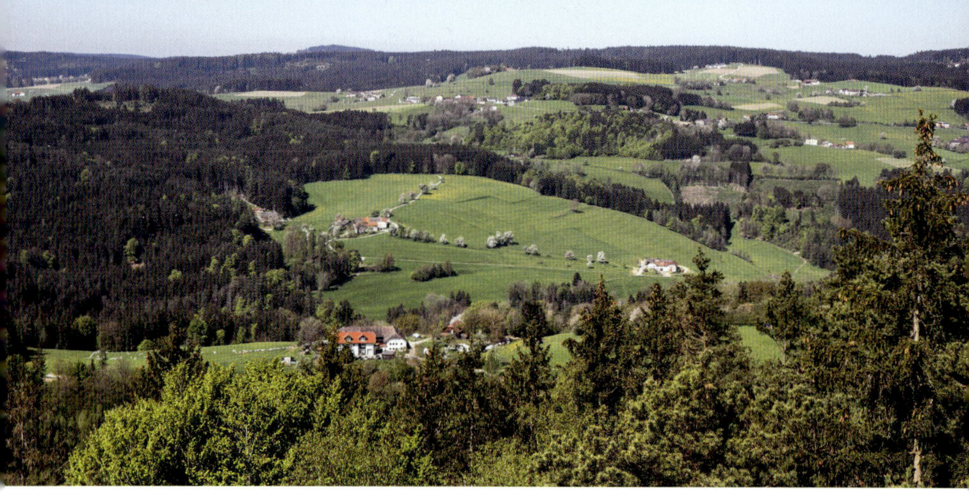

▲ Aussicht vom Roadlberg über das Streusiedlungsgebiet im Tal der Großen Gusen.

▼ Felsformation auf dem Weg zum Teufelstein.

▼ Eine alte Steinsäule unterhalb des Helmetzedter Bergs.

Einen Eindruck ganz anderer Art bekommen wir noch auf dem Rückweg beim sogenannten Teufelstein – gelegen an einem Bachlauf im Tal der Großen Gusen. Dabei soll es sich um eine prähistorische Kultstätte handeln, um die sich einige Legenden ranken. Eine Tafel beim Stein klärt uns darüber auf. Die wahre Bedeutung der Felsen für unsere Vorfahren, noch bevor der Teufel eine Rolle spielte, mag jedoch ein Geheimnis bleiben.

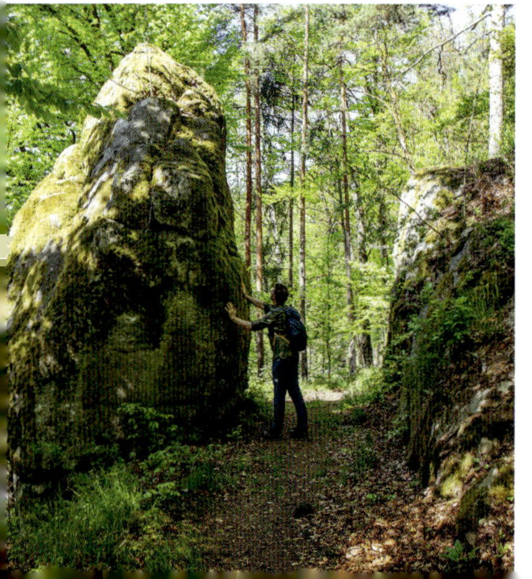

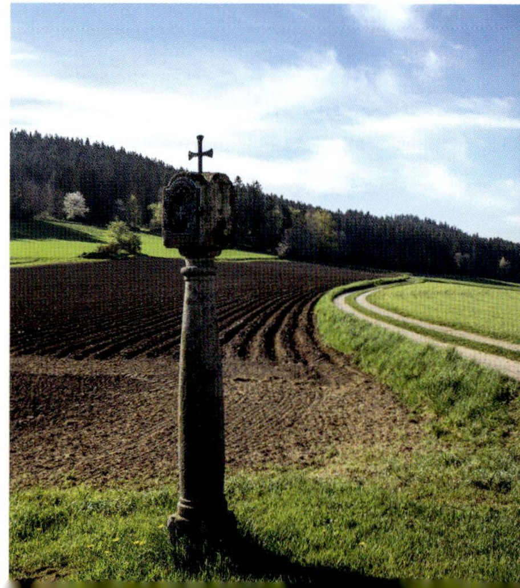

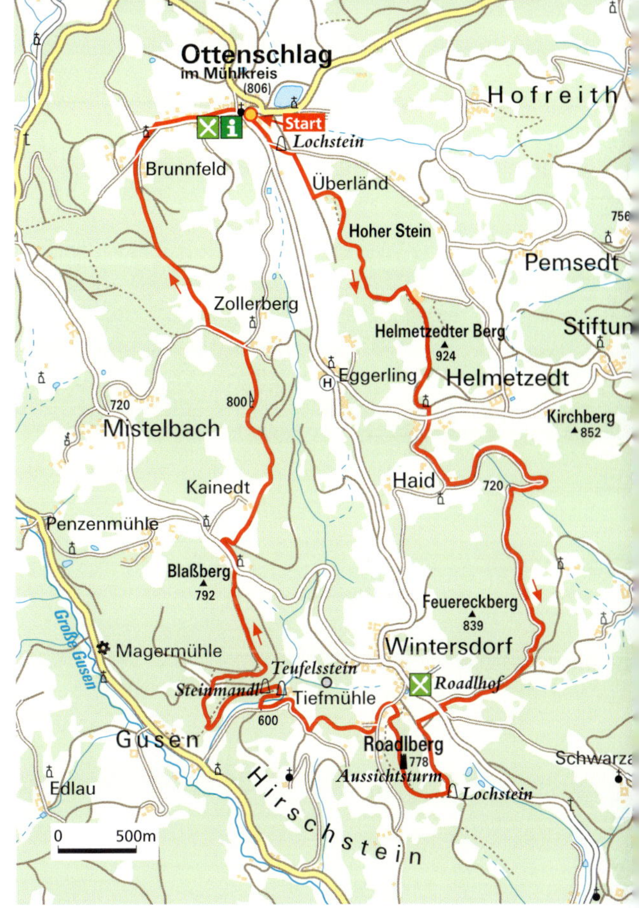

Wegbeschreibung: Startpunkt für diese Wanderung ist idealerweise der Parkplatz hinter dem *Landgasthaus Bergerwirt* am westlichen Ortsende, wo auch eine Infotafel steht. Der Weg ist durchgehend beschildert. Wir achten jedoch gut auf die gelben quadratischen Wegweiser mit dem Gemeindewappen und der *Wegnummer 01*. Vom Parkplatz spazieren wir ins Ortszentrum und bestaunen dabei die vielen Häuser und Höfe im Steinbloßstil. Den Ort verlassen wir in südöstliche Richtung. Es geht über den Helmetzedter Berg nach Haid und um den Feuereckberg herum nach Wintersdorf. Nachdem wir hier die Hauptstraße überquert haben, wandern wir auf einem Güterweg hinauf zum Aussichtsturm am Roadlberg. Bei einer Siedlung geht es dann links hinab in ein Bachtal zum Teufelstein. Vorwiegend im Wald und an zwei großen Linden vorbei, kommen wir nach Blaßberg. Durch ein weiteres Waldstück hindurch erreichen wir die Häuser von Brunnfeld und bald darauf wieder den Ausgangspunkt.

Weglänge: 15 Km; **Höhenmeter ↑↓:** 470 Hm; **Gehzeit:** 5 Std.

Tipp: Am Ostende von Ottenschlag gibt es einen schönen Landschaftsteich, der zum Picknicken einlädt. Interessant ist auch ein Abstecher ins *Naturschutzgebiet Stadlwiese* an der Straße nach Reichenau.

Einkehr: Der *Roadlhof* unterhalb des Aussichtsturms setzt auf hausgemachte Speisen aus regionalen Produkten. Gute, saisonale Gerichte werden in Ottenschlag im *Landgasthaus Bergerwirt* serviert.

Über den Sterngartlblick

8,5 Km

270 Hm

2,5 Std

Eine landschaftlich schöne Rundtour im Quellgebiet der Großen Gusen. Reichenau ist bekannt für seine mittelalterliche Burg, einem Herrschaftssitz der Starhemberger, auf der im Sommer jährlich Burgfestspiele stattfinden. Im Wald treffen wir auf eine verfallene Wolfsgrube und auf den uralten Kultplatz des Hexensteins. Höhepunkt ist der im Millenniumsjahr errichtete, 30 Meter hohe Aussichtsturm Sterngartlblick auf dem Weixelbaumer Hügel, von wo sich bei guter Fernsicht ein Panorama über das Untere Mühlviertel bis zu den Alpen auftut.

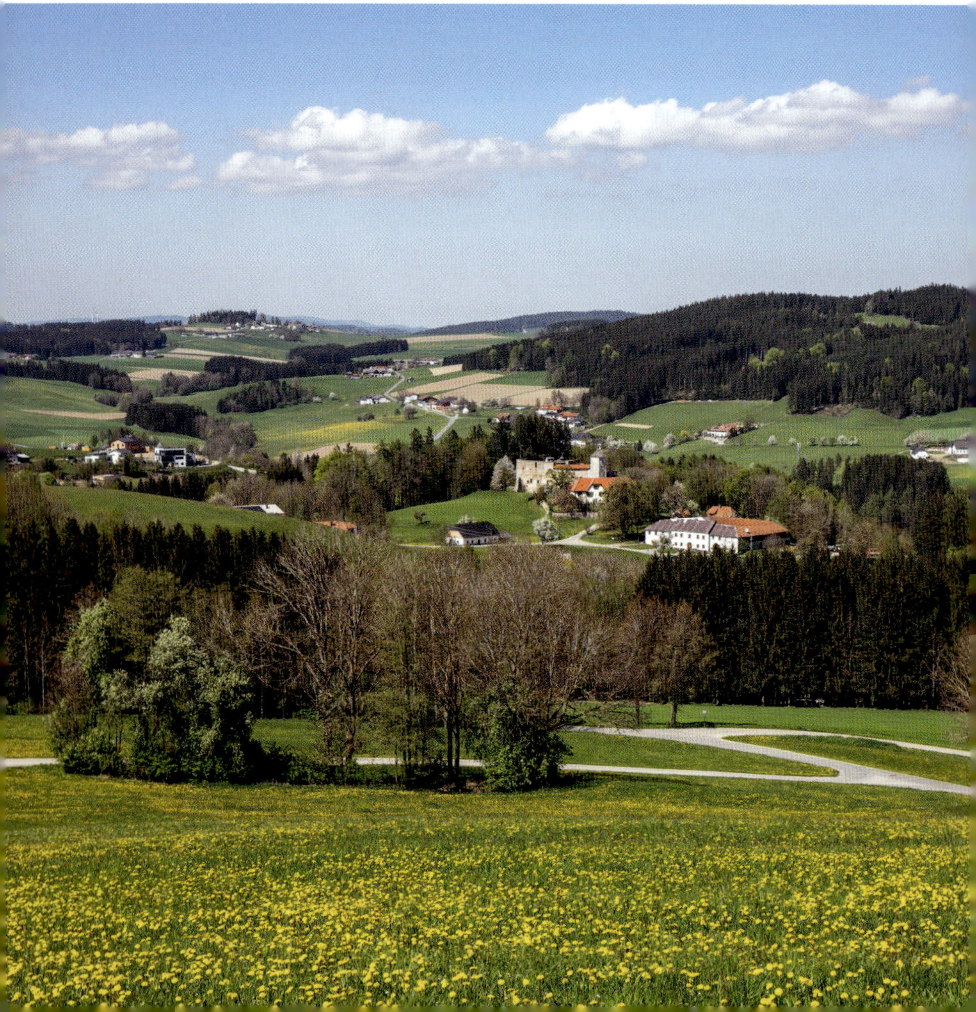

Wegbeschreibung: Startpunkt ist im Ortszentrum von Reichenau. Der Rundwanderweg nennt sich *Über den Sterngartlblick* und ist mit gelbblauen Wegweisern mit der Aufschrift R3 beschildert. Gegen den Uhrzeigersinn geht es von Reichenau im Wald einen Bachlauf entlang und dann immer leicht ansteigend zur Aussichtswarte Sterngartlblick. Auf Nebenstraßen – mit schönen Ausblicken über die Kulturlandschaft – wandern wir, noch an der Burg Reichenau vorbeikommend, zurück zum Ausgangspunkt.
Weglänge: 8,5 Km; **Höhenmeter ↑↓:** 270 Hm; **Gehzeit:** 2,5 Std.

Einkehr: Der *Landgasthof Seyrlberg (Seyrlberg 5, Reichenau)* serviert herzhaft zubereitete Mahlzeiten, vorwiegend aus Produkten der eigenen Landwirtschaft.

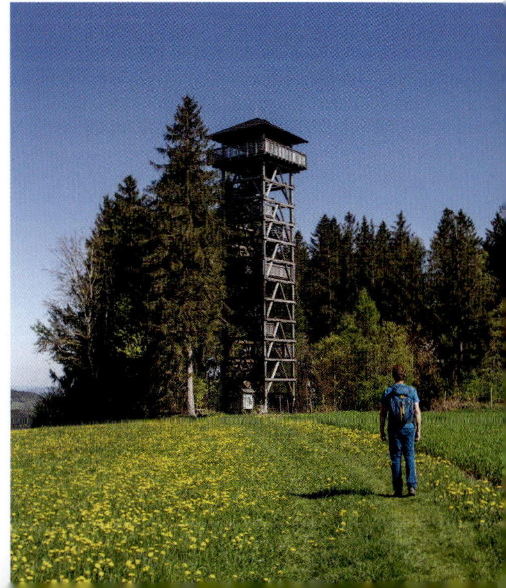

▶ Ziel der Wanderung ist der Aussichtsturm Sterngartlblick.

◀ Frühlingserwachen im Hügelland um die Burg von Reichenau.

23

Burgerlebnis Waxenberg

1,6 Km

60 Hm

1 Std

Die Burg Waxenberg zählt zu den ältesten und spektakulärsten Wehrbauten des Mühlviertels. Wie ein mächtiger steinerner Adlerhorst thront sie über dem Land. Auf einem Spaziergang durch die Ruinen und auf einem Waldweg, der um die Burg herumführt, begeben wir uns auf eine faszinierende Zeitreise.

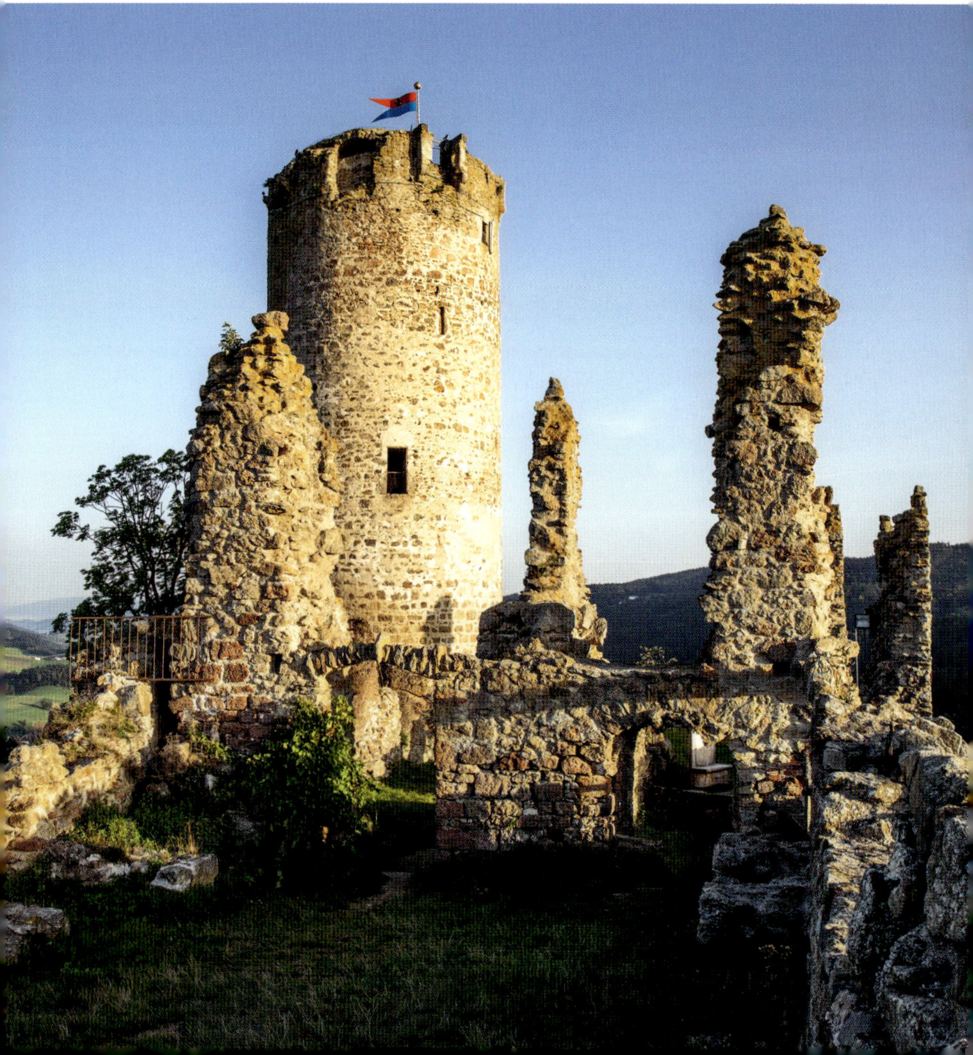

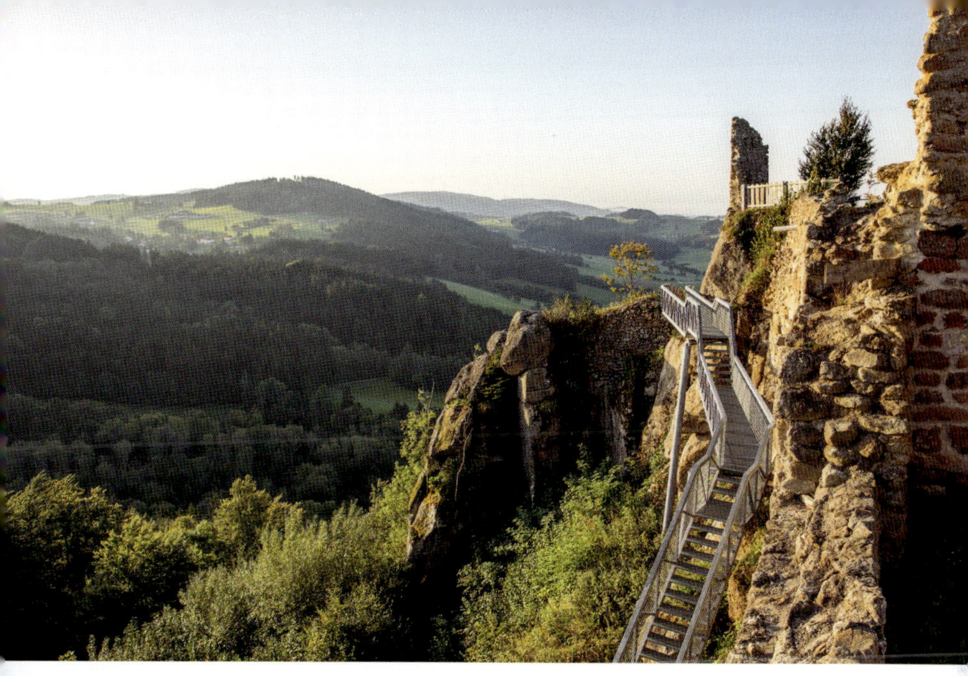

Auf einer Liste mit Orten, die man im Mühlviertel unbedingt einmal besucht haben sollte, darf die Burg Waxenberg nicht fehlen. Damit muss auch keine längere Wanderung verbunden sein. Es lohnt sich, die Burg als eigenständiges Ausflugsziel zu wählen. Auf dem weitläufigen Gelände sich verzweigender Wege, zwischen Ringmauern, Vor- und Hauptburg, Türmen und Gebäudeteilen, gibt es viel zu entdecken. Ein, zwei Stunden sind da schnell verflogen. Als Draufgabe bietet sich dann noch die Umrundung der Burg auf dem Hubertusweg an, der im Wald unterhalb der Mauern den Sagen und älteren Erzählungen nachspürt. Auf einer Tafel lesen wir dort z. B. eine historische Beschreibung von Waxenberg aus dem Jahre 1809: „Dieser Ort ist ziemlich hoch, raue Winde blasen fast das ganze Jahr scharf ins Haar, nur zwischen Felsen entwickelt die Sonne den Wärmestoff, lässt ruhig Kräuter wachsen und Früchte keimen."
Waxenberg hat schon viele Herrschergeschlechter kommen und gehen gesehen und seit mindestens dem 11. Jahrhundert trotzen die Burgmauern Wind

▲ Viele Helfer hat es gebraucht, um die Anlage zu sanieren und für Besucher sicher zugänglich zu machen.

◄ Die Ruinen der ehemaligen Wohngebäude mit dem Bergfried.

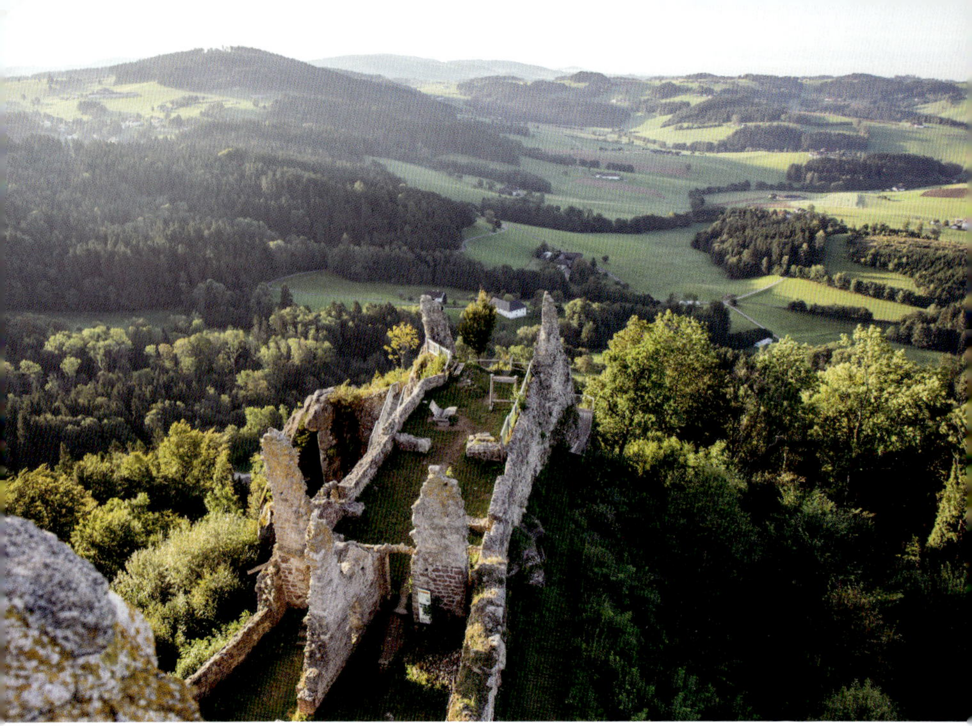

▲ Atemberaubend ist der Blick vom Bergfried über das Burgareal und die Weiten der Mühlviertler Hügelwelt.

▼ Der Hauptburg vorgelagert ist der Wehr- und Hungerturm.

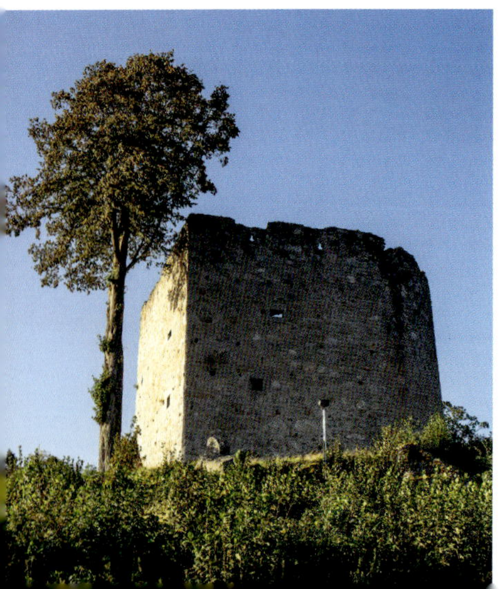

und Wetter. Einer aufwendigen Sanierung wurde das Burgareal zwischen den Jahren 2003 und 2013 unterzogen. Durch viele fleißige Hände aus Waxenberg und der Umgebung konnte dieses Kulturjuwel erhalten und für Besucher sicher zugänglich gemacht werden. So können wir heute sogar auf den 22 Meter hohen Bergfried hinaufsteigen und uns dort oben wie ein mittelalterlicher Späher fühlen. Egal in welche Richtung und soweit wir auch übers Land blicken, einst reichte das Herrschaftsgebiet dieser Burg von der Donau bis zur böhmischen Grenze und vom Haselgraben bis zur Großen Mühl.

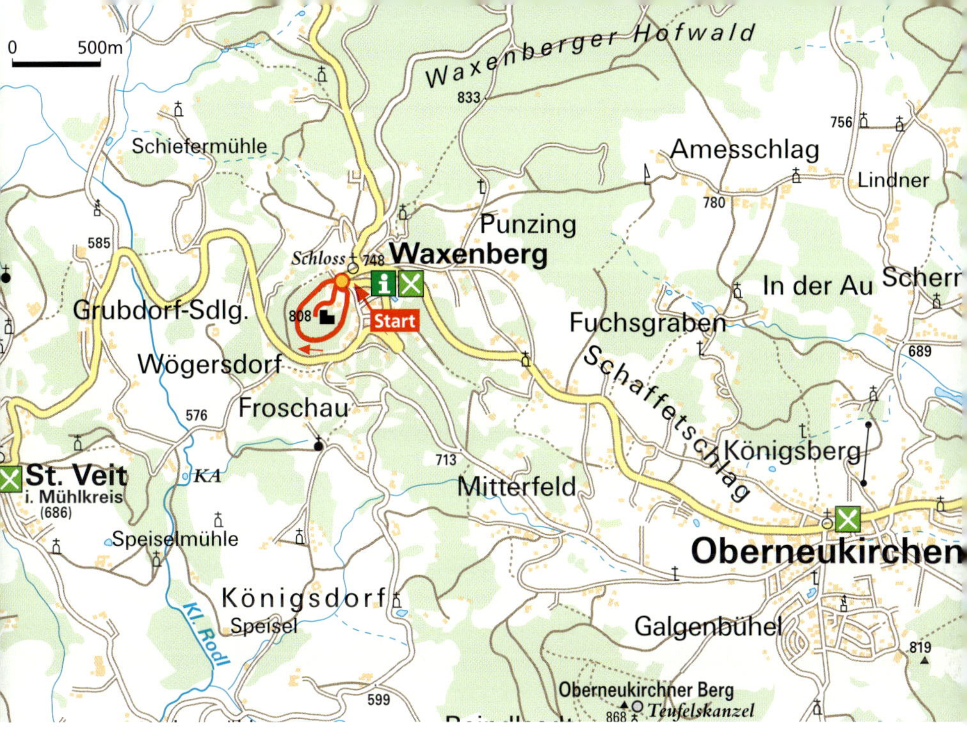

Wegbeschreibung: Ausgangspunkt für einen Besuch von Waxenberg ist beim Parkplatz im gleichnamigen Ort unterhalb der Burg. Ein großes Schild mit der Aufschrift „Rauf auf die Burg" weist uns den Weg. Über den großen, vorgelagerten Wehrturm und die Burgtaverne gelangen wir in die Vorburg. Von hier geht es hinauf zu den Ruinen der ehemaligen Wohngebäude und zum frei zugänglichen Bergfried. Infotafeln klären uns über die einstige Bedeutung der Gebäude auf. Nach der Besichtigung lohnt sich der ca. einen Kilometer lange *Hubertusrundweg,* auf den die Tafel „Rund um die Burg" hinweist. Dabei können wir im Wald und auf Bänken die Ruhe der Natur genießen und erfahren weitere interessante Geschichten zur Burg.
Weglänge: 1,6 Km; **Höhenmeter ↑↓:** 60 Hm; **Gehzeit:** 1 Std.

Tipp: Etwas Besonderes ist es, auf der Burg einen Sonnenaufgang zu erleben. Nach und nach werden beim Blick über die Landschaft die Hügelkuppen vom zauberhaften Morgenlicht gestreift. Innerhalb des Burgareals finden sich schöne Plätze zum Picknicken.

Einkehr: Auf gelebte Gastlichkeit treffen wir in der *Hoftaverne Atzmüller*. Serviert werden dort regionale Köstlichkeiten aus den besten Produkten der heimischen Landwirtschaft.

7,5 Km

160 Hm

2,5 Std

Auf der Windparkrunde zum Hirschenstein

Die Marktgemeinde Vorderweißenbach macht für sich Werbung, „der Stern im Böhmerwald“ zu sein. Tatsächlich treffen wir hier auf ein ausgesprochen reichhaltiges Wanderangebot mit vielen Wegvarianten. Es lohnt sich also, diese Möglichkeiten einmal genauer unter die Lupe zu nehmen. Die hier vorgeschlagene Rundtour führt uns im Sternwald zum größten Windpark Oberösterreichs. Ziel ist der Hirschenstein, eine am Nordkamm – auf 1026 Metern Seehöhe – gelegene Felsformation.

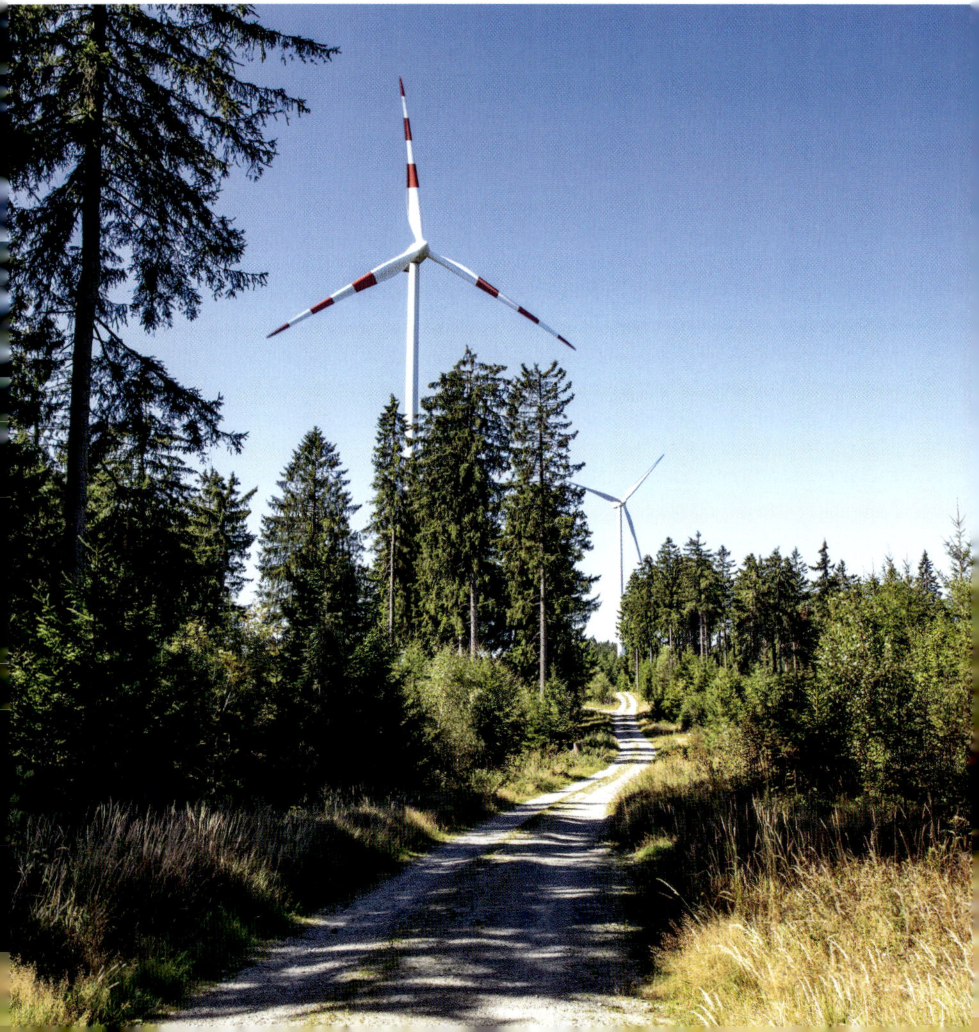

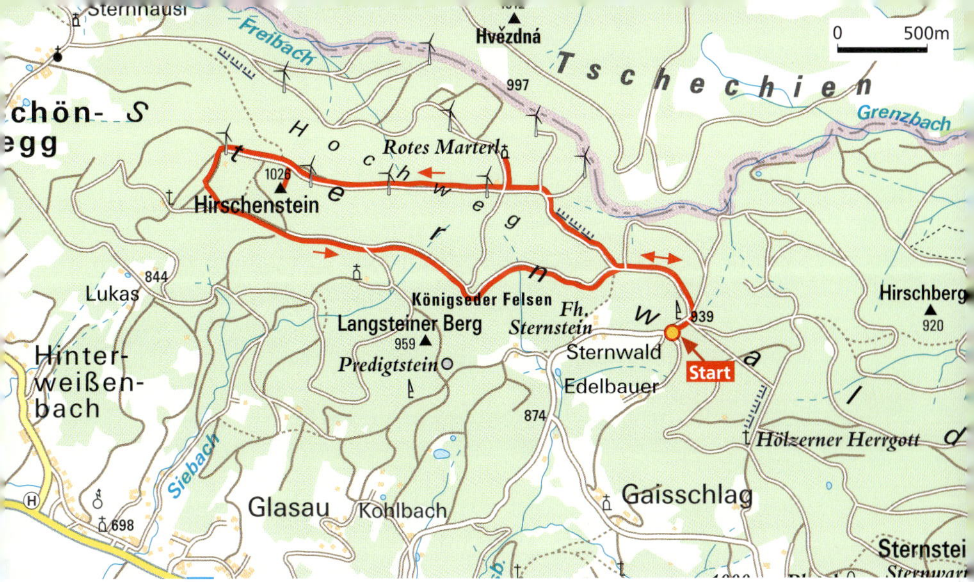

Wegbeschreibung: Startpunkt ist beim Wanderparkplatz Sternwald, ca. 4 Kilometer nordöstlich von Vorderweißenbach. Von hier folgen wir den Wegweisern mit der Aufschrift *Windparkrunde (Wegnummer 43a)*. Auf Forststraßen begleiten wir die kreisenden Rotorblätter der Windräder. Ein kurzer Abstecher lohnt sich zum Roten Materl, das einige interessante Legenden umgibt und an dem auch der Nordwaldkammweg vorüber führt. Beim mystischen Felsen des Hirschensteins ladet ein Tisch mit Bänken zur Rast ein. Etwas versetzt zum Hinweg gelangen wir unterhalb der Windräder zurück zum Ausgangspunkt.
Weglänge: 7,5 Km; **Höhenmeter ↑↓:** 160 Hm; **Gehzeit:** 2,5 Std.

Tipp: Besuchen Sie am Grenzübergang Guglwald das *Mahnmal Eiserner Vorhang,* das anhand eines Stacheldrahtzauns und Schautafeln an das einst geteilte Europa erinnert.

Einkehr: Im Gemeindegebiet von Vorderweißenbach gibt es mehrere hervorragende Gastronomiebetriebe. Im Ort bieten sich der *Schmankerlwirt* oder der *Braugasthof Mascher* an.

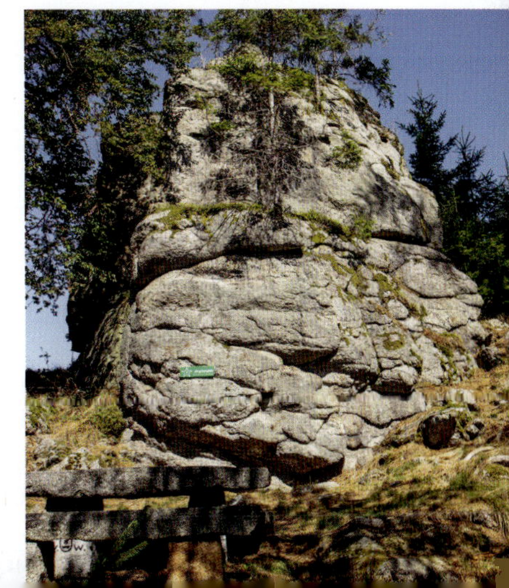

▶ Der mystische Hirschenstein.

◀ Immer den Windrädern nach.

Der Erlebnisweg Moorwald

3,5 Km

80 Hm

1,5 Std

Kultur- und Naturerlebnis liegen in Bad Leonfelden eng aneinander. Der in Stadtnähe gelegene Moorwald bildete die Basis der touristischen Entwicklung der Kurstadt. Um Erholung und mitunter Heilung zu finden, braucht der Mensch bekanntlich die Natur. Eine Erkenntnis, an der uns der Erlebnisweg Moorwald anhand mehrerer Stationen aktiv teilhaben lässt.

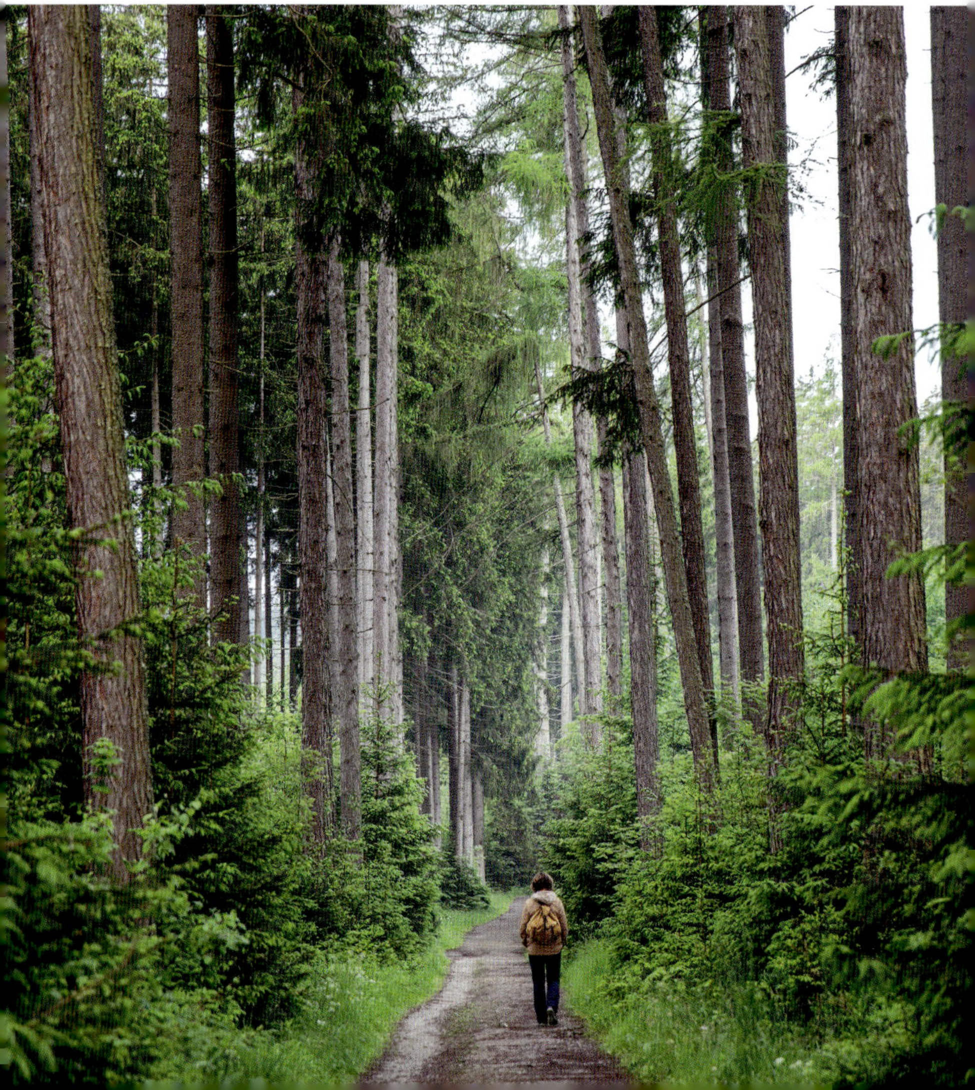

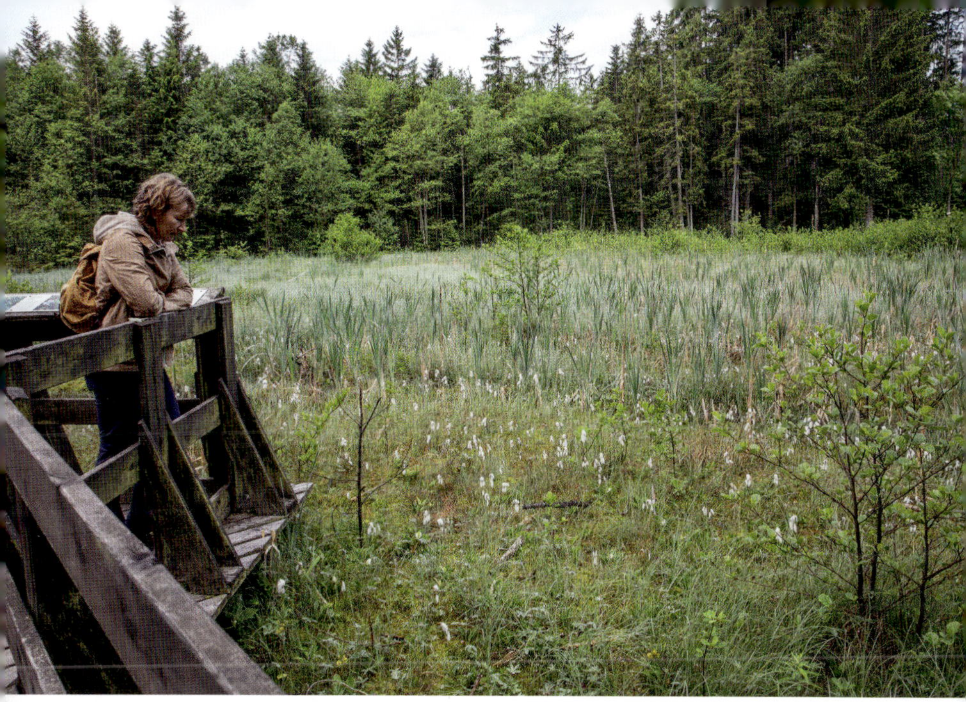

Als einen „Gesundbrunnen für Leib und Seele“ bezeichnet die Tourismuswerbung den Moorwald am Stadtrand. Auch die Spa Hotels und das Gesundheitsresort Vortuna liegen nicht weit davon. Das ist nachvollziehbar, denn ohne das Moor würde der gegenwärtige Wellness- und Kurbetrieb auf wackeligen Beinen stehen. Besser ist es, Geschichten erzählen zu können, von Moor- und Kneippanwendungen, die hier schon Mitte des 19. Jahrhunderts für die Genesung vieler Leiden sorgten. So wurde damals der Leonfeldner Lebzelter Franz Kastner durch Fußbäder von einem hartnäckigen Gichtleiden befreit, worauf er mit der Errichtung eines Badhauses den Grundstein für den heutigen Kurbetrieb legte.

Das wiederum hat dem Moor eine neue Bedeutung gegeben. Was vorher nutzlos und nur lästig erschien, war nun schützenswert geworden. Darum ist uns dieses Kleinod eines natürlichen Lebensraums erhalten geblieben. Kaum woanders hatten Moore ähnliches Glück.

Wie wertvoll Moore tatsächlich heute aus ökologischer Sicht sind, will uns der hier angelegte Moorweg nahebringen.

▲ Eine Aussichtsplattform bietet uns Gelegenheit über den schwankenden Moorböden zu stehen.

◀ Gar nicht weit vom Stadtzentrum entfernt, durfen wir im Moorwald viel Ruhe in der Natur genießen.

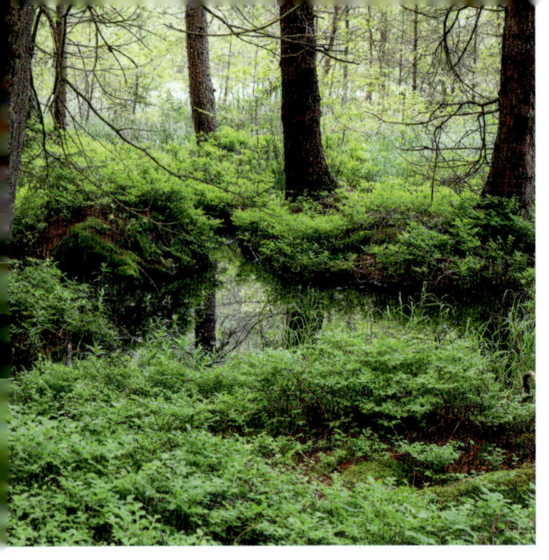

Er führt uns durch den Wald zum zentralen Teil eines Hochmoors, wo die Moorhütte steht, und eine Aussichtskanzel errichtet wurde. Von dieser überblicken wir ein Refugium schwankender Böden aus Wollgras und anderer seltener Moorpflanzen. Was uns Menschen lange lebensfeindlich war, ist jetzt lebenswichtiger Rückzugsort für die Natur geworden. Wenn wir uns hier ein wenig Zeit nehmen und den Libellen bei ihren akrobatischen Flugmanövern zuschauen, können wir nur staunen. Auch über uns selbst, wie wir nur so lange Zeit, so vielen Wundern an unserer Seite keinen Wert beigemessen haben.

▼ Auf das Jahr 1880 geht die Joachimsquelle zurück. Neben ihr befindet sich ein aus Natursteinen errichtetes Kneippbecken.

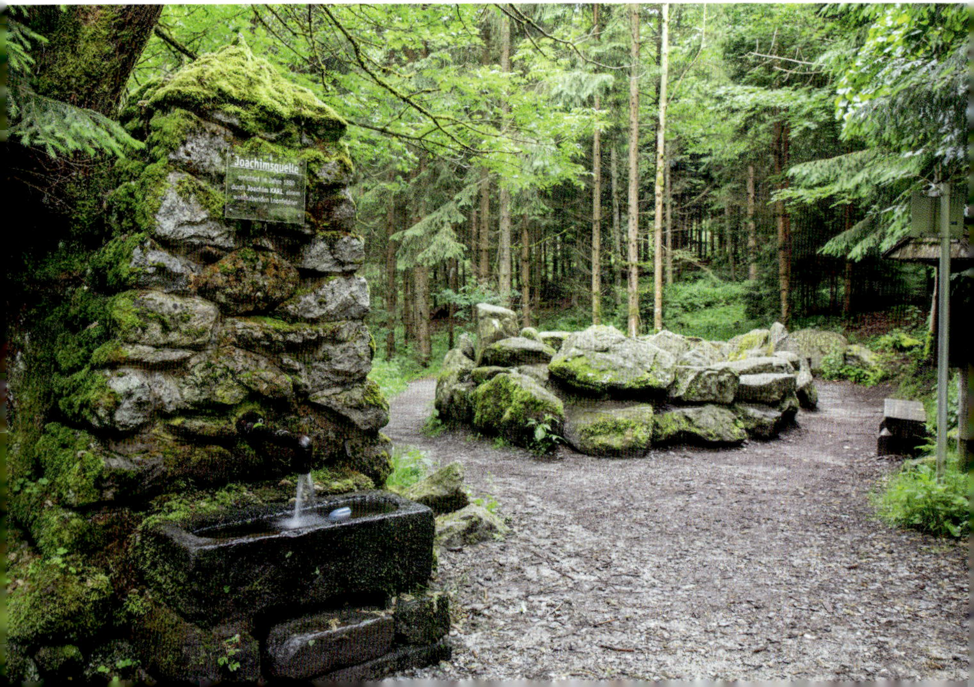

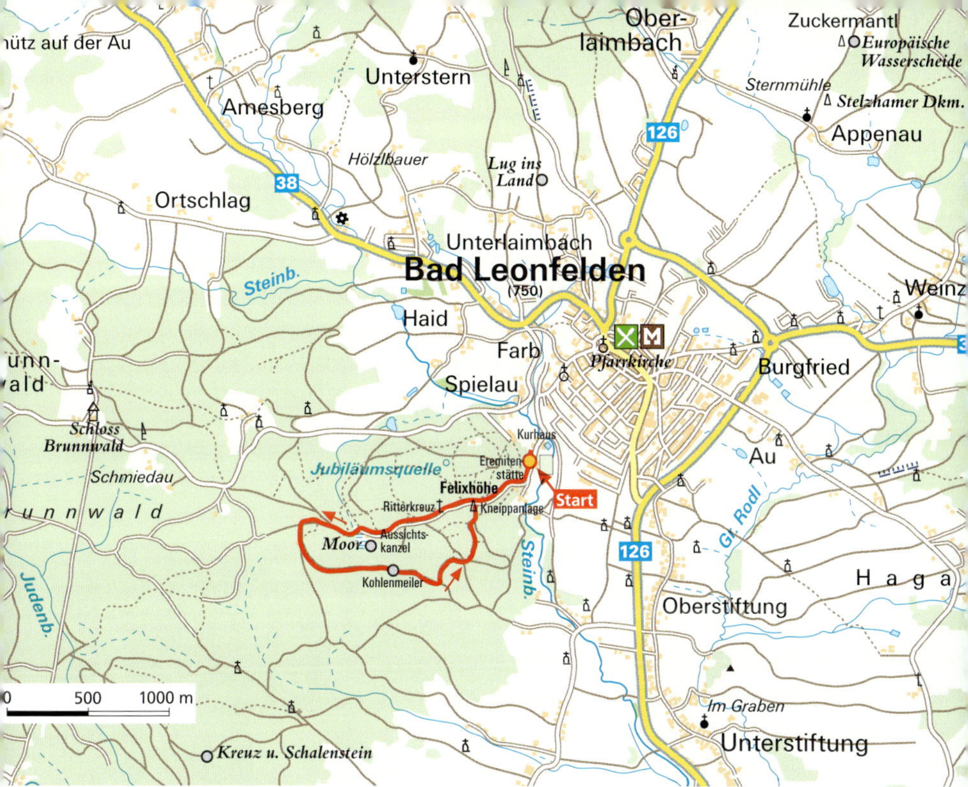

Wegbeschreibung: Start dieses genussreichen Spaziergangs durch den Moorwald ist beim Parkplatz unterhalb des Freibads *aqua leone*. Der Rundweg ist gut ausgeschildert und verbindet verschiedene Stationen, bei denen uns der Wald und das Hochmoor erlebnisreich und anschaulich erklärt werden. Ebenso passieren wir eine einladende Kneippanlage und ein Moorwasserbecken.

Weglänge: 3,5 Km; **Höhenmeter ↑↓:** 80 Hm; **Gehzeit:** 1,5 Std.

Variante: In der Nachbarschaft zum *Gesundheitsresort Vortuna* gibt es noch einige andere Rundwege, wie den *Kneippweg* oder den *Holzhackersteig,* die sich teilweise mit dem *Erlebnisweg Moorwald* kreuzen.

Tipp: Der *Erlebnisweg Moorwald* lässt sich gut mit einer Besichtigung der Kurstadt Bad Leonfelden kombinieren. Bei einem Stadtspaziergang, der am Hauptplatz startet, kommen wir auch bei einer Blaudruckerei und am *OÖ Schulmuseum* vorbei.

Einkehr: Am Hauptplatz finden wir eine abwechslungsreiche Gastronomie, die bei Schönwetter auch Sitzgelegenheiten im Freien bietet. Empfehlenswert ist auch das *Café am Moorwald* im *Gesundheitsresort Vortuna.*

9 Km

330 Hm

3 Std

Über den Pilzstein zum Sternstein

An den südöstlichen Ausläufern des Böhmerwalds ist der Sternstein mit 1122 Metern Seehöhe die höchste Erhebung und ein beliebtes Wanderziel. Ein Gipfel, auf dem über die Baumwipfel hinaus die Sternstein-Warte ragt, die uns einen fantastischen Rundblick über das Mühlviertler Hochland bis weit hinein nach Tschechien gewährt. Auf dem Weg hinauf kommen wir an der auffallenden Felsgestalt des Pilzsteins vorbei.

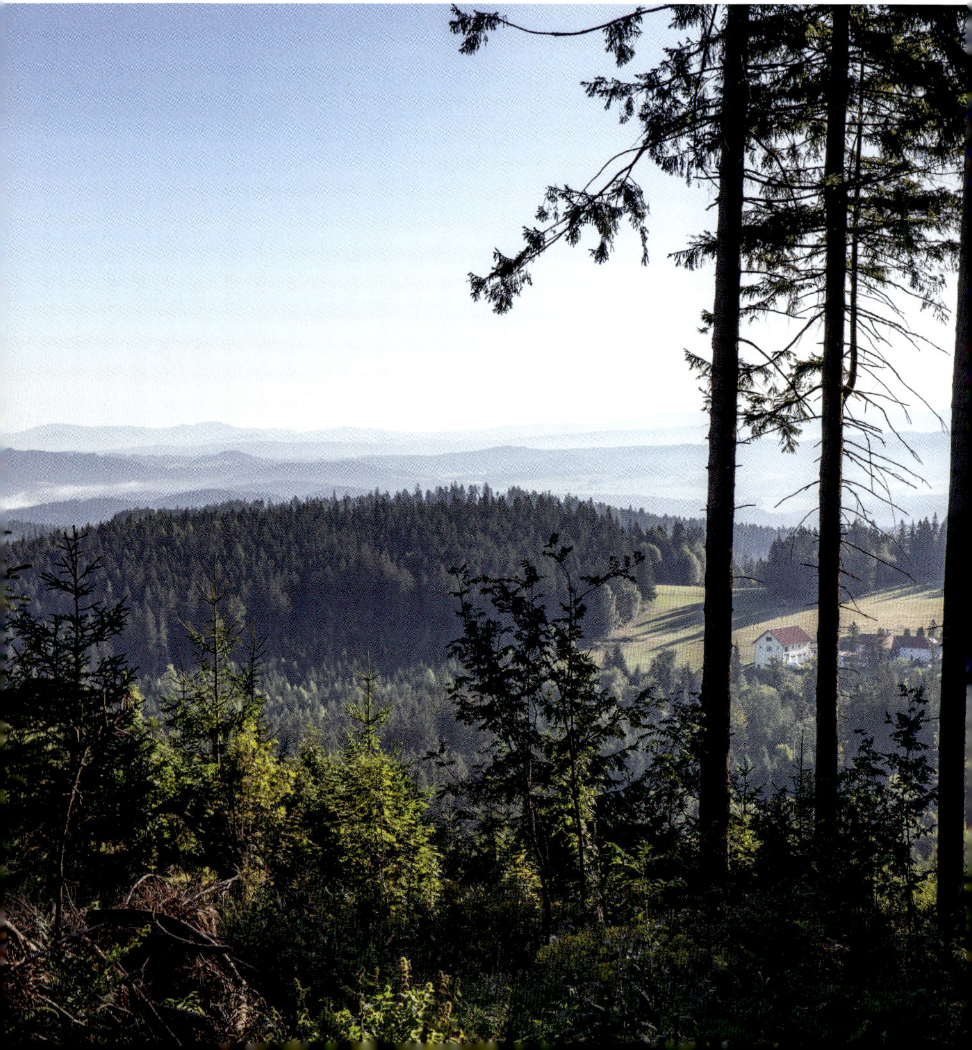

Einatmen und ausatmen, das wird auf dieser Wanderung zu einer ganz bewussten Erfahrung. Grund dafür ist die wohltuende Waldluft, von der bei unserem Auf- und Abstieg am Sternstein reichlich vorhanden ist. Über den ganzen Höhenrücken und weit die Hänge hinab begleitet uns das Rauschen des Böhmerwalds. Auch merken wir vielleicht, dass das Klima hier schon viel rauer ist als in den Niederungen. Gute Bedingungen jedenfalls für einen Skibetrieb, der sich an den Abhängen mit einigen Pisten in den Wald gefressen hat. Ob dieser allerdings auch in Zeiten des Klimawandels weiterhin bestehen kann, wird sich zeigen.
Auf unserer Wanderung hinauf zum Gipfel kommen wir mit den Liften und Pisten kaum in Berührung. Dafür weist uns ein Schild den Weg zu einer Steinformation, die uns im ersten Moment an einen überdimensionalen Herrenpilz denken lässt. Zwar nicht außerordentlich spektakulär, aber doch so ungewöhnlich ist dieser Felsen, dass man ihn Pilzstein genannt und zu einem Naturdenkmal erklärt hat.

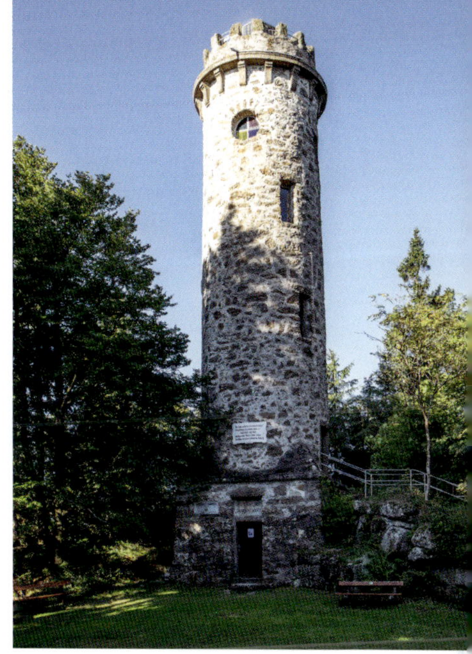

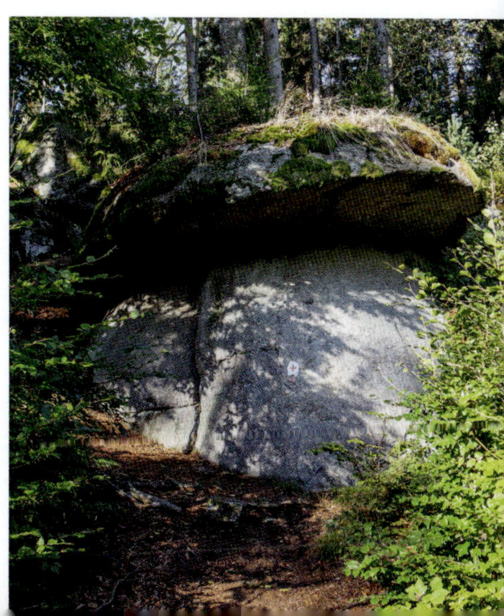

▲ Schon seit über 120 Jahren erfreuen sich Wanderer am Aussichtsturm der Sternsteinwarte.

▶ Obwohl ein wenig versteckt, lohnt sich der kurze Abstecher zum Pilzstein.

◀ Beim Aufstieg gibt eine Waldlichtung den Blick in die Landschaft frei.

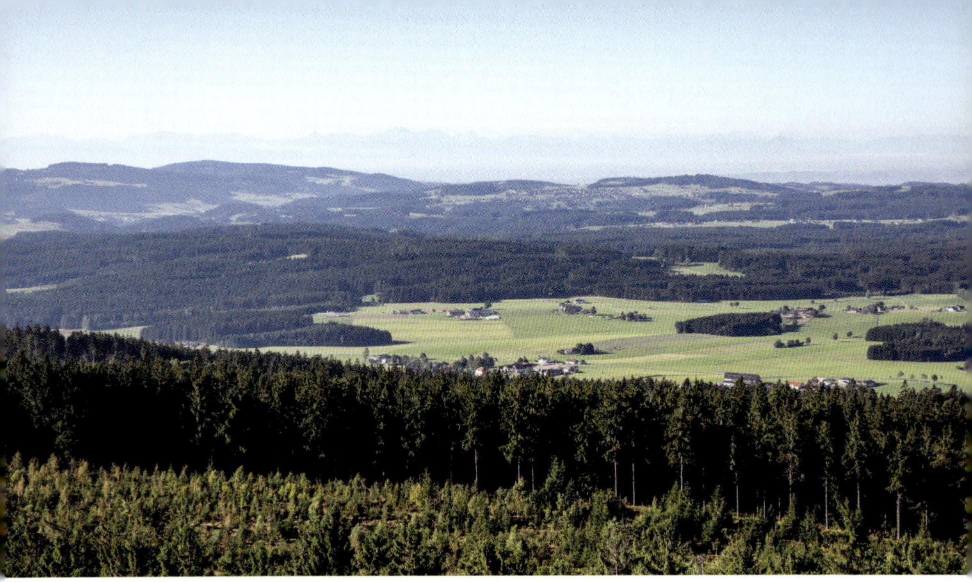

▲ Panoramablick von der Sternsteinwarte nach Süden, über das Mühlviertel hinweg bis zur Alpenkette.

▼ Zur Einkehr empfehlenswert – der beliebte Berggasthof Waldschenke.

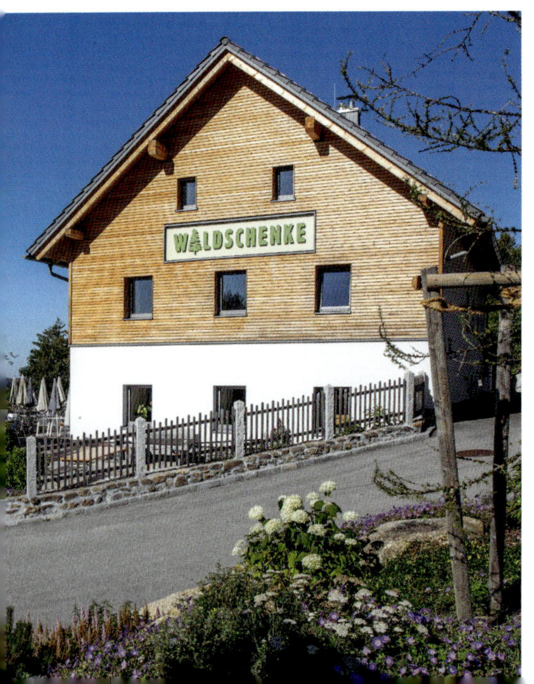

Am höchsten Punkt angelangt, nimmt dann ein Kulturdenkmal unsere Aufmerksamkeit in Anspruch. Die Sternsteinwarte hat nun doch schon einige Jahre auf dem Buckel. Genaugenommen steht sie bereits seit dem Jahr 1899 an diesem Ort, errichtet zum 50-jährigen Regierungsjubiläum von Kaiser Franz Josef. Unverwüstlich scheint dieser 20 Meter hohe, steinerne Turm aus Mühlviertler Granit zu sein. Stufe für Stufe steigen wir über die höchsten Baumwipfel, hinaus zur kreisförmigen Aussichtsplattform. Durchatmen und ein 360 Grad Panorama genießen. Mehr kann uns das Leben in diesem Moment nicht bieten.

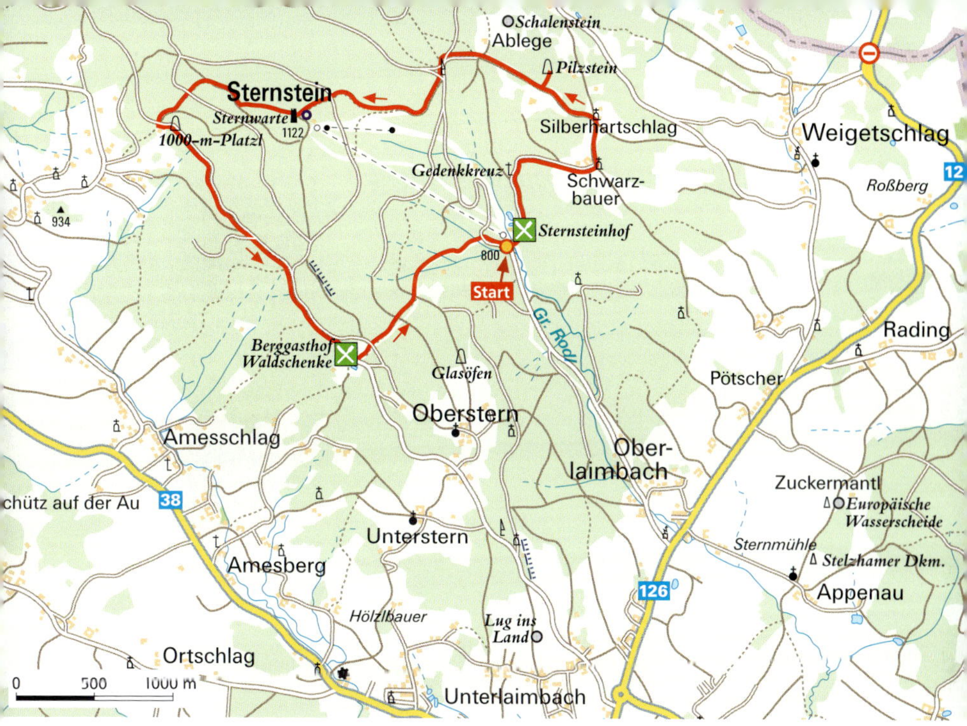

Wegbeschreibung: Wir starten diese Rundtour beim großen Parkplatz der Talstation der Sternstein Skilifte und folgen den Wegweisern, die mit einem roten Kreis und der Aufschrift *Sternstein-Runde* versehen sind. Auf den kurzen Abstecher zum Pilzstein macht uns nach dem Weiler Silberhartschlag eine Infotafel aufmerksam. Danach werden die Waldwege steiler und steigen bis zur Sternsteinwarte an. Den Gipfel überschreitend, gelangen wir in einer Schleife hinab zum „1000 Meter Platzl“, einem Rastplatz im Wald, bevor wir auf einer Forststraße weiter zum Berggasthof Waldschenke wandern. Hier verlassen wir die Sternstein-Runde und orientieren uns am Wegweiser *Sternsteinhof-Talstation (Wegnummer 15)*. Auf einer Forststraße spazieren wir quer durch den Wald zurück zum Ausgangspunkt.
Weglänge: 9 Km; **Höhenmeter ↑↓:** 330 Hm; **Gehzeit:** 3 Std.

Variante: Man kann die Sternstein-Runde auch vom Stadtplatz Bad Leonfelden starten, sie ist dann aber um rund 5 Kilometer länger als die hier vorgeschlagene Route. Auch gibt es den *Sternsteinweg*, der seinen Ausgangspunkt im Ortszentrum von Vorderweißenbach hat (ca. 10 Km).

Einkehr: Regionale und saisonale Köstlichkeiten serviert uns auf seiner Sonnenterrasse der *Berggasthof Waldschenke*, samt Fernblick über das Hügelland.

Der 10-Mühlenwanderweg

14 Km

170 Hm

4 Std

Keinen Meter dieser Rundtour empfindet man als zu viel. Das beweist eine bemerkenswert schöne Wegführung, die für viel Abwechslung sorgt. Interessante Geschichten wissen die alten Mühlen zu erzählen sowie der Streckenabschnitt am direkten Grenzverlauf zu Tschechien. Highlights in der Natur sind romantische Bachtäler, schattige Auwälder und noch artenreiche Blumenwiesen.

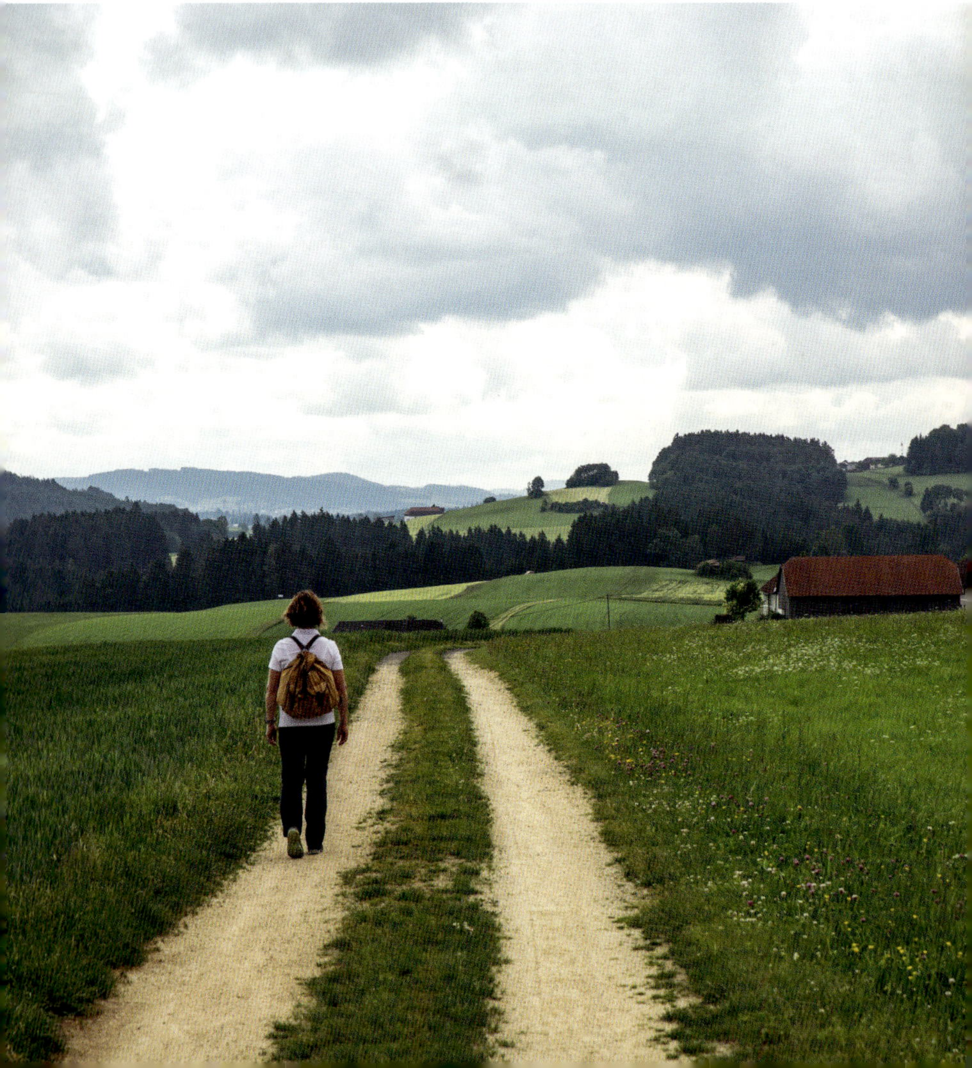

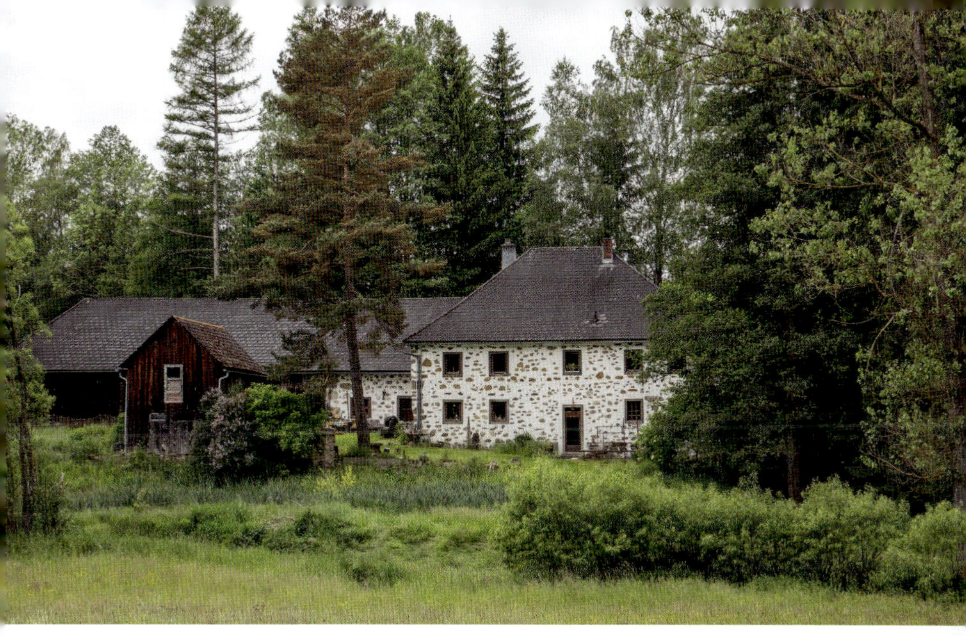

Das Wandern ist des Müllers Lust, heißt es in einem bekannten Wanderlied. Dem wollen wir am 10-Mühlenwanderweg uneingeschränkt zustimmen. Im genussvollen Gehen tauchen wir hier in die Geschichte einer Zunft ein, die einst in der Gegend das Leben vieler Menschen bestimmte. Denn jahrhundertelang drehten sich an den Bachläufen von Reichenthal die Mühlräder und kurbelten so die Entwicklung eines ländlichen Wohlstands an.
Gleich zehn dieser historischen Handwerksbetriebe weiß diese Rundtour miteinander zu verbinden. Manchen von ihnen sieht man förmlich an, dass sie von längst vergangenen Zeiten träumen. Aus wild verwachsenen Talsenken grüßen sie uns in besonders schöner Steinbloßbauweise. Ob noch bewohnt oder nicht, versprühen sie einen nostalgischen Charme, der entschleunigend wirkt. Wo andernorts sich die Mühlen unserer Zeit immer schneller drehen, herrscht hier, an diesen Denkmälern früherer Alltagskultur, wohltuender Stillstand.
Zeugnis einer ganz anderen Geschichte legt der rund zwei Kilometer lange Wegabschnitt entlang der Tschechischen Grenze ab. Nicht immer konnte man hier schon so unbeschwert über die Wiesen und Felder wandern. Ganz im Gegenteil dieser Landstreifen verbreitete während der Zeit des Kalten

▲ Im Steinbloßstil grüßt uns die Altmühle, die in den Aufzeichnungen der Müllergenossenschaft bereits im Jahr 1685 Erwähnung findet.

◀ Auf geht's – zu den faszinierenden Mühlen von Reichenthal.

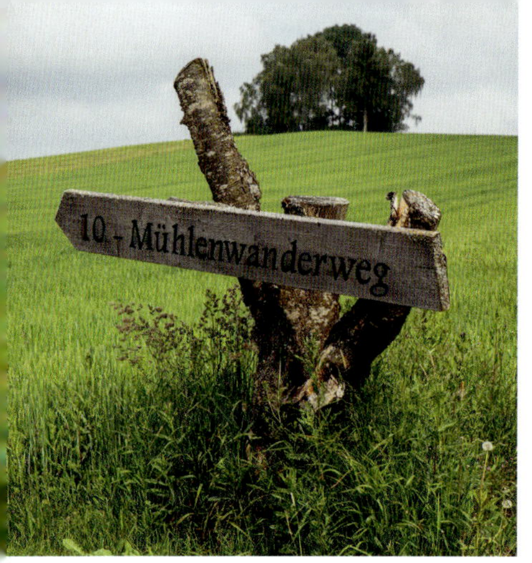

Krieges Angst und Schrecken. Der Eiserne Vorhang trennte hier nach dem Zweiten Weltkrieg unbarmherzig Menschen, die im regen Austausch, befreundet oder verwandt gewesen sind. Jenseits der Grenze verschwanden ganze Dörfer von der Landkarte. Eine Flucht, in der Hoffnung eines Wiedersehens ihrer Geliebten, bezahlten damals viele mit ihrem Leben. Gewonnen hat in diesen Jahrzehnten menschlichen Leids ausschließlich die Natur. Ein schwaches Trostpflaster, das sich im Gesicht der heutigen Landschaft wiederfindet. Wohin wir auch schauen, sehen wir auf unserem Weg entlang der Staatsgrenze nur unverbautes Grünland. Waldungen, Heckenreihen und saftige Blumenwiesen begleiten uns. Schmetterlinge tanzen über den Blüten, seltene Vogelstimmen finden Gehör. Das, was woanders in den Nachkriegsjahren durch Zersiedelung und intensive Landwirtschaft zerstört wurde, darf hier noch lebendig sein. Bänke und Schautafeln am Wegrand halten uns immer wieder an, beiden unsere Aufmerksamkeit zu schenken – der ursprünglichen Natur und den Spuren der Geschichte ringsum.
Am Ende unserer Wanderung erwartet uns noch das unterhalb vom Schloss Waldenfels gelegene Mühlenmuseum.

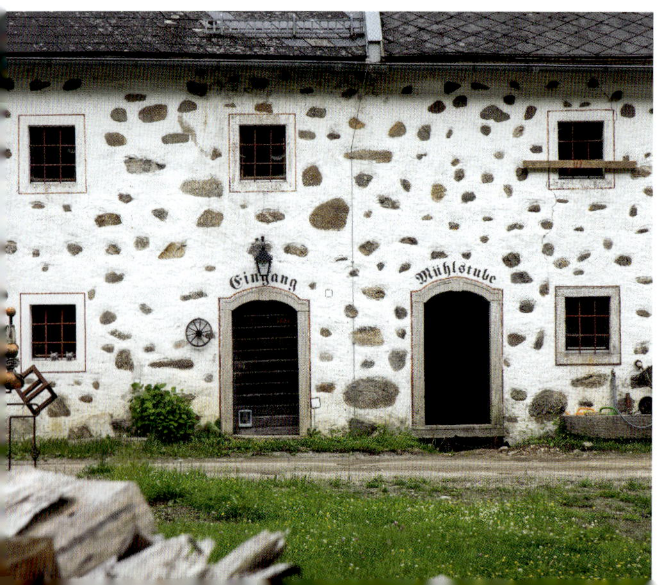

◄ Fassadendetail der Graslmühle. Im Jahr 1965 hat sie ihren Betrieb eingestellt.

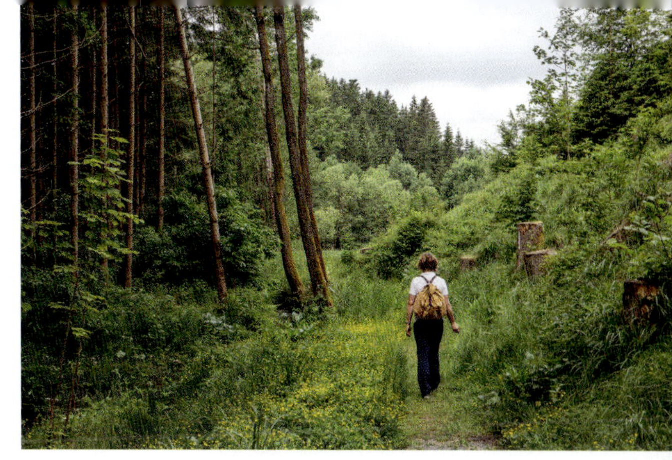

▶ Hinein in die Natur entlang wildromantischer Bachläufe.

▶ Blumenvielfalt bei einer Feuchtwiese im Wald.

▼ Der Eiserne Vorhang ist Geschichte. Blick nach Tschechien am Grünen Band Europas.

Eine wunderbare Anlage verschiedener Gebäude, die vom Reichenthaler Museums- und Mühlenwegverein originalgetreu rekonstruiert wurden. Ein ganzes Mühlendorf ist entstanden, das zu einem abschließenden Spaziergang einlädt. Es unterstreicht noch einmal die Bedeutung der Müllerzunft in Reichenthal. Auf einem Rundgang wird anschaulich dargestellt, wie unsere Vorfahren einst gelebt und gearbeitet haben.

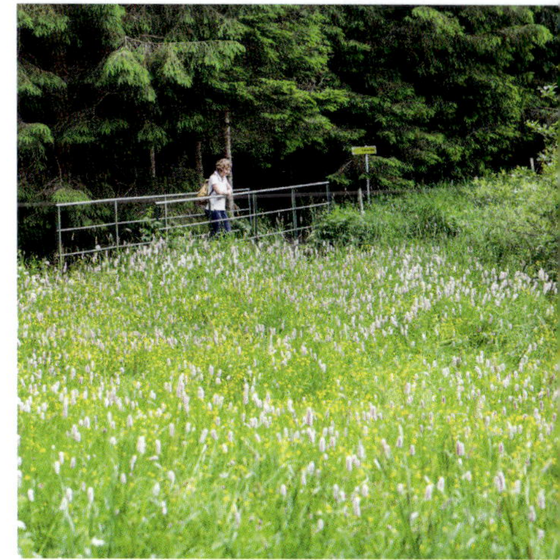

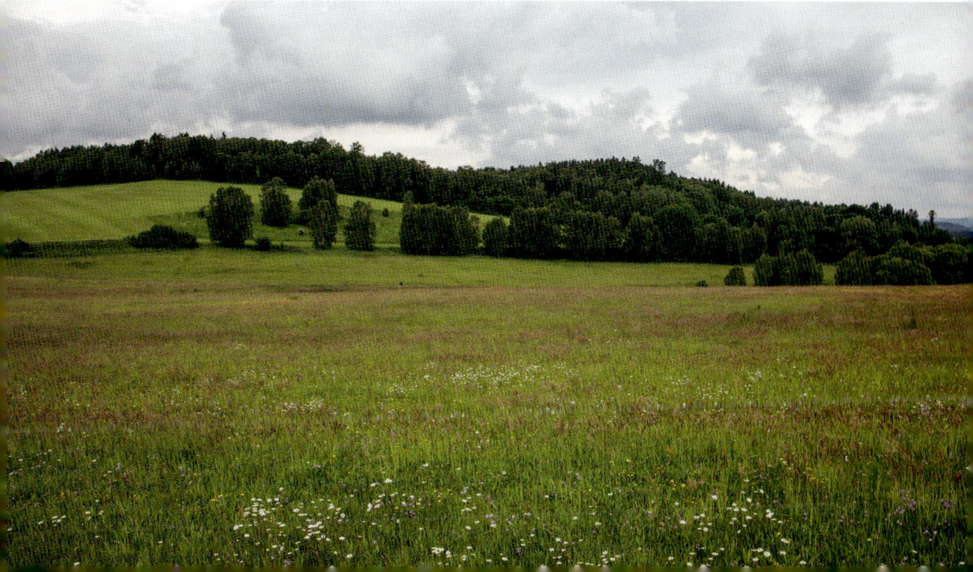

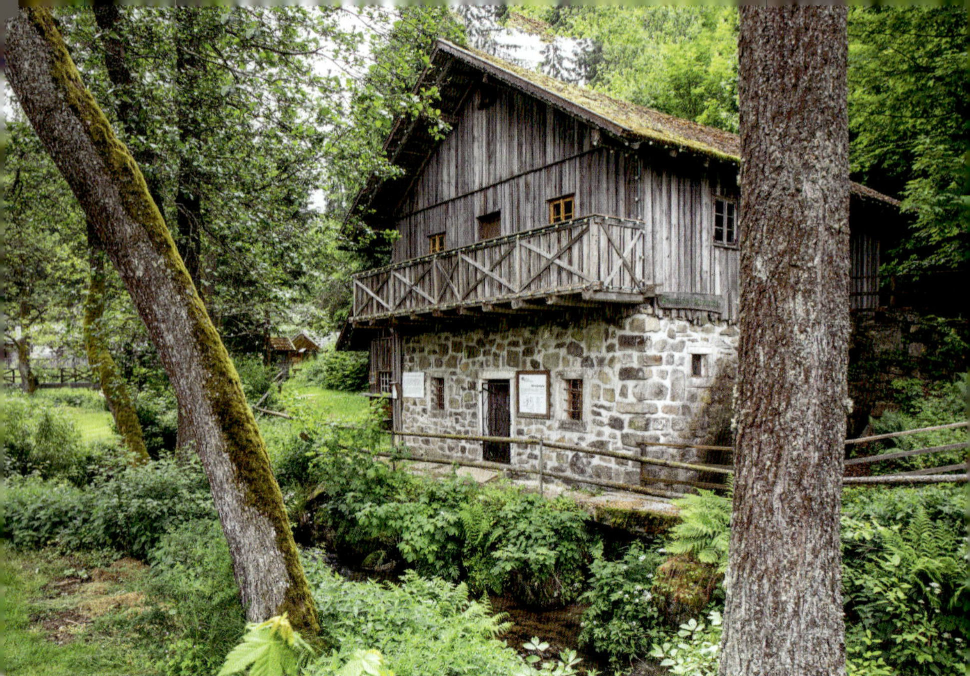

▲ Sehenswert: Das als Freilichtmuseum liebevoll gestaltete Mühlendorf Reichenthal.

Wegbeschreibung: Der gut beschilderte 10-Mühlenwanderweg startet im Ortszentrum von Reichenthal. Den gelben Wegweisern mit der Aufschrift *10 Mühlenweg* folgend, stellt die Orientierung keine Probleme dar. Die einzelnen Mühlen passieren wir in unterschiedlichen Abständen. Infotafeln informieren uns über deren Geschichte. Zwischen der Grasslmühle und der Süßmühle wandern wir auf einem Feldweg rund zwei Kilometer direkt an der Staatsgrenze zu Tschechien. Auch hier erhalten wir anschauliche Informationen zur bewegten Zeit während des Eisernen Vorhangs. An den schönsten Plätzen laden uns Bänke zur Rast ein. **Weglänge:** 14 Km; **Höhenmeter ↑↓:** 170 Hm; **Gehzeit:** 4 Std.

Variante: Beim Eingang zum Mühlendorf Reichenthal startet der rund 1,5 Kilometer lange Erlebnisweg *Wasserkraft anno dazumal*. Entlang des Kettenbachs verbindet diese Rundtour verschiedene Stationen, die uns Wissenswertes über die Energiegewinnung durch Wasserkraft vermitteln.

Tipp: Besuchen Sie auch die als „Mühlviertler Dom“ bekannte und imposante Pfarrkirche von Reichenthal. Einzigartig ist in ihr die *Sieben Todsünden-Kanzel*.

Einkehr: Im Ortszentrum bietet der *Gasthof Preinfalk* kulinarische Schmankerl gehobener Hausmannskost sowie auch empfehlenswerte vegetarische Gerichte.

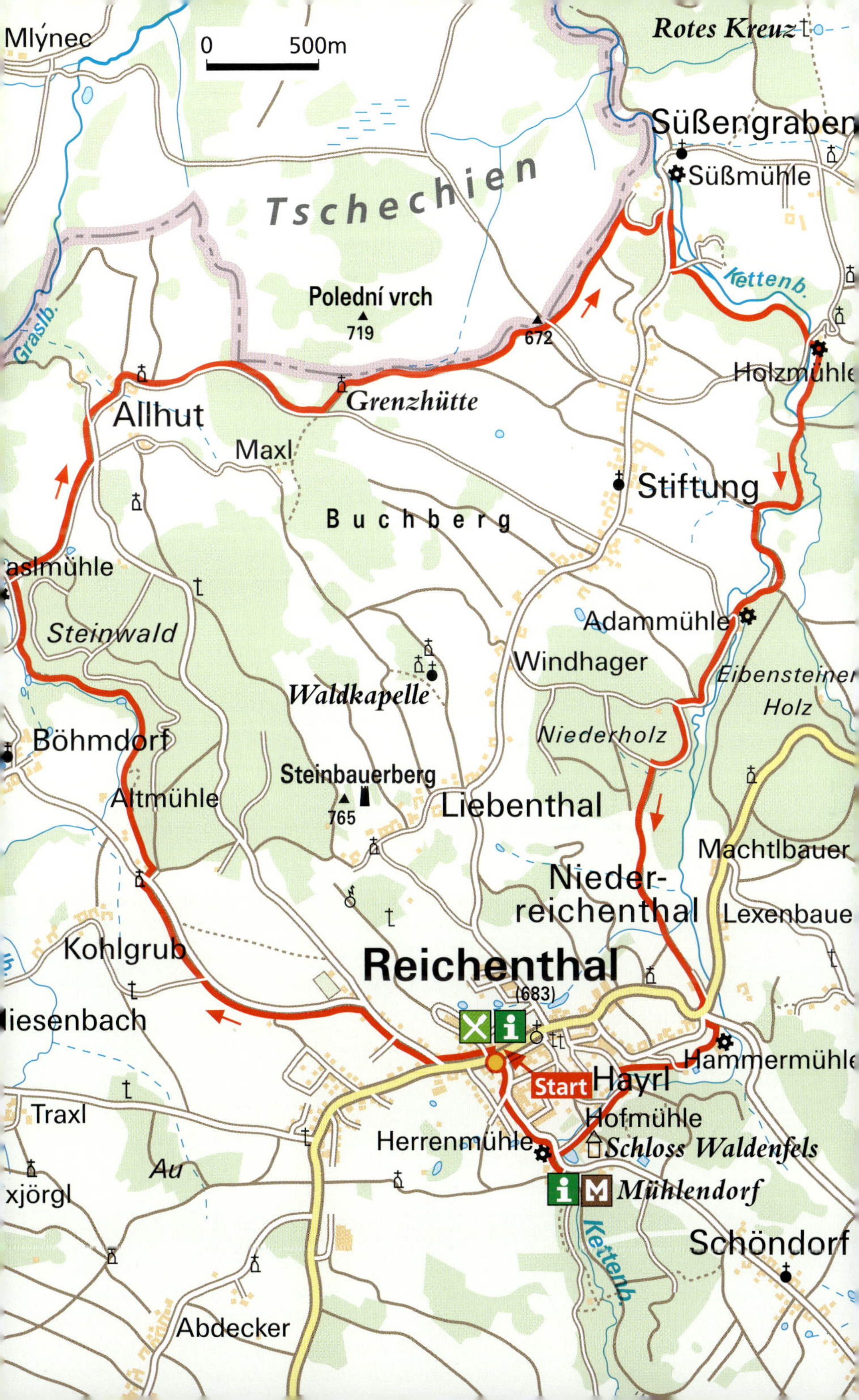

Mlýnec
0
500m
Rotes Kreuz
Süßengraben
Süßmühle
Tschechien
Graslb.
Kettenb.
Polední vrch
719
672
Holzmühle
Allhut
Grenzhütte
Maxl
Stiftung
Buchberg
aslmühle
Steinwald
Adammühle
Windhager
Eibensteiner Holz
Waldkapelle
Niederholz
Böhmdorf
Steinbauerberg
765
Altmühle
Liebenthal
Machtlbauer
Nieder-
reichenthal
Lexenbaue
Kohlgrub
Reichenthal
(683)
iesenbach
Start
Hayrl
Hammermühle
Traxl
Hofmühle
Herrenmühle
Schloss Waldenfels
Au
Mühlendorf
xjörgl
Kettenb.
Schöndorf
Abdecker

BEZIRK FREISTADT

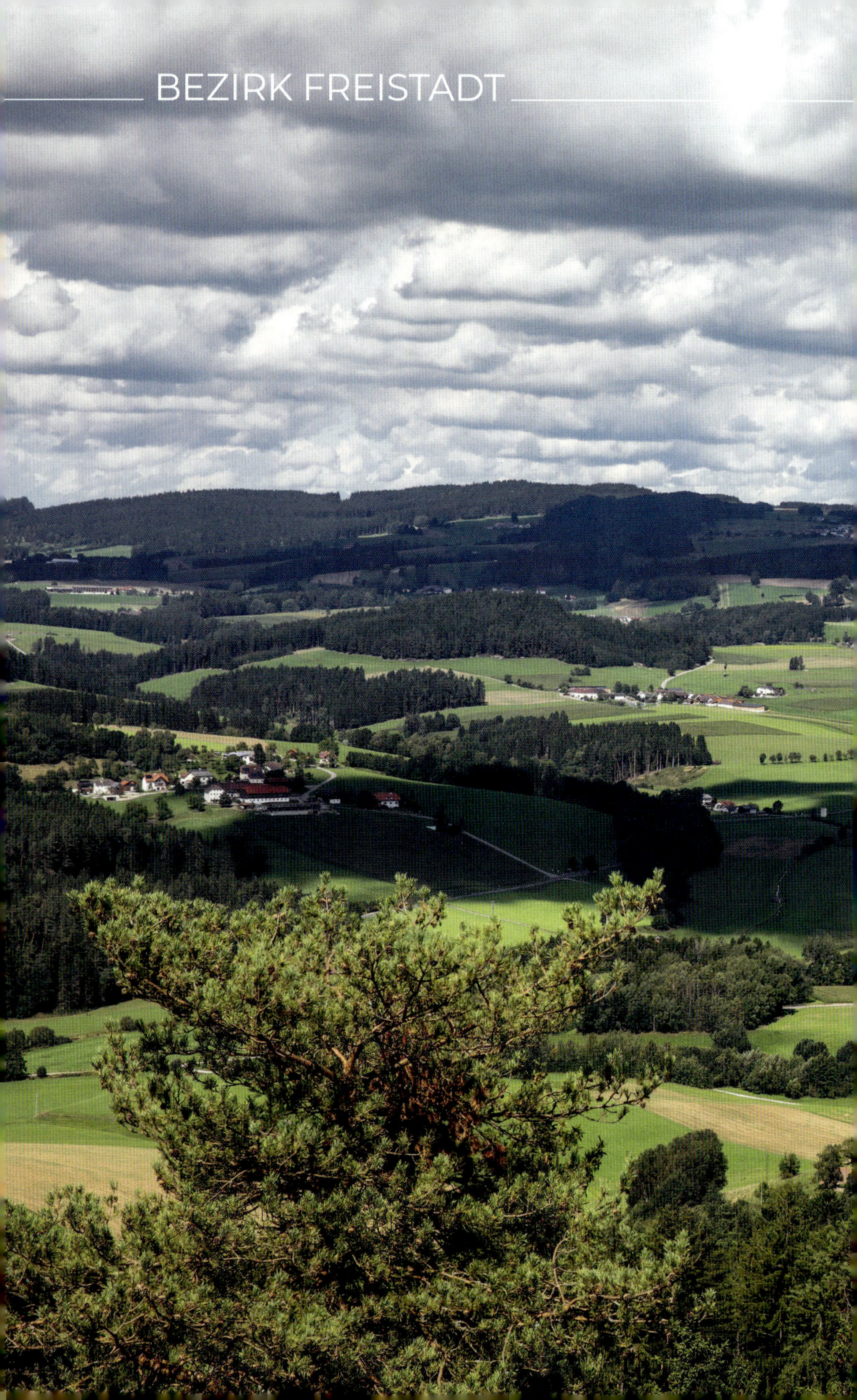

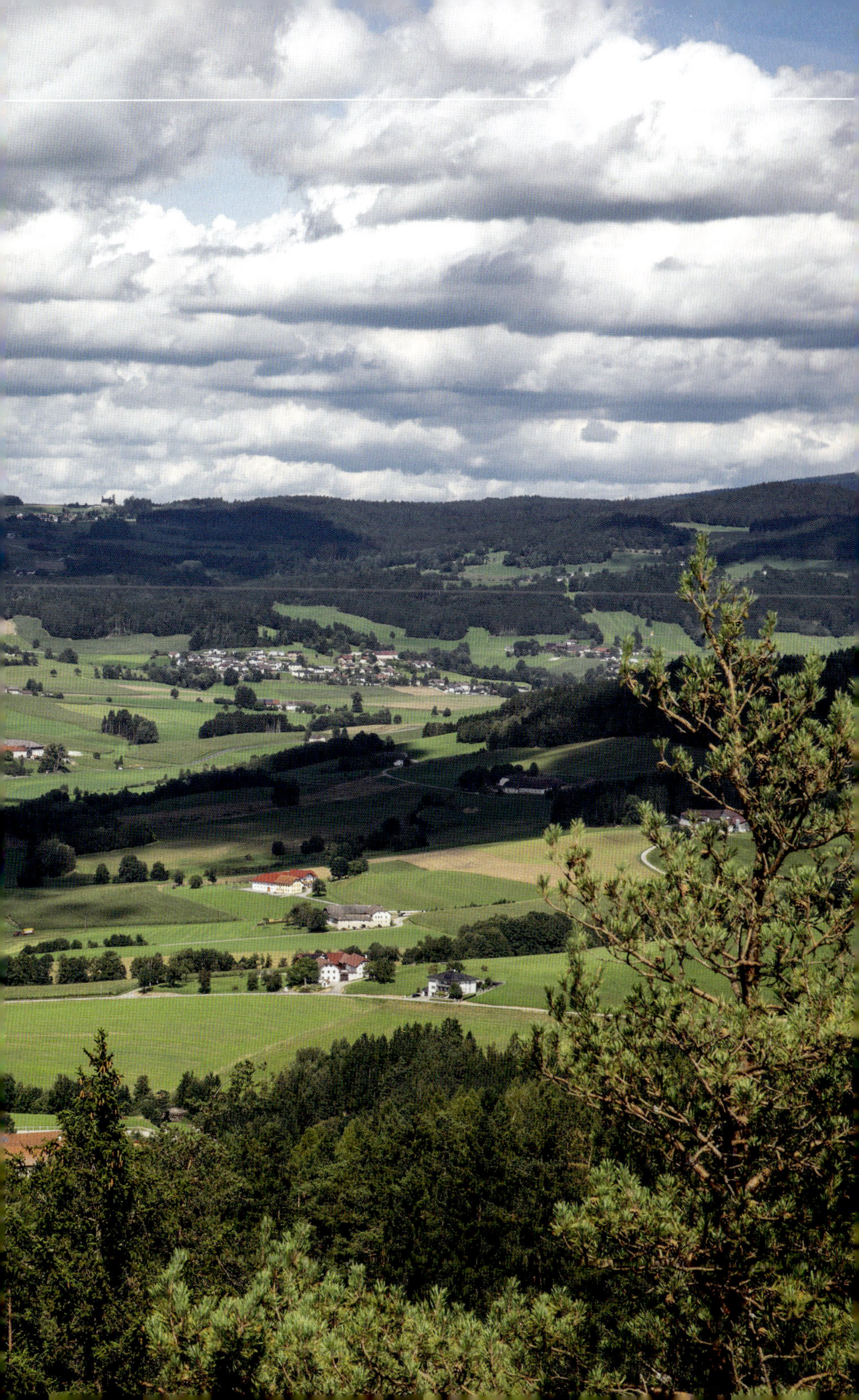

Durchs Thurytal nach St. Peter

11 Km

190 Hm

3 Std

Unweit der Stadtmauern von Freistadt finden wir uns entlang der Feldaist in herrlicher Natur wieder. Sagen und Legenden werden dort erzählt. Wild verwachsene Gebäude und Mauerreste sind Zeugen der hier am Fluss einst tätigen Hammerschmieden. Jenseits des Thurytals wandern wir sanft ansteigend hinauf zum Kirchenjuwel St. Peter, wo uns in bester Lage eine schöne Aussicht über die Stadt erwartet.

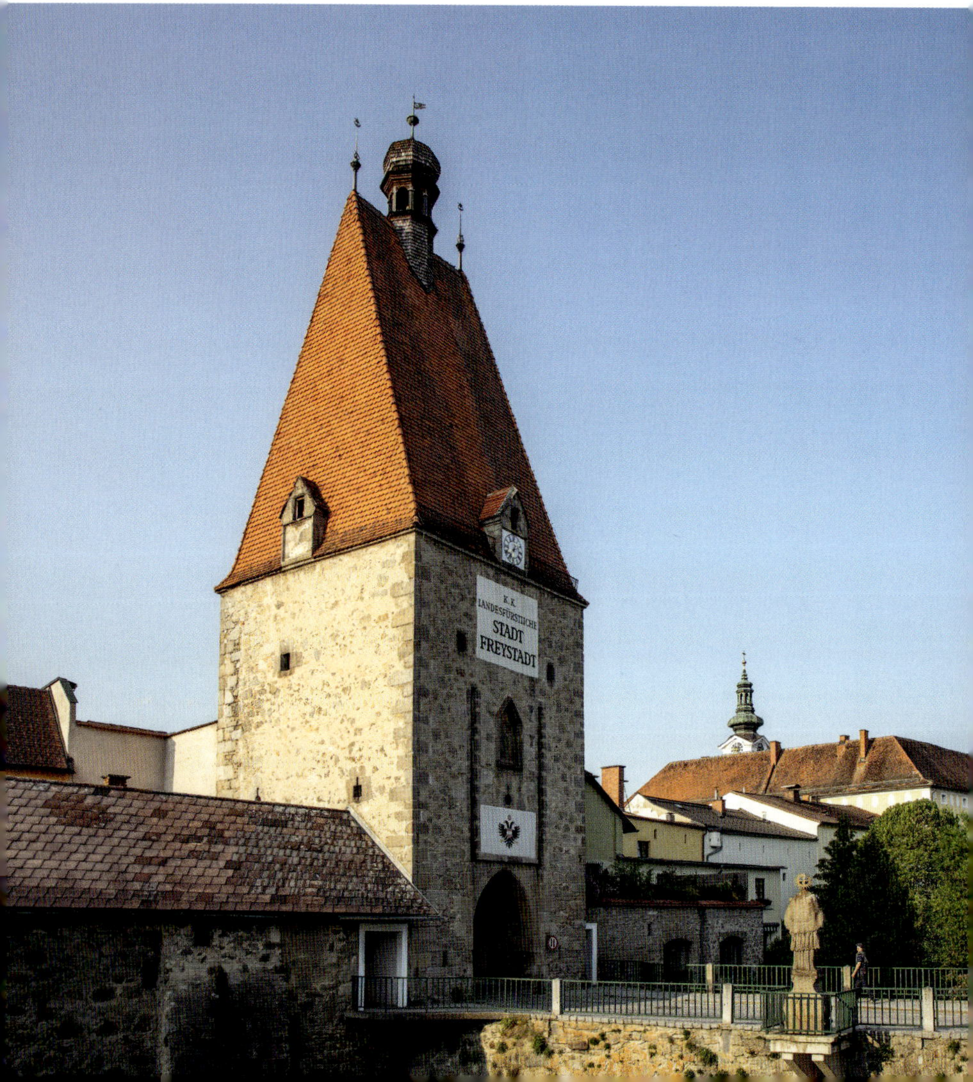

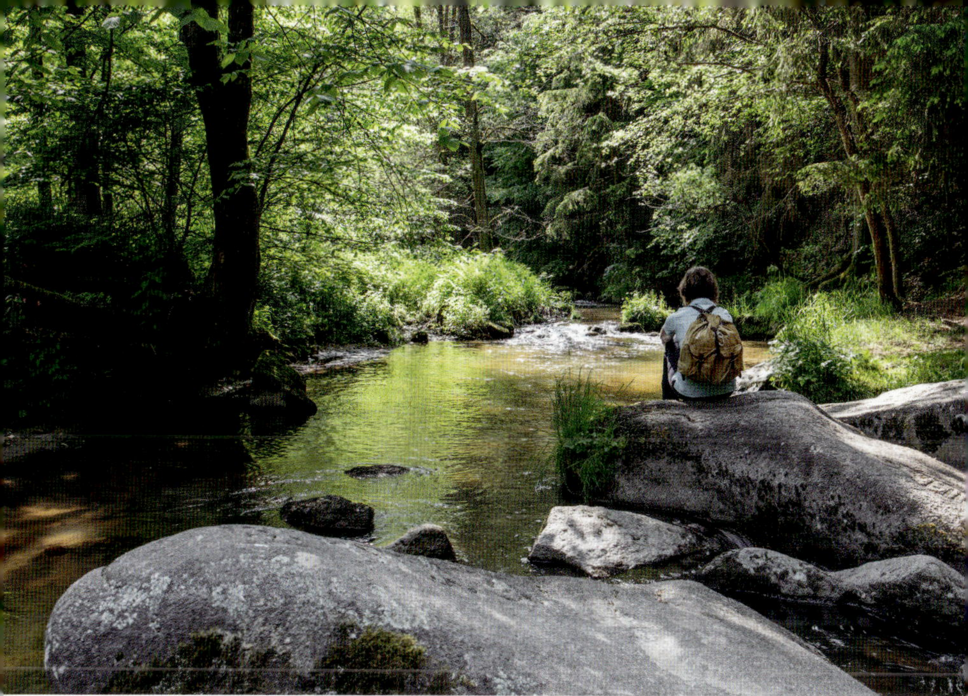

Die mittelalterliche Stadt Freistadt muss man gesehen haben! Die Altstadtgassen und die vielen baulichen Schönheiten versprühen einen unwiderstehlichen Charme. Innerhalb der Stadtmauern und der gepflegten Parkanlagen fühlt man sich auf Anhieb wohl. Hinter jedem Gemäuer verbirgt sich irgendeine Geschichte und wir staunen über so manche Kuriositäten. Ob vor oder nach einer Wanderung in der Landschaft, sollte man sich daher für einen Stadtspaziergang ausreichend Zeit nehmen. Am besten plant man dazu eine Nächtigung in einem Altstadthotel ein.

Von solch einem Basislager ausgehend, fühlen wir uns bereit, die Eindrücke der Stadt in die naheliegende Natur mitzunehmen. An einer Überführung die Autobahn querend, wollen wir noch gar nicht so recht glauben, dass das als wildromantisch beschriebene Thurytal nur mehr einen Steinwurf entfernt ist. Doch ehe wir uns versehen, umfängt uns schon das sanfte Dahinplätschern der Feldaist, eingebettet in einen naturnahen Mischwald. Über das Flussbett verstreut, liegen große Steine, die angeblich der Teufel hier verloren hat. Der Legende nach wollte er mit ihnen die

▲ Tagträumen und gut Picknicken lässt sich auf den Felsen entlang der Feldaist.

◀ Was für ein Ausgangspunkt! – die vielen baulichen Schönheiten von Freistadt. Im Bild die Stadtmauer mit dem Linzer Tor.

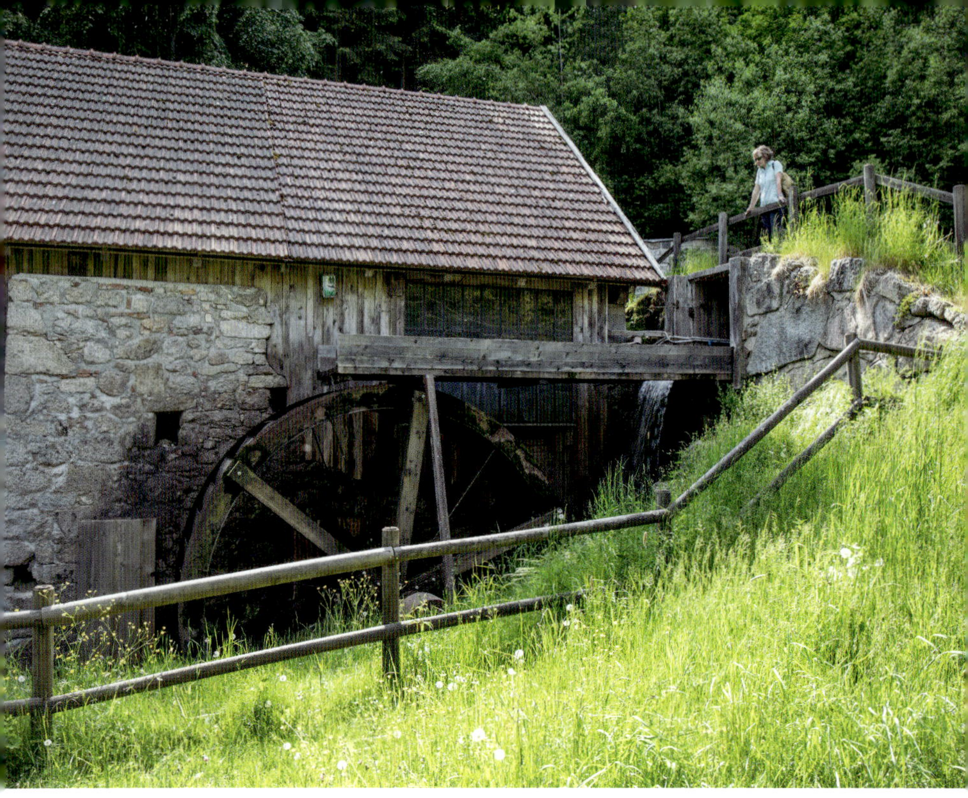

über seinem Reich errichtete Stadt Freistadt zerstören. Als er jedoch heranflog, zerriss das Tuch, in dem er sie beförderte und die Steine landeten allesamt im Fluss. Er wollte sie noch einsammeln, aber da läuteten in Freistadt die Kirchenglocken und er musste sein Vorhaben endgültig aufgeben. Zum Glück, denn die vom Wasser umspülten Steine verleihen dem Thurytal einen Teil seines zauberhaften Charakters.

Ein weiterer Reiz dieses Taleinschnitts ist die mit ihm verbundene reale Geschichte. Wasserräder hielten hier einst Mühlen und Hammerwerke am Laufen. Dabei spielte die in der Gegend angesehene Familie Thury eine Rolle, die im 18. Jahrhundert gleich drei Hammerschmieden betrieb. Anhand verschiedener Stationen wird uns dieses frühere Gewerbe am Fluss anschaulich vor Augen geführt. Eines der Hammerwerke, der zweite Thuryhammer, wurde zu Schauzwecken sogar originalgetreu restauriert. Andere ehemalige Betriebe sind hingegen längst verfallen und deren Mauerreste von schattenliebenden Pflanzen umwachsen.

Angesichts solcher Beschaulichkeit fällt es uns fast schwer, den Fluss nach einer Weile wieder zu verlassen. Wie sonst aber wollen wir hinauf nach St. Peter gelangen, einem weiteren Highlight dieser Rundtour. In aussichtsreicher Lage steht dort eine Kirche, die sogar älter als das ihr zu Füßen liegende Freistadt sein soll. Ihr Gründungsmythos erzählt von einer Verbindung zur Kirche von St. Michael ob Rauchenödt, die in einigen Kilometern Entfernung ebenfalls auf einer Anhöhe steht (siehe Tour Nr. 34). Auf der Jagd sollen sich die Brüder Peter und Michael im Wald verirrt haben. Als sie nicht mehr weiterwussten, entzündeten sie auf Hügelkuppen ein Feuer. Daraufhin fanden sie sich wieder und errichteten an den Feuerplätzen als Dank je eine Kirche. In St. Peter befinden wir uns abermals an einem sehr idyllischen Ort. Eine Friedhofsmauer umgibt eine schöne gotische Kirche, deren Errichtung auf das 12. Jahrhundert zurückgeht. Fast ebenso groß steht daneben eine Kreuzwegkapelle. Eine Besichtigung beider Bauwerke ist lohnend. Vor allem aber genießen wir innerhalb dieser Anlage, in der auch einige alte Linden stehen, eine fast himmlische Ruhe. Nach einer Rast ist es am Kreuzweg nach Freistadt hinab auch nicht mehr allzu weit.

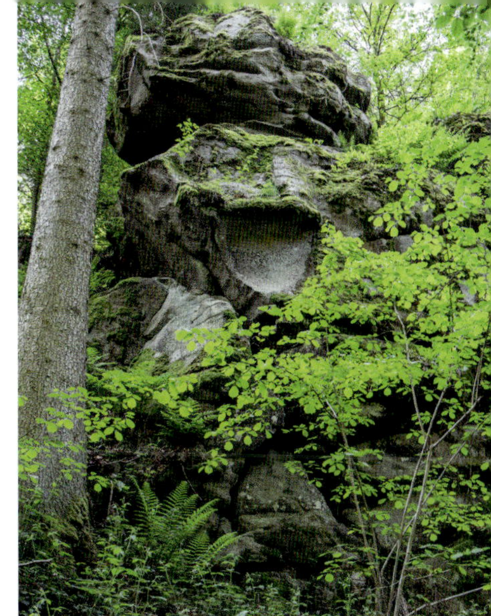

◄ Am restaurierten 2. Thuryhammer kann man sich in längst vergangene Zeiten zurückversetzen.

▲ Über dem Fluss türmt sich der Teufelsfelsen auf.

▼ Malerisch schön geht es am Fluss entlang.

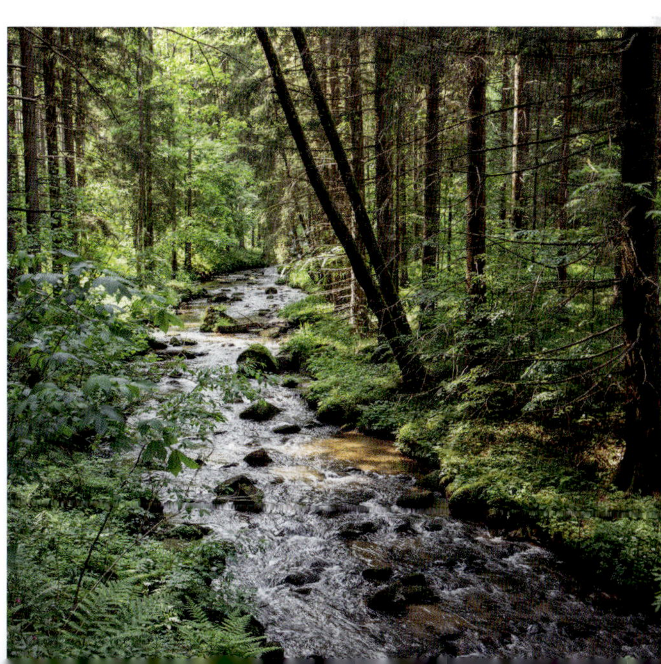

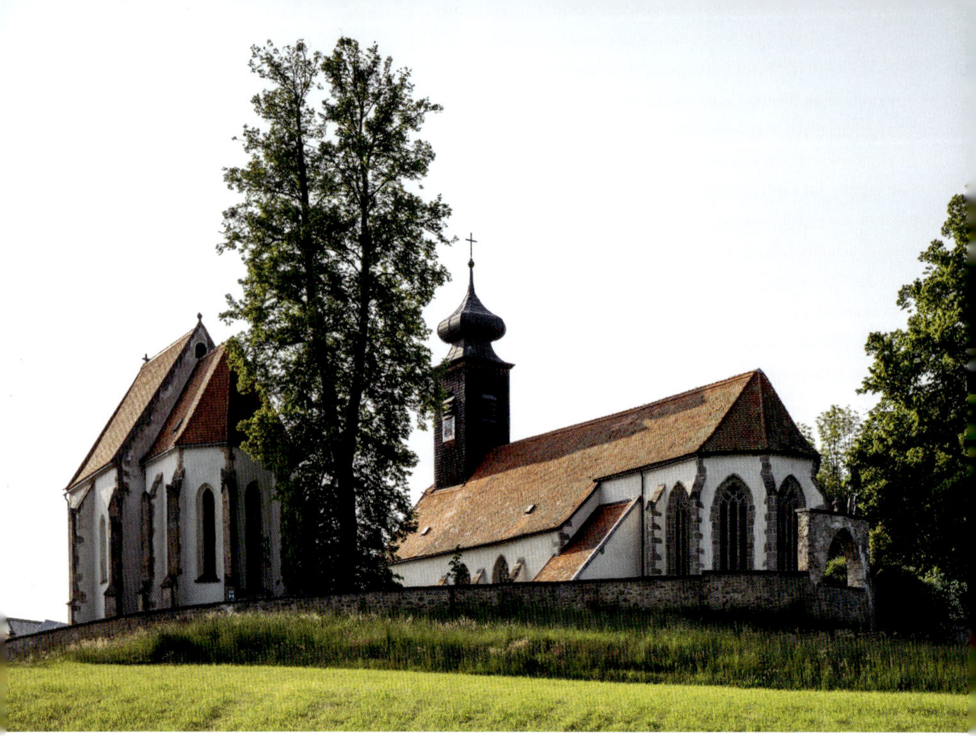

▲ Ein friedlicher Ort in bester Lage: die gotische Kirche St. Peter und die fast ebenso große Kalvarienbergkapelle.

▼ Blick von St. Peter auf Freistadt.

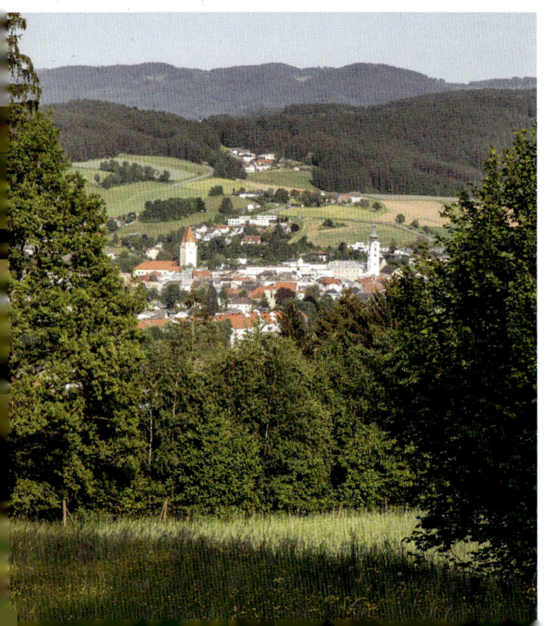

Wegbeschreibung:
Ausgangspunkt aller Wanderungen ist der Hauptplatz von Freistadt bzw. der Wanderstein beim großen Parkplatz am Scheiblingturm. Die hier vorgeschlagene Rundtour kombiniert die *Hammerleitenrunde (Wegnummer FR 4)* mit dem *Meditationsweg (Wegnummer FR 1)*. Den Wegweisern folgend verlassen wir die Stadt, durch das Böhmertor und am Frauenteich vorbei, in nördlicher Richtung. Nachdem wir am Stadtrand an einer Überführung die Autobahn gequert haben, sind

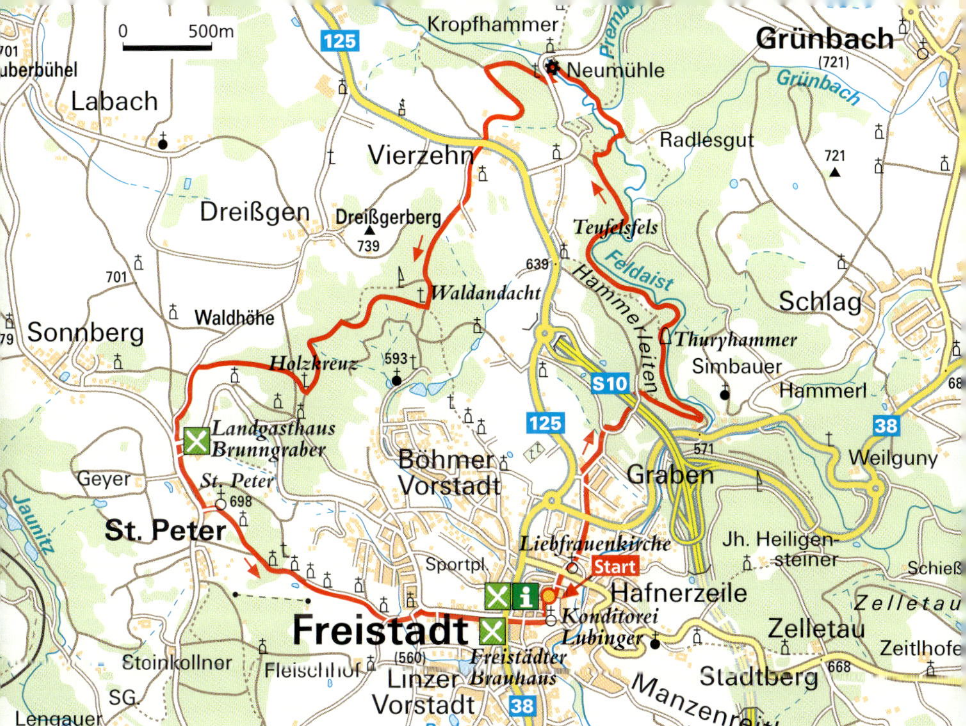

wir auch schon bald im Thurytal angelangt. Der Wanderweg führt nun die Feldaist entlang aufwärts. Dabei genießen wir die Ruhe in der Natur und erfahren etwas über die Geschichte der Hammerwerke. Bei der Neumühle verlassen wir das Thurytal wieder, queren beim Dorf Vierzehn die Bundesstraße und gelangen über Güterwege auf eine bewaldete Anhöhe. Im Wald treffen wir auf den Meditationsweg (FR 1), dem wir bis nach St. Peter folgen. Über einen schönen Kreuzweg hinab gelangen wir schließlich zurück zum Ausgangspunkt.

Weglänge: 11 Km; **Höhenmeter ↑↓:** 190 Hm; **Gehzeit:** 3 Std.

Tipp: Nehmen Sie sich sowohl für die Wanderung als auch für eine Stadtbesichtigung ausreichend Zeit. Für eine Nächtigung in der Altstadt ist in der Nähe des Böhmertors das *Hotel zum Goldenen Hirschen* empfehlenswert. Im *Kulturzentrum Salzhof* finden regelmäßig Veranstaltungen statt.

Einkehr: Garantiert wird man in der Altstadt auch ein passendes Lokal für einen gemütlichen Ausklang dieser Wanderung finden. Ebenso bietet sich das *Freistädter Brauhaus* an, das aus der Stadtgeschichte nicht wegzudenken ist und dessen hervorragendes Bier bereits Kultstatus erlangt hat.

Auf dem Chakraweg zum Heidenstein

2 Km

60 Hm

1 Std

Wie ein heiliger Tempel eines längst erloschenen Reichs zieht uns der Heidenstein in seinen Bann. Die Zeit streicht jedenfalls schon lange über ihn hinweg. Als einer der größten und schönsten Schalensteine des Mühlviertels trägt er viele Geheimnisse in sich. Der kurzweilige Chakraweg, ausgezeichnet mit dem Österreichischen Wandergütesiegel, mag uns auf sein Mysterium einstimmen.

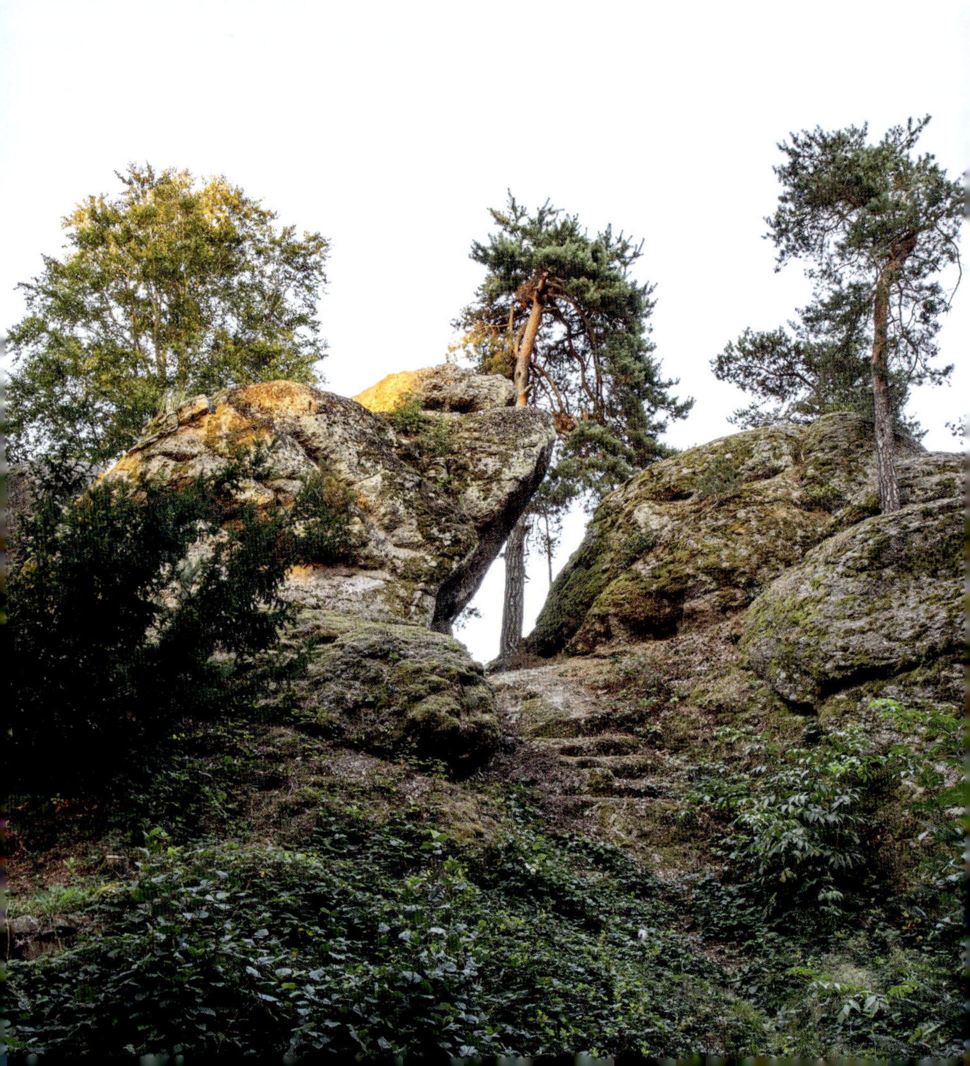

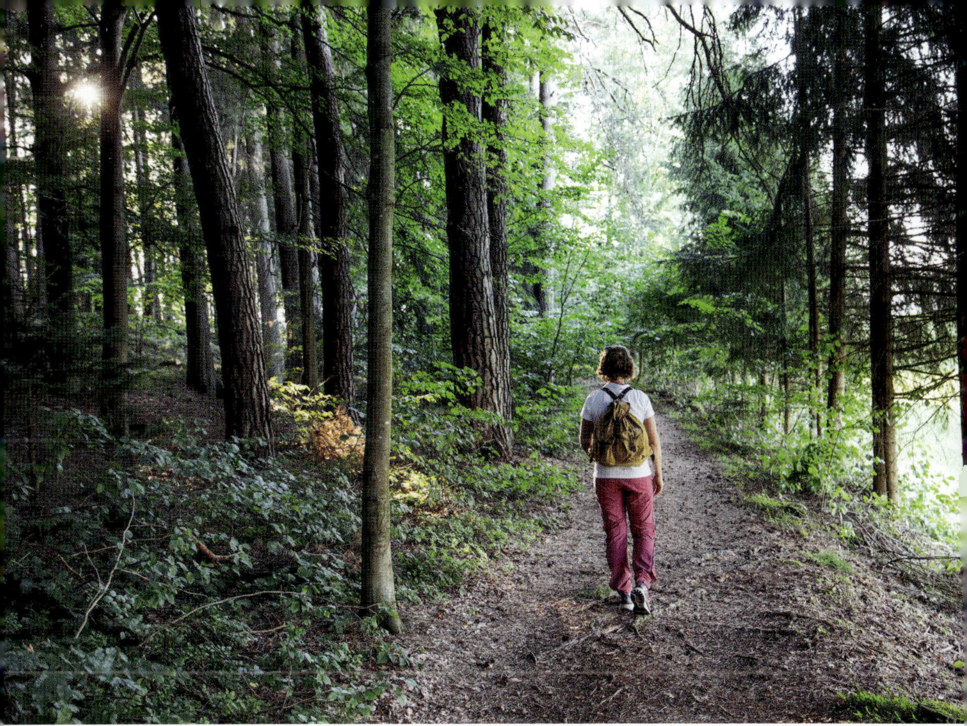

Die mächtige Felsformation des Heidensteins hält sich in einem Waldstück hinter den wenigen Häusern von Eibenstein versteckt. Das kleine Dorf, das Ausgangspunkt der Wanderung ist, verrät zunächst nichts von diesem Naturheiligtum. Ausschließlich der Dorfname deutet darauf hin, dass es mit dem Heidenstein in Verbindung steht. Denn wo im Altertum Eiben standen oder gepflanzt wurden, war ein heiliger Ort. Für die Kelten war die Eibe mit ihrem immergrünen Nadelkleid ein Zauber- und Mythenbaum. Aus geomantischer Sicht umgeben den Heidenstein starke Energiefelder. Bemerkenswert ist seine exakte Nordsüd-Ausrichtung. Außerdem liegt er in der Mitte der Achse zwischen dem Viehberg im Osten und dem Sternstein im Westen. Das lässt eine vorgeschichtliche Kalenderfunktion vermuten. Zur Tagundnachtgleiche geht die Sonne, vom Heidenstein aus betrachtet, genau über diesen Landmarken auf und unter. Rätsel geben die Stufen auf, die

▲ Unterwegs auf dem Chakraweg.

◀ Ein energiegeladener Ort – die mystischen Felsformationen des Heidensteins.

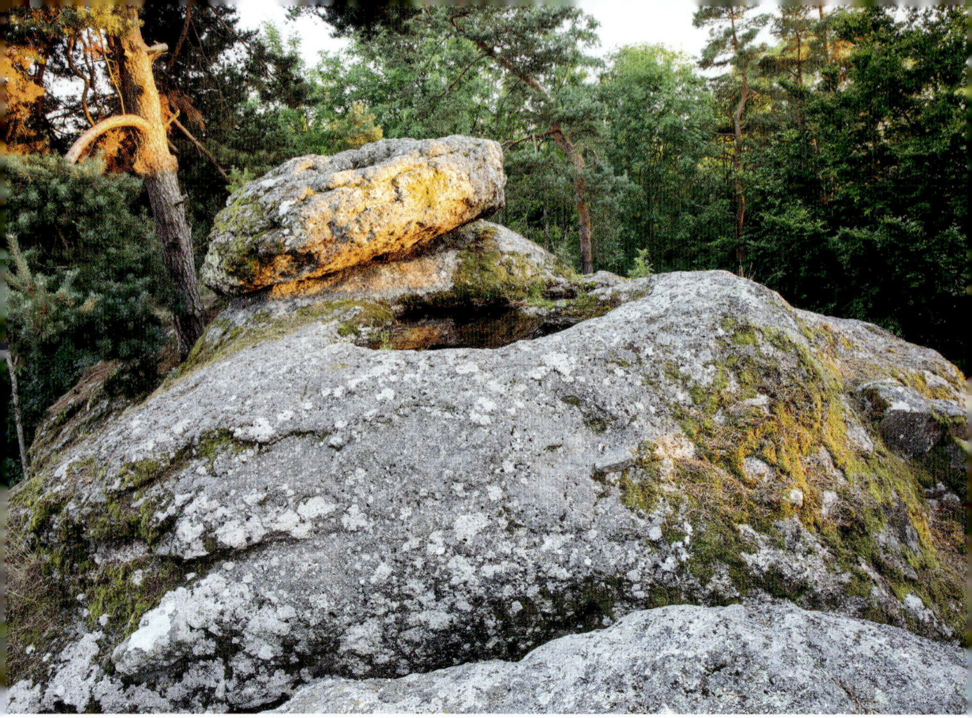

▲ Die untergehende Sonne beleuchtet den Gipfelfelsen des Heidensteins. In ihm befindet sich eine stets mit Wasser gefüllte Opferschale.

▼ Glückliche Hühner im Dorf Eibenstein.

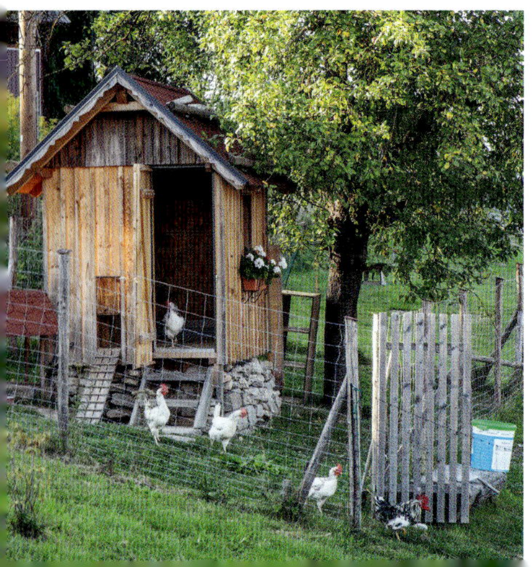

man in den Stein geschlagen hat. Sollten sie als Auflager für eine Wehranlage oder eine Kirche dienen? Oder wurden sie als Steighilfe angelegt, um leichter zu den großen Opferschalen hinaufzugelangen? Diese sind immer mit frischem Wasser gefüllt, selbst noch nach langen Trockenperioden. Wie kann das möglich sein? Man hat herausgefunden, dass das Wasser von Quellen unter dem Stein durch eine Kapillarwirkung nach oben gesaugt wird. Der Legende nach aber wird die Welt untergehen, sollten die Schalen doch einmal austrocknen.

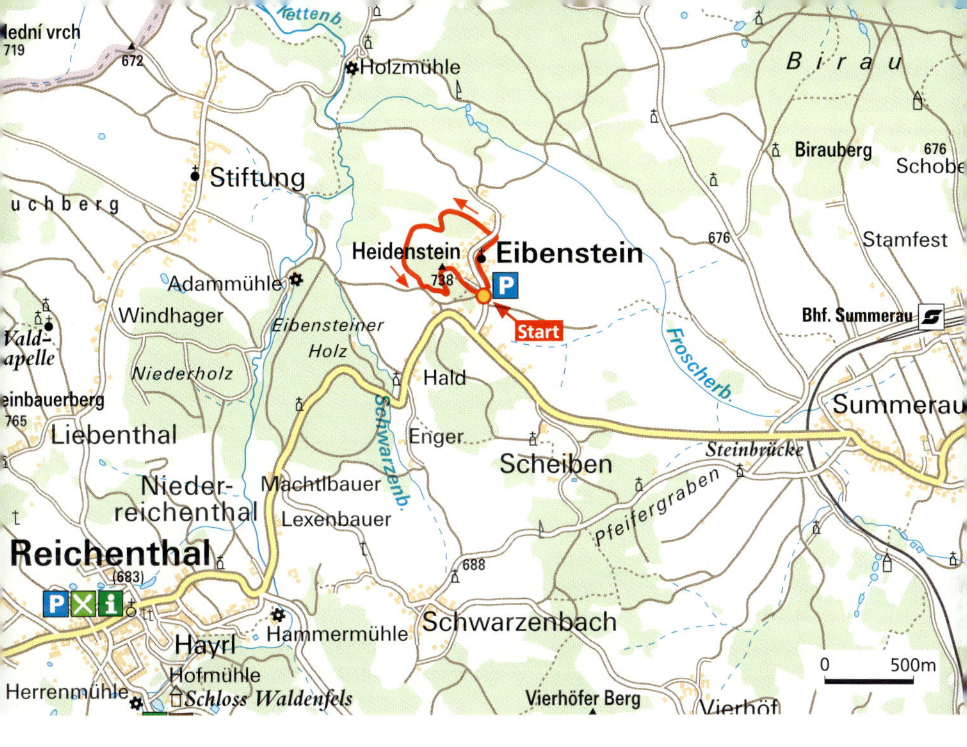

Wegbeschreibung: Ausgangspunkt für den *Chakraweg* ist beim Parkplatz bei der Dorfkapelle von Eibenstein. Spezielle Tafeln mit dem Fingerzeig einer Hand weisen uns den Weg. Dieser führt zu Stationen, bei denen auf die verschiedenen Chakren eingegangen wird. Ziel ist, eine Harmonisierung der Chakren anzuregen. Dabei erfahren wir etwas über deren energetische Wirkungen. Beginnend beim Wurzelchakra, erfolgt das in aufsteigender Reihenfolge. Letzte Station ist beim Heidenstein, wo uns, mit Unterstützung dieses Kraftorts, das Scheitelchakra vielleicht den Weg in ein kosmisches Bewusstsein weist.

Weglänge: 2 Km; **Höhenmeter ↑↓:** 60 Hm; **Gehzeit:** 1 Std.

Tipp: Nehmen Sie sich für eine Erkundung der Felsformation des Heidensteins ausreichend Zeit. Besonders schön ist die Stimmung dort, wie vom Autor dieser Zeilen selbst erlebt, bei Sonnenuntergang.

Einkehr: Hervorragende Küche bietet der *Blumauer Gasthof* im Ortszentrum von Rainbach oder auch der *Gasthof Preinfalk* in der Nachbargemeinde Reichenthal.

4,8 Km

10 Hm

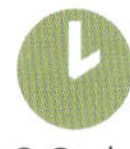
2 Std

Auf dem Töpferweg am Grünen Band Europas

Wie sein Name bereits verrät, soll es bei diesem Themenwanderweg ums Töpfern gehen. Angesichts der großartigen Natur am Grenzfluss der Maltsch wird diese Angelegenheit jedoch weitgehend zu einer Nebensächlichkeit. Ein Weg, der entschleunigt und uns entlang der Staatsgrenze auch Geschichte lehrt.

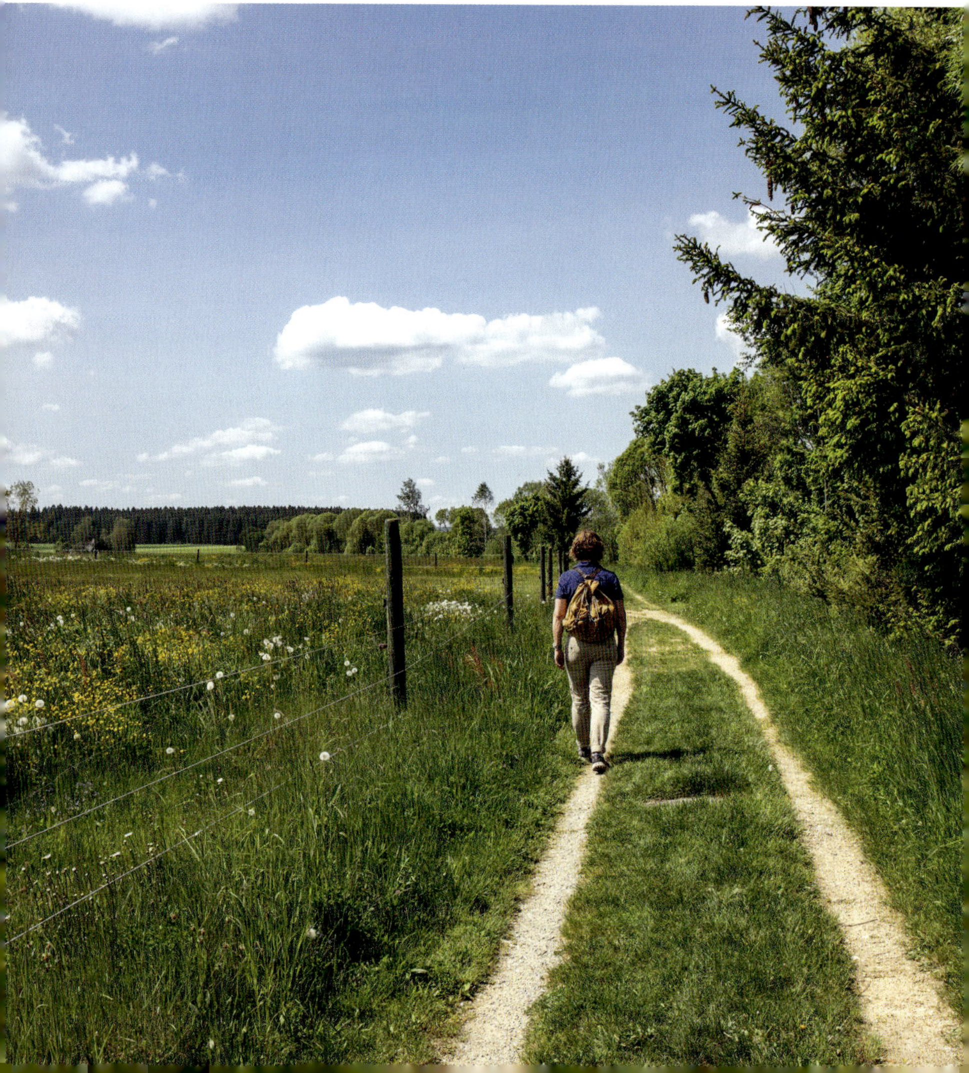

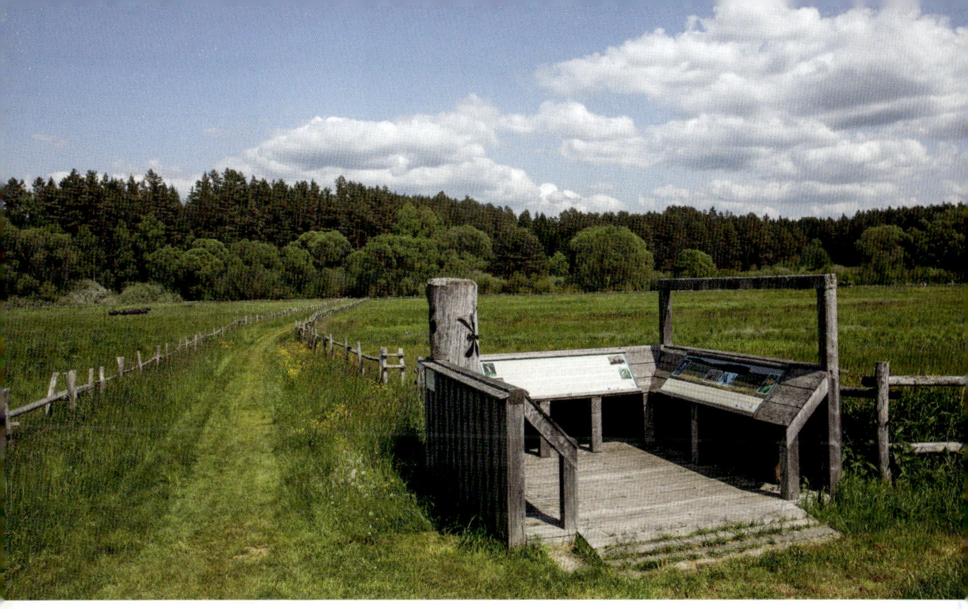

Was es in Leopoldschlag mit dem Töpfern auf sich hat, erfahren wir im Museum Hafnerhaus. In diesem Gebäude wurde vom 18. Jahrhundert bis ins Jahr 1930 das Hafnerhandwerk ausgeübt. Gefertigt wurden Ofenkacheln und schöne Steinzeugkeramiken wie Schüsseln, Vasen, Krüge und Tassen. Zentrum des Hauses ist noch immer die ehemalige Brennkammer, in der sich die historische Hafnerware bestaunen lässt.
Der Töpferweg ist gewissermaßen der verlängerte Arm des Museums, bei dem es mehr um die praktische Arbeit des Töpferns geht: Anhand mehrerer Stationen erfahren wir etwas über die Tongewinnung, den Ton als Baustoff, das Brennen und Glasieren. Bei einer Lehmgrube im Wald gibt es sogar einen Töpferplatz, der gewiss auch Kinder begeistern wird. Noch mehr aber als diese Stationen, ist es die schöne Wegführung in einer noch weitgehend naturbelassenen Landschaft, die den Töpferweg so lohnenswert macht. Das hat natürlich auch mit der besonderen Geschichte dieser Gegend zu tun. „Achtung Staatsgrenze", steht da noch fast mahnend auf manchem Schild geschrieben. Ein Hinweis, dass wir uns am „Grünen Band Europas" befinden, dort wo zur Zeit des Kalten Krieges der Eiserne Vorhang eine schier unüberwindbare Grenze zum Ostblock

▲ Eine Plattform gibt Auskunft über die Lebensräume im Europaschutzgebiet Maltsch.

◀ Hinaus in die Natur am Grünen Band Europas.

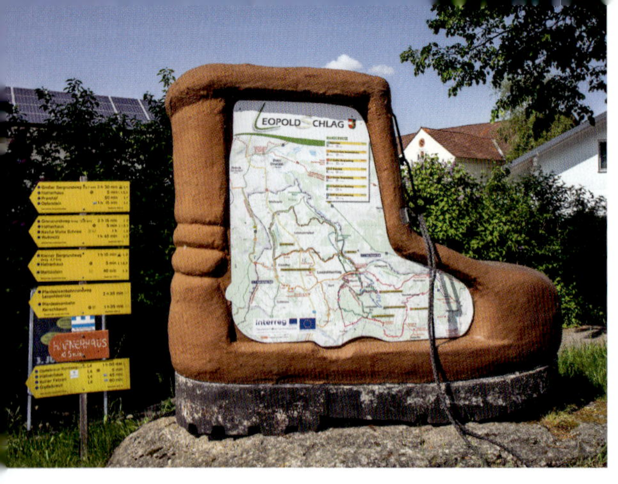

bildete. Nachdenklich stimmt eine Tafel, auf der gezeigt wird, wie das tschechische Nachbardorf Neustift (Lhota) im Herbst 1954 gesprengt und dem Erdboden gleich gemacht wurde. Unvorstellbar das mit den damaligen Bewohnern verbundene Leid.

Das alles ist Geschichte. Der Eiserne Vorhang hat sich in einen Naturlandschaftsgürtel verwandelt, der auf einer Gesamtlänge von rund 8.500 Kilometern 24 Staaten verbindet. Der Töpferweg entlang der Maltsch ist Teil davon. Die Natur hat hier die Oberhand. Auf der einen Seite des Weges lauschen wir dem Plätschern des Grenzflusses, auf der anderen dem Summen der Insekten über den artenreichen Blumenwiesen.

▲ Originell: Der Wanderausgangspunkt in Leopoldschlag.

▼ Die weichen Wiesenwege entlang der Maltsch animieren zum Barfußgehen.

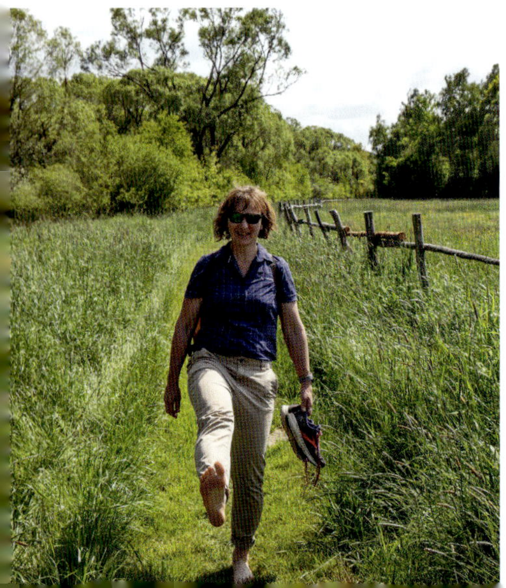

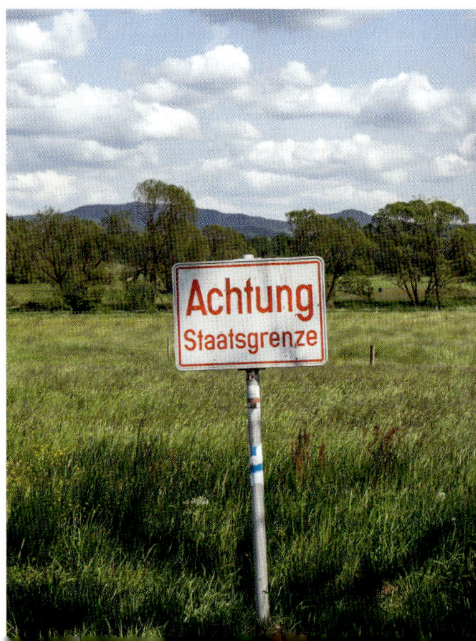

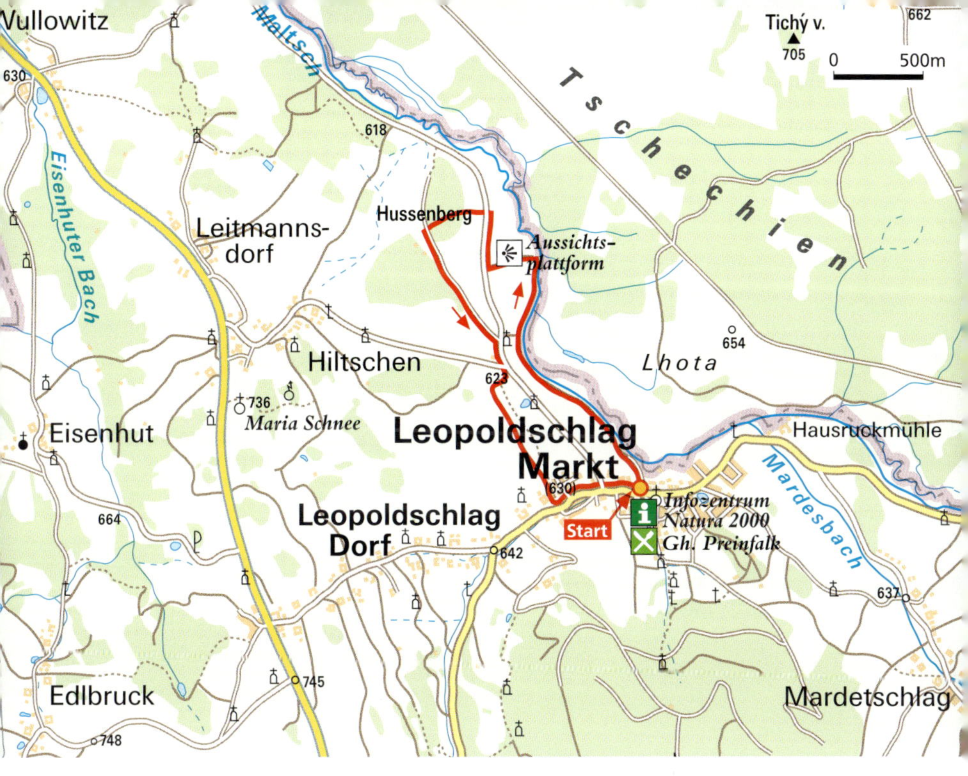

Wegbeschreibung: Startpunkt aller Wanderungen ist bei einer schön gestalteten Infotafel an der Straße westlich des Marktplatzes. Wir folgen den Wegweisern mit der Aufschrift *Töpferweg*. Gleich hinter dem Ort gelangen wir zur Maltsch im Europaschutzgebiet. Wir folgen dem Grenzfluss knapp zwei Kilometer und zweigen dann auf einen Wiesensteig ab. Dieser bringt uns zu einer Aussichtsplattform, bei der wir Informationen über die Besonderheiten dieses Naturraums erfahren. Von dort geht es entlang eines Waldstücks zu einer Lehmgrube und zum Töpferplatz. Über Wiesen geht es zurück in den Ort und am Hafnerhaus vorbei zum Ausgangspunkt. Sieben Stationen am Weg befassen sich mit dem Handwerk des Töpferns.
Weglänge: 4,8 Km; **Höhenmeter ↑↓:** 10 Hm; **Gehzeit:** 2 Std.

Tipp: Besuchen Sie am Marktplatz von Leopoldschlag auch das Infozentrum zum Natura 2000 Schutzgebiet und zum Grünen Band Europas. Ein Badeteich am Ortsrand lädt im Sommer zu einer Abkühlung ein.

Einkehr: Am Marktplatz im *Gasthaus Preinfalk* wird viel Wert auf naturnahe Produkte aus der eigenen Landwirtschaft gelegt. Im Innenhof empfängt uns ein schöner Gastgarten.

Durch den Plochwald zur Jankas-Kirche

11 Km

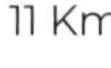

330 Hm

4 Std

Ein Kirchgang in die Natur ist doch das Schönste! Umso mehr, wenn es mitten im Wald tatsächlich eine Kirche zu besuchen gibt. Die mystische Jankas-Kirche ist ein nicht von Menschenhand geschaffener Turm aufeinandergestapelter Felsblöcke – ein friedlicher Ort, auf den wir uns auf dieser Rundtour hervorragend einstimmen können.

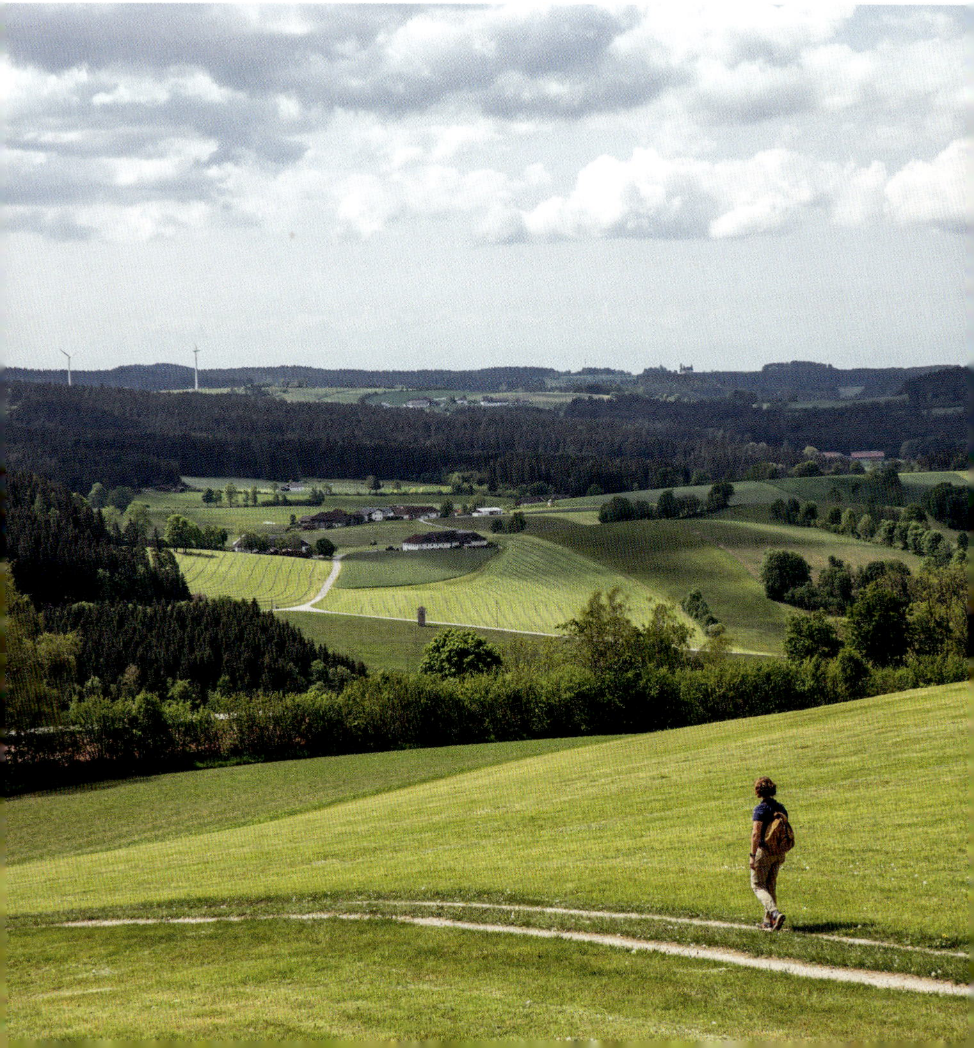

An der Grenze zu Tschechien gelegen, überwiegt im dünn besiedelten Gemeindegebiet von Windhaag die Natur. Darauf verweist auch das im Ort errichtete Green Belt Center, das in seiner Funktion einen neuen Zugang zum Grünen Band Europas schaffen soll. In einem mehrstöckigen Gebäude in moderner Holzbauarchitektur sind Dauerausstellungen untergebracht, die über dieses einzigartige Naturschutzprojekt anschaulich informieren. In einem Zukunftsraum werden Denkanstöße und ein Blick auf die Welt von Übermorgen gegeben.
Die verbliebene Natur ist das große Trostpflaster für das Leid am ehemaligen Eisernen Vorhang. So auch auf dieser Wanderung. Obwohl wir noch ein Stück vom eigentlichen Grünen Band entfernt sind, ist sein Einfluss in der Landschaft spürbar. Im Plochwald sind es vor allem die geheimnisvollen Felsformationen, denen wir begegnen.

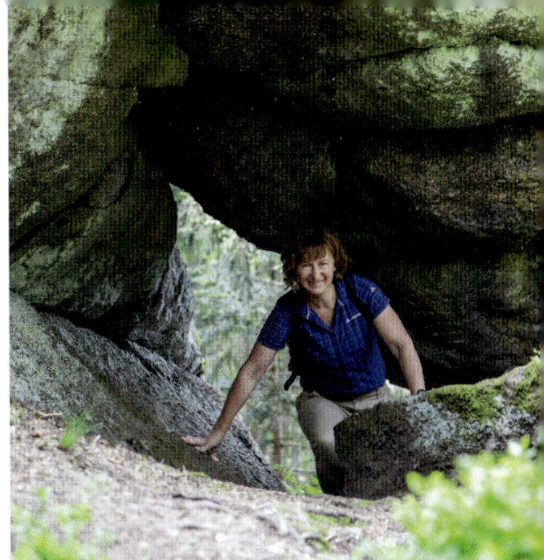

Zum Beispiel den Edlbauer Felsen, die sich als faszinierende „Durchkriechsteine“ erweisen. Oder eben die bereits im Titel erwähnte Jankas Kirche, um die sich einige Sagen ranken. Ihr Name soll auf eine frühere böhmische Gottheit verweisen und außerdem soll der Teufel hier einst in den Opferschalen sein Gold gezählt haben. Nicht mehr jedes Geheimnis werden die Felsen uns preisgeben. Dafür ist es noch immer ein wunderbarer Ort zum Verweilen und Innehalten. Wer sich an

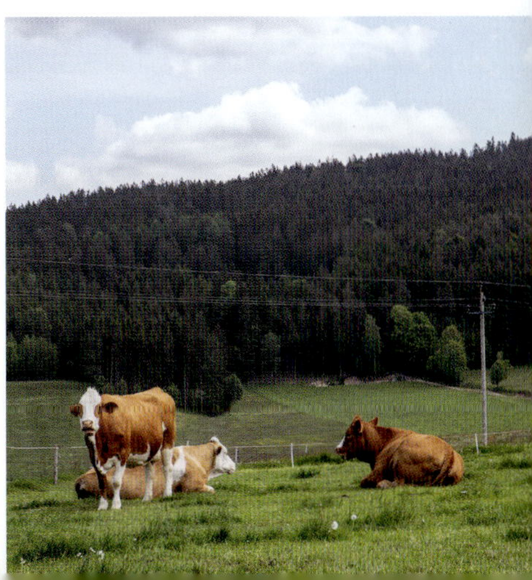

▲ Bei den „Durchkriechsteinen“ der Edlbauer Felsen.

► Saftige Wiesen schaffen glückliche Kühe.

◄ Geradezu prädestiniert zum Wandern – die reiche Natur- und Kulturlandschaft um Windhaag bei Freistadt.

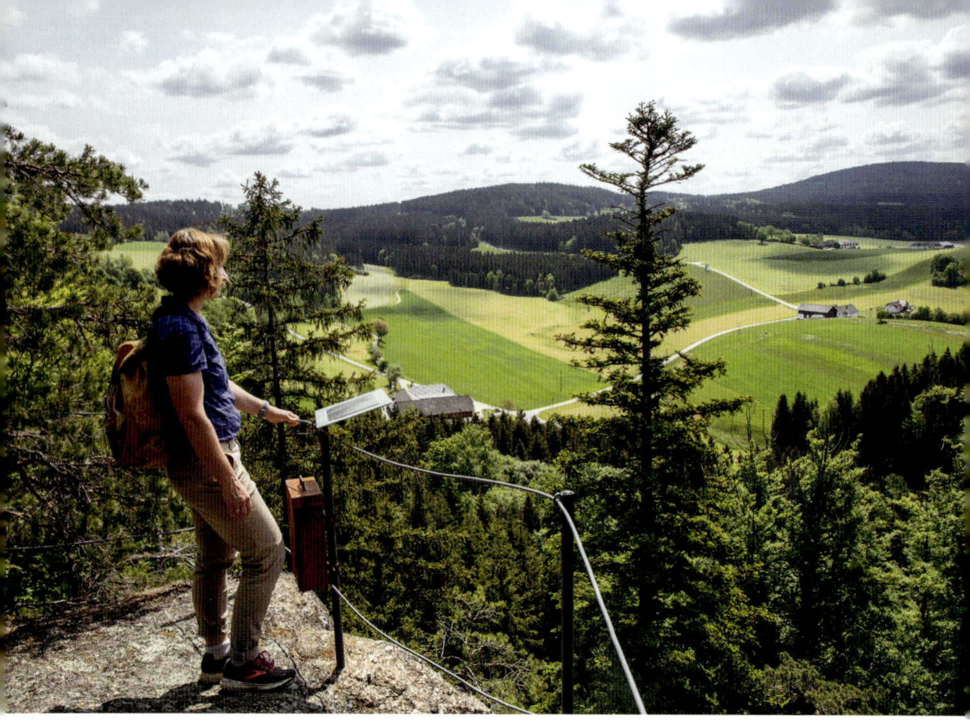

▲ Blick vom Gipfel der Jankas-Kirche über das dünn besiedelte Bauernland.

▼ Versteckt im Wald ist die Jankas-Kirche ein Komplex faszinierender Felsformationen.

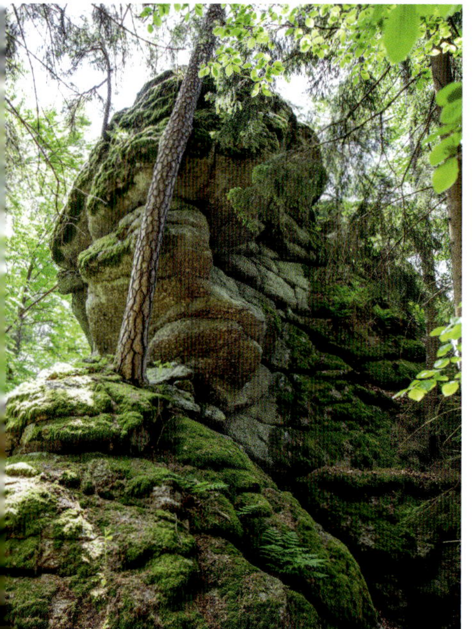

den angebrachten Leitern auf die Spitze des Felsturms hinauf wagt, blickt über die Baumwipfel hinweg weit übers Land. Wieder im Ort kommt uns manches vielleicht noch aus dem Fernsehen seltsam bekannt vor. Windhaag war nämlich in den Jahren 2015 und 2017 Drehort zweier sehr erfolgreicher ORF-Landkrimis mit Maria Hofstätter und Josef Hader in den Hauptrollen. Das abgeschiedene Windhaag als Tatort im Mühlviertel, … düstere Zeiten waren das.

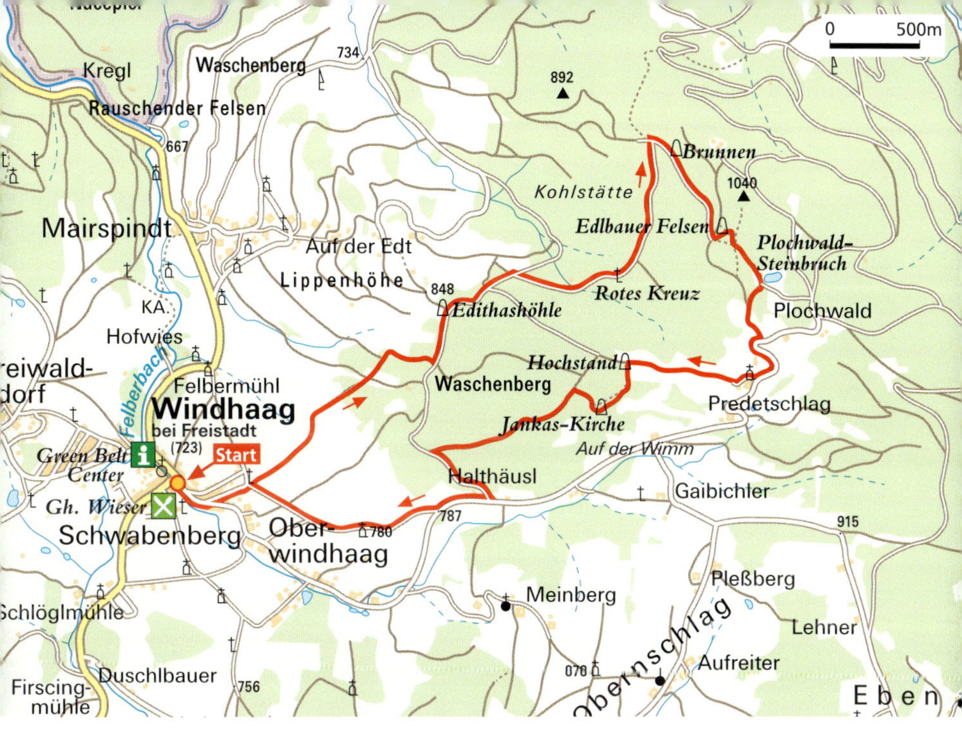

Wegbeschreibung: Startpunkt ist beim Gemeindeamt im Ortszentrum von Windhaag. Wir folgen den gelben Wegweisern mit der Aufschrift *Plochwald-Rundwanderweg (Wegnummer W1)*. Den Ort verlassen wir am Sportplatz vorbei in nordöstlicher Richtung und spazieren auf einem Wiesenweg hinauf zum Waldrand. Im Plochwald halten wir uns strikt an die Wegweiser, da sich hier viele Forststraßen verzweigen. Der Weg führt immer weiter aufwärts, bis wir auf einer Seehöhe von 1040 Metern die Edlbauer-Felsen erreichen. Über den Silbersee, einen aufgelassenen Steinbruch, gelangen wir hinab zur Ortschaft Predetschlag. Dann steigt der Weg abermals in den Wald hinein zur Jankas-Kirche an. Nach einer Rast und noch die Aussicht von den Felsen genießend, verlassen wir bald den Wald. Über Wiesen und Felder, Windhaag schon in Sichtweite, wandern wir zurück zum Ausgangspunkt.
Weglänge: 11 Km; **Höhenmeter ↑↓:** 330 Hm; **Gehzeit:** 4 Std.

Tipp: Neben den sehenswerten Ausstellungen im Green Belt Center gibt es auch noch einen interessanten Skulpturenweg des ortsansässigen Bildhauers Gerhard Eilmsteiner.

Einkehr: Im Ort bietet das *Gasthaus Wieser Martina* Gemütlichkeit und heimische Gerichte. Für ein gutes Frühstück und süße Köstlichkeiten ist man in der *Bäckerei-Café Affenzeller* richtig.

Zum Hoh-Haus auf den Buchberg

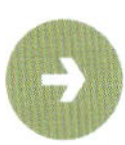

11 Km

390 Hm

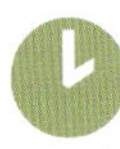

4 Std

Auf der bewaldeten Hügelkuppe des Buchbergs, steht eine Aussichtswarte. Diese aber ist etwas ganz Besonderes. Einerseits ist es ihre außergewöhnliche Bauweise, andererseits ist es der Ort selbst, der auf seinen Gipfelfelsen einen uralten Kultplatz vermuten lässt. Gleich mehrere Wanderwege führen hinauf und erschließen uns ein Ziel, das sich nicht nur der herrlichen Aussicht wegen lohnt.

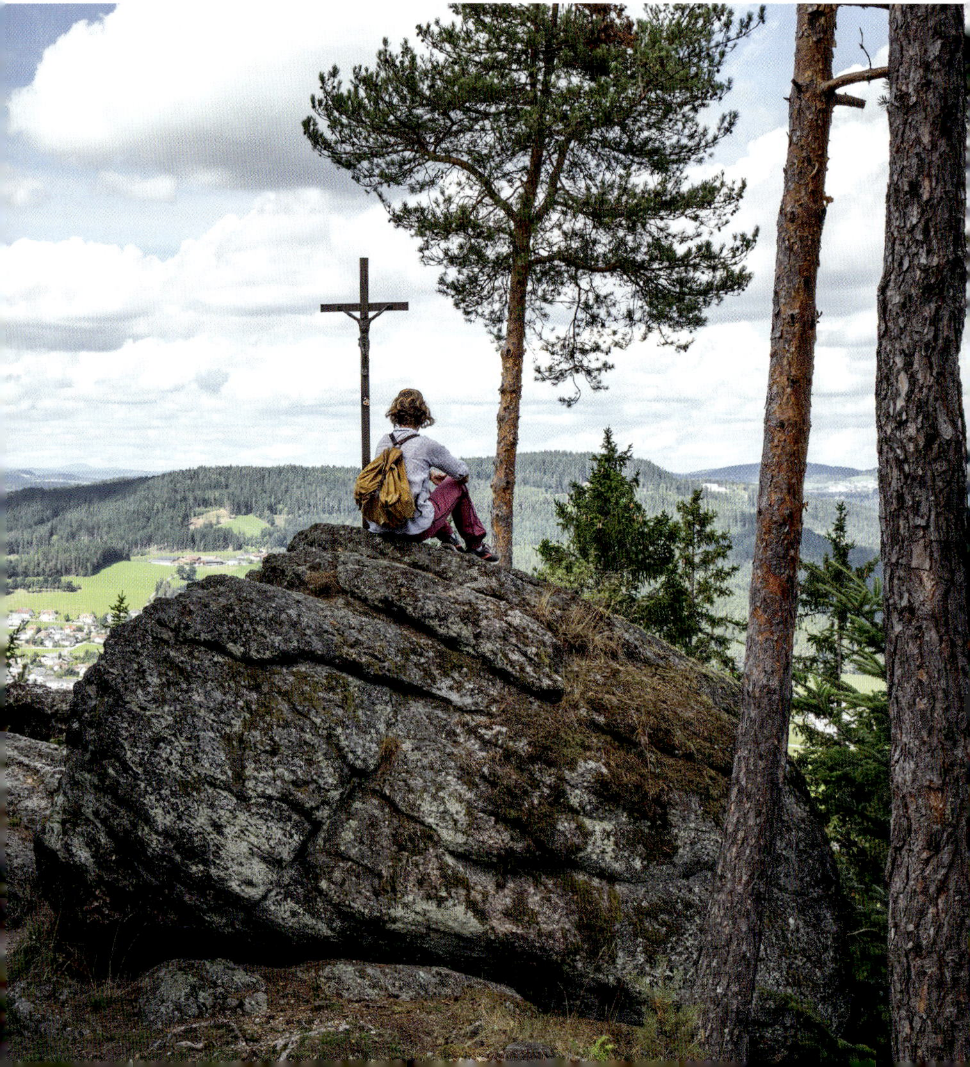

Vieles liegt am Buchberg im Dunkel der Geschichte. Dennoch deuten einige Funde darauf hin, dass Menschen bereits in der Jungsteinzeit an diesen Ort gekommen sind. Waren die auf einer Seite steil abfallenden Gipfelfelsen vielleicht eine göttliche Offenbarungs- und Opferstätte? Etwas mehr weiß man erst zu der Zeit des 13. Jahrhunderts, als auf dem Buchberg eine im Volksmund als „Hohhaus" bezeichnete Holzburg gestanden haben soll. Wahrscheinlich diente sie den Menschen in diesen unruhigen Zeiten als Zufluchtsstätte. Es gibt Hinweise, dass die Burg nicht nur von Männern, sondern auch von Frauen und Kindern bewohnt wurde.

Angesichts dieser bewegten Vergangenheit hat man im Jahr 2011 damit begonnen, auf dem Buchberg eine Aussichtswarte zu errichten, die an die historische Holzburg erinnern soll. Der Idee nach wollte man einen neuen Rückzugsort für

▲ An die legendäre Burg soll das neu errichtete „Hoh-Haus" erinnern.

◀ Die Buchbergfelsen stellen einen uralten Kultplatz dar.

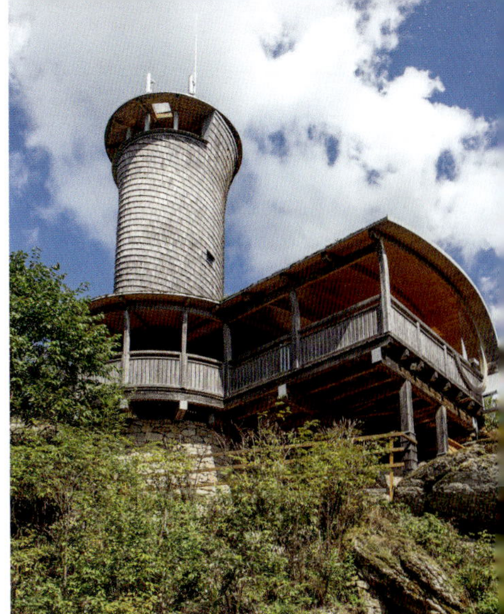

Menschen schaffen, ja einen Wohlfühlort, bei dem man Erholung und Ruhe vom Alltag finden kann. Dieses von einer Arbeitsgruppe mit viel Herzblut realisierte Konzept ist überaus gelungen. Auf Anhieb fühlen wir uns beim Betreten der Anlage wohl. Harmonisch schmiegt sich die durchdachte Architektur an die Felsen heran. In einer schneckenförmigen, auf einer Seite zum Wald hin offenen Aussichtsplattform, finden wir einen wunderbaren Ort zum Rasten. Lasberg nimmt für sich in Anspruch, „Wandergemeinde im Kernland Mühlviertel" zu sein. Um den Buchberg herum hat man ein gut gepflegtes, rund 60 Kilometer langes Wegenetz angelegt. Das neue Hoh-Haus wertet dieses Angebot zusätzlich auf und stärkt den propagierten sanften Tourismus in der Region.

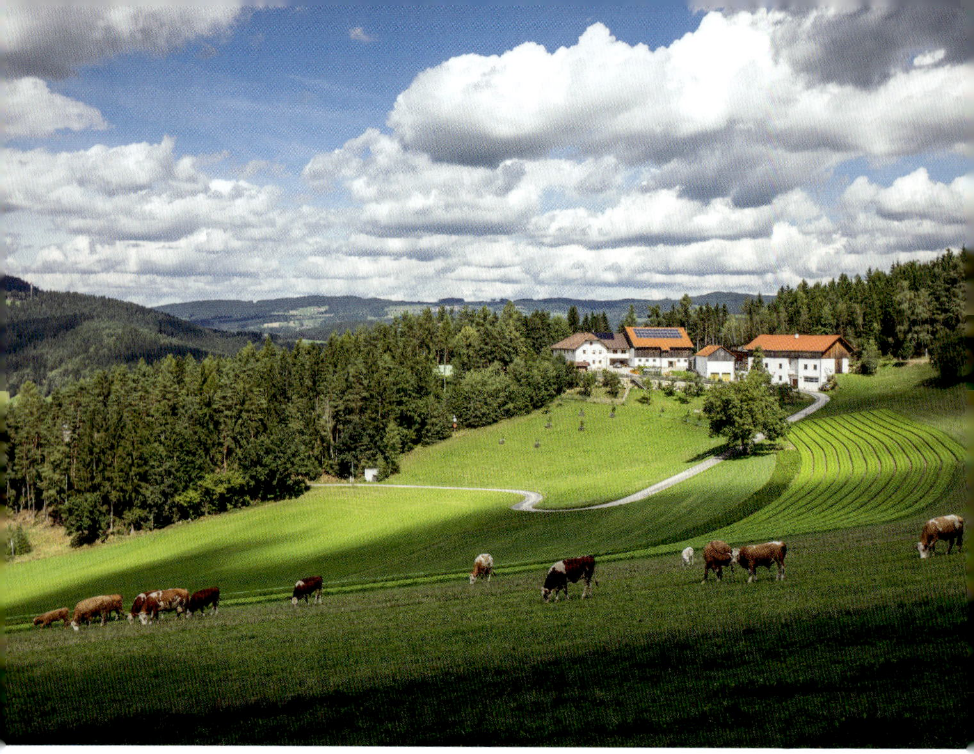

▲ Vor dieser Kulisse geht einem beim Wandern das Herz auf.

▼ Auf das 15. Jahrhundert geht die Burgruine von Dornach zurück.

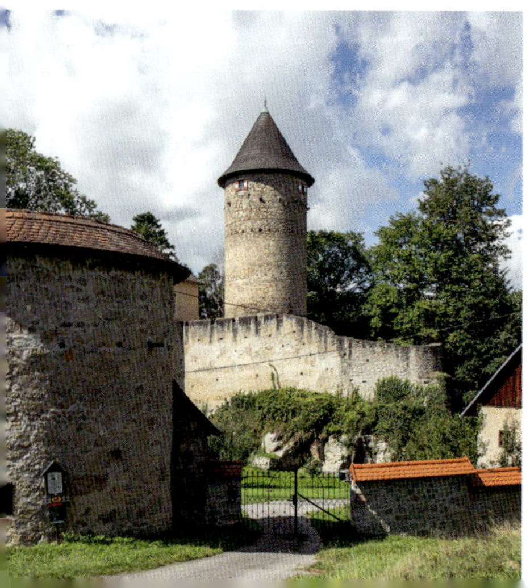

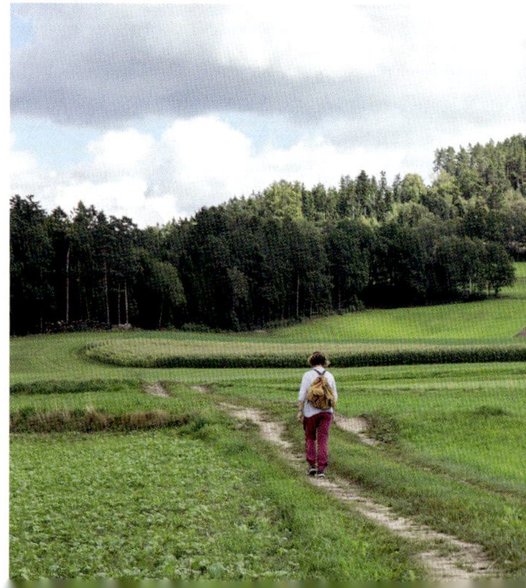

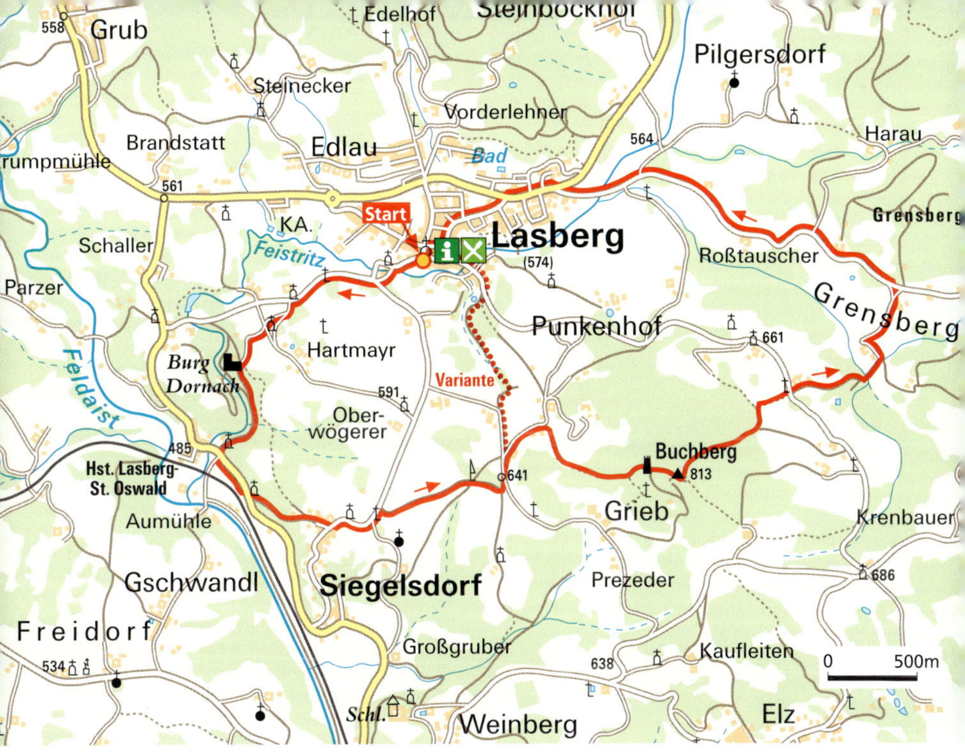

Wegbeschreibung: Alle Wanderwege in Lasberg starten im Ortszentrum. Der hier vorgeschlagene Rundweg kommt einer großräumigen Überschreitung des Buchbergs gleich und trägt die Bezeichnung *Buchbergweg (Wegnummer La 5)*. Zunächst führt dieser Weg in westlicher Richtung ins Feistritztal zur Burgruine Dornach. Dann steigt er über Siegelsdorf stetig zum Buchberg hin an. Von den Gipfelfelsen und vom „Hoh-Haus“ genießen wir eine fantastische Aussicht. Den Berg auf Waldwegen hinab geht es über Grensberg auf Nebenstraßen zurück zum Ausgangspunkt.
Weglänge: 11 Km; **Höhenmeter ↑↓:** 390 Hm; **Gehzeit:** 4 Std.

Variante: Wesentlich kürzer ist der direkte Aufstieg zum Buchberggipfel über die Wanderwege *La 3* und *La 8*.

Tipp: Erkundigen Sie sich auch über die vielfältigen Themenwege und Museen in Lasberg. Im Gemeindeamt ist eine hervorragende Wanderkarte mit allen Beschreibungen erhältlich.

Einkehr: Eine schöne „Berghütte“ neben dem Hoh-Haus ist an den Wochenenden meist bewirtschaftet und bietet Getränke an. Im Ort versorgt uns mit regionaler Küche das *Gasthaus Hofer* und das Gasthaus *Marktwirt*.

Über Maria Bründl zum Braunberggipfel

9 Km

305 Hm

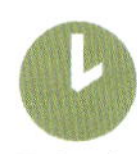
3 Std

Die Wanderung zum Braunberg hinauf ist in der Umgebung von Freistadt beliebt, zumal dort auch in bester Lage die einzige Alpenvereinshütte des Mühlviertels zur Einkehr einlädt. Auf dem Weg liegt die schöne Wallfahrtskapelle Maria Bründl, wo seit langer Zeit eine Heilquelle, die Menschen Kraft schöpfen lässt.

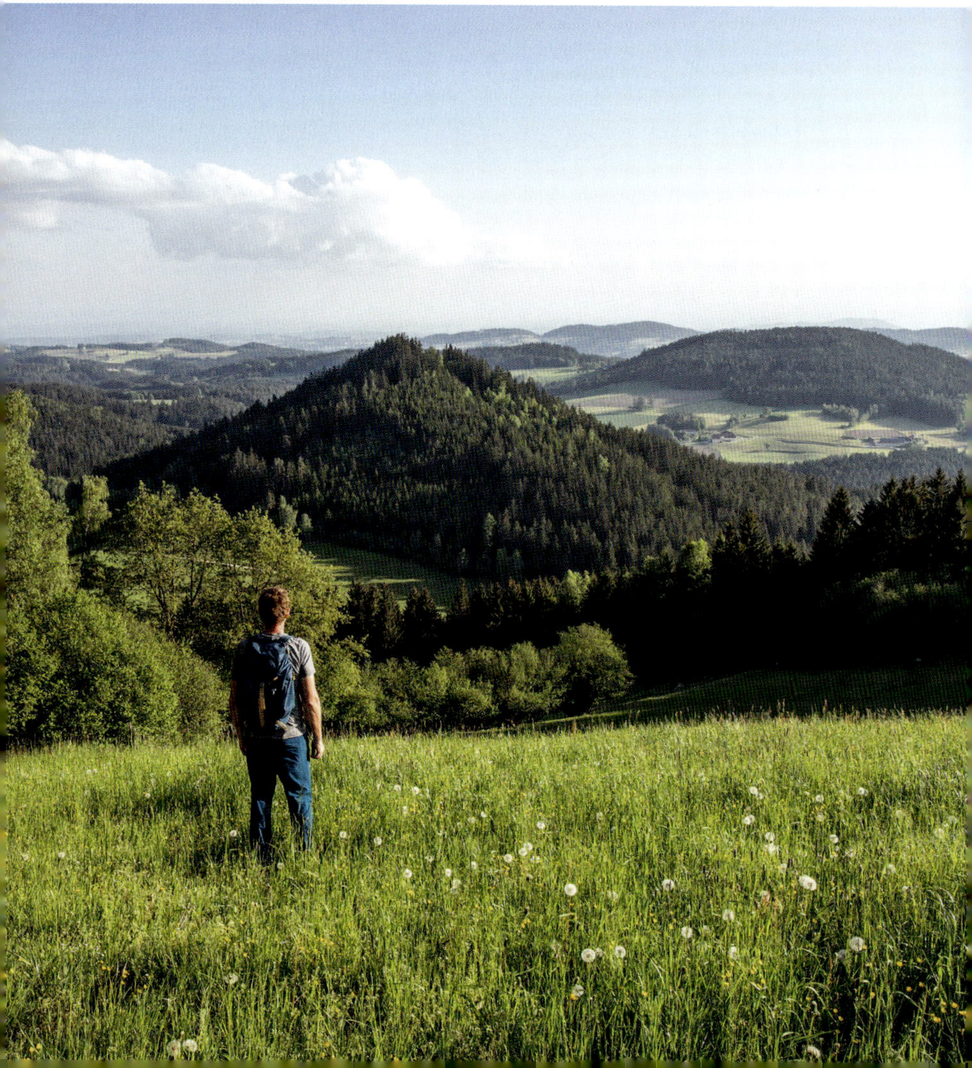

Da dieser Rundweg auf den Braunberg in beide Richtungen beschildert ist, muss man sich entscheiden, ob der Besuch der Wallfahrtskapelle Maria Bründl am Beginn oder eher erst am Ende der Wanderung erfolgen soll. Empfehlenswert ist er auf jeden Fall. Nicht weit von St. Oswald im Wald gelegen, ist diese Brunnenkultstätte ein stiller Ort, der einen schnell zur Ruhe kommen lässt. Die Legende erzählt von einem Holzfäller, der sich im Jahre 1650 schwer am Fuß verletzt haben soll. Wie durch ein Wunder erfuhr er jedoch rasche Heilung bei einer Quelle, nachdem er dort seine Wunden ausgewaschen hatte. Andere hörten davon und bald kamen immer mehr Menschen, um diesem Quellheiligtum ihr Vertrauen zu schenken. Daran hat sich bis heute kaum etwas geändert. Viele Menschen pilgern in der Hoffnung auf Genesung noch immer gerne hierher.

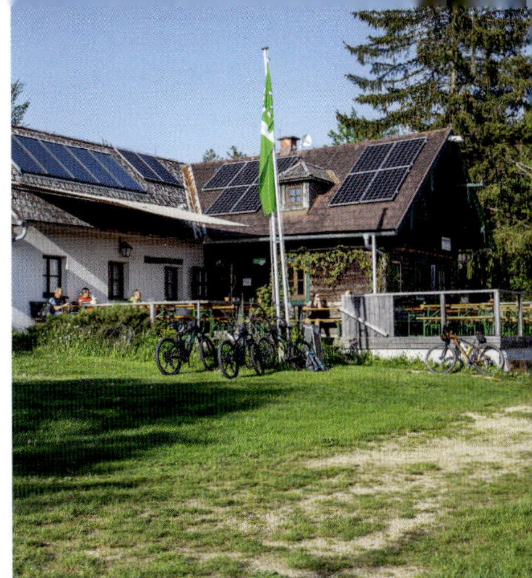

Im Uhrzeigersinn unterwegs kann man bei der Kapelle auch noch gut seine Trinkflasche auffüllen, bevor der Wanderweg über die bewaldeten Hänge ansteigt. Immerhin sind von St. Oswald bis zum Braunberggipfel gut 300 Höhenmeter zu überwinden. Die Wegführung aber ist schön und das Unterwegssein ist von Beginn an eine Freude. Außerdem erwartet uns auf dem Gipfelplateau die Braunberghütte des Alpenvereins, ein überaus beliebter Wandertreffpunkt.

▲ Garantiert gut bewirtet werden wir auf der Braunberghütte des Alpenvereins.

▶ Nicht weit von der Braunberghütte genießen wir auf dem bewaldeten Ostgipfel des Braunbergs die Ruhe.

◀ Vom Gipfelplateau, auf rund 900 Metern Seehöhe, ist die Aussicht überwältigend.

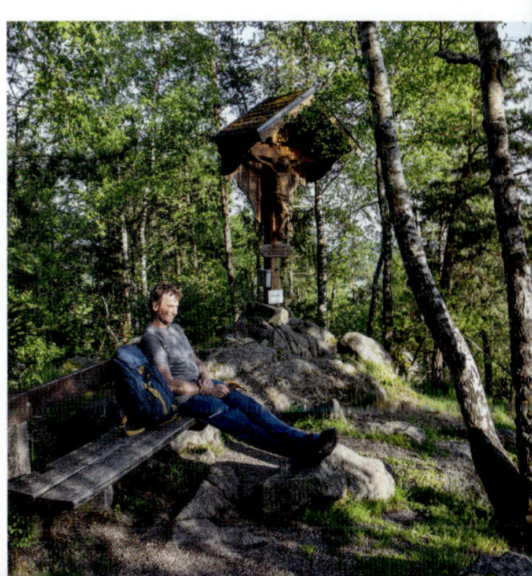

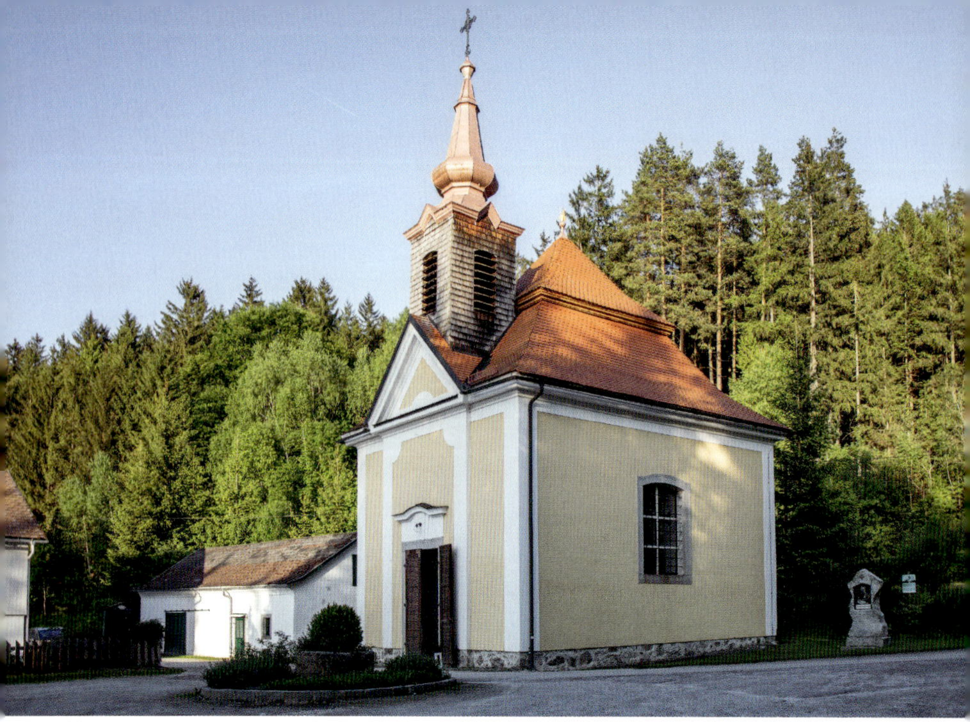

▲ Seit dem 17. Jahrhundert kommen die
▼ Menschen zur Heilquelle von Maria Bründl. Eine der Gottesmutter geweihte Kapelle lädt zur Andacht ein.

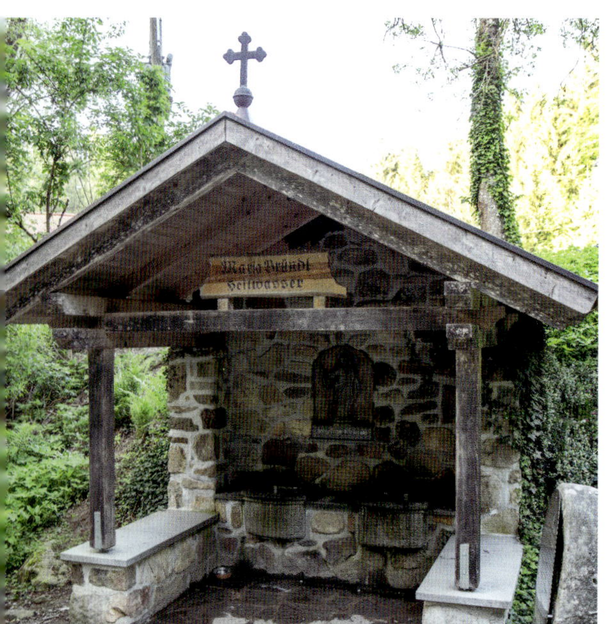

Auf der Aussichtsterrasse im Gastgarten der Hütte sitzend, öffnet sich der Blick nach Süden, an klaren Tagen bis zur Alpenkette. Besonders im Herbst, wo über ganz Oberösterreich oft eine hartnäckige Nebeldecke hängt, steht man hier oberhalb der Wolken und genießt immer noch die wärmende Sonne.

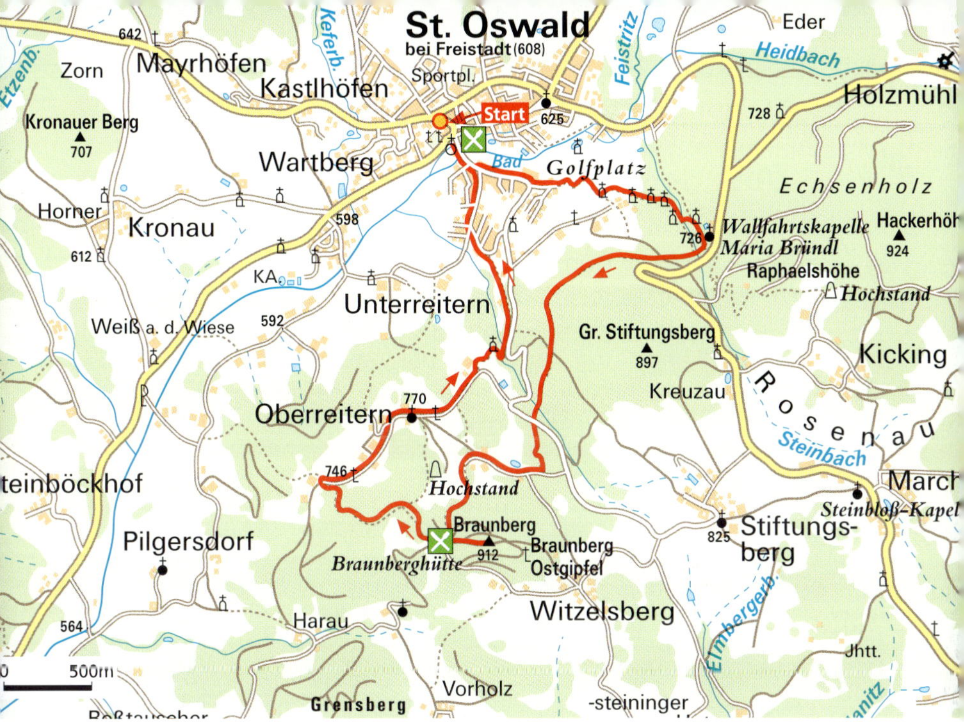

Wegbeschreibung: Startpunkt ist in der Ortsmitte von St. Oswald oder auch beim Gemeindeamt nordwestlich des Zentrums, wo sich auch einige öffentliche Parkplätze befinden. Der *Braunbergweg (Wegnummer 03)* ist mit großen gelben Wegweisern durchgehend markiert. Wir verlassen den Ort, an der Pfarrkirche vorbei, nach Süden. Über einen Kreuzweg erreichen wir die Wallfahrtskapelle Maria Bründl. Danach steigt der Wanderweg durch den Wald stetig bis zur Braunberghütte an. Von dieser hat man die beste Aussicht. Zum Ostgipfel des Braunbergs mit Bänken und einem hölzernen Gipfelkreuz ist es von der Hütte nicht mehr weit. Etwas versetzt zum Anstiegsweg, mit weiteren schönen Aussichtspunkten, geht es die Hänge hinab zurück zum Ausgangspunkt.
Weglänge: 9 Km; **Höhenmeter ↑↓:** 305 Hm; **Gehzeit:** 3 Std.

Variante: Der Rundweg ist auch in die umgekehrte Richtung beschildert. Geht man also gegen den Uhrzeigersinn, kommt man erst beim Abstieg an der Maria Bründl-Kapelle vorbei.

Tipp: Wer auf der Braunberghütte nächtigt, genießt am Abend die Ruhe und am Morgen einen Sonnenaufgang.

Einkehr: Auf der *Braunberghütte* gibt man sich viel Mühe, seine Gäste rundum zufriedenzustellen. Serviert werden Speisen aus regionalen Zutaten und Freistädter Bier vom Fass.

Über den Hussenstein nach St. Michael

12,5 Km

370 Hm

4 Std

Hoch auf einer Hügelkuppe, exakt an der Europäischen Wasserscheide, steht ein bemerkenswertes Kulturdenkmal – die Kirche St. Michael ob Rauchenödt. Sie ist das eigentliche Ziel dieser Wanderung. Aber auch der Weg dorthin ist sehr schön. In einem Waldstück kommen wir am Hussenstein vorbei, einem Naturdenkmal mystischer Felsformationen.

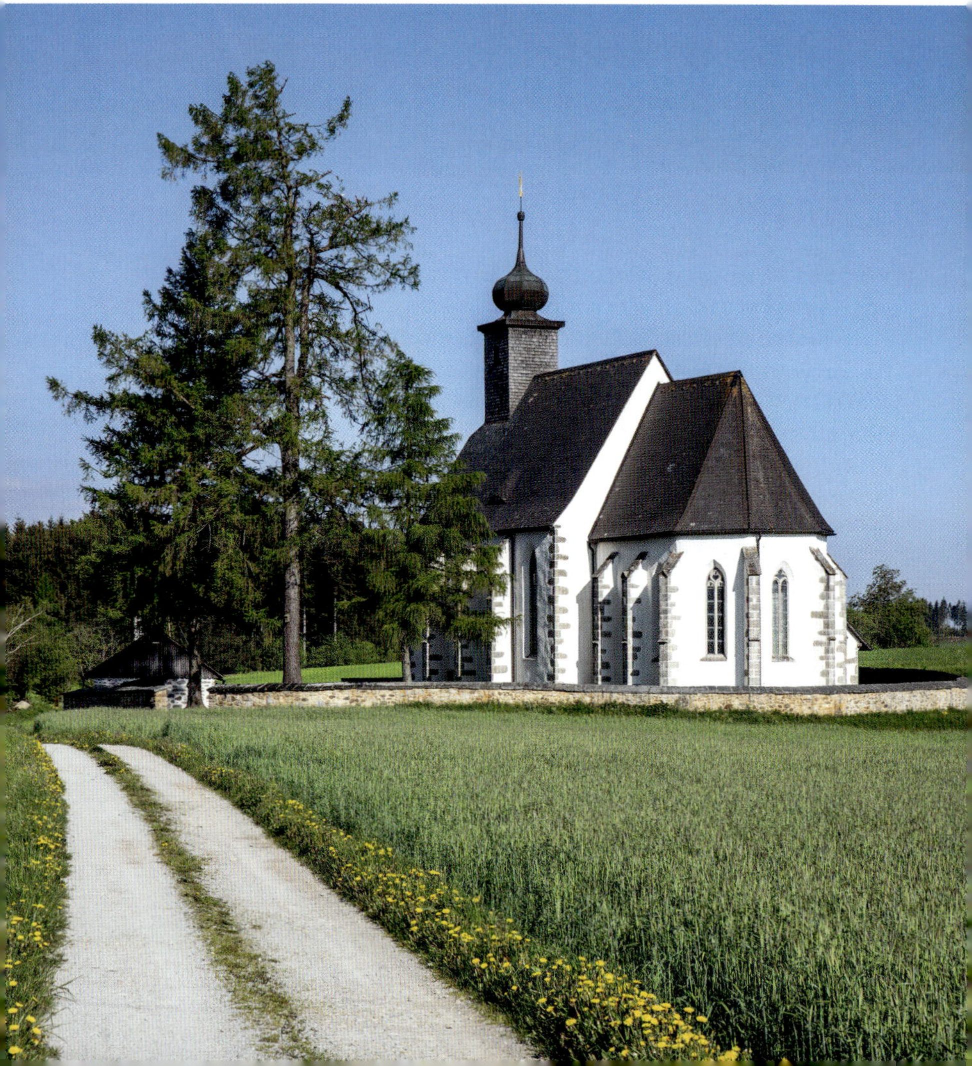

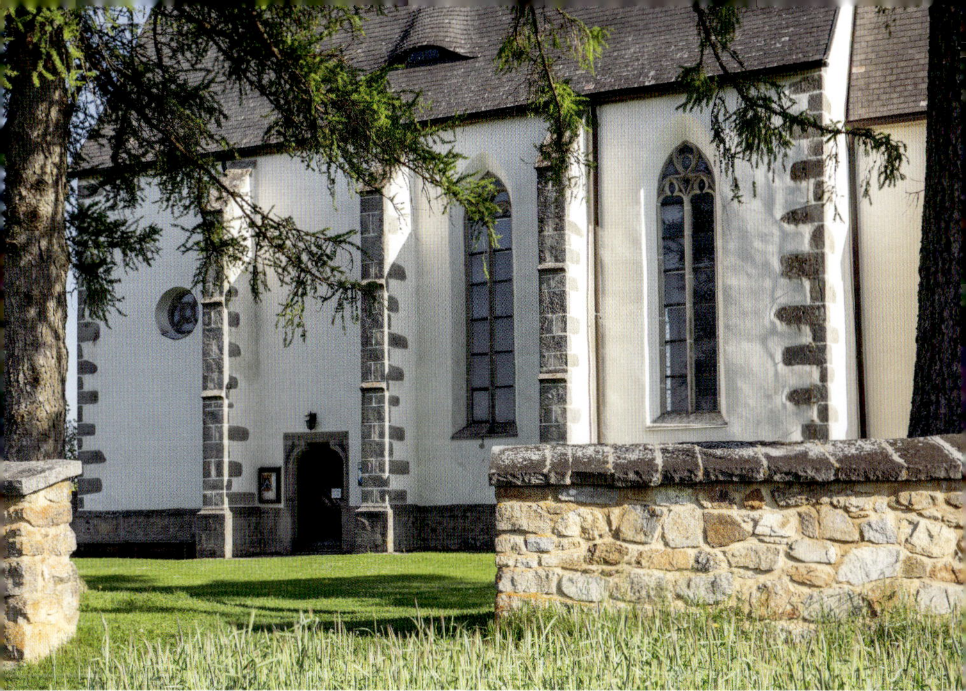

Unter Energetikern und Geomanten gilt St. Michael als außergewöhnlicher Kraftort. Aber auch ganz ohne esoterische Vereinnahmung spürt man hier eine Atmosphäre, die tatsächlich etwas Besonderes ist. Am besten funktioniert das an den weniger stark frequentierten Wochentagen. Ob in oder um die Kirche herum – wer einmal Gelegenheit hatte, hier gerastet zu haben, der wird sich garantiert gestärkt fühlen.

▲ Durch eine Öffnung der ringförmigen Friedhofsmauer gelangen wir in den faszinierenden Bannkreis dieses Heiligtums.

◀ Erbaut an der Wasserscheide zwischen Feldaist und Maltsch ist die Kirche St. Michael weithin bekannt und sichtbar.

St. Michael ist eine uralte christliche Kultstätte. Ihre Geschichte reicht mindestens bis ins 11. Jahrhundert zurück. Bei Grabungsarbeiten konnte man eine mittelalterliche Holzkirche nachweisen, ebenso ein Gräberfeld östlich des Baus. Die heutige Steinkirche spätgotischen Charakters ist vermutlich im frühen 16. Jahrhundert entstanden. Aus dieser Zeit stammt auch der prachtvolle Flügelaltar, aufgeklappt unter einem schlichten Netzrippengewölbe.
Bezeichnend ist, dass das Kirchenheiligtum ganz alleine auf dem Hügel steht. Umgeben von nur einer Mauer und einigen großen, es scheinbar beschützenden, Lärchen. Je nachdem auf welche Seite der Kirche das Regenwasser fällt, wird es entweder zur Donau

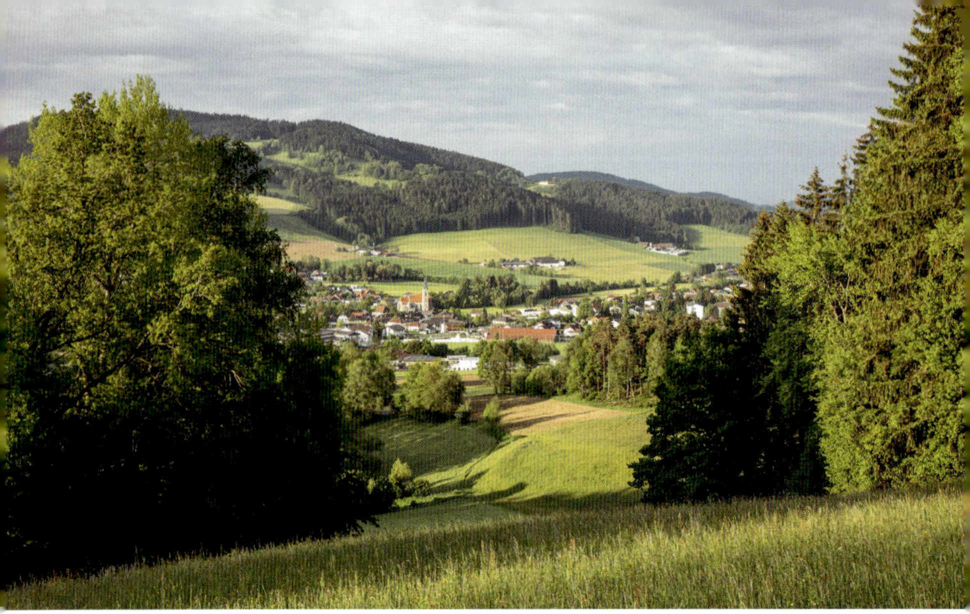

▲ Blick hinab auf St. Oswald am Weg hinauf zum Hussenstein.

▼ Die vielen Felsformationen am Gipfelplateau des Hussensteins wurden als Naturdenkmal ausgewiesen.

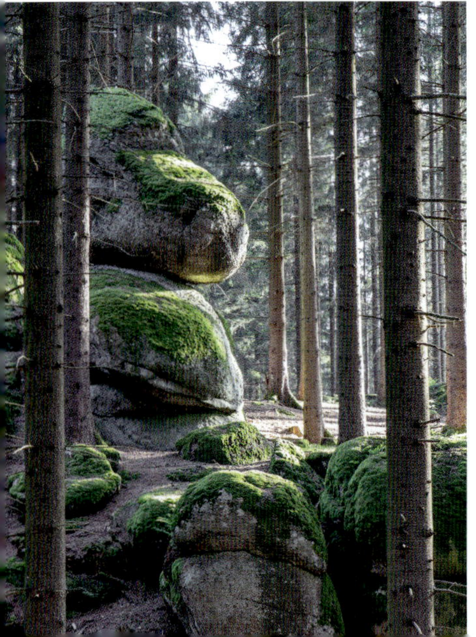

fließen oder über die Moldau der Nordsee zuströmen. Kein Zufall also ist ihr Standort. Die früheren Baumeister hatten sich hier scheinbar alles gut überlegt. Legendär ist auch die Aussicht, die an klaren Tagen bis zur Alpenkette reicht.
Bevor wir in St. Michael ankommen, können wir uns schon im Wald darauf einstimmen. Im Weinbergholz liegen auf einer Fläche von rund 2000 m² riesige Felsblöcke verstreut, einige von ihnen aufgestapelt zu einem rund 15 Meter hohen Haufen, auf den man ein Gipfelkreuz gesetzt hat. Zur Zeit der Hussitenkriege sollen die einfallenden Hussiten hier im Jahre 1428 ein Lager aufgeschlagen haben. Abgeleitet von diesen Ereignissen nennt man diesen Ort seither „Hussenstein".

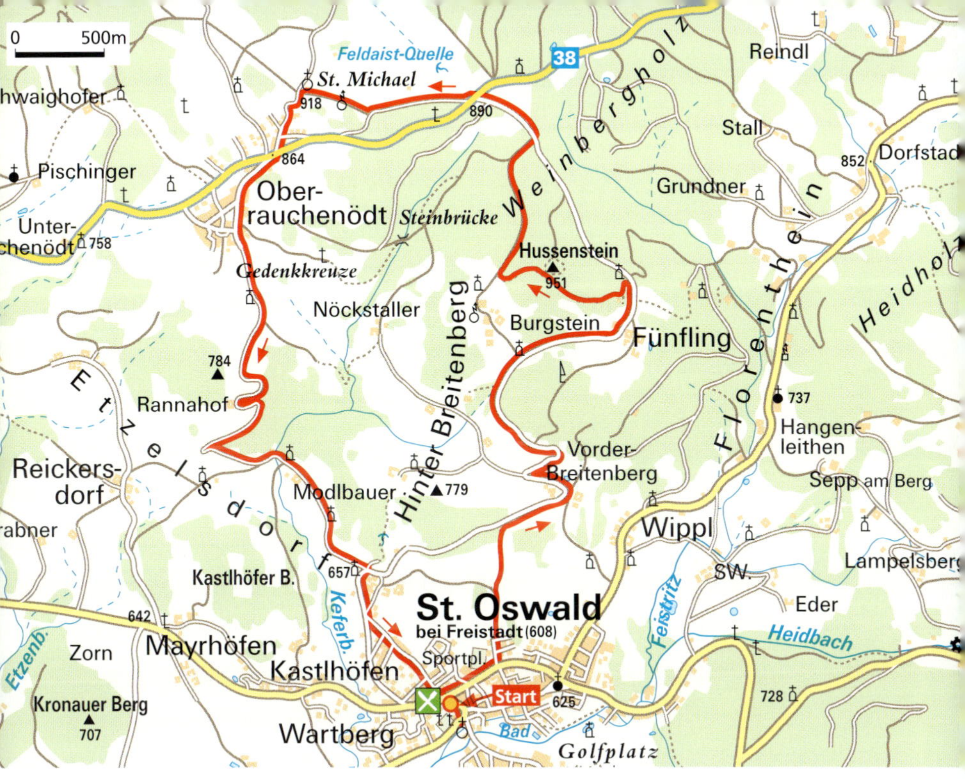

Wegbeschreibung: Ausgangspunkt ist in St. Oswald vor dem Gemeindeamt, wo sich auch eine große Infotafel befindet. Die Rundtour trägt die Bezeichnung *Hussensteinweg (Wegnummer 04)* und ist durchgehend mit gelben Wegweisern beschildert. Nach dem Sportplatz steigt der Weg stetig über Wiesen und durch Wälder bis zum 951 Meter hohen Hussenstein an. Ein schöner Ort, um eine erste Rast einzulegen. Durch das Weinbergholz, die Hauptstraße nach Freistadt querend und auf der Hochfläche einem Waldrand folgend, erreichen wir St. Michael ob Rauchenödt. Über die Ortschaft Oberrauchenödt und am *Rannahof* der Naturfreunde vorbei gelangen wir auf Nebenstraßen wieder hinab nach St. Oswald.

Weglänge: 12,5 Km; **Höhenmeter ↑↓:** 370 Hm; **Gehzeit:** 4 Std.

Tipp: Nehmen Sie sich, um dem energetischen Geheimnis von St. Michael auf die Spur zu kommen, unbedingt Zeit für eine Rast. In St. Oswald laden noch das *Museum Kirchenhäusl,* das *Freilichtmuseum Ledermühle* sowie das erste *OÖ. Schnapsmuseum* zu einem Besuch ein.

Einkehr: Frisches Gebäck und Süßes wartet auf uns in St. Oswald bei der *Bäckerei-Café Haneder*. Ebenso finden wir am Marktplatz die *Pizzeria Napoli*.

Naturgenuss am Aisttalweg

6 Km

120 Hm

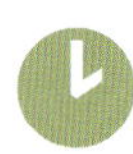
2 Std

Am Ursprung der Waldaist ist ein Ort, an dem sich unsere Uhren der Fließgeschwindigkeit des Flusswassers unterordnen. Auf dem schönen Wanderweg, der das Dahinplätschern begleitet, wird unser Gehtempo einer wohltuenden Verlangsamung unterzogen. Flora und Fauna am Fluss haben sich daran längst angepasst.

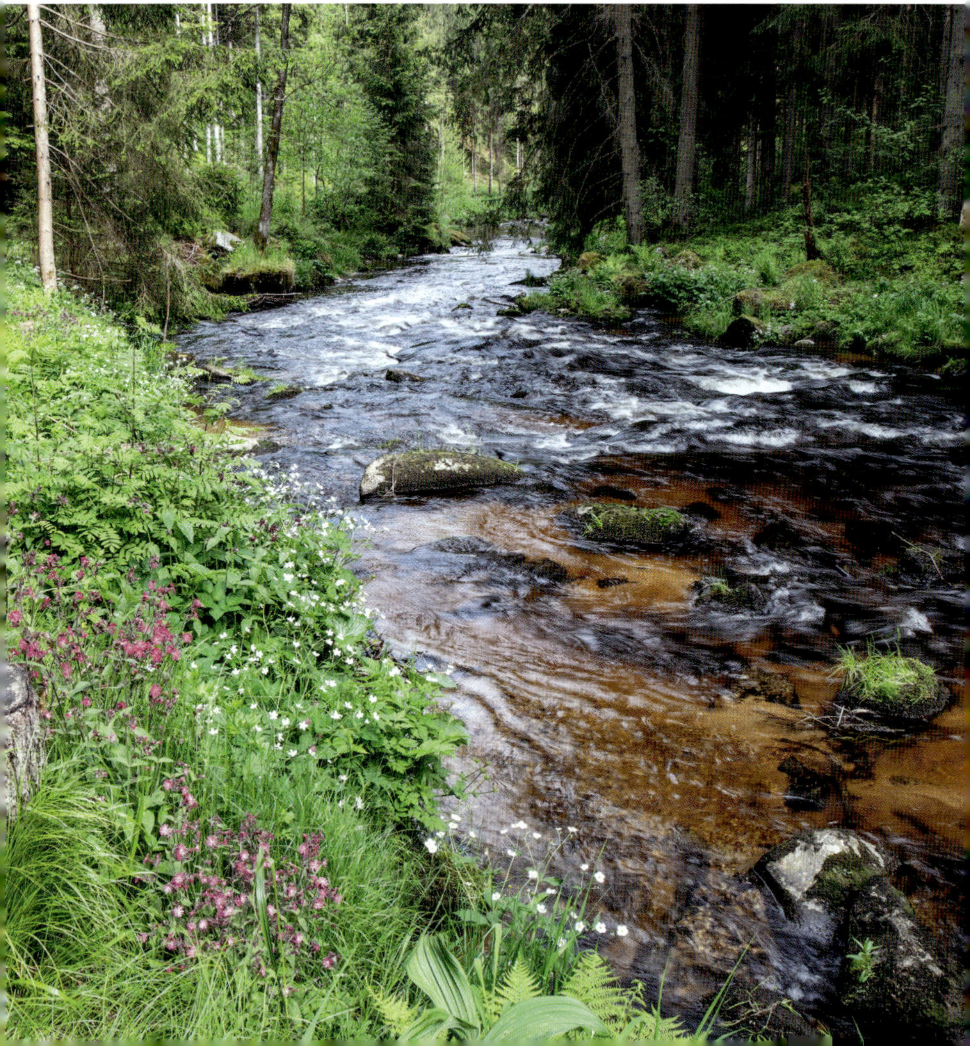

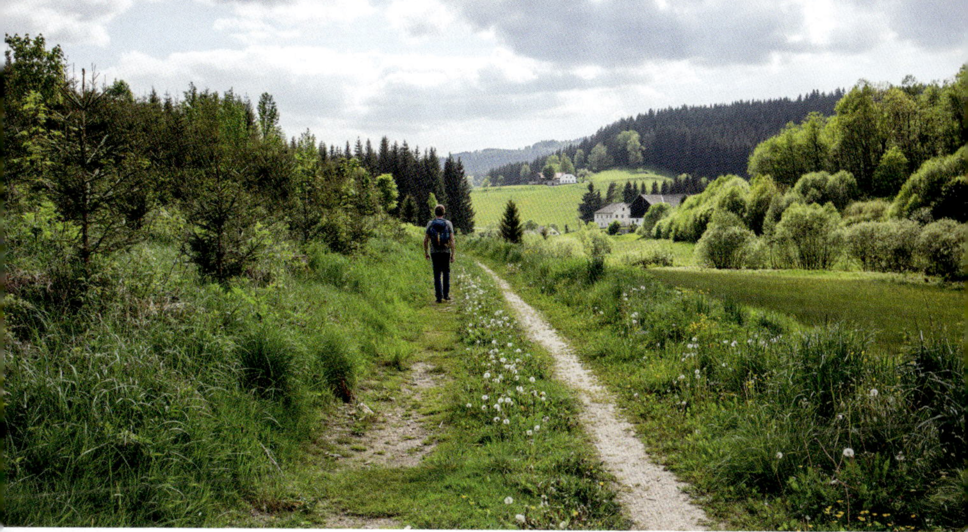

Die Schwarze und die Weiße Aist entspringen knapp nebeneinander im Gemeindegebiet von Liebenau, nahe der Grenze zu Tschechien, auf gut tausend Metern Seehöhe. Wie ihr Name bereits verrät, ist die Schwarze Aist in ihrer Färbung dunkler als die Weiße Aist. Das liegt daran, dass sie einige moorige Böden durchfließt und auf Umwegen auch länger unterwegs ist als ihre „Zwillingsschwester“. Unterhalb des Markts von Weitersfelden vereinigen sich die beiden Flüsse und werden fortan zur Waldaist.

Am Punkt dieses Zusammenflusses, an der sogenannten Aistgabel, kann man die Farbabmischung der Flüsse gut beobachten. Die letzten Häuser des Orts haben wir hier in der Talsenke bereits ein gutes Stück hinter uns gelassen. Taktgeber ist die Natur geworden. Als Geräuschkulisse dienen uns die vom Flusswasser umspülten Steine, das Summen der Insekten und der wohltuende Gesang der Waldvögel. Im Frühjahr erblühen die Ufer der Waldaist und das Wiesengrün ist von

▲ Auf Feld- und Wiesenwegen geht es hinab zur Aistgabel.

◀ Der Fluss nimmt seinen Lauf und gibt den Takt vor, für das, was ihn begleiten mag.

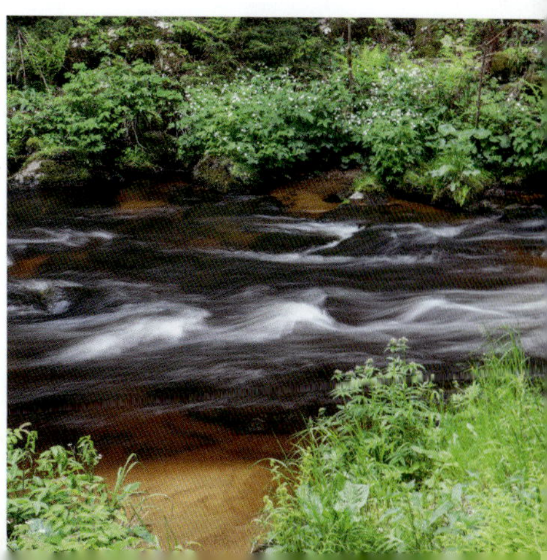

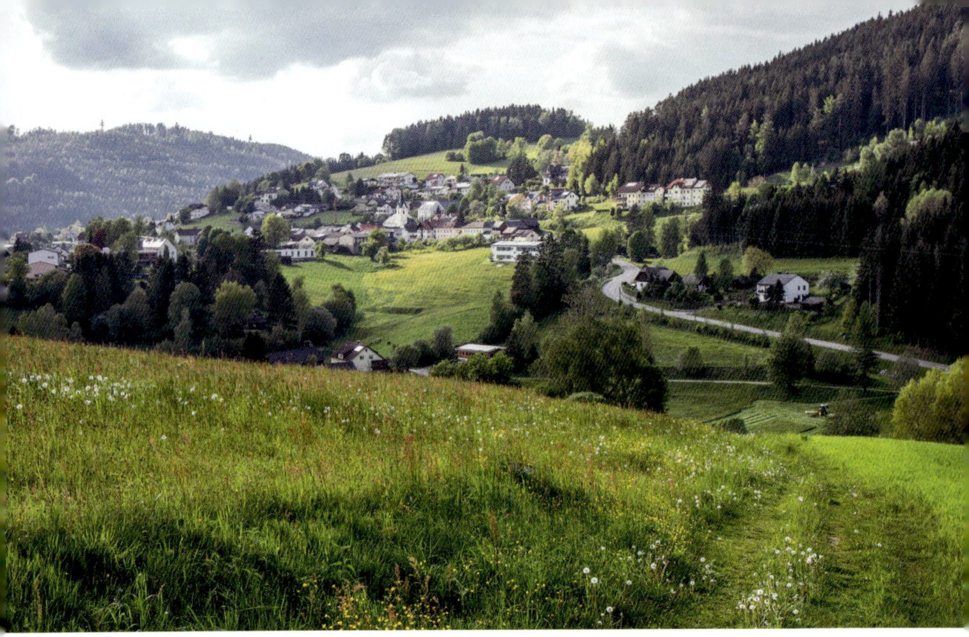

▲ Auf dem Rückweg über einen Wiesenweg nach Weitersfelden.

▼ Auf eine besonders schöne Steinbloß-Kapelle treffen wir in Makersdorf.

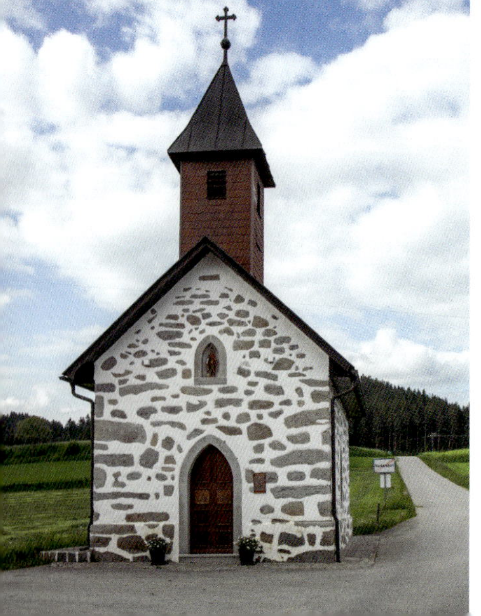

Farbtupfern unzähliger Blumen übersät. Auf einer Tafel sind die hier wachsenden Heilkräuter aufgelistet.
Der Waldaist flussabwärts folgend, befinden wir uns in einem Natura 2000 Schutzgebiet der Europäischen Union. Im Fluss lebt auch noch die schon sehr selten gewordene Flussperlmuschel. Angeblich soll es sich dabei um eines der größten Vorkommen Mitteleuropas handeln. Das spricht wohl für die gute Wasserqualität der Waldaist.
In der ruhigen Kulturlandschaft oberhalb des Flusses kommen wir noch an zwei bemerkenswerten Steinbloßkapellen vorbei. Dazu gesellen sich schöne Ausblicke auf den Markt Weitersfelden und die waldreichen Hügel ringsum.

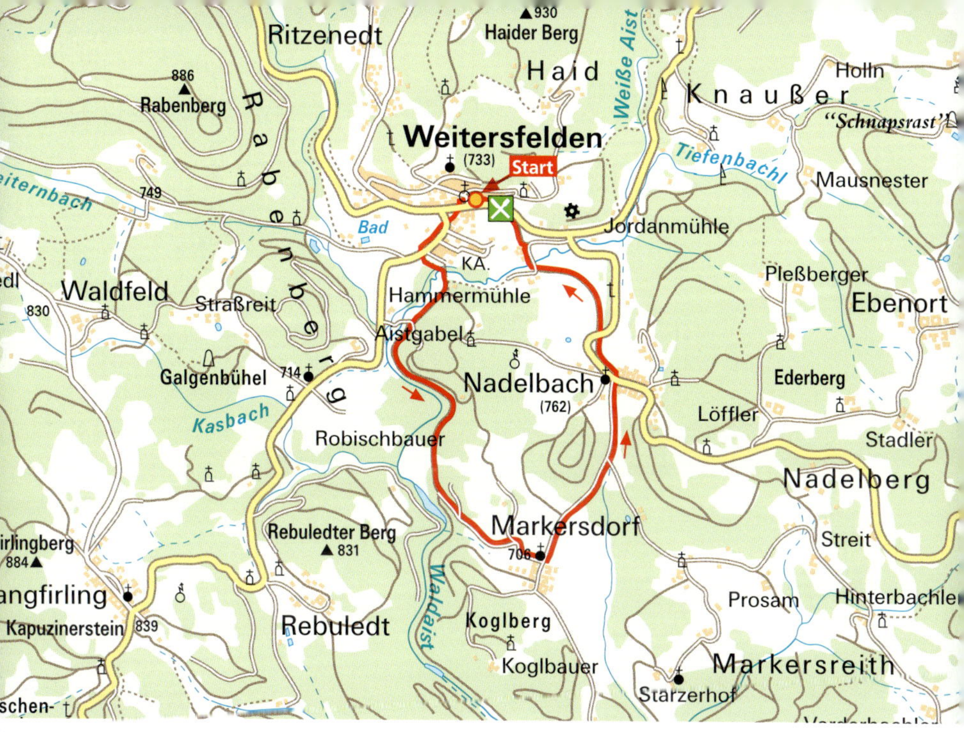

Wegbeschreibung: Startpunkt ist das Gemeindeamt im Ortszentrum, wo auch eine große Infotafel angebracht ist. Der Rundweg ist mit gelben Wegweisern mit der Aufschrift *Aisttalweg (Wegnummer 51)* beschildert. Wir verlassen den Ort südwärts und gelangen hinab zur Weißen Aist, der wir bis zur Aistgabel folgen. Hier werden die beiden zusammenfließenden Flüsse zur Waldaist. Dieser entlang, spazieren wir rund 1,5 Kilometer flussabwärts. Dann verlässt der Weg das bewaldete Flusstal und führt zu einer schönen Steinbloßkapelle im Weiler Makersdorf hinauf. Beim Dorf Nadelbach gehen wir kurz der Hauptstraße entlang, um bald wieder auf einen Wiesenweg abzuzweigen. Mit schönen Ausblicken auf den Markt und das Umland spazieren wir zurück zum Ausgangspunkt.
Weglänge: 6 Km; **Höhenmeter ↑↓:** 120 Hm; **Gehzeit:** 2 Std.

Tipp: Das Gemeindegebiet von Weitersfelden verfügt noch über einige andere sehr attraktive Wanderwege. Ebenso empfehlenswert ist der *Granitsteig (10 km)* oder der *Zwischenstrom Wanderweg (19 km)*. Sie starten ebenfalls im Ortszentrum und kommen auch in Wienau, bei der besonders schönen *Hoisnkapelle* vorbei.

Einkehr: Im Ort verwöhnt uns mit herzhafter Hausmannskost der *Gasthof zur Post*. Ein Wirtshaus mit besonders langer Tradition ist der *Gasthof Neulinger*.

13 Km

340 Hm

4 Std

Auf dem Silberbergerweg zur Kammerer-Kreuz-Kapelle

Hoch über dem Naarntal bei Unterweißenbach liegt der aussichtsreiche Marienwallfahrtsort Kaltenberg. Ein Ausgangspunkt für eine Wanderung, wie er schöner nicht sein könnte. Von hier geht es durch das romantische Tal des Höllenbachs und hinauf zum 980 Meter hohen Kammererberg. Dort oben steht eine bezaubernde Kapelle im Steinbloßstil.

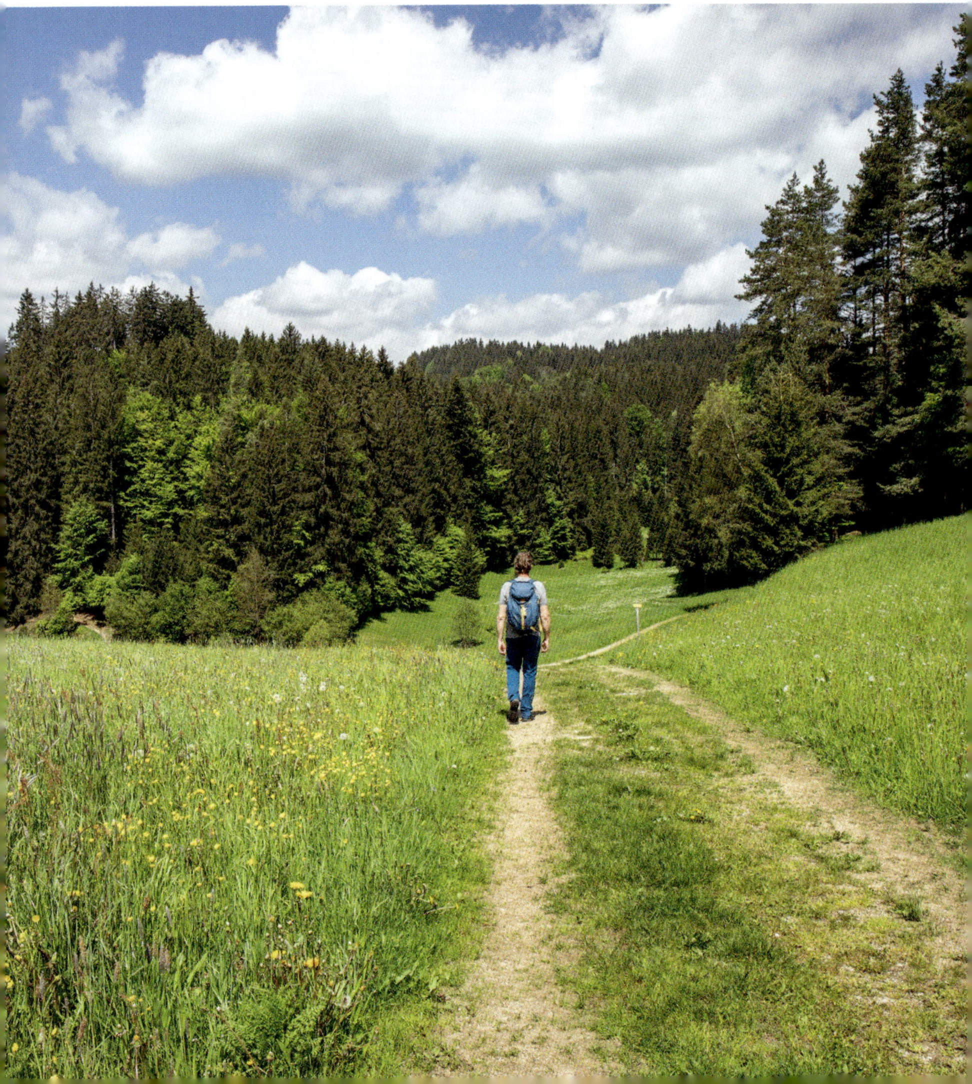

▶ In Silberberg kommen wir an einigen schönen Bauernhöfen vorbei.

◀ Auf dem Weg zum „Kötterl-Graben" im romantischen Höllenbachtal.

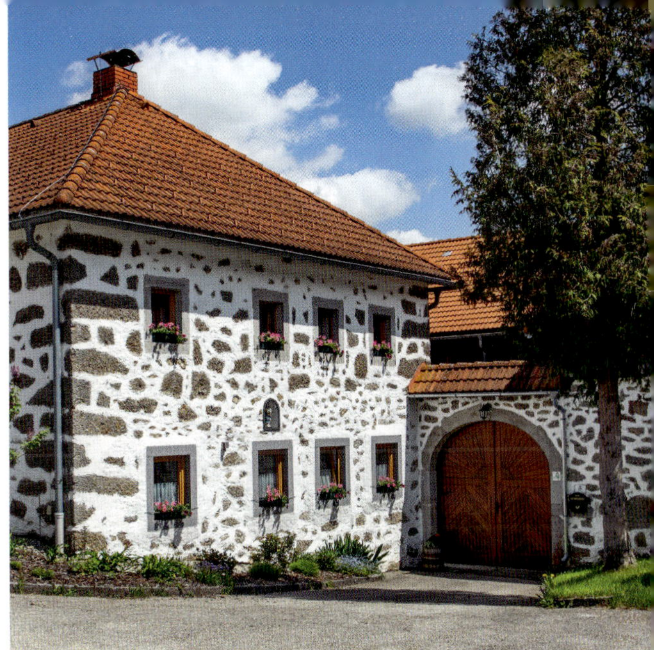

Mit knapp 850 Metern Seehöhe zählt Kaltenberg zu den höchstgelegenen Dörfern Oberösterreichs. Auf einer überwiegend bewaldeten Hügelkuppe steht eine Kirche, um die sich das Gemeindeamt, ein Gasthaus und einige Wohnhäuser gruppieren. Alles fein herausgeputzt und überschaubar. Großartig in dieser Höhenlage ist das Panorama über eine Landschaft, die einem Meer aus dunkelgrünen Wellen gleicht. Daran kann man sich gar nicht sattsehen.
Zu einem der bedeutendsten Wallfahrtsorte des Mühlviertels wurde Kaltenberg der Legende nach durch eine Marienstatue, die sich ursprünglich in der Nachbargemeinde Liebenau befand. Dort aber ergriff sie aus irgendwelchen Gründen die Flucht und suchte Zuflucht bei einer Linde in Kaltenberg. Man brachte sie angeblich mehrmals nach Liebenau zurück – aber erfolglos. Immer wieder erschien sie auf wundersame Weise in Kaltenberg, bis man ihr schließlich eine Kapelle und später eine Kirche baute. Bekannt ist auch das Augenbründl unterhalb des Ortes, eine uralte Quelle, deren Heilwasser seit mindestens dem 16. Jahrhundert verehrt wird.
Der Silberberger-Weg zum Kammerer Kreuz erfolgt in Gegenrichtung des Johanneswegs. Namensgeber für den Weg war das Dorf Silberberg, das wiederum seinen Namen wohl vom „Katzensilber", den kleinen Einsprengungen im Granitgestein, hat. Es erwartet uns viel Natur, besonders entlang des

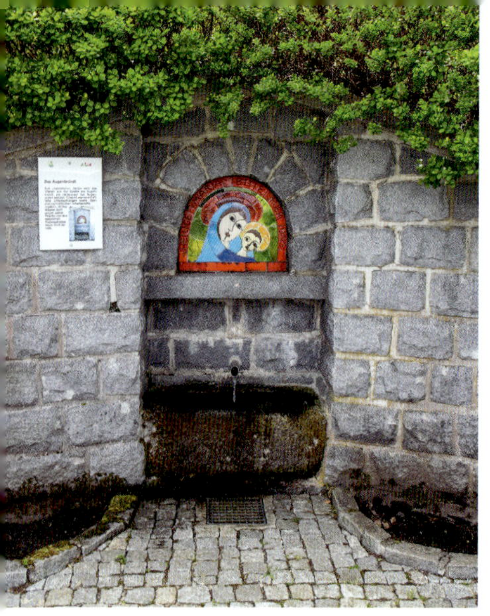

Höllenbachs, den wir beim „Kötterl-Graben" überqueren. Umgeben von Blumenwiesen und Wald, ist das ein hervorragender Ort für eine erste Pause. Höhepunkt der Wanderung ist aber klar die Kammerer-Kreuz-Kapelle auf der höchsten Erhebung der Umgebung. In bester Lage ist sie Pilgerort, Kraftplatz und Aussichtspunkt zugleich. Alles fließt hier harmonisch ineinander und ergänzt sich: die schöne, im Steinbloßstil errichtete Kapelle, die himmlische Ruhe am Waldrand und der grenzenlose Fernblick über die Hügelwelt bis zu den Alpen.

▲ Hier macht auch der Johannesweg Station – beim Augenbründl unterhalb von Kaltenberg.

▼ Ankommen an einem Ort des Friedens. Die Kammerer Kreuz-Kapelle wird diesem Versprechen gerecht.

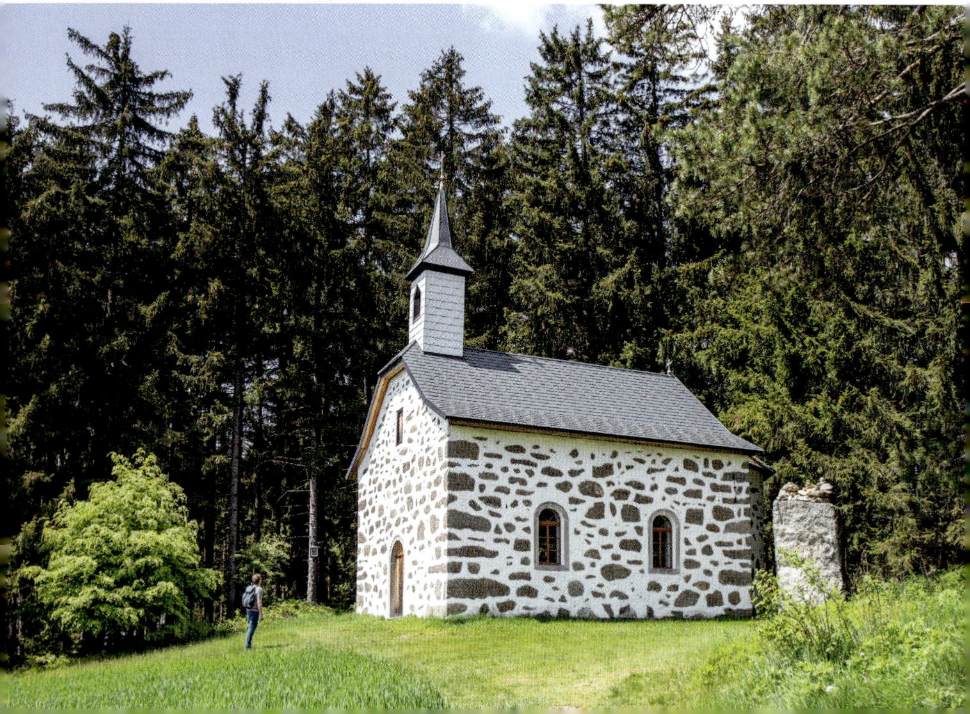

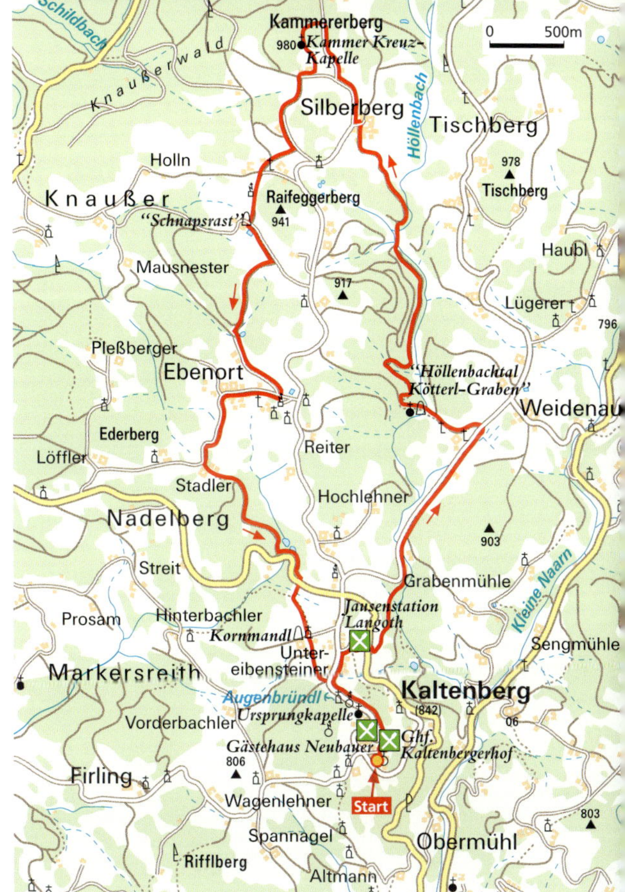

Wegbeschreibung: Ausgangspunkt für diese Rundtour ist die, sich im Ortszentrum befindende, Infotafel gegenüber dem Gasthaus Kaltenbergerhof. Wir achten auf die gelben Wegweiser mit der Aufschrift *Silberberger-Weg (Wegnummer 40)*. Wir verlassen Kaltenberg Richtung Norden, gehen bergab und dann auf einer Straße rund einen Kilometer Richtung Weidenau, bis links ein Weg ins Höllenbachtal abzweigt. Diesem bewaldeten Taleinschnitt folgend, wandern wir hinauf zum Dorf Silberberg. Von hier ist die Kapelle auf dem Kammererberg sowie der zu ihr hinaufführende Wiesenweg bereits gut sichtbar. Nach einer ausreichenden Rast auf einer der Bänke und die Aussicht von dort oben genießend, geht es über das Dorf Ebenort auf Güterwegen und Nebenstraßen zurück zum Startpunkt.

Weglänge: 13 Km; **Höhenmeter ↑↓:** 340 Hm; **Gehzeit:** 4 Std.

Tipp: Wer in Kaltenberg nächtigt, genießt von diesem tollen Logenplatz aus auch die schönsten Morgen- und Abendstimmungen. Es bietet sich das *Gästehaus Neubauer* oder der *Kaltenbergerhof* an.

Einkehr: Der gut geführte *Kaltenbergerhof* im Ortszentrum serviert saisonale Gerichte und bietet alles, was das Herz begehrt.

Naturjuwel Tannermoor

4,6 Km

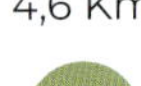
70 Hm

1,5 Std

Als eines der größten Latschenhochmoore Österreichs ist das Tannermoor im Mühlviertel einzigartig und zu einem beliebten Ausflugsziel geworden. Ein Rundwanderweg, der TANNERtrail, bietet die Möglichkeit den Lebensraum Moor hautnah zu erleben. Höhepunkt ist die Besteigung der Lehrmüller-Mauer, einer Felskuppel, die uns über das gesamte Naturschutzgebiet einen fantastischen Rundblick gewährt.

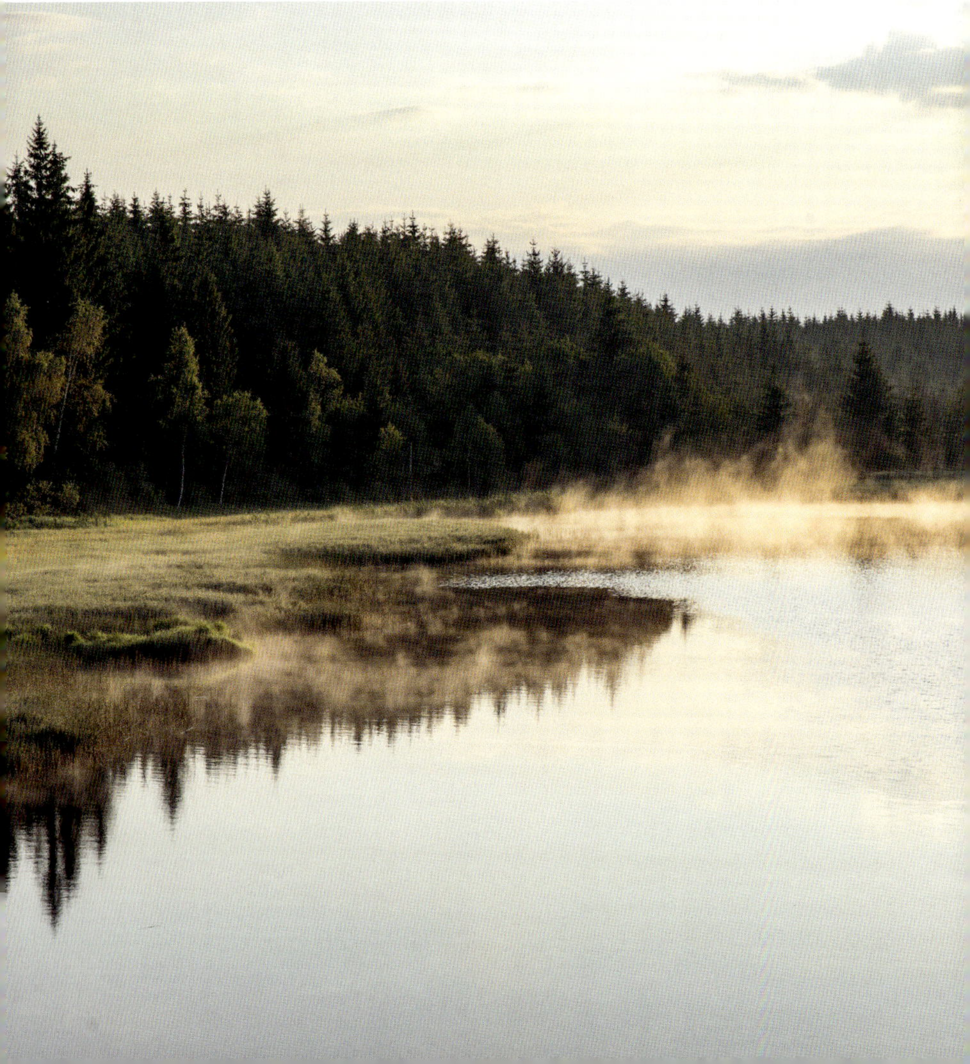

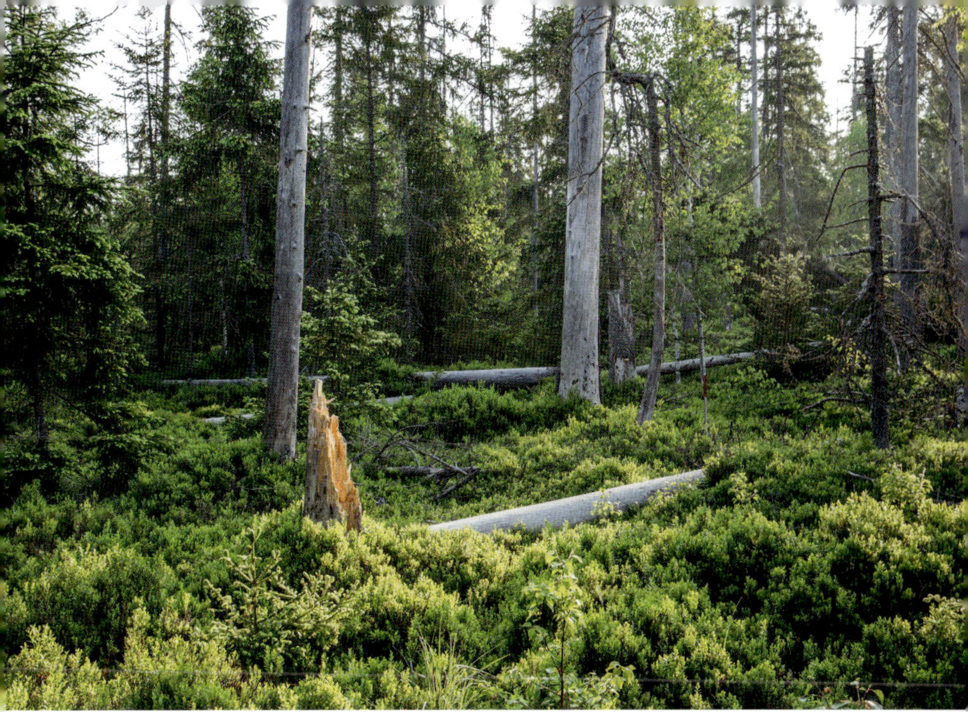

Am Morgen liegt meist noch ein zarter Nebelschleier über dem Rubener Teich. Wie verzaubert schimmert sein dunkles Wasser hindurch, als hätte er vor uns ein Geheimnis zu verbergen. Es braucht nicht lange, um zu merken, dass die Umgebung hier außergewöhnlich ist. Gleich hinter dem Besucherparkplatz tauchen wir in eine faszinierende, ganz andere Welt ein – in eine archaisch anmutende Moorlandschaft – wie sie uns in Mitteleuropa leider nur mehr in marginalen Resten erhalten geblieben ist.

Früher diente der Rubener Teich der Holzschwemme. Aber das ist lange her. Längst hat sich um das Gewässer ein Schilfgürtel breit gemacht. Gespeist wird er vom Tannerbach, der direkt aus dem Hochmoor heranfließt und sich für die fast schwarze Färbung des Sees verantwortlich zeigt.

Insgesamt sind es rund 120 Hektar, auf denen sich das Moor hinter dem Rubener Teich erstreckt. Jedes Jahr, seit dem Ende der letzten Eiszeit, ist es um einen Millimeter gewachsen. Davon legt der heute acht Meter tiefe Torfboden Zeugnis ab und bildet zugleich ein Fenster

▲ Eintauchen in einen außergewöhnlichen Lebensraum.

◀ Morgenstimmung am Rubener Teich.

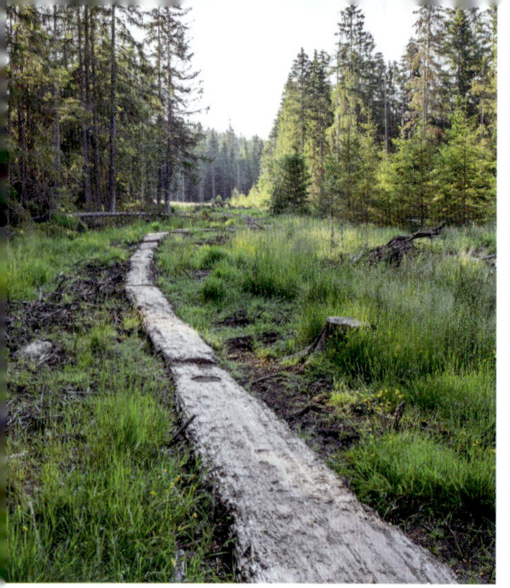

▲ Holzdielen erleichtern den Weg über die sumpfigen Torfböden.

▼ Von den Lehrmüller-Mauern liegt uns das Tannermoor zu Füßen.

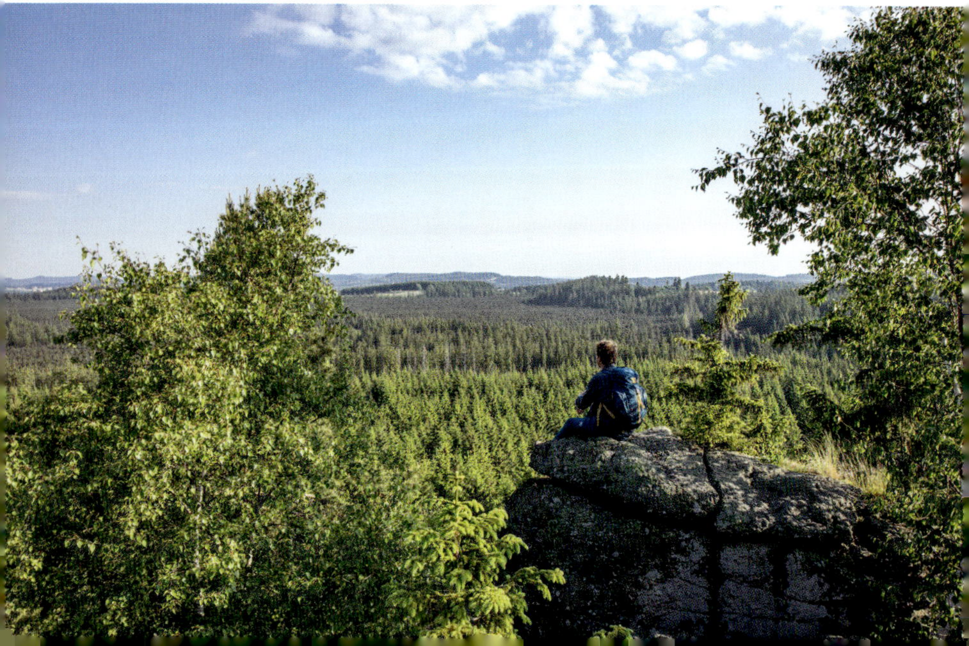

in die Chronik seiner eigenen Entstehungsgeschichte. Für uns Moorbesucher sichtbar ist, was an seiner Oberfläche gedeiht. Das sind überwiegend Legföhren, aber auch viele hoch spezialisierte Pflanzen- und Tierarten. Lässt man sich auf das Moor und seine Geheimnisse ein, kann man überall verblüffende Wunder entdecken. Der TANNERtrail lädt ein, genauer hinzuschauen und gibt anhand von Infotafeln Anleitungen dazu. Vorangetrieben wird derzeit eine Revitalisierung des Tanner Moors. Dabei will man einer weiteren Austrocknung der Torfkörper entgegenwirken und einen funktionierenden Wasserhaushalt wiederherstellen. Somit soll auch künftigen Generationen ein großartiges Naturerlebnis nachhaltig ermöglicht werden.

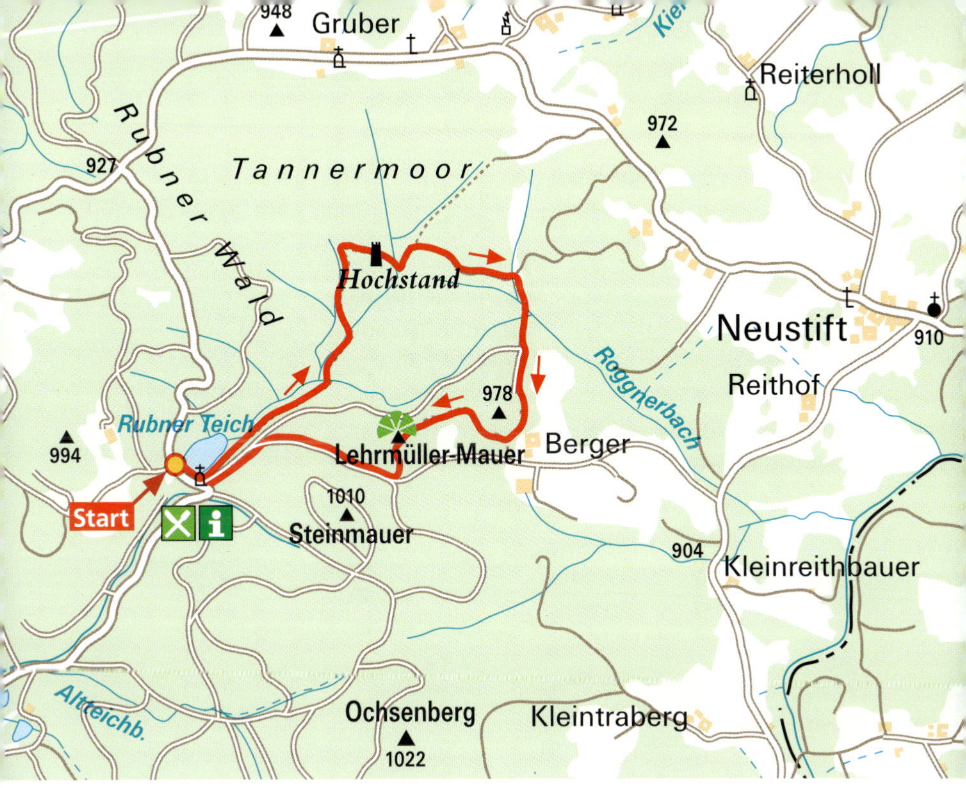

Wegbeschreibung: Ausgangspunkt für den *TANNERtrail* ist der große Parkplatz unweit des Rubener Teichs. Von diesem wandern wir auf einem gut befestigten Weg durch den Legföhrenwald zu einem Hochstand, von dem man den Moorkomplex gut überblicken kann. Es folgen einige Lichtungen mit Schwingrasen. Dann geht es in einen Wald hinein und in einem Bogen sanft ansteigend hinauf zur Lehrmüller-Mauer. Von dieser aufgeschichteten Felskanzel aus Weinsberger Granit genießen wir einen Panoramablick vom Feinsten. Die Felsen wieder hinabsteigend, geht es im Wald zurück zum Rubener Teich.
Weglänge: 4,6 Km; **Höhenmeter ↑↓:** 70 Hm; **Gehzeit:** 1,5 Std.

Variante: Einen kurzen Rundweg mit nur einem Kilometer Länge bietet der *RUBNERtrail*. Mit vielen Infotafeln versehen, führt er entlang des Rubener Teichs.

Tipp: Ratsam ist festes, wasserdichtes Schuhwerk. Im Sommer bietet sich nach der Wanderung ein Bad im Rubener Teich an.

Einkehr: Das *Moortreff* beim Rubener Teich lädt wahlweise zu einer bodenständigen oder gesunden Jause sowie täglich frischen Mehlspeisen ein.

15 Km

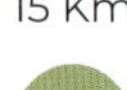

320 Hm

4,5 Std

Auf dem Sagenweg zur Jankusmauer

Wie viele Sagen hat eine Gegend zu erzählen? In Liebenau sind es außergewöhnlich viele. Grund dafür sind ebenso reichlich vorhandene zauberhafte Plätze, die der Sagenweg zu verbinden weiß. Bei den steil aufragenden Felsen der Jankusmauer gipfeln die Erzählungen dann mit einer wahrlich sagenhaften Aussicht.

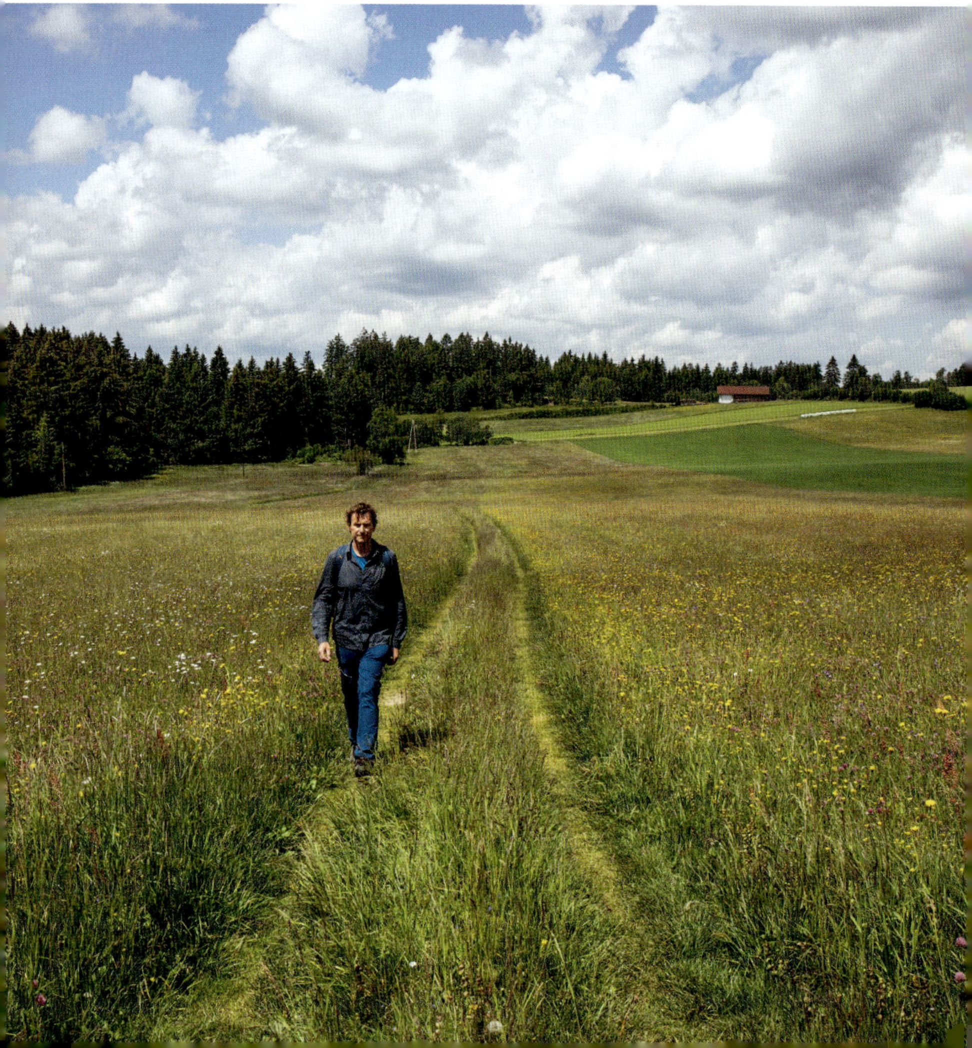

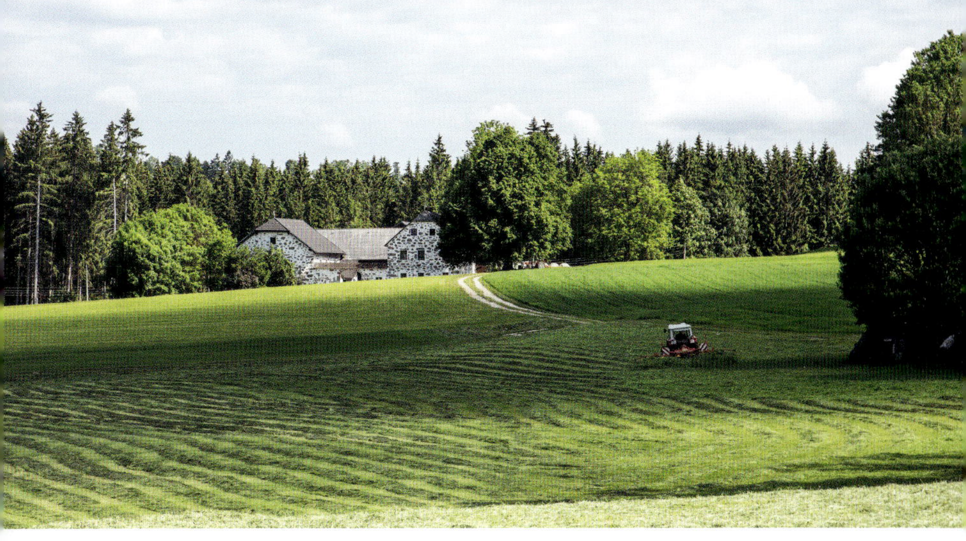

Es wäre schade in Liebenau nur an das Tanner Moor zu denken und dabei die anderen wunderbaren Wandermöglichkeiten im weitläufigen Gemeindegebiet außer Acht zu lassen. Der Sagenweg ist einer, der sich dabei als besonders lohnend erweist. Wir sind hier auf rund 1000 Metern Seehöhe im Quellgebiet der Weißen und Schwarzen Aist unterwegs. Die Wälder sind von glasklaren Bächen durchzogen, begleitet von sattgrünen Moospolstern und Farngewächsen, die dieses feuchte und schattige Terrain zu schätzen wissen. Überhaupt überwiegt in der Landschaft der Waldanteil, aber es gibt dennoch genügend größere Flächen dazwischen, auf denen Landwirtschaft möglich ist. So kommt es, dass wir aus dem Wald hinaustreten und überraschend vor einem einsamen Bauernhaus stehen oder uns auf einer saftigen Wiese weidende Kühe begegnen.
Was aber wäre ein Sagenweg ohne die mystischen Plätze, um die sich eben all jene fantastischen Geschichten ranken.

▲ Aus dem Wald heraus grüßt ein Bauernhof.

▶ Farne begleiten die Quellbäche.

◀ Am Sagenweg geht es durch eine gar zauberhafte Landschaft aus Wiesen und Wäldern.

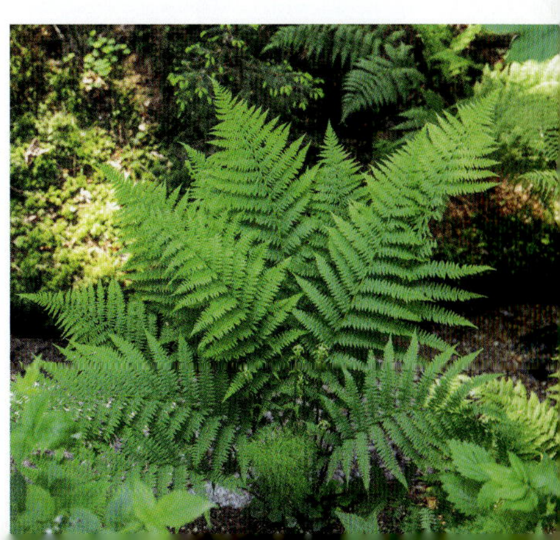

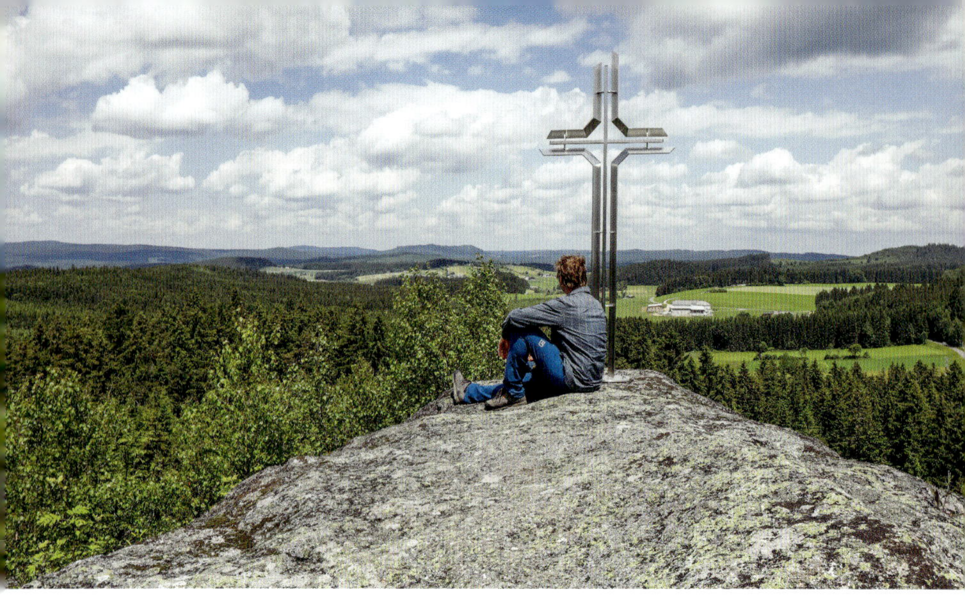

▲ Rast am Gipfelfelsen der Jankusmauer – ein sagenumwobener Ort mit weitreichender Aussicht.

▼ Die „Fuchsenlucka“ am Kohlbergpass.

Dabei im wortwörtlichen Sinn „herausragend“ ist die Jankusmauer, ein Felsgebilde, das sich hoch über das Dorf Liebenstein erhebt. Eine Kirche soll dort ganz oben einmal gestanden haben, die nach einem tragischen Ereignis samt den Gläubigen im Berg versunken ist. Aber jedes Jahr in der Mettennacht, zwischen dem Wandlungsläuten, öffnet der Fels sein Tor und lässt in die wundersame Kirche eintreten. Was es mit all dem auf sich hat, darüber können wir bei der aussichtsreichen Gipfelrast nachsinnen.
Abschließend passieren wir auf 1044 Metern Seehöhe, am Kohlberg, noch Oberösterreichs höchste Passstraße. Und, wie könnte es anders sein, nicht weit vom Pass befindet sich eine weitere sagenumwobene Felsformation, die „Fuchsenlucka“, mit rätselhaften Höhlen und Felsspalten.

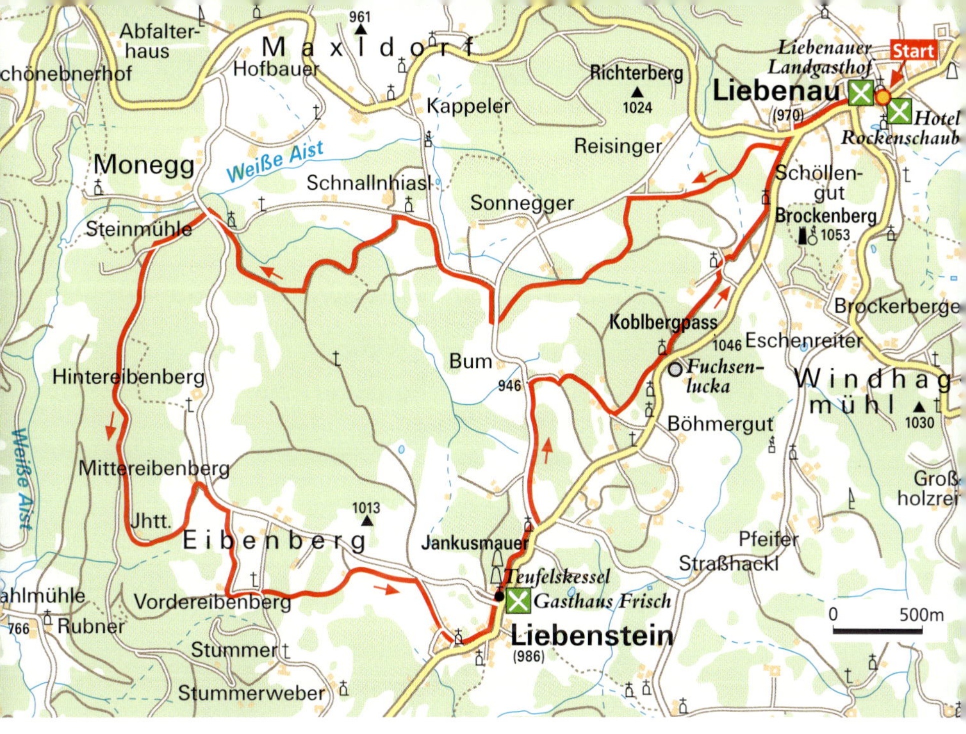

Wegbeschreibung: Startpunkt ist im Ortszentrum unterhalb des Gemeindeamtes. Der Rundweg ist mit gelben Wegweisern mit der Aufschrift *Sagenweg (Wegnummer 32)* beschildert. Dazu kommen wir am Weg immer wieder an Lesetafeln vorbei, die uns mit den faszinierenden Sagen der Gegend vertraut machen. Der erste Teil des Weges ist ident mit dem ebenfalls ausgeschilderten *Keltensteig*. Wir verlassen den Ort in südwestlicher Richtung und es geht, in einem weit ausholenden Bogen, durch eine abwechslungsreiche, vom Wald geprägte Kulturlandschaft. Bei der Ortschaft Liebenstein folgen wir den Wegweisern hinauf zum Gipfel der Jankusmauer, einem herrlichen Ort zum Rasten und Picknicken. Über den Kohlbergpass, wo wir noch einen kurzen Abstecher zu der im Wald versteckten „Fuchsenlucka" machen, gelangen wir zurück zum Ausgangspunkt.
Weglänge: 15 Km; **Höhenmeter ↑↓:** 320 Hm; **Gehzeit:** 4,5 Std.

Tipp: Wer am Ende des Weges noch ein wenig Ausdauer hat, kann kurz vor Liebenau noch rechts zum Brockenberg hinaufwandern. Dort steht kühn auf einem Felsen eine schon etwas in die Jahre gekommene Aussichtswarte.

Einkehr: Unterhalb der Jankusmauer bietet sich im Dorf Liebenstein das gemütliche *Landgasthaus Frisch* an. Mit frischem Gebäck oder einer Jause versorgt uns in Liebenau die *Bäckerei Frühwirt*. Wer länger bleiben möchte nächtigt im *4 Sterne Hotel Rockenschaub*.

Auf den Wolfsberg

4,3 Km

280 Hm

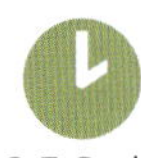
2,5 Std

Es gibt sie zahlreich im Mühlviertel – Kraftplätze, die uns auftanken und zur Ruhe kommen lassen. Manche sind erst wenig bekannt und trotzdem nicht allzu weit von der nächsten Straße oder einem Dorf entfernt. Einer von ihnen ist der Wolfsberggipfel, ein feiner Ort, hoch und weltentrückt über dem Markt von Unterweißenbach.

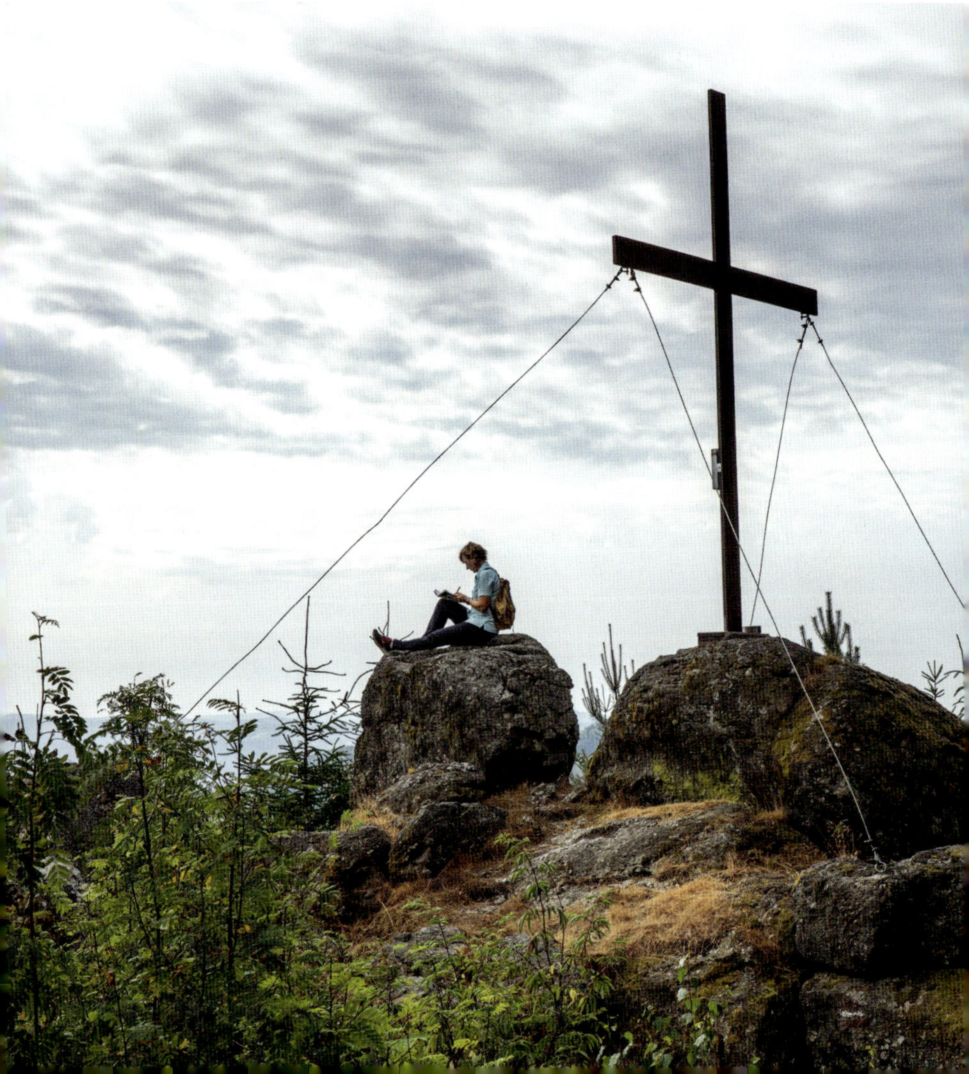

Für das ansonsten eher beschauliche Mühlviertel ist Unterweißenbach ein relativ geschäftiger Ort. Einige Klein- und Mittelbetriebe sind hier zu einem für die Region nicht unbedeutenden Wirtschaftsfaktor geworden. Zu den attraktiven Geschäften im Ortszentrum kommt man auch aus den Nachbargemeinden gerne zum Einkaufen.
Touristen schätzen hingegen die schöne Lage im Taleinschnitt der Naarn und die vielen Wandermöglichkeiten, die das weitläufige Gemeindegebiet vorzuweisen hat. Über ein gut ausgebautes Wegenetz sind alle lohnenden Ziele problemlos zu Fuß erreichbar. So auch der Wolfsberg, der sein steinernes Haupt von der Ferne aus gut zu verbergen weiß, obwohl es sogar ein Gipfelkreuz ziert und man von oben weit übers Land schauen kann.
Unterwegs entdecken wir, was sich sonst noch alles im Wald verbirgt. Zum Beispiel eine rund 200 Jahre alte Buche, an der wir vielleicht unachtsam vorübergegangen wären, hätten uns nicht ein Schild und zwei Sitzbänke darauf aufmerksam gemacht. Ein Baum, der einen schon allein seiner Mächtigkeit wegen in den Bann zieht. Trotz seines Alters erfreut er sich immer noch bester Vitalität. Der Höhenrücken des Wolfsbergs ist übersät von Felsformationen und weist einige interessante Schalensteine auf. Bis wir dann, am Gipfel angekommen, hoch über allem Treiben der Welt stehen. Wir blicken auf die Straßen im Tal und auf Unterweißenbach hinab, aber kein Lärm mehr, der hier heraufgelangt und die Ruhe

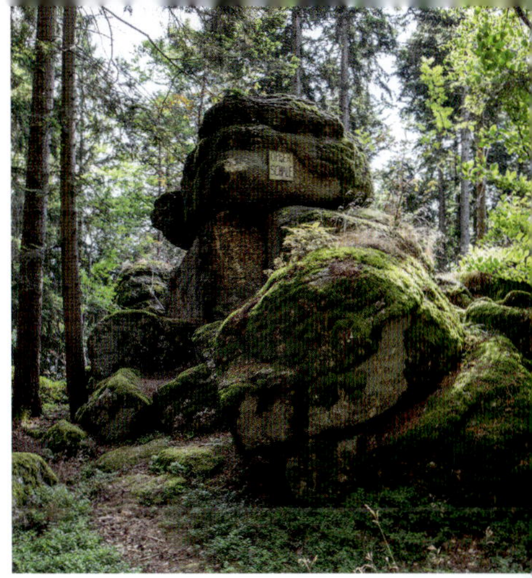

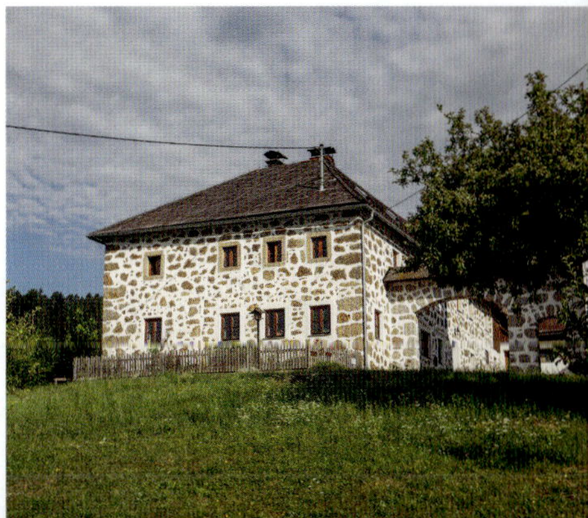

▲ Eine im Wald als Opferschale gekennzeichnete Felsformation.

▶ Ein Bauernhaus am Waldrand.

◀ Ankommen und sich auf einen der Steine setzen. Der Wolfsberggipfel als Ruhepol über dem Treiben der Welt.

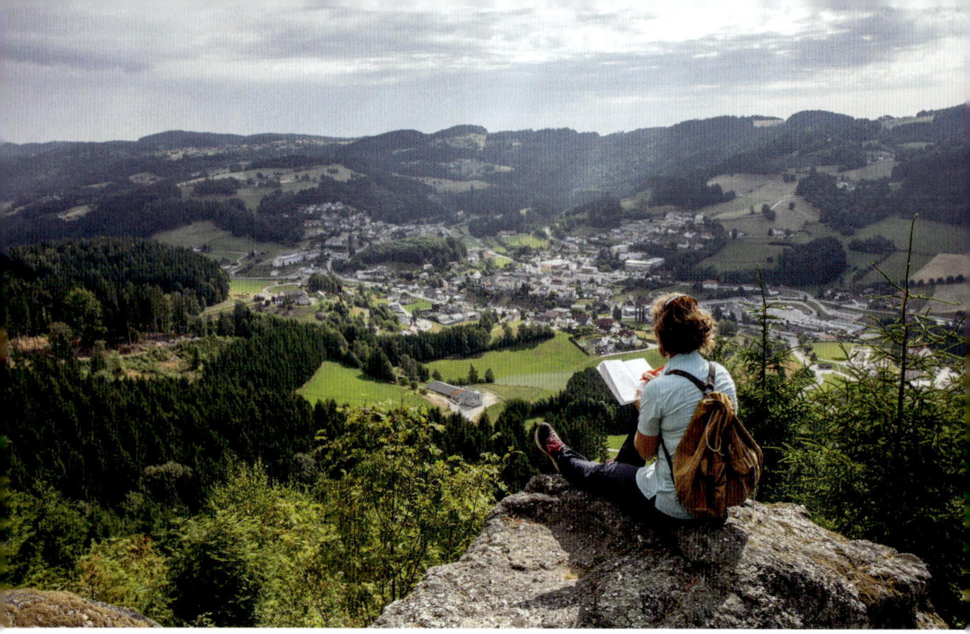

▲ Seine Zeit mit einem Tiefblick auf Unterweißenbach genießen.

▼ Der Markt Unterweißenbach im Tal der Kleinen Naarn.

dieses Ortes stören könnte. Einfach an den Felsen zurücklehnen und genießen!

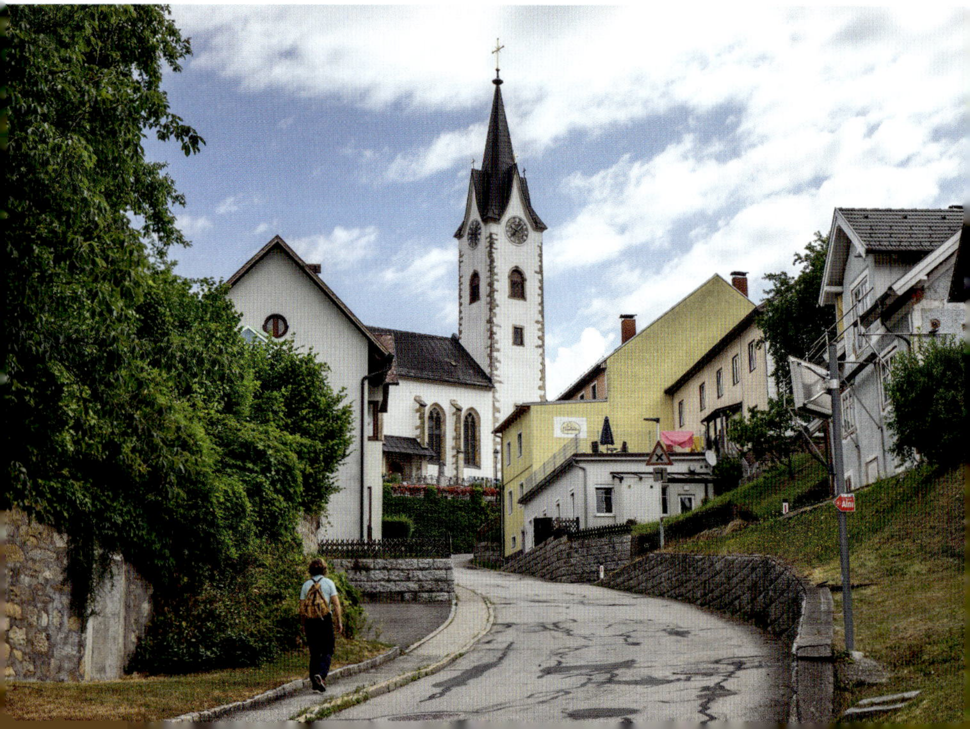

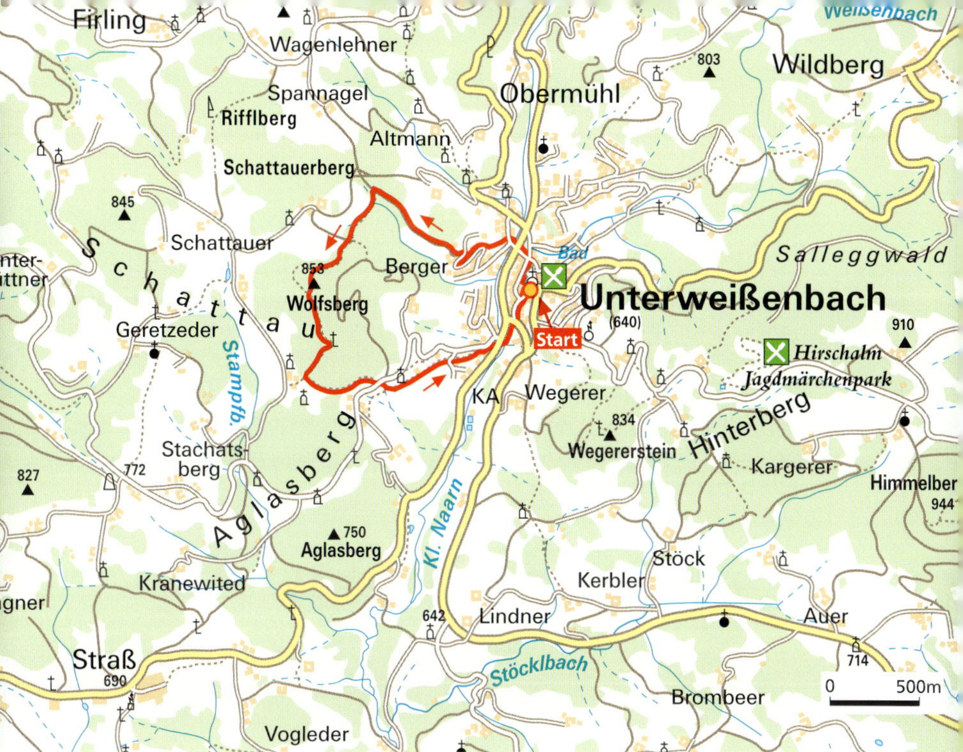

Wegbeschreibung: Startpunkt der meisten Wanderungen ist im Ortszentrum bei einer großen Übersichtstafel gegenüber dem Sparmarkt Gerner. Von hier folgen wir den gelben Wegweisern mit der Aufschrift *Auf den Wolfsberg (Wegnummer 24).* Im Tal die Hauptstraße und die Kleine Naarn querend, verlassen wir die Siedlung und gewinnen auf einem Wiesenweg schnell an Höhe. Weiter im Wald kommen wir hinauf zu den Felsformationen. Auf einer Wegvariante mit der Bezeichnung „Klettersteig“ können wir mit ein wenig Trittsicherheit direkt über die Steine hochsteigen, sie aber auch auf dem Normalweg sicher umgehen. Noch an der alten Buche vorbei erreichen wir am Höhenrücken das aussichtsreiche Gipfelkreuz. Auf dem Wanderweg den Wald hinab gelangen wir über den Weiler Aglasberg zurück zum Ausgangspunkt.
Weglänge: 4,3 Km; **Höhenmeter ↑↓:** 280 Hm; **Gehzeit:** 2,5 Std.

Tipp: Werfen Sie auch einen Blick auf das schöne Netzrippengewölbe der Pfarrkirche oder besuchen Sie in Grafenschlag 16 die auf das 17. Jahrhundert zurückreichende *Karlinger Hammerschmiede*.

Einkehr: Hervorragend speisen Sie im Restaurant des *Hotel Fürst*, das auch viele Johannesweggeher beherbergt.

7,5 Km

230 Hm

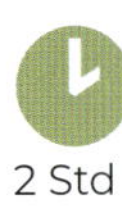

2 Std

Zum Harlingsedter Gipfelkreuz

Ein Rückzugsort, der zugleich zu einer der schönsten Stationen am Johannesweg zählt. Hoch über Königswiesen steht auf einem Felsplateau ein Gipfelkreuz. Von dort schweift der Blick über die bezaubernde Landschaft der Mühlviertler Alm. Um einen herum sorgen der Wald und die faszinierenden Schalensteine für einen mystischen Ruhepol. Ein lohnendes Ziel, um schon beim genussreichen Wandern dorthin, jede Eile hinter sich zu lassen.

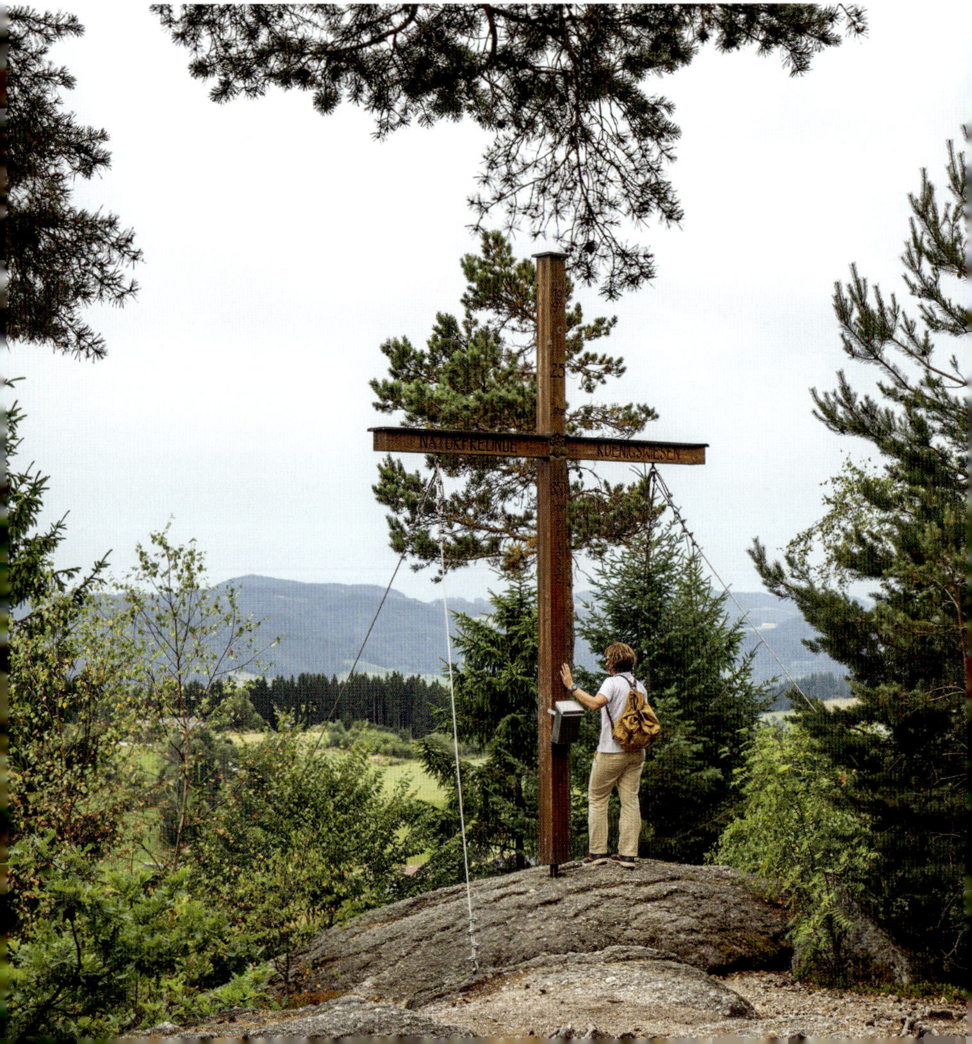

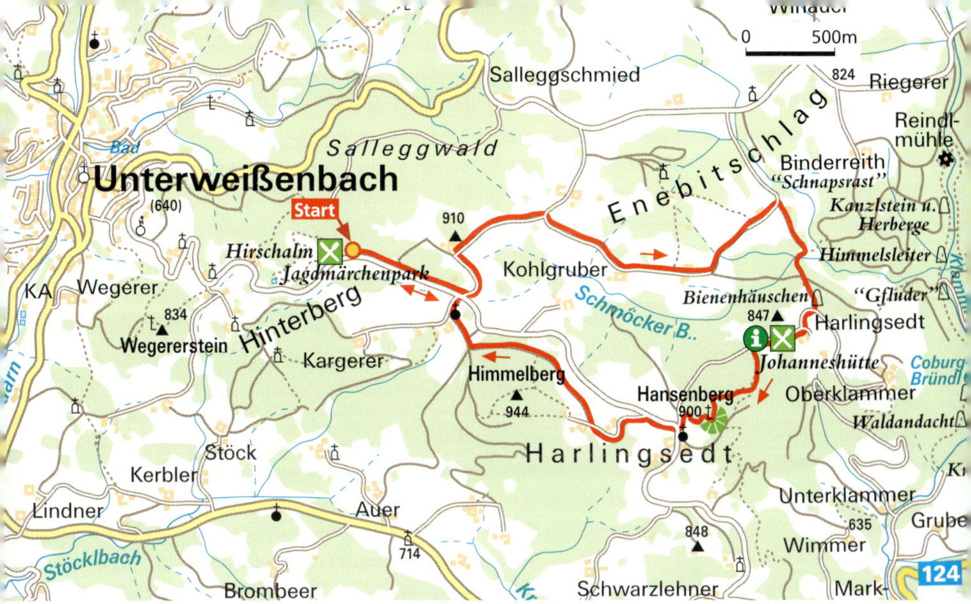

Wegbeschreibung: Startpunkt für diese Rundwanderung ist bei der Hirschalm, einem bekannten Erlebnispark ca. zwei Kilometer von Unterweißenbach. Von hier folgen wir den Wegweisern mit der Aufschrift *Kleine Gipfelkreuzrunde (Wegnummer 20)*. Auf Nebenstraßen, Wald- und Wiesenwegen gelangen wir zur Johanneshütte, einer Info- und Raststation für Wanderer. Dann steigt der Weg durch den Wald, vorbei an einigen großen Felsformationen, zum Gipfelkreuz an. Bänke laden ein, zur Ruhe zu kommen. Den Wald hinab nach Harlingsedt folgend, spazieren wir unterhalb des Himmelbergs zurück zum Ausgangspunkt.
Weglänge: 7,5 Km; **Höhenmeter ↑↓:** 230 Hm; **Gehzeit:** 2 Std.

Tipp: Auf dem Rückweg zur Hirschalm kann man bei Hinterberg noch einen Abstecher zu einer Klause machen, in der drei Jahre lang die Einsiedlerin Leonilla Wahlmüller gelebt hat.

Einkehr: Auf der Sonnenterrasse der *Hirschalm* kann man es sich kulinarisch gut gehen lassen.

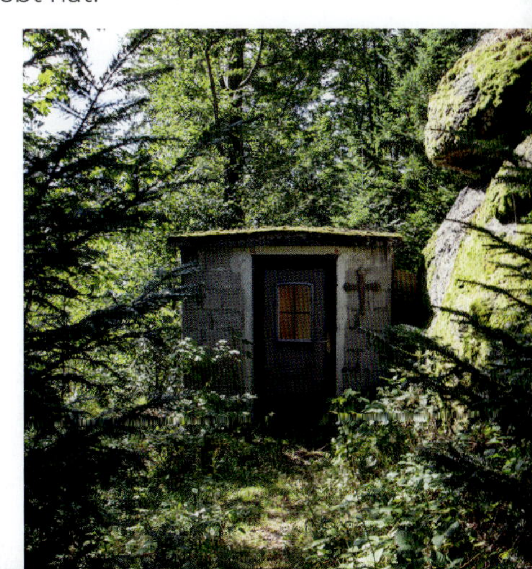

▶ Hier hat die Mystikerin Leonilla Wahlmüller gelebt.

◀ Auf über 900 Metern Seehöhe ist man beim Gipfelkreuz Harlingsedt dem Mühlviertler Himmel nahe.

Unterwegs am Klammleitenweg

13,5 Km

310 Hm

4,5 Std

Die Klammleitenschlucht in Königswiesen ist voller Mythen und Sagen. Jeder Felsen im Tal weiß eine spannende Geschichte zu erzählen, sei es bei der Waldandacht, dem Kindlstein, der Teufelsmühle oder beim Kanzlstein. Eine Wanderung, die uns auf verschlungenen Wegen den Geheimnissen am Fluss und in der Natur nachspüren lässt.

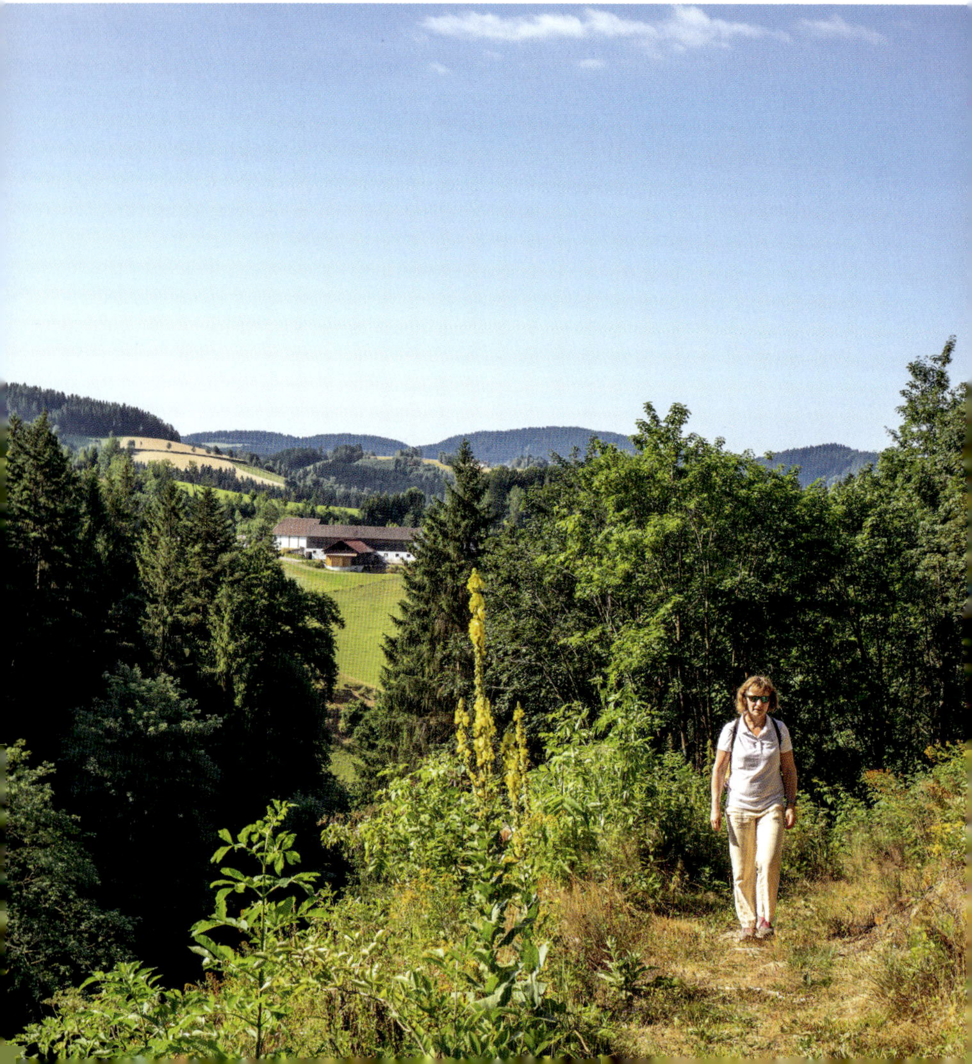

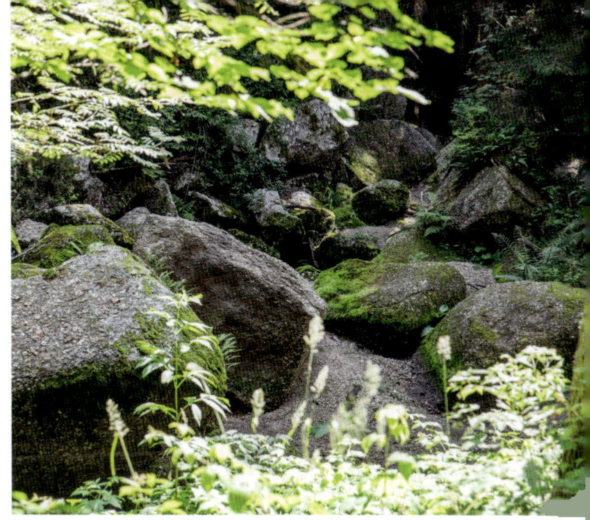

Es heißt, dass dort, wo heute die Klammleitenschlucht ist, einst auf ebener Flur eine große Mühle stand. Darin lebte eine ziemlich kaltherzige Müllerin, die armen Not leidenden Menschen niemals Brot gab, sondern es lieber den Schweinen verfütterte. Das rächte sich eines Tages. Die Müllerin wurde selbst in ein Schwein verwandelt und die Mühle versank in einer steinernen Schlucht. Genau dort im Flussbett – so berichtet die Legende – liegen heute die Felsen der „Teufelsmühle". Da der Klammleitenbach hier teilweise unterhalb der Steine fließt, wird gemunkelt, dass der Teufel in der versunkenen Mühle weitermahlt.

Solche Geschichten brauchen nicht wahr sein, um uns zu faszinieren. Jede Art von Mythologie ist reich davon. Mehr den Tatsachen entspricht hingegen eine andere Geschichte: In der Klammleitenschlucht wurde von 1755 bis 1937 Holz geschwemmt. An den Stellen, wo der Bach unterirdisch dahinrauscht, hatte man Holzriesen, das sogenannte „Gfluder" errichtet. Damit das nicht in Vergessenheit gerät und man sich diesen beschwerlichen Holztransport von einst ein wenig vorstellen kann, wurde ein Teil davon nachgebaut.

Es wird uns im bewaldeten Tal des Klammleitenbachs jedenfalls nicht langweilig. Von einem interessanten Ort wandern wir zum nächsten. Meistens sind es sagenumwobene Felsformationen, wie der steil aufragende Kanzelstein, die uns in ihren Bann ziehen. Auf dem Rückweg lernen wir aber auch noch die schöne Kulturlandschaft um Königswiesen kennen, bevor wir die letzten Kilometer noch einmal einen Fluss begleiten – den Schwarzaubach. In seinem glasklaren Wasser tummeln sich Flusskrebse, was wir zu unserer Freude an einer einladenden Stelle beim Kneippen bemerken.

▲ Bei der Teufelsmühle plätschert das Wasser unterhalb der Steine.

◀ Auf dem Weg am Eingang ins Klammleitental.

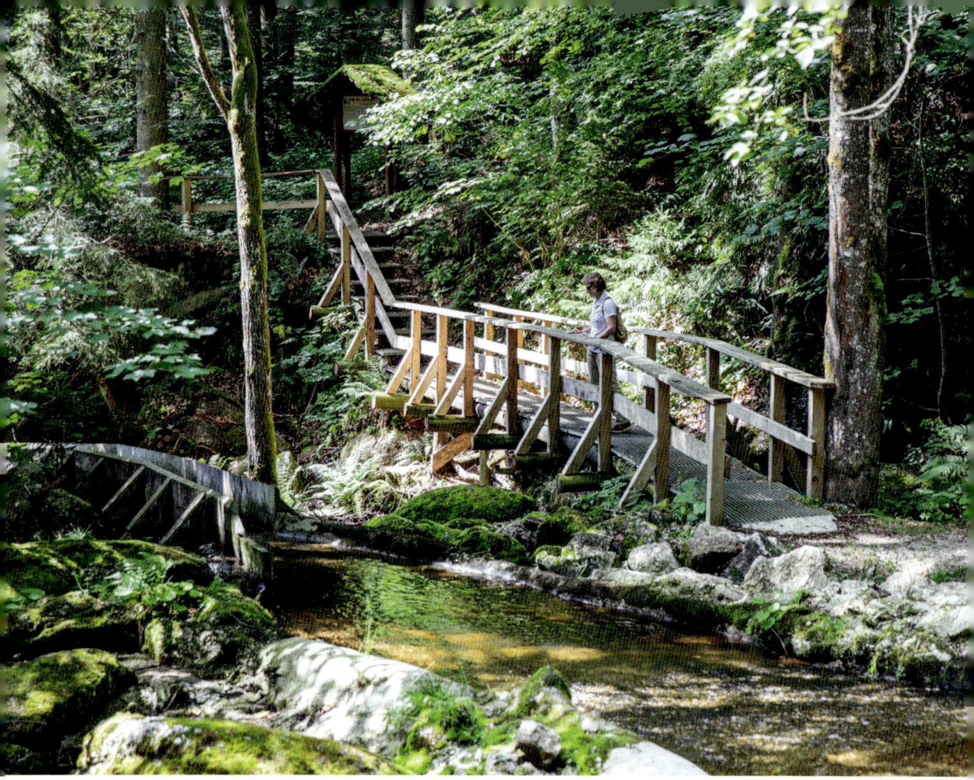

▲ Die Steiganlage beim sogenannten „Gfluder“.

▼ Beim Kneippen im Schwarzaubach. In seinem glasklaren Wasser fühlen sich auch die Flusskrebse wohl.

▼ Auf dem Flurweg vom Klammleitental nach Haid.

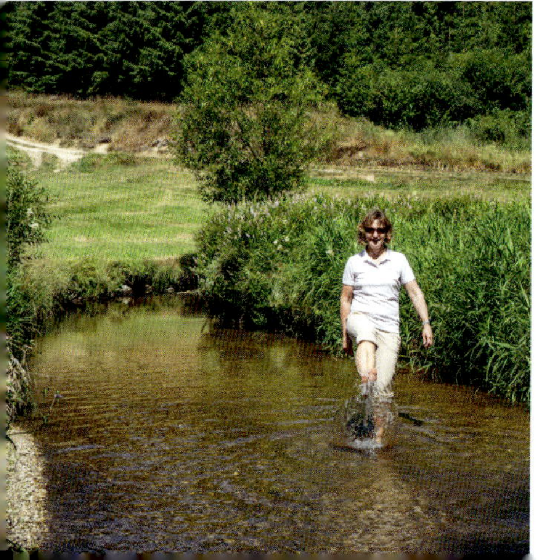

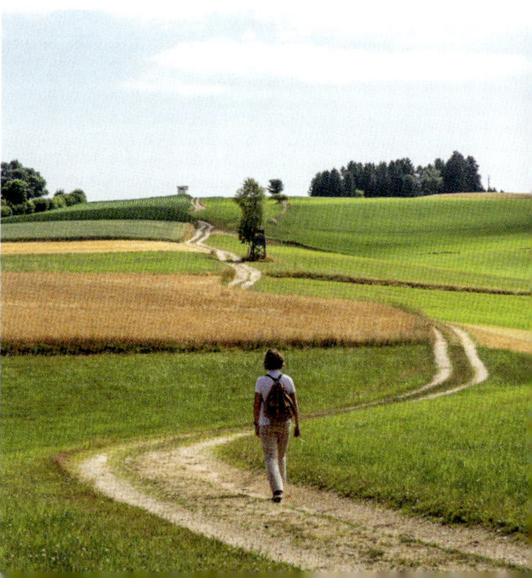

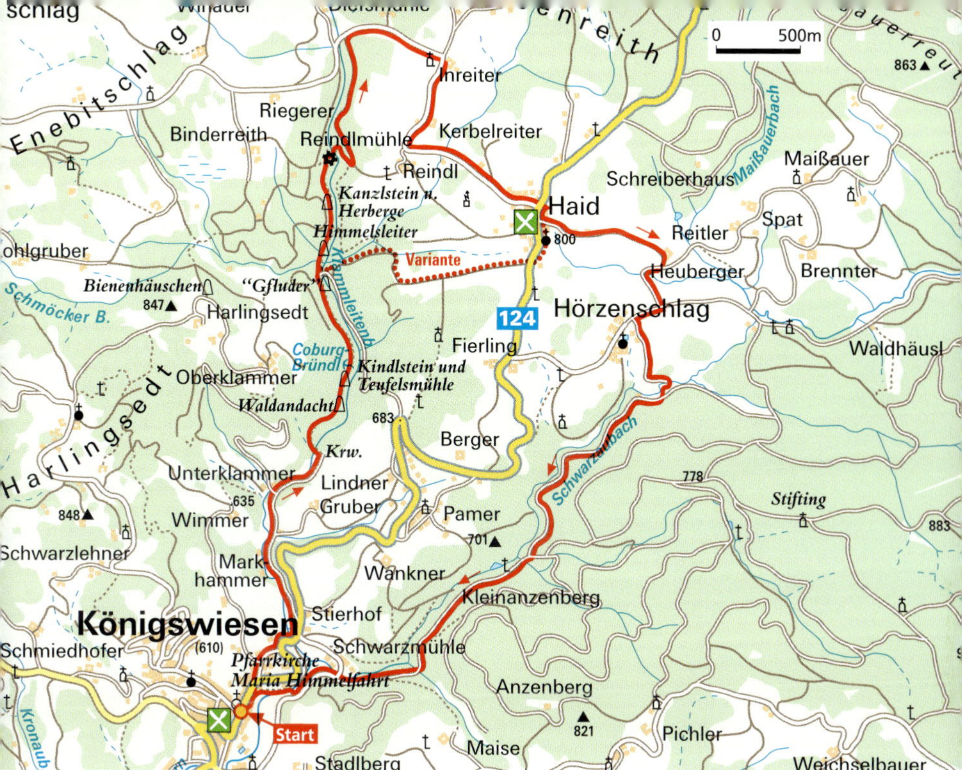

Wegbeschreibung: Startpunkt ist am Marktplatz von Königswiesen. Die Rundtour ist mit gelben Wegweisern mit der Aufschrift *Klammleiten-Rundweg* beschildert. Den Ort verlassend, spazieren wir auf dem *Güterweg Klammleiten* bis zum Kraftwerk Ebner, wo der eigentliche Wanderweg seinen Anfang nimmt. Dem Klammleitenbach folgend geht es zur Waldandacht, zum Kindlstein und zur Teufelsmühle, dann weiter über die Holzschwemme (Gfluder) zum Kanzlstein. Nach der Reindlmühle verlassen wir das Tal wieder und wandern auf Nebenstraßen zur Ortschaft Haid hinauf. Dort die Hauptstraße querend, gelangen wir über Hörzenschlag hinab zum Schwarzaubach. Diesen begleiten wir zurück zum Ausgangspunkt.
Weglänge: 13,5 Km; **Höhenmeter ↑↓:** 310 Hm; **Gehzeit:** 4,5 Std.

Variante: Nach dem „Gfluder" führt rechts ein schöner Flurweg aus dem Tal nach Haid hinauf. Der Rundweg verkürzt sich dadurch um rund drei Kilometer.

Tipp: Wer in die Welt des alten Handwerks eintauchen möchte, der besucht das *Königswiesener Heimathaus*.

Einkehr: In Haid ist der *Wirt auf da Hoad* ein original Mühlviertler Dorfwirtshaus. Der Familienbetrieb verwöhnt uns mit gutbürgerlicher Küche aus vorwiegend regionalen Produkten.

Fabelhafter 3-Gipfelweg

21 Km

800 Hm

6,5 Std

Eine Tour, die für ausdauernde Geher keine Wünsche offen lässt. Der Herzogreitherfelsen, der Rehberg und der Haiderberg sind drei Gipfel mit überwältigender Aussicht, samt Gipfelkreuz und Gipfelbuch. Zwischen diesen höchsten Erhebungen der Region liegt dünn besiedeltes und überwiegend bewaldetes Bauernland, viel Raum also, um in der Natur tief Luft zu holen.

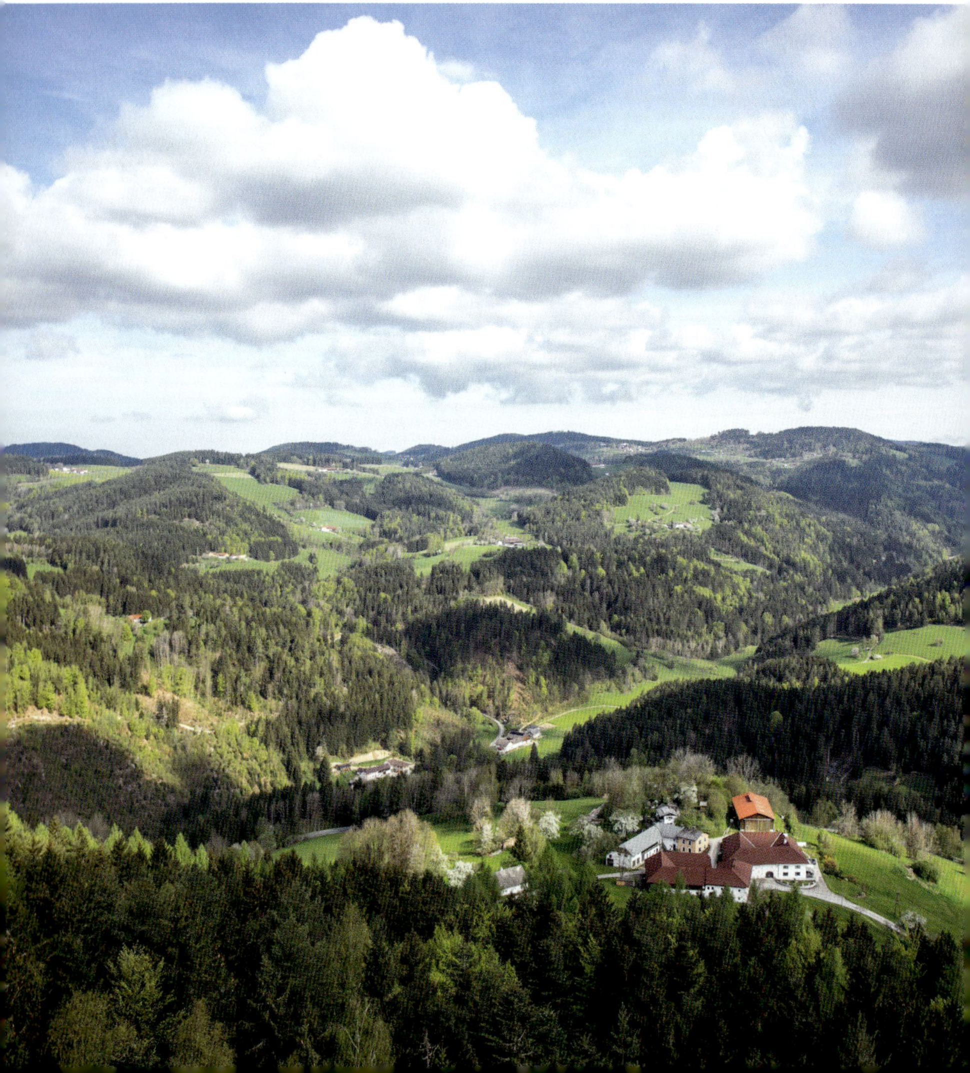

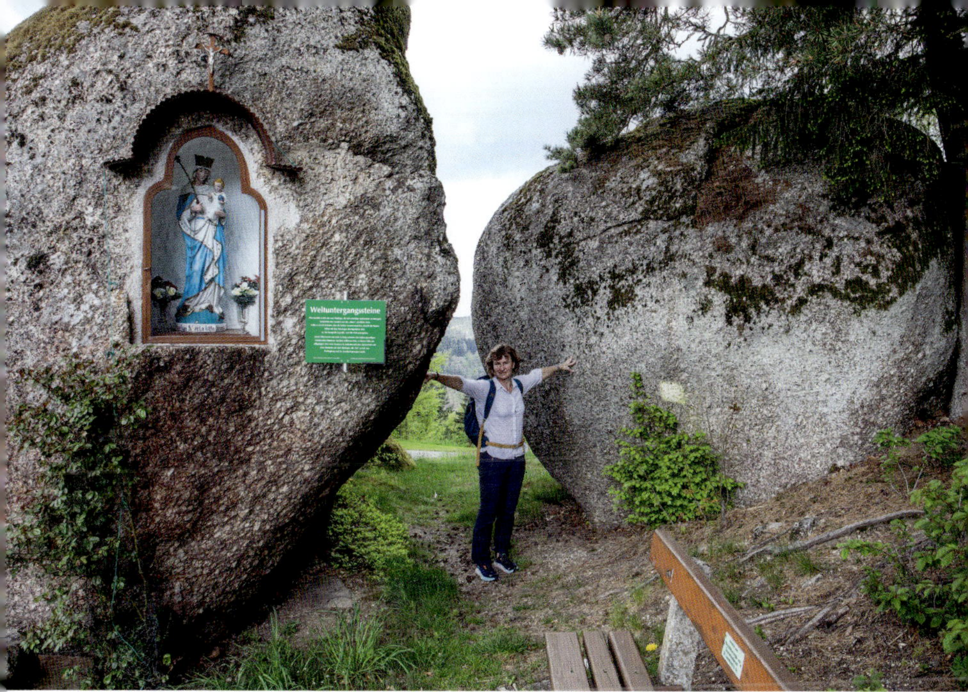

▲ Wann die letzte Stunde für die Menschheit schlagen wird, das wissen die Weltuntergangssteine.

Mag die Idee einen 3-Gipfelweg anzulegen, aufgrund der Topografie naheliegen, bleibt eine erfolgreiche Umsetzung allein schon seiner Länge wegen, eine nicht zu unterschätzende Herausforderung. Entgegengekommen ist den Planern sicher das bereits vorhandene Wegenetz. Auch, weil der vielbegangene Johannesweg immerhin zwei der genannten Gipfel passiert. Dennoch waren Lücken zu schließen, um auch den Rehberggipfel oder den mystischen Ort der Weltuntergangssteine, miteinzubeziehen. Das ist mit Bravour und der Wanderfreuden Willen geglückt.

Schon die Lage von St. Leonhard auf rund 800 Metern Seehöhe am Abhang des Predigtbergs ist grandios. Ein Ausgangspunkt, der einen schnell in Aufbruchsstimmung versetzt. Westlich des Orts sehen wir auch schon unser erstes Ziel: die aus dem Wald ragenden Felsen des Herzogreitherbergs. Einige Trittbügel und ein Stahlseil helfen uns sicher zum Gipfel hinauf, einem Felsthron, der uns wie aus einem Adlerhorst heraus über das Land blicken lässt.

Jenseits des Tals liegen am Waldrand die Weltuntergangssteine.

◄ Gleich vom ersten Gipfel unserer Rundtour, dem Herzogreitherfelsen, ist der Ausblick spektakulär.

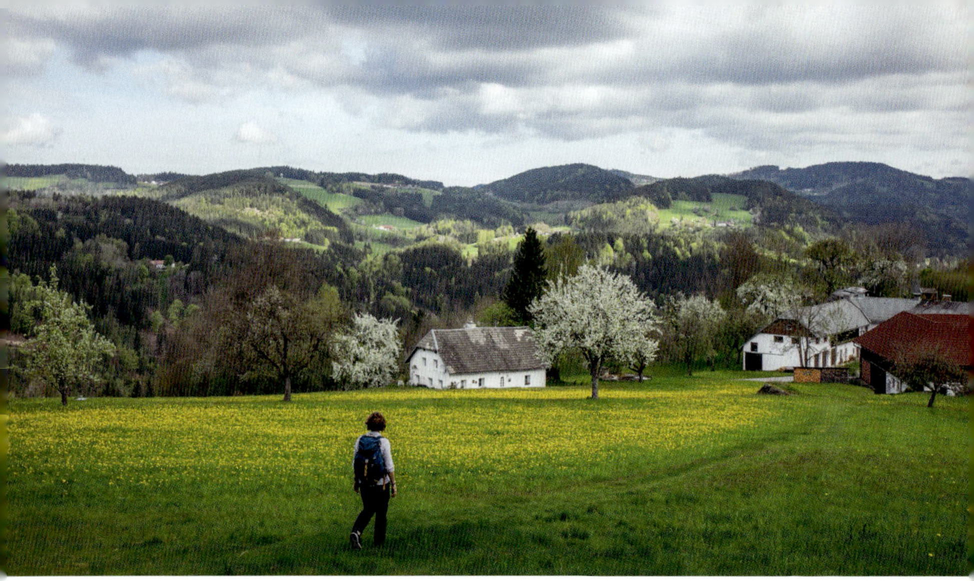

▲ Abwechselnd geht es im Auf und Ab durch Wälder und offenes Kulturland.

▼ Am Weg begegnen uns faszinierende Gesteinsformationen.

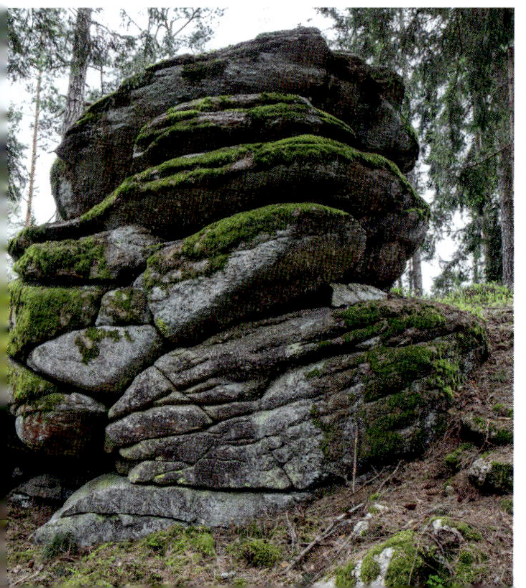

Diese beiden tonnenschweren Gesteinsblöcke umgibt eine faszinierende Legende. Seit Menschengedenken sollen sie sich nämlich aufeinander zubewegen. Konnten die Bauern früher noch zwischen den Felsen mit einem Heuwagen hindurchfahren, geht sich das heute nicht mehr aus. Jedes Jahr verringert sich ihr Abstand, wenn auch nur um Millimeter. Der Tag aber wird kommen, an dem sie sich berühren werden. Wenn es soweit ist, wird die Welt untergehen, so heißt es in der Erzählung.
Die Gegend ist bekannt für noch andere mystische Steine. Verborgen im Wald entdecken wir meist mit Wasser gefüllte Schalensteine, denen nachgesagt wird, dass sie in vorchristlichen Zeiten einem Opferkult dienten. Genau werden wir das wahrscheinlich nie wissen können. Gesichert ist hingegen die Funktion der Pechölsteine,

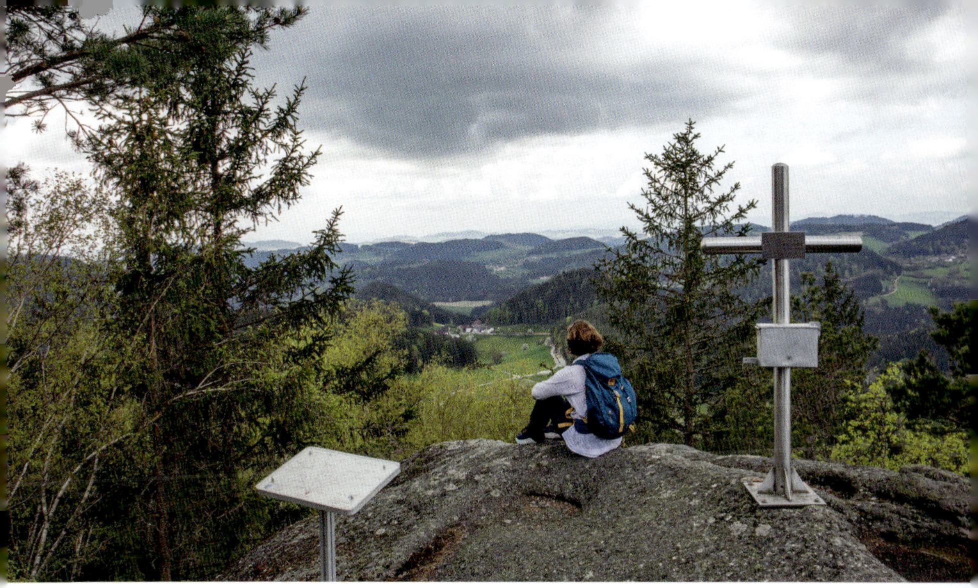

von denen wir ebenso einige entlang des Weges vorfinden. Allein ihr Name verrät uns schon ihre Verwendung zur früheren Pechölgewinnung.
Neben den weiteren Gipfeln des Rehbergs und des Haiderbergs sind es solche „Einsprengsel“, welche den 3-Gipfelweg zusätzlich aufwerten. Nicht zu vergessen, die wunderbare Landschaft an sich: Wellen bewaldeter Hügelkuppen, dazwischen Lichtungen mit Blumenwiesen und darübergestreuter Bauernhöfe.

Abschließend erklimmen wir sogar noch einen vierten Gipfel – den Hausberg von St. Leonhard. Auf dem knapp 900 Meter hohen Predigtberg steht die Susi-Wallner-Aussichtswarte, benannt nach einer im Ort geborenen Dichterin. Von dort oben können wir die ganze Runde samt den drei Gipfeln noch einmal schön überblicken. Aufgrund der bewältigten Distanz und der Höhenmeter dürfen wir auch ein wenig Stolz auf uns sein.

▲ Gipfelrast auf dem Rehberg.

▶ Blick vom Haiderberg auf St. Leonhard. Am besonders schön gestalteten Gipfelkreuz kann man als Andenken einen Kieselstein hinterlegen.

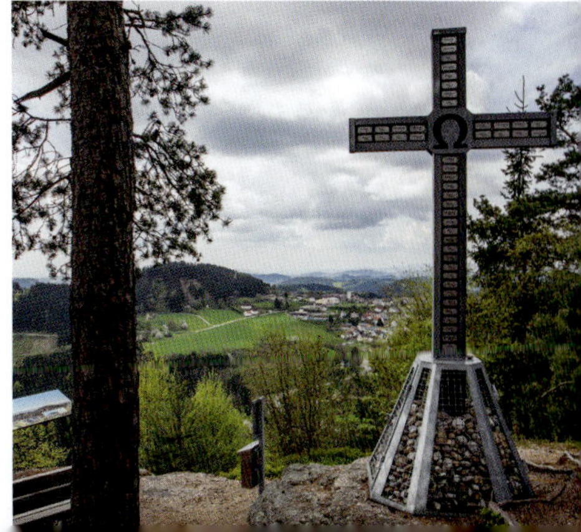

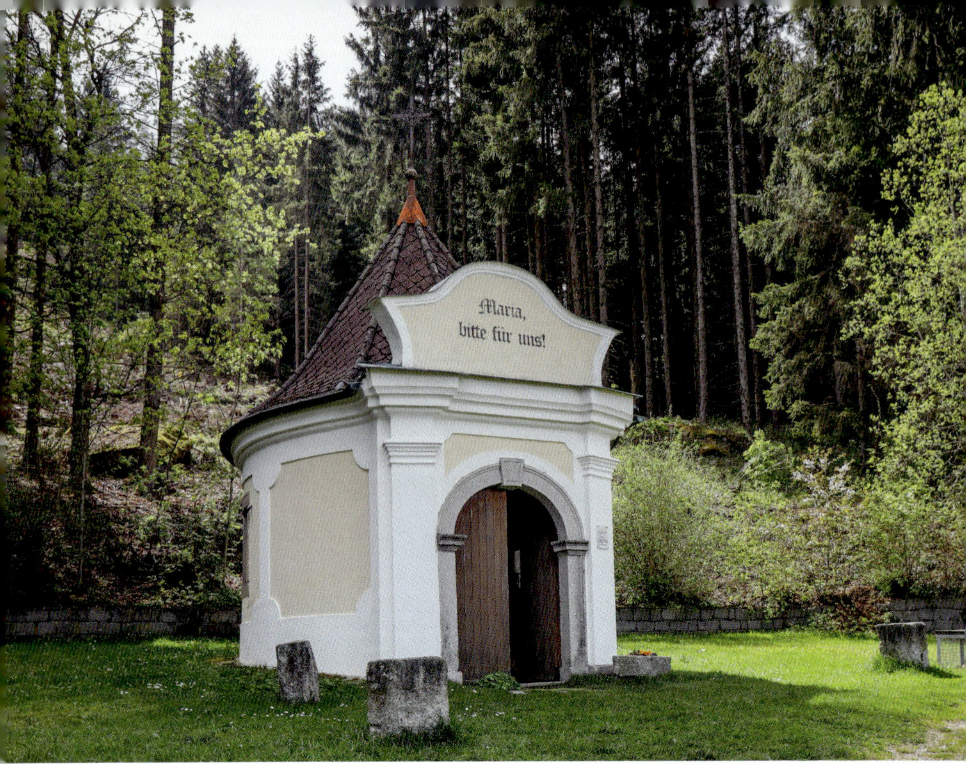

▲ Unterhalb des Predigtbergs steht die Bründl-Kapelle, deren Ursprung ins Jahr 1728 zurückreicht.

Wegbeschreibung: Ausgangspunkt für das Wanderparadies um St. Leonhard ist das Gemeindeamt im Ortszentrum. Die Rundtour ist durchgehend gut beschildert. Wir folgen im Uhrzeigersinn den gelben Wegweisern mit der Aufschrift 3Gipfelweg *(Wegnummer 07)*. Den Ort in westlicher Richtung verlassend, ist der erste Gipfel der Herzogreitherberg. Die letzten Meter hinauf erfordern ein wenig Schwindelfreiheit und Trittsicherheit, sind aber Dank eines Drahtseils und einiger Steigbügel gut bewältigbar. Es folgen die Weltuntergangssteine und die Querung des Aubachs, wo mit 603 Metern der tiefste Punkt der Wanderung erreicht ist. Von dieser Talsenke heraus wandern wir hinauf nach Wenigfirling und weiter zum Rehberg, dessen Gipfel wir über einen kurzen Abstecher erreichen. In einer weiten Schleife geht es zur Hauptstraße bei Langfirling und von dort hinauf zum 907 Meter hohen Haiderberg. Diesen wieder hinab erreichen wir in Ortsnähe von St. Leonhard das heilsame Wasser des Augenbründls und die Bründlkapelle. Ein letzter Anstieg bringt uns zum Gipfel des Predigtbergs mit der Susi-Wallner-Aussichtswarte. Den bewaldeten Hang hinab gelangen wir zurück zum Ausgangspunkt.

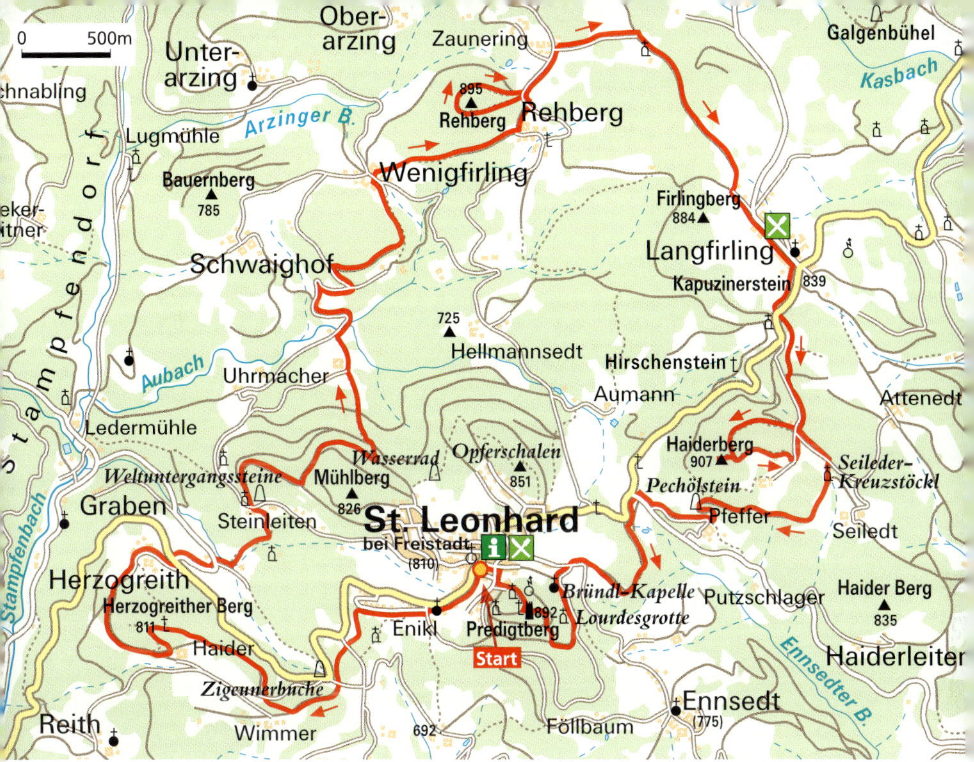

Weglänge: 21 Km; **Höhenmeter ↑↓:** 800 Hm; **Gehzeit:** 6,5 Std.

Variante: Jeder der drei Gipfel bzw. auch die Weltuntergangs- und Schalensteine lassen sich auf kürzeren Wandertouren ebenso erreichen. Auf dem Gemeindeamt ist eine hervorragende Wanderkarte erhältlich, die alle möglichen Wegvarianten aufführt.

Tipp: Wie wäre es vor der Tour mit einem herzhaften Frühstück im *Café Leonhardis*? Sehenswert ist auch der historische Zehentkasten, den man auf dem Weg zum Herzogreitherberg mit einem kurzen Abstecher erreicht.

Einkehr: Nach dem Rehberggipfel bietet sich ein Abstecher zur familiengeführten *Jausenstation Gassis Heuboden* an, in Langfirling das *Gasthaus u. Fleischerei Piber*. Im Ortszentrum befindet sich das bodenständige *Gasthaus Schwarz (Kirchenwirt)* mit durchgehend warmer Küche sowie das modernere *Café Leonhardis*.

Von den Färber*innen zu den Rittern

18 Km

450 Hm

6 Std

In Gutau hält man die Färbertradition lebendig, auf der Burg Reichenstein hat man mit dem OÖ Burgenmuseum den Rittern ein Denkmal gesetzt. Ein eigens markierter Rundwanderweg verbindet diese beiden kulturgeschichtlich spannenden Orte mit schönen Aussichtspunkten und dem Europaschutzgebiet im Tal der Waldaist.

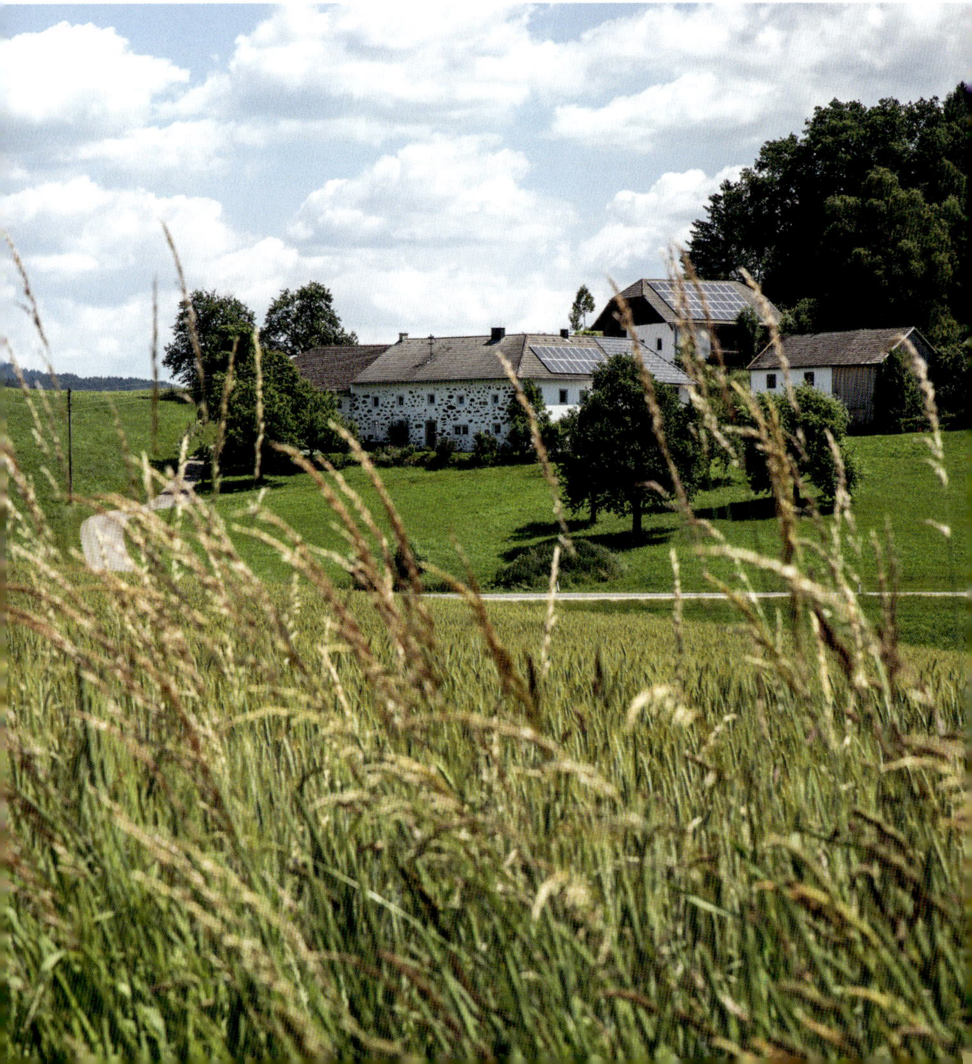

Noch immer steht in Gutau das alte Färberhaus, in dem noch bis 1968 gearbeitet wurde. Zu einem Museum ausgebaut, kann man darin einem Handwerk nachspüren, das die UNESCO zu einem immateriellen Kulturgut der Menschheit erklärt hat. Der Blaudruck und das Färben lassen sich in den erprobten Räumlichkeiten anschaulich erleben. Durch eine spezielle Technik war es möglich, den Stoffen kreative Muster aufzudrucken. Redensarten wie das „Blaumachen“ oder „sein blaues Wunder erleben“ haben hier ihren Ursprung.
Auf dem Weg von Gutau nach Reichenstein durchwandern wir eine Mühlviertler Hügelwelt, die reich an Wiesen und Wäldern ist. Verkehrsarme Nebenstraßen verknüpfen Bauernhöfe und kleinere Dörfer. In Hundsdorf kommen wir an einem riesigen Pechölstein vorbei, den man zum Naturdenkmal erklärt hat.

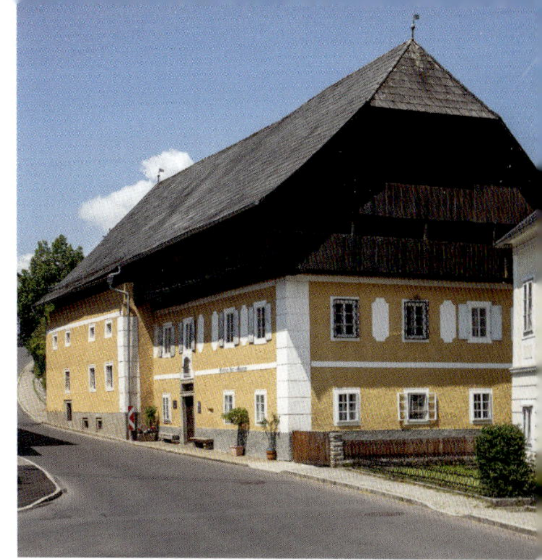

Mit einer Länge von 7,5 Metern und einer Breite von 3,5 Metern ist er im Mühlviertel der größte seiner Art. Ausgeprägt ist das zur Pechölgewinnung in den Stein eingearbeitete Rillensystem.
Bei den Burgruinen von Reichenstein angekommen, drehen wir die Uhren einige Jahrhunderte ins Mittelalter zurück. Als regionales Kunst- und Kulturzentrum hat sich die Burg weithin einen Namen gemacht. Innerhalb der alten Mauern fin-

▲ Das Färberhaus in Gutau. In seinen alten Räumlichkeiten kann man dem Blaudruck nachspüren.

▶ In Hundsdorf liegt in einer Wiese der angeblich größte Pechölstein des Mühlviertels.

◀ Der Sommerwind streicht über die Wiesengräser und einen Bauernhof oberhalb des Waldaisttals.

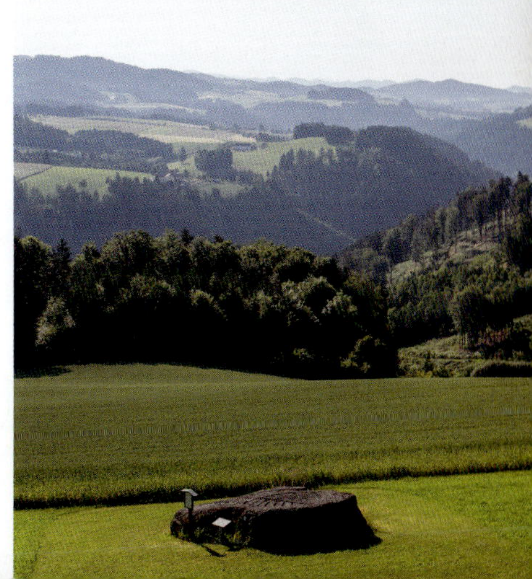

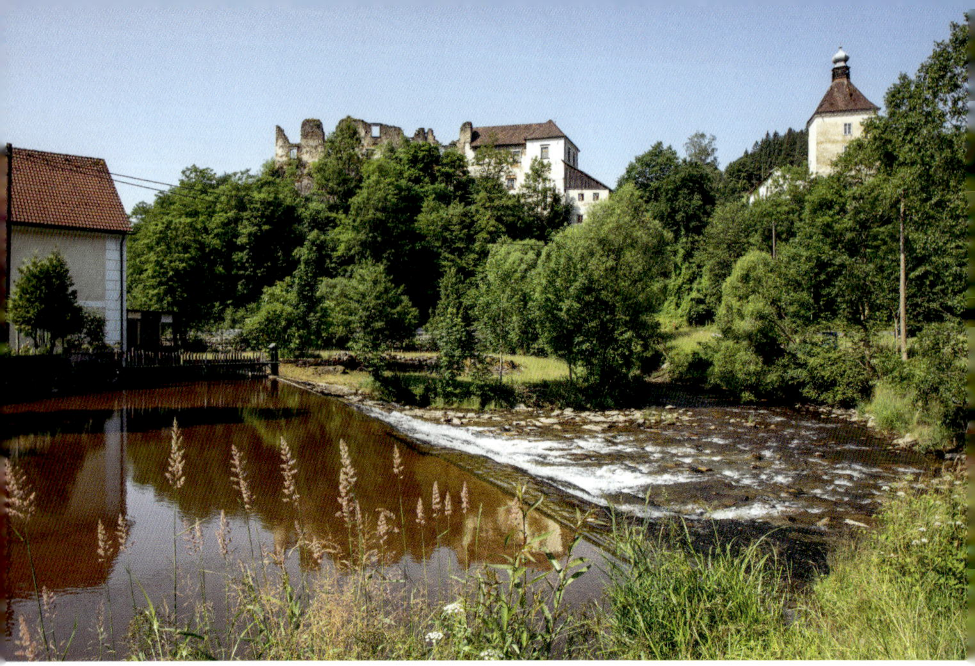

▲ Über der Waldaist ragt Burg Reichenstein auf, ein lebendiges Kunst- und Kulturzentrum.

▼ Ein altes, verwachsenes Haus im Waldaisttal.

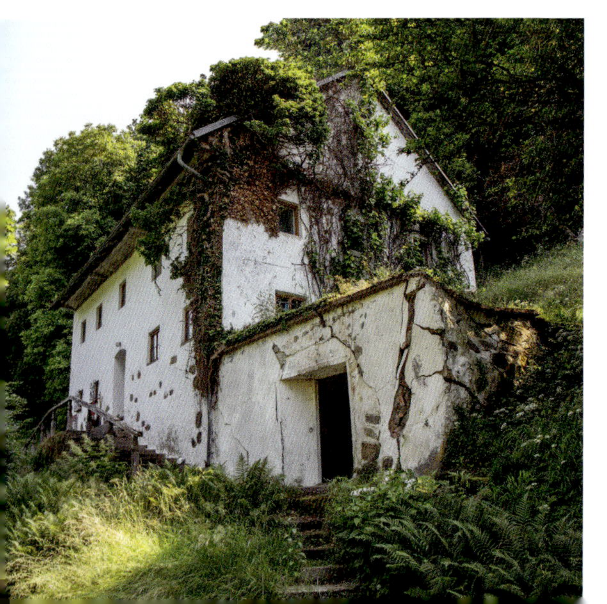

den immer wieder Veranstaltungen statt. Herausragend ist das OÖ Burgenmuseum, wo wir faszinierende Fundstücke bestaunen und etwas über die Burgen und Schlösser des Landes erfahren. Integriert ist hier auch ein Infozentrum zum Europaschutzgebiet Waldaist-Naarn, das sich gut als Einstimmung für den Rückweg nach Gutau eignet. Diesen beschreiten wir nämlich entlang der Waldaist, über der die Burg Reichenstein aufragt. Ganz anders als am Hinweg finden wir uns jetzt in einem schattigen Tal wieder, begleitet vom Rauschen des Flusses.

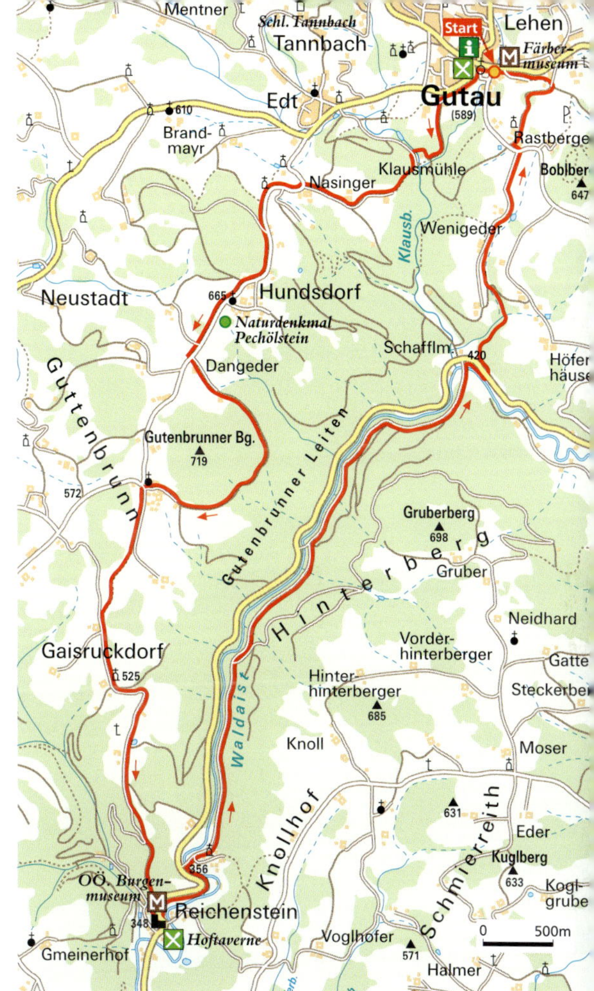

Wegbeschreibung: Wir starten beim Färbermuseum im Ortszentrum von Gutau. Der Rundweg wurde mit eigenen blau-grünen Wegweisern markiert, die wir stets im Auge behalten. Nach Reichenstein führt uns der Weg im sanften Auf und Ab durch eine abwechslungsreiche Landschaft, teils auf wenig befahrenen Nebenstraßen, teils auf Forst- und Wiesenwegen. In Hundsdorf achten wir darauf, nicht den kurzen Abstecher zum Pechölstein zu übersehen. Nach Gaisruckdorf, an einer Hopfenplantage vorbei, führt uns ein Waldsteig zur Burg hinab. Zurück nach Gutau begleiten wir auf einem ruhigen Güterweg die Waldaist bis zur Schaffelmühle. Dort queren wir den Fluss und gelangen, über die Hügel wieder ansteigend, zurück zum Ausgangspunkt. 12 Informationstafeln am Weg geben Auskunft über verschiedene, mit der Region verbundene, Begebenheiten.
Weglänge: 18 Km; **Höhenmeter ↑↓:** 450 Hm; **Gehzeit:** 6 Std.

Variante: Die Tour kann auch von Reichenstein gestartet werden. Zuerst die Waldaist entlang nach Gutau und dann über die Hügelwelt zurück.

Tipp: Das Färbermuseum in Gutau und das OÖ Burgenmuseum in Reichenstein haben vorwiegend nur an den Wochenenden oder gegen Voranmeldung geöffnet. Erkundigen Sie sich vor der Wanderung.

Einkehr: Unterhalb der Burg Reichenstein serviert das *Gasthaus zur Hoftaverne* in seinem schönen Gastgarten an der Waldaist gute Hausmannskost. Gleich mehrere Gastronomiebetriebe stehen uns in Gutau zur Verfügung.

PREGARTEN – WARTBERG OB DER AIST

Durchs Untere Feldaisttal

8 Km

80 Hm

2,5 Std

Auf einer Rangliste der schönsten Flusstäler Österreichs würde das Untere Feldaisttal gewiss die vordersten Plätze belegen. Es ist ein ganz besonderer Zauber, der dieses Landschaftsschutzgebiet südlich von Pregarten umgibt. Als würde es einer Märchenlandschaft entspringen, in die ein Riese Steine gewürfelt hat.

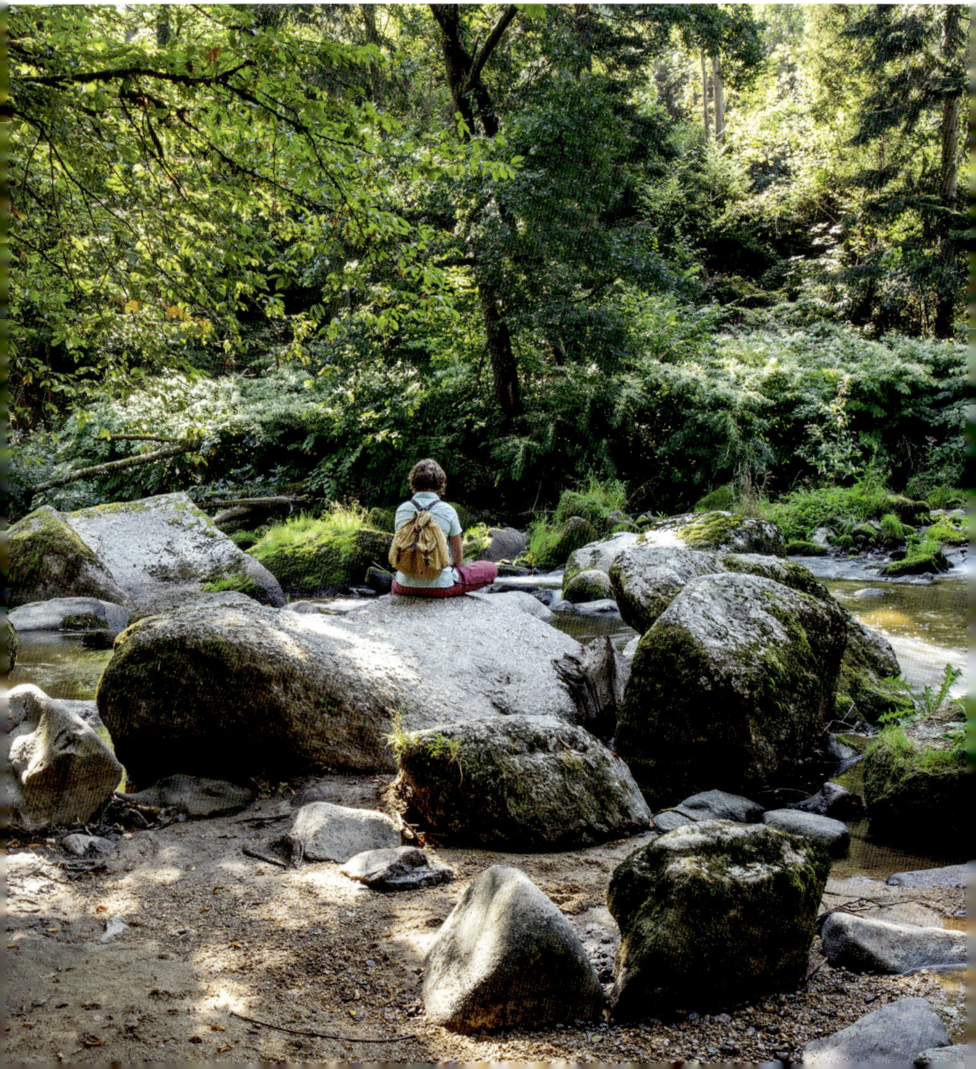

Niemand würde die stille Schönheit dieses Flusstals bemerken, wäre er in dieser Gegend lediglich mit dem Auto oder auch nur mit dem Fahrrad unterwegs. Das Untere Feldaisttal erschließt sich ausschließlich dem Wanderer – dem, der sich Zeit nimmt und sich im Spazierschritt der Geschwindigkeit des Flusses anpasst. Dabei würde man es am Ausgangspunkt noch gar nicht für möglich erachten, dass unweit vom Treiben der Stadt, die Natur die Oberhand behalten und ein eigenes faszinierendes Reich geschaffen hat.
Unterhalb von Pregarten bzw. Wartberg ob der Aist durchbricht die Feldaist eine Scholle aus Weinsberger Granit. Wollsackverwitterte Gesteinsformationen an den Talhängen und große Felsblöcke im Flussbett sind das Charakteristikum dieses Landschaftsteils. Ein Mischwald sorgt für die Beschattung des Taleinschnitts. Laubbäume biegen sich über den Fluss und schirmen ihn vom harten Sonnenlicht ab. Vom Wasser umspülte Steine sind mit dunkelgrünen Moospolstern bepackt. Sie dienen Wasseramseln als Anflugplätze. Je nach Sonnenstand zaubern Lichtreflexe ein geheimnisvolles Funkeln über den Fluss.
Noch immer ist das Untere Feldaisttal, das zwischen der Klaus- und Kriehmühle unter Schutz gestellt wurde, im Land erst wenig bekannt. Wenn auch einheimische Spaziergänger es als Naherholungsgebiet zu schätzen wissen. Vom Hauptweg zweigen immer wieder Steige ab, die direkt an das Wasser heranführen. Genug Raum also, damit jeder sein „Lieblingsplatzerl“ auf einem Stein oder bei einer Sandbank finden kann.

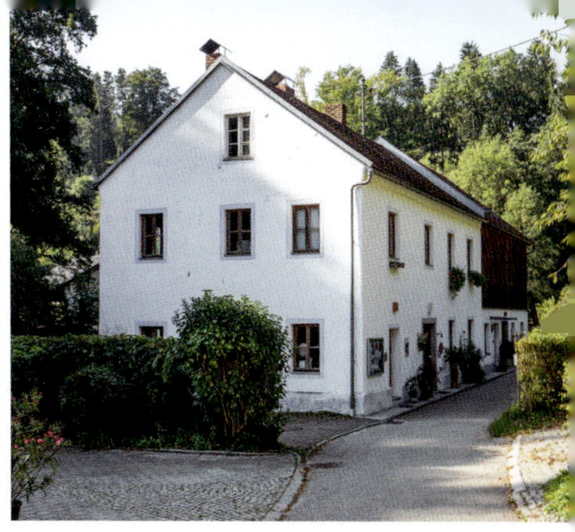

▲ Am Eingang ins Feldaisttal passieren wir die Klausmühle.

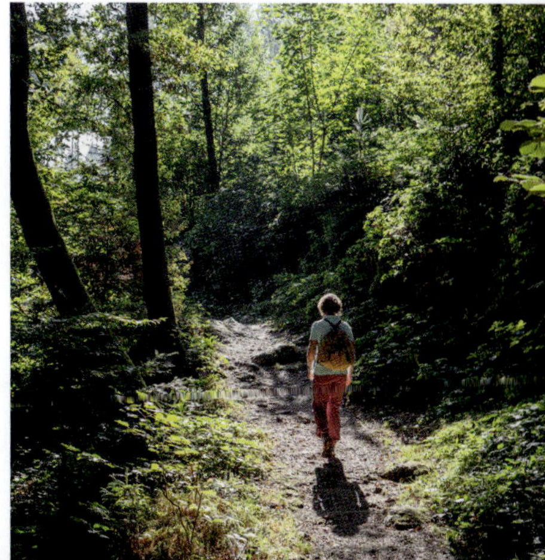

◀ Sich Zeit nehmen, um die Kraft der Steine und des Flusses zu spüren.

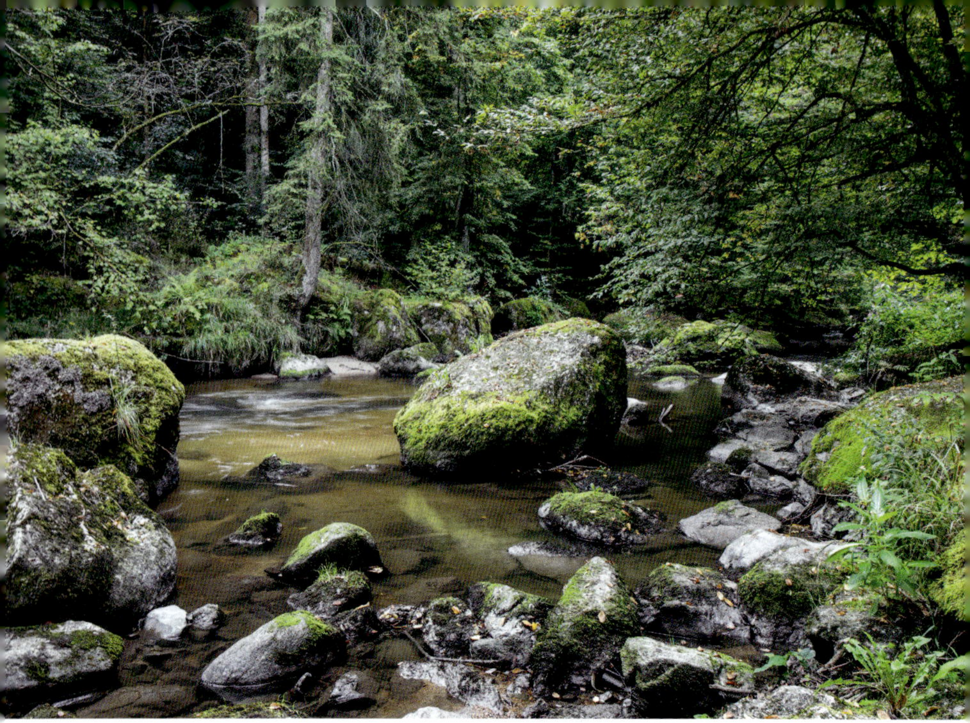

▲ Die großen Steine im Flussbett geben dem Unteren Feldaisttal seinen besonderen Zauber.

▼ Im Fluss spiegelt sich die Kriehmühle.

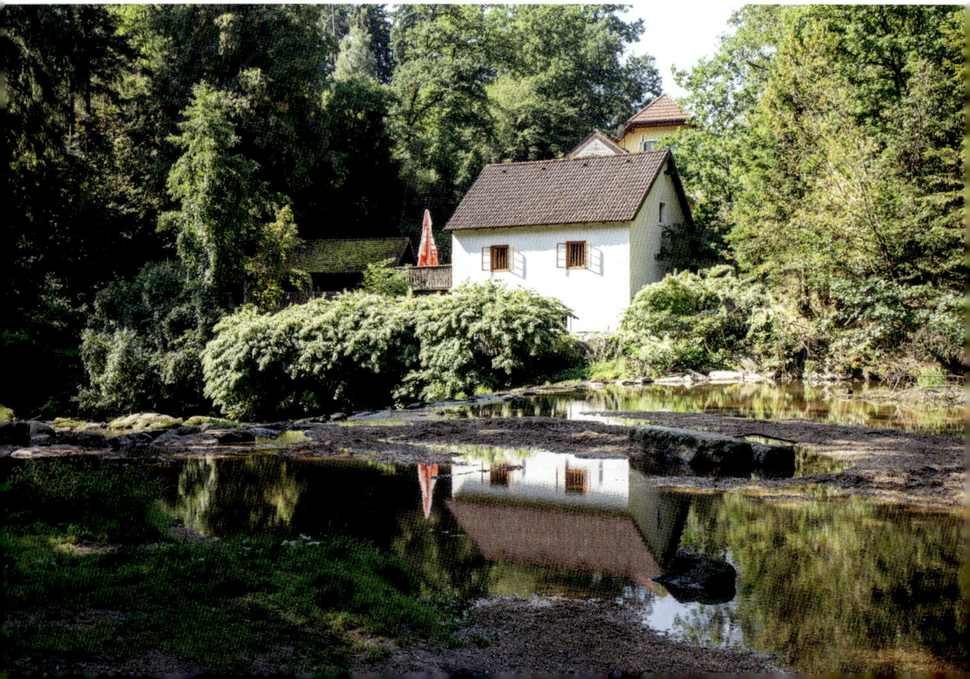

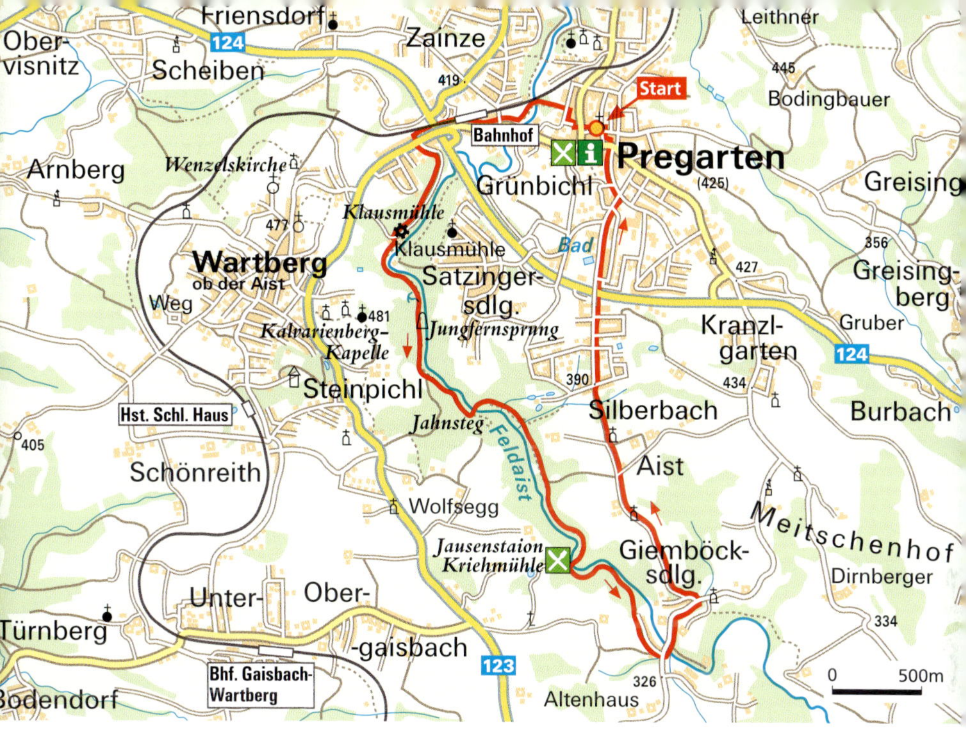

Wegbeschreibung: Offizieller Startpunkt ist bei der Wandertafel vor der Pfarrkirche im Stadtzentrum. Alternativ kann man aber auch von einem öffentlichen Parkplatz bei der Feldaist unterhalb des Bahnhofs oder von der Bruckmühle aus starten. Der Weg ist beschildert und trägt die Bezeichnung *Unteres Feldaisttal (Wegnummer P6)*. Am Bahnhof vorbei geht es zunächst auf der Hauptstraße bis zum Bau-Gartencenter des Lagerhauses. Dort zweigt der Weg zur Feldaist ab. Wir passieren die Klausmühle und folgen fortan dem Fluss. Zweimal wechseln wir über Brücken die Seite. Rund einen Kilometer nach der Kriehmühle verlassen wir das Tal. Über die Giemböcksiedlung und Silberbach gelangen wir auf Nebenstraßen zurück ins Stadtzentrum.
Weglänge: 8 Km; **Höhenmeter ↑↓:** 80 Hm; **Gehzeit:** 2,5 Std.

Variante: Vom Ortszentrum der Gemeinde Wartberg ob der Aist führt der *Aisttalrundweg (Wegnummer 2)* ebenfalls ins Landschaftsschutzgebiet.

Tipp: Besuchen Sie in Pregarten auch das bekannte Kulturzentrum Bruckmühle mit seinem vielfältigen Veranstaltungsprogramm.

Einkehr: Im *Gasthaus Bruckmühle* oder in den Gastronomiebetrieben des Stadtzentrums.

Zum Opferstein und ins Tal der Kleinen Naarn

14,8 Km

360 Hm

4 Std

Der Kurort Bad Zell hält für uns das Heilwasser einer uralten Quelle bereit. In einem Waldstück versteckte Felsformationen erweisen sich als geheimnisvoller Kraftort. Davon gestärkt, geleitet uns das romantische Tal der Kleinen Naarn zurück zum Ausgangspunkt. Eine Rundtour vielfältiger Eindrücke, auf der die Füße nicht müde werden wollen.

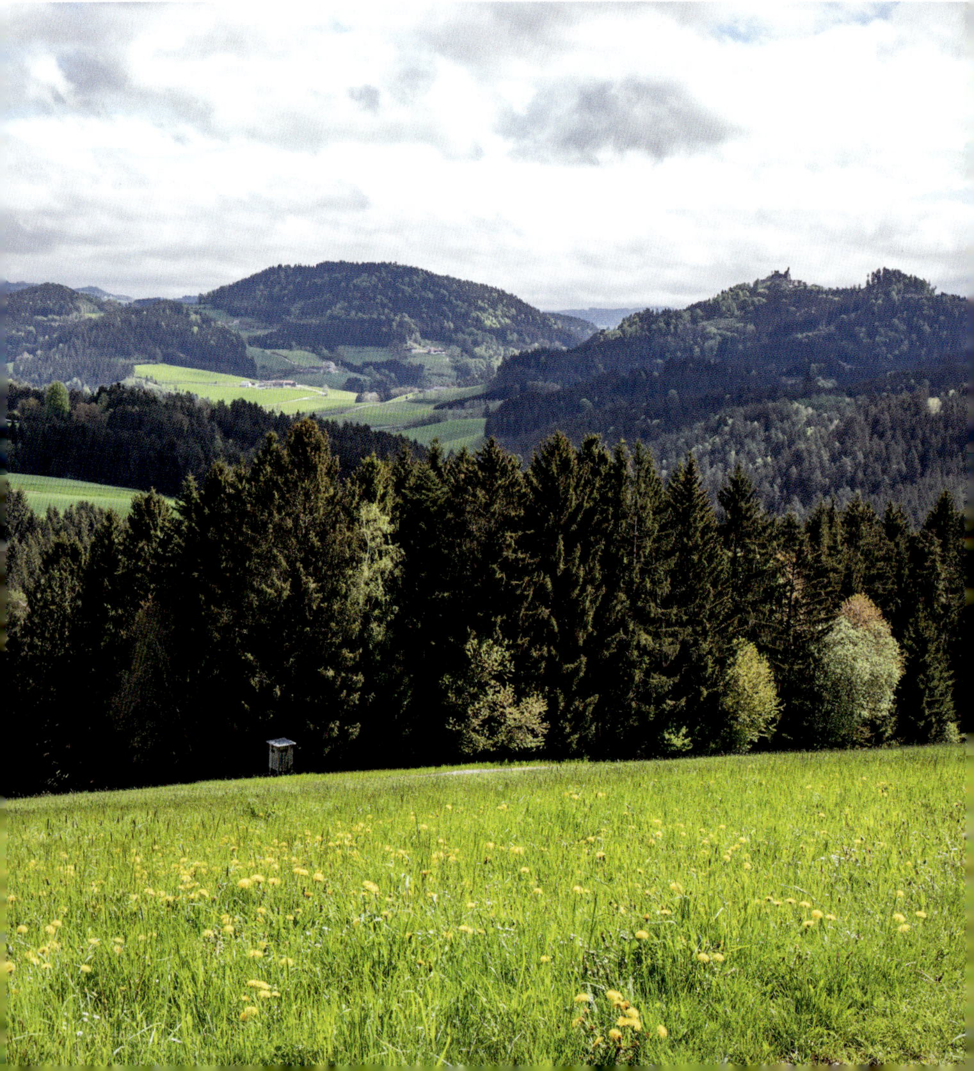

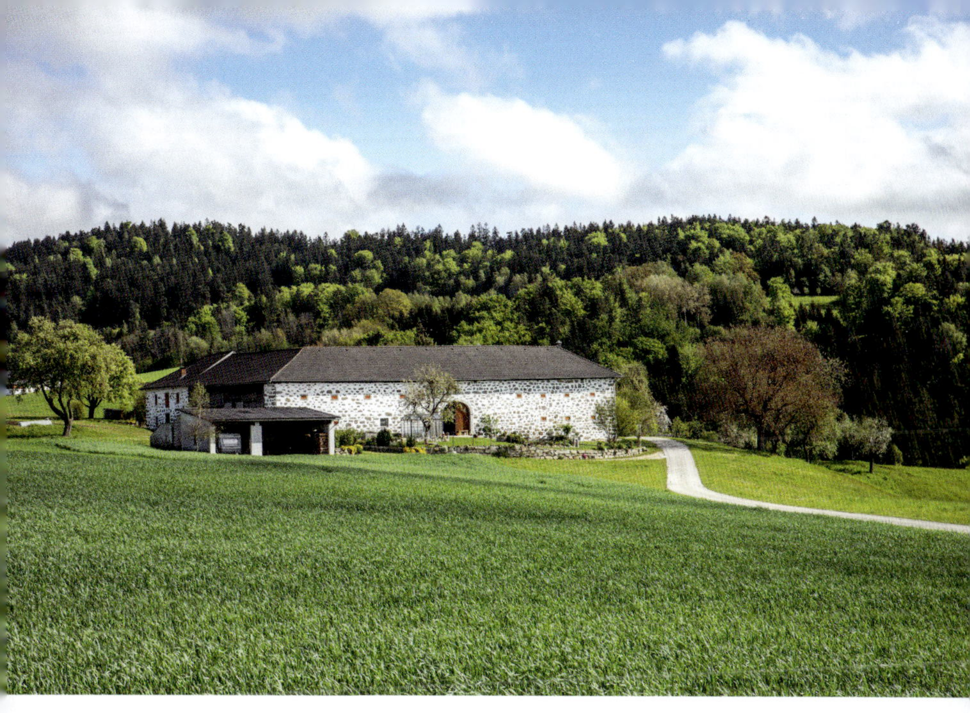

Seit jeher verspricht das am Ortsrand von Bad Zell gelegene Cella Hedwigsbründl den Menschen Heilung. Die Legende erzählt von der heiligen Hedwig, die barfuß nach Rom gepilgert sein soll. Schon früh drohte das Vorhaben jedoch aufgrund ihrer wund gegangenen Füße zu scheitern. Bis sie an eine Quelle kam, deren Wasser ihr auf wundersame Weise Genesung schenkte. Heute weiß man, dass dieses Quellwasser das Edelgas Radon enthält und daher besonders positiv auf den Stütz- und Bewegungsapparat wirkt. Eine Eigenschaft, die auch das Gesundheitsresort Lebensquell mit diversen Wellnessangeboten für sich zu nutzen weiß. Noch mehr genießen wir auf einer Wanderung mit jedem Schritt die herrliche Kulturlandschaft, in der wir uns schon bald nach Verlassen des Ortes wiederfinden. Zusammen mit den Gemeinden Allerheiligen, Rechberg und St. Thomas am Blasenstein ist Bad Zell Teil des Naturparks Mühlviertel, einem seit 1996 bestehenden Landschaftsschutzgebiets. Dieses zeichnet sich durch eine reichhaltige Gliederung mit Steinformationen, naturnahen Buchenwäldern und mageren Wiesen aus.

▲ Am Weg zum Opferstein kommen wir bei einem großen Bauernhof im Steinbloßstil vorbei.

◀ Blick über das Naarntal zur Burgruine Ruttenstein.

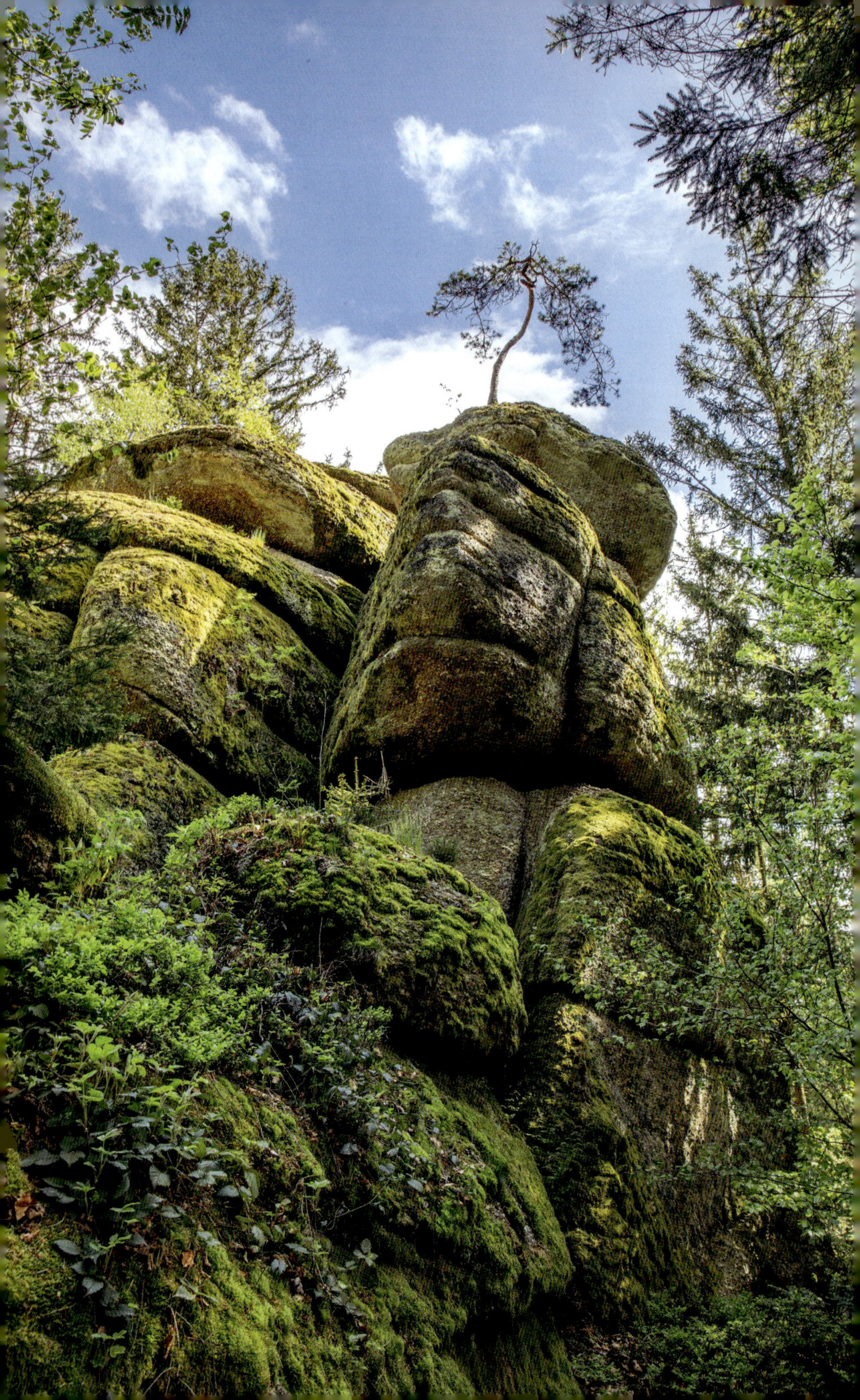

Ein Pfad führt uns in einen Wald zum weithin bekannten Opferstein. Dabei handelt es sich um eine Felsmauer, deren obersten Stein wir über eine Leiter erreichen. In ihm befindet sich eine schalenförmige, fast immer mit Wasser gefüllte Vertiefung. Auf einer Infotafel wird diese als ein in den Wald eingeschriebenes Fenster zum Himmel bezeichnet. Eine schöne Metapher für etwas, das gewiss schon unsere Vorfahren inspiriert hatte. Um die Felsen herum angeordnete Bänke laden zum Verweilen und Krafttanken ein.

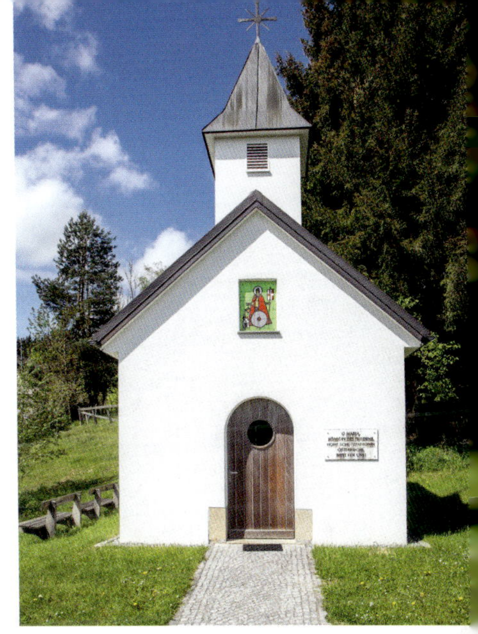

▲ Auf dem Weg hinab ins Naarntal passieren wir die Mörwaldreiterkapelle.

◀ Auf einer bewaldeten Anhöhe befindet sich der mystische Opferstein. Am obersten Stein des Felsturms, der über eine Leiter erreichbar ist, befindet sich eine mit Wasser gefüllte Schale.

▼ Rund drei Kilometer folgen wir dem Rauschen der Kleinen Naarn.

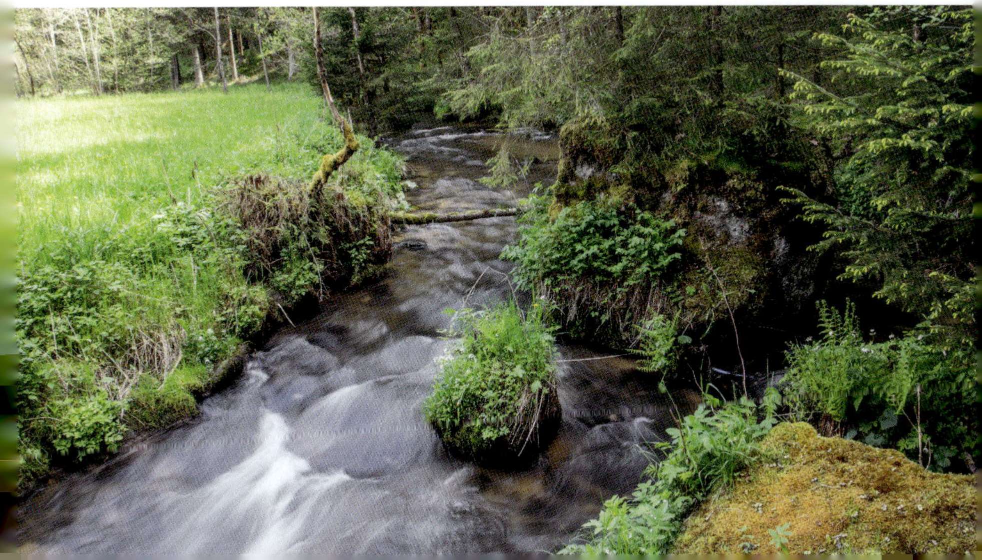

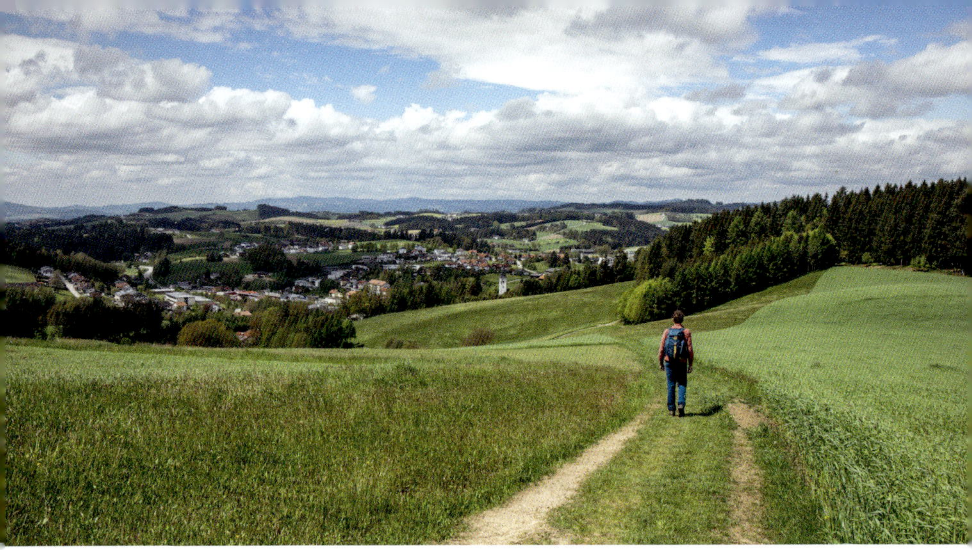

In einem Bogen gelangen wir von der Anhöhe des Opfersteins über die Mörwaldreiterkapelle hinab zur Kleinen Naarn. Ihrem klaren Wasser, in dem sogar noch die seltene Flussperlmuschel vorkommen soll, folgen wir durch einen idyllischen Taleinschnitt bis zum Gasthaus Raabmühle. Neben uns mäandert frei der Fluss. Das leise Dahinplätschern im Ohr – so genießen wir auf dieser Wanderung einmal mehr die belebende Wirkung der Natur.

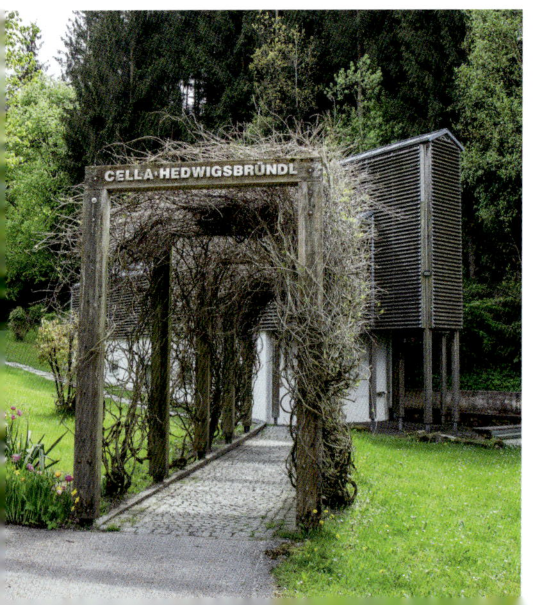

▲ Vom Höhenrücken bei Zellhof wandern wir auf einem schönen Wiesenweg zurück nach Bad Zell.

◀ Der Eingang zum Cella Hedwigsbründl, einer uralten Heilquelle.

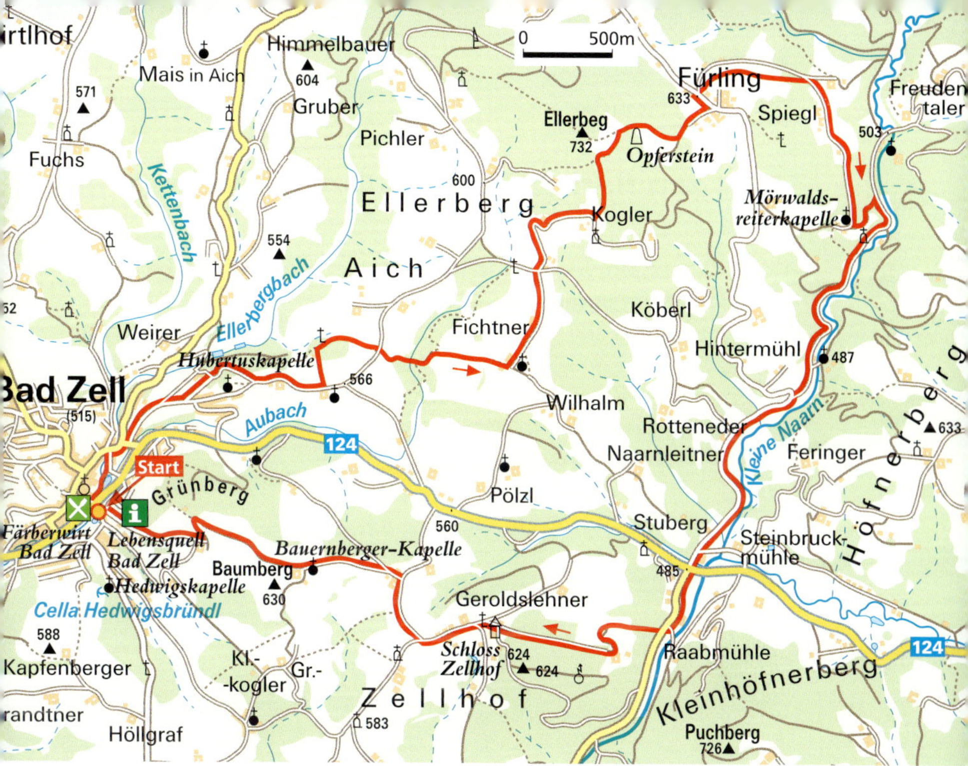

Wegbeschreibung: Start und Ziel aller Wanderwege im Gemeindegebiet von Bad Zell ist beim Gesundheitsresort Lebensquell, wo sich im Park vor dem Hotel auch eine große Infotafel befindet. Von hier folgen wir den gelben Wegweisern mit der Aufschrift *Opferstein-Naarntal*. Den Ort in nordöstlicher Richtung verlassend, gelangen wir über hügeliges Gelände nach Ellerberg und auf die bewaldete Anhöhe mit dem Opferstein, wo wir eine erste Pause einlegen. Über die Mörwaldreiterkapelle führt der Weg hinab ins Tal der Kleinen Naarn. Dem Fluss entlang wandern wir bis zur Raabmühle, wo der Weg rechts abzweigt, das Tal verlässt und hinauf zum Schloss Zellhof führt. Auf Nebenstraßen ist es von hier nicht mehr weit zurück zum Ausgangspunkt.
Weglänge: 14,8 Km; **Höhenmeter ↑↓:** 360 Hm; **Gehzeit:** 4 Std.

Tipp: Unweit vom Gesundheitsresort Lebensquell befindet sich das Cella Hedwigsbründl. In der Stille einer neu errichteten Kapelle sprudelt das Quellwasser aus der Tiefe. Eine schöne Anlage, die zum Innehalten einlädt und deren Besuch nach einer Wanderung lohnend ist.

Einkehr: In der Raabmühle und in Zellhof stehen Getränkekühlschränke zur Verfügung. Im Ortszentrum ist das bekannte Kulti-Wirtshaus *Färberwirt*, die *Bio Bäckerei-Cafe-Konditorei Stöcher* und das *Gasthaus Populorum* empfehlenswert.

14 Km

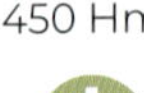

450 Hm

4,5 Std

Über den Herrgottsitz zur Burg Prandegg

Als Wahrzeichen der Region liegen auf einem Bergrücken über der Waldaist die Ruinen von Prandegg. Sich ihnen auf einer Wanderung anzunähern, regt schon auf dem Weg dorthin unsere Fantasie an. Zumal dieser über den Herrgottsitz führt, einem uralten Kultplatz, von dem es heißt, dass sich Gott hier nach seiner Erschaffung der Welt ausgeruht haben soll.

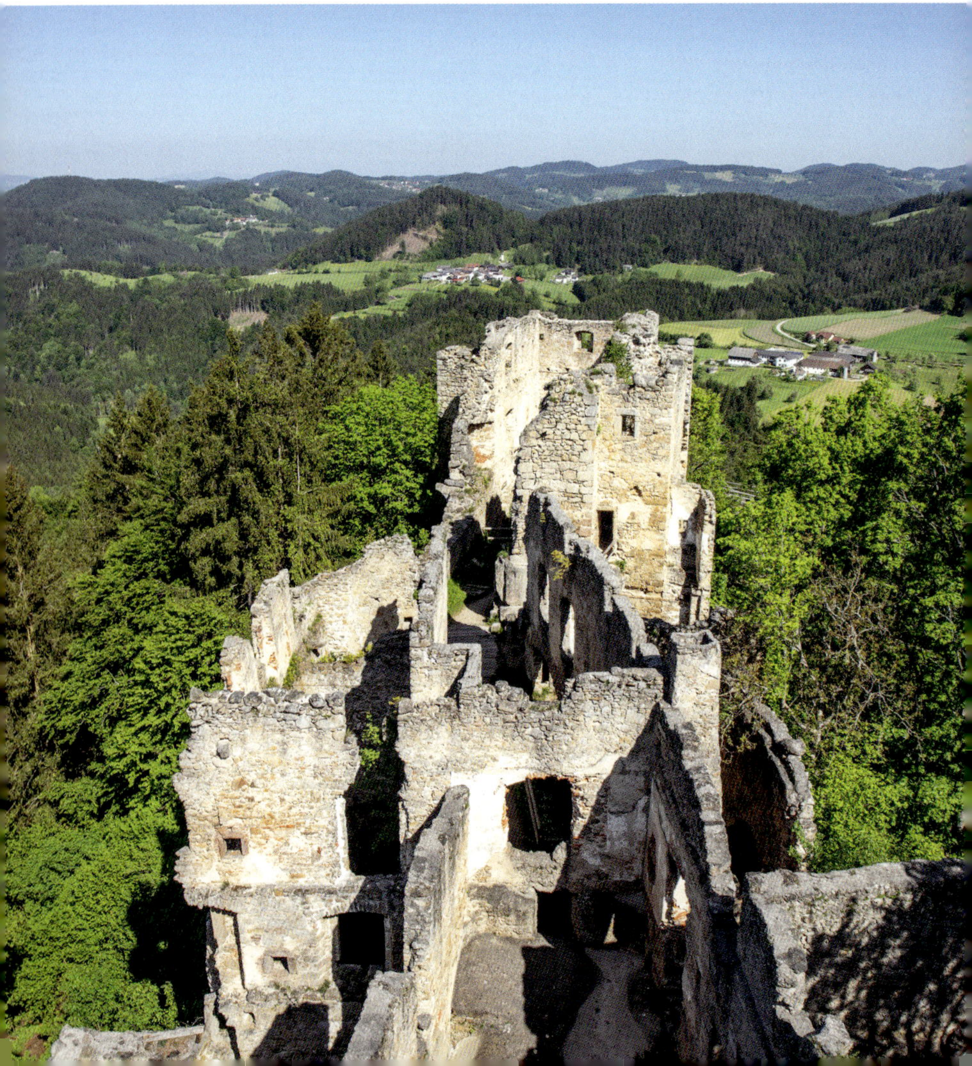

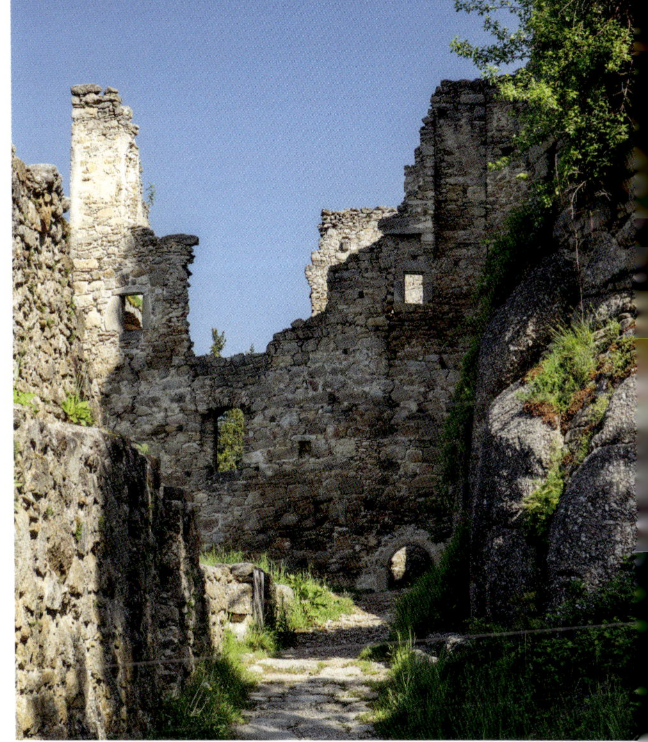

Die Burgruinen von Prandegg zählen gewiss zu den faszinierendsten Eindrücken, die man auf einer Reise durch das Mühlviertel gewinnen kann. Ein steinerner Garten, ein Labyrinth aus Mauern und Türmen, die uns eine Vorstellung geben, wie prachtvoll diese Burg einst gewesen sein mag. In einer Länge von über 140 Metern ziehen sich die Ruinen über den Bergrücken hin. Auf Fundamenten, die mindestens bis ins 13. Jahrhundert zurückweisen, einer Zeit, in der die Prantner als erste Besitzer der Burg erwähnt werden.

Eine wertvolle Arbeit hat der Burgverein Prandegg in Zusammenarbeit mit dem Bundesdenkmalamt geleistet. Über einen neu angelegten Rundweg lässt sich die gesamte Anlage sicher erkunden. Holzstege und eine Brücke führen durch die Vorburg zu den Mauerresten der Wirtschafts- und Wohnbauten, eine Treppe auf den Bergfried hinauf. Der Burg angegliedert wurde ein Museum, in dem interessierte Besucher alles erfahren, was es zur Geschichte dieses Bauwerks und seiner Bewohner zu wissen gibt. Auch Führungen werden angeboten. Bis es soweit ist und wir die imposanten Ruinen betreten, wandern wir über bewaldete

▲ Ein neu angelegter Rundweg führt durch das Mauerlabyrinth der verschiedenen Burgareale.

◄ Blick vom Bergfried über die mächtigen Ruinen von Prandegg und das Umland über der Waldaist.

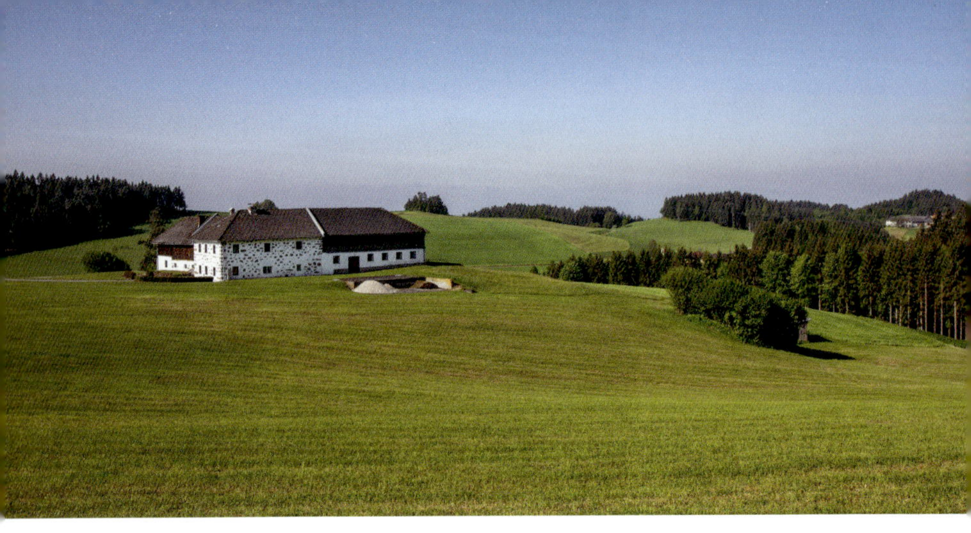

▲ Eingebettet in Wald und Wiesen grüßt uns ein einsamer Bauernhof.

▼ Symbolhaft ziert ein Kreuz die Felsen am Herrgottsitz. Der Legende nach soll hier der Herr persönlich nach der Erschaffung der Welt ausgeruht haben.

Bergkuppen durch ein dünn besiedeltes Bauernland. Auf dem Steininger Berg, einer der höchsten Erhebungen im Umkreis, treffen wir auf den in der Gegend seit langem bekannten Herrgottsitz. Aus dem Wald ragt dort eine Blockburg, große, von Moosen bewachsene, aufeinandergestapelte Felsblöcke, um die sich Legenden ranken. So soll Gott nach seinem Schöpfungsakt hier persönlich ausgeruht und sein vollbrachtes Werk zufrieden betrachtet haben. Ausruhen, das können auch wir an diesem stillen Ort auf einer der Bänke. Nicht als Schöpfer, aber als zufriedene Wanderer.

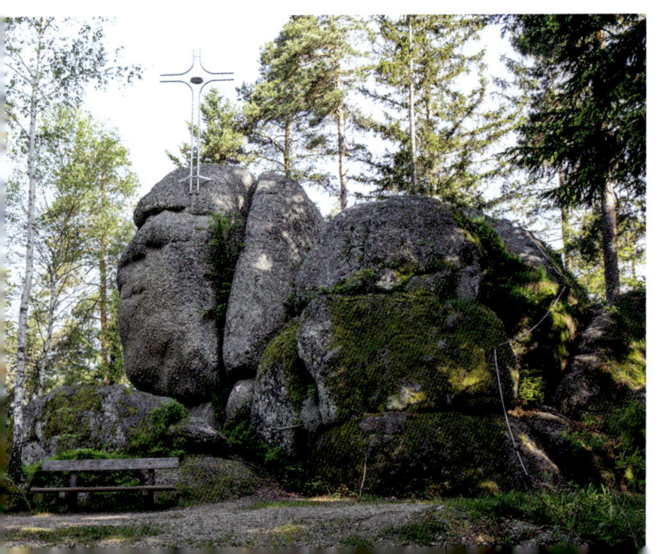

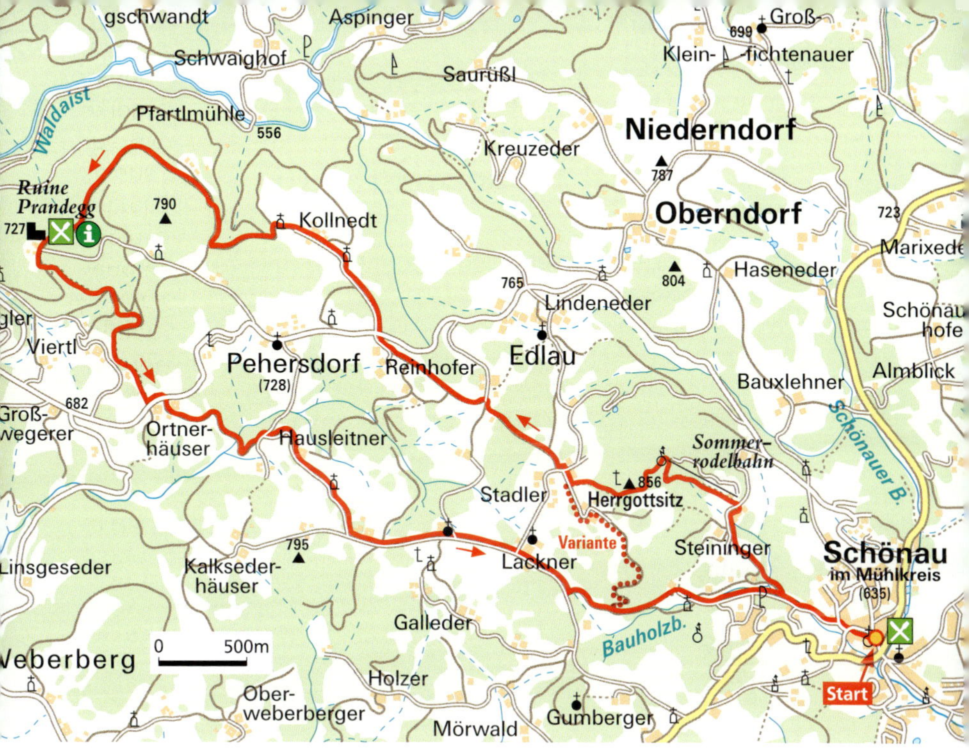

Wegbeschreibung: Wir starten am Dorfplatz von Schönau und folgen den gelben Wegweisern mit der Aufschrift *Burgruine Prandegg (Wegnummer 81)*. Als erste Station am Weg erreichen wir bald die Stoaninger Alm, ein Erlebniszentrum mit Spielplätzen und einer Sommerrodelbahn. Von hier geht es auf den Steininger Berg zum Herrgottsitz. Über das Dorf Kollnedt erreichen wir durch eine abwechslungsreiche Landschaft mit schönen Ausblicken die Burgruine Prandegg. Etwas versetzt vom Hinweg gelangen wir auf dem gut markierten Weg durch einige Weiler und an Bauernhöfen vorbei zurück zum Ausgangspunkt.
Weglänge: 14 Km; **Höhenmeter ↑↓:** 450 Hm; **Gehzeit:** 4,5 Std.

Variante: Wer nur auf den Steininger Berg möchte, für den gibt es eine wesentlich kürzere Rundtour mit der Bezeichnung *Herrgottsitz (Wegnummer 80)*.

Tipp: Wer in der Burgtaverne nächtigt, der kann am Abend die Ruhe auf der Burg und einen schönen Sonnenuntergang genießen.

Einkehr: Idealerweise unterhalb der Burgruinen in der *Taverne zu Prandegg*. Dort genießen wir herzhaft zubereitete Schmankerl aus Zutaten heimischer Landwirte und Brot aus dem hauseigenen Backofen.

Der Naarntal-Erlebnisweg

10,5 Km

310 Hm

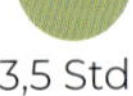
3,5 Std

Neben der großartigen Burg Prandegg gibt es im Gemeindegebiet von Schönau vor allem viel Natur zu erleben. Durch das Waldgebiet Spielreut führt ein Weg hinab ins Tal der Kleinen Naarn, einem naturbelassenen Flussabschnitt, umgeben von herrlichen Blumenwiesen. Auf dem Rückweg staunen wir noch über einen besonders gut erhaltenen Bauernhof im Steinbloßstil.

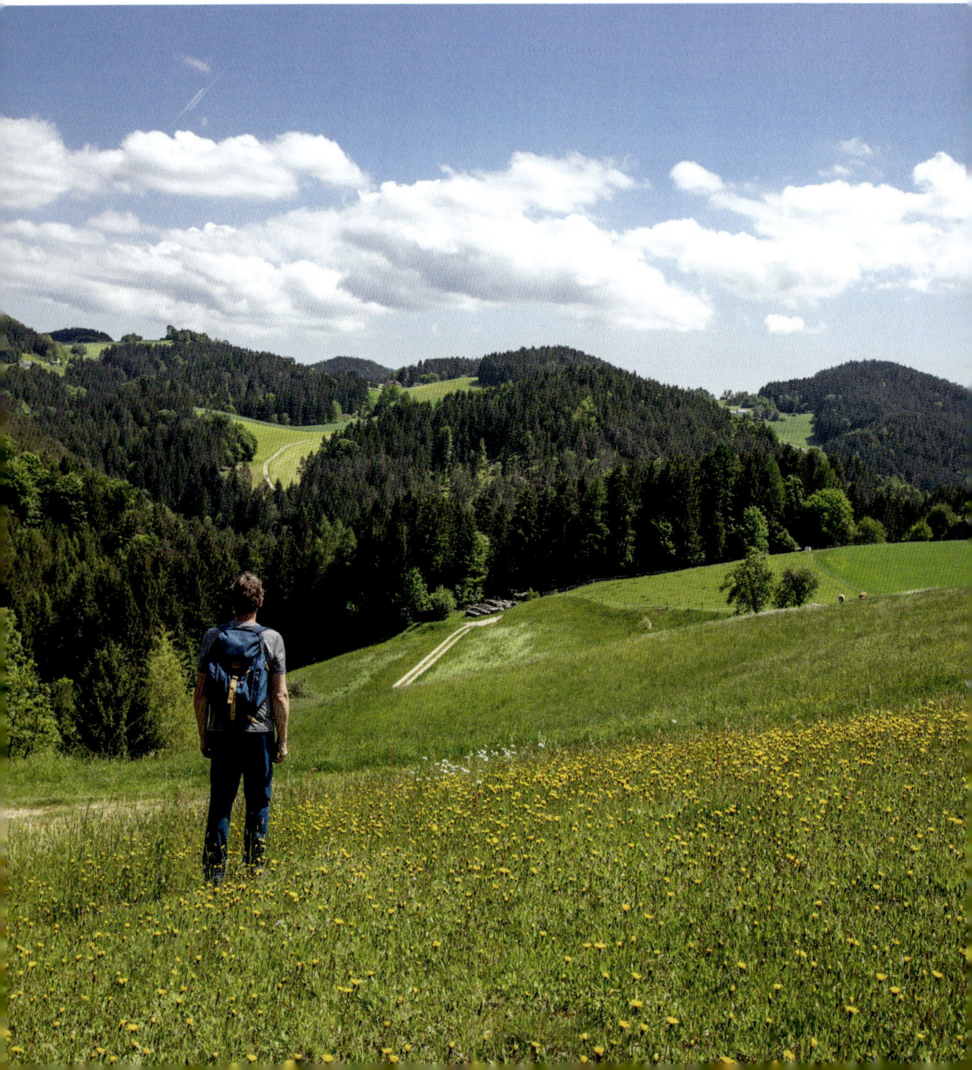

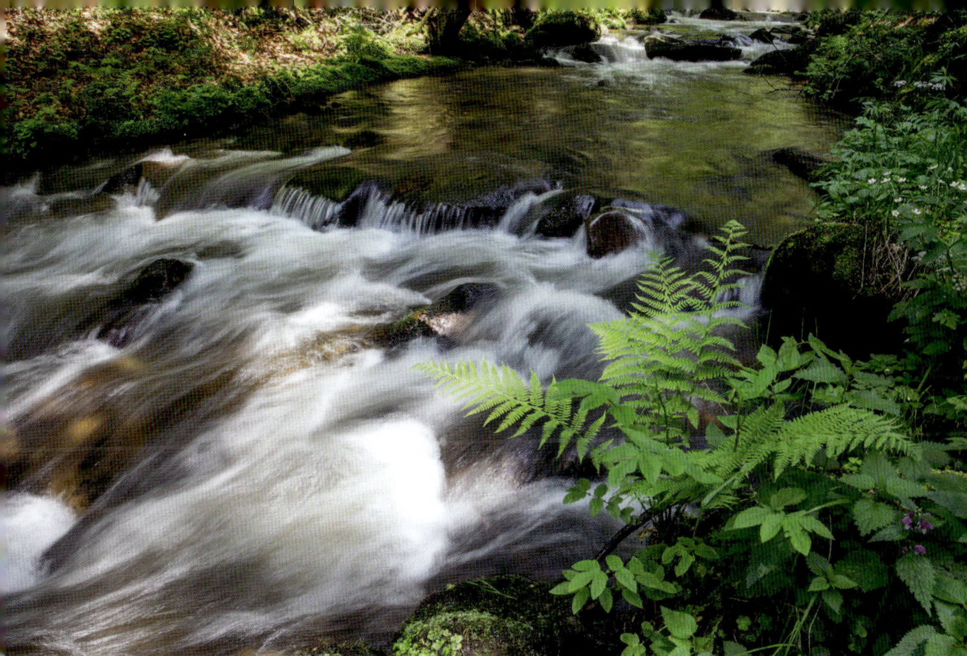

Es muss nicht immer eine bestimmte Sehenswürdigkeit sein, welche uns die Wanderschuhe schnüren lässt. Manchmal genügt es, sich schlicht auf die Natur zu verlassen: Die schönsten Dinge warten oft am Wegrand auf uns. So wie auf dieser Wanderung, wo die Naarn ihre Bahnen durch Wald und Wiesen zieht und uns mit ihrem sanften Dahinplätschern einen anderen Takt vorgibt. Ganz automatisch werden die meisten hier einen Gang zurückschalten.

Das Gehtempo gedrosselt, nehmen wir vielleicht auch die unscheinbaren, vom Fluss umspülten Gemäuer wahr, die der Volksmund als „Apostelmühle“ kennt. Angeblich soll sie einmal 12 Bauern aus dem Dorf Mötlas gehört haben. Das aber muss lange her sein, denn viel mehr als einige von Pflanzen überwucherte Mauerreste sind nicht geblieben. Beständiger sind da schon die großen Steine im und neben dem Flussbett, welche die Natur schon vor dem Erscheinen des Menschen hier abgelegt hat und die diesen Abschnitt der Naarn besonders schön machen. Links und rechts der Ufer wechseln sich blühende Wiesen und schattige Laubwälder ab.

▲ Noch frei bewegen darf sich hier die Kleine Naarn. Im Wald begleiten sie schattenliebende Farnpflanzen.

◀ Auf den Wegen über dem Naarntal heißt es immer wieder stehenbleiben, um die schönen Ausblicke zu genießen.

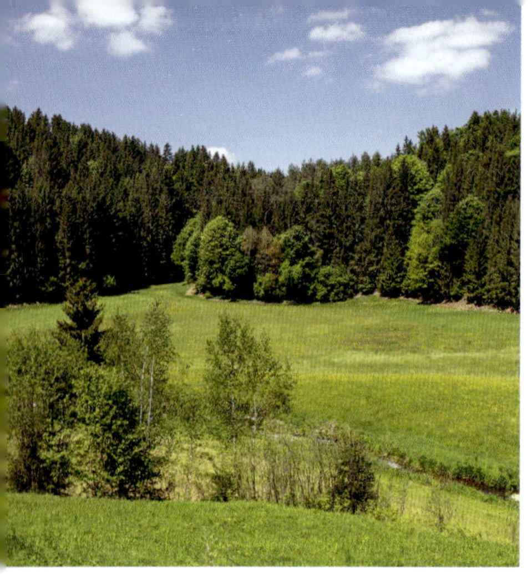

▲ Wiesen und Wälder im Naarntal. Nichts stört hier die Ruhe.

▼ Verlassen steht ein schöner alter Bauernhof. Seine Zeit scheint abgelaufen zu sein.

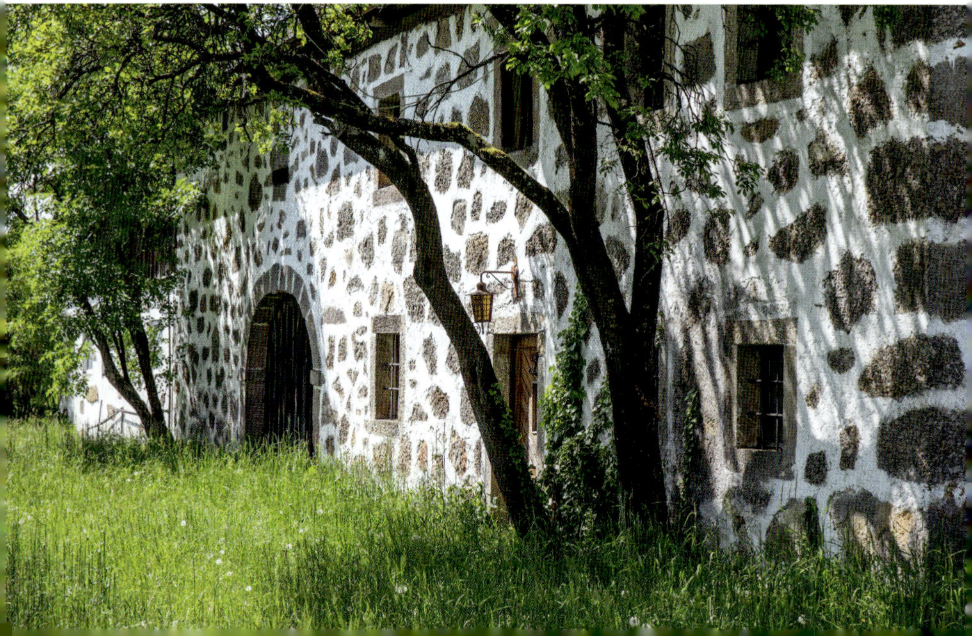

Das ist die eine Hälfte des Weges. Die andere Hälfte beglückt uns mit Landschaftseindrücken über dem Naarntal. Von den Anhöhen lassen wir unsere Blicke über bewaldete Hügelkuppen schweifen. Auf einer von ihnen erkennen wir die Burgruine Ruttenstein. Und dann ist da noch ein alter, allein stehender Bauernhof am Wegrand. Er wirkt verlassen, aber in seinem Urzustand gut erhalten. Genau so müssen die Bauernhöfe hier wohl schon vor hundert oder zweihundert Jahren ausgesehen haben. Die Steinbloßmauern, das Hoftor und die Eingangstür sind verwachsen. Wo sind seine Bewohner geblieben? Was hat sie veranlasst, diesen stolzen Hof aufzugeben? Warum möchte ihn niemand mehr weiterführen? Fragen, die uns auf dem Rückweg noch begleiten mögen.

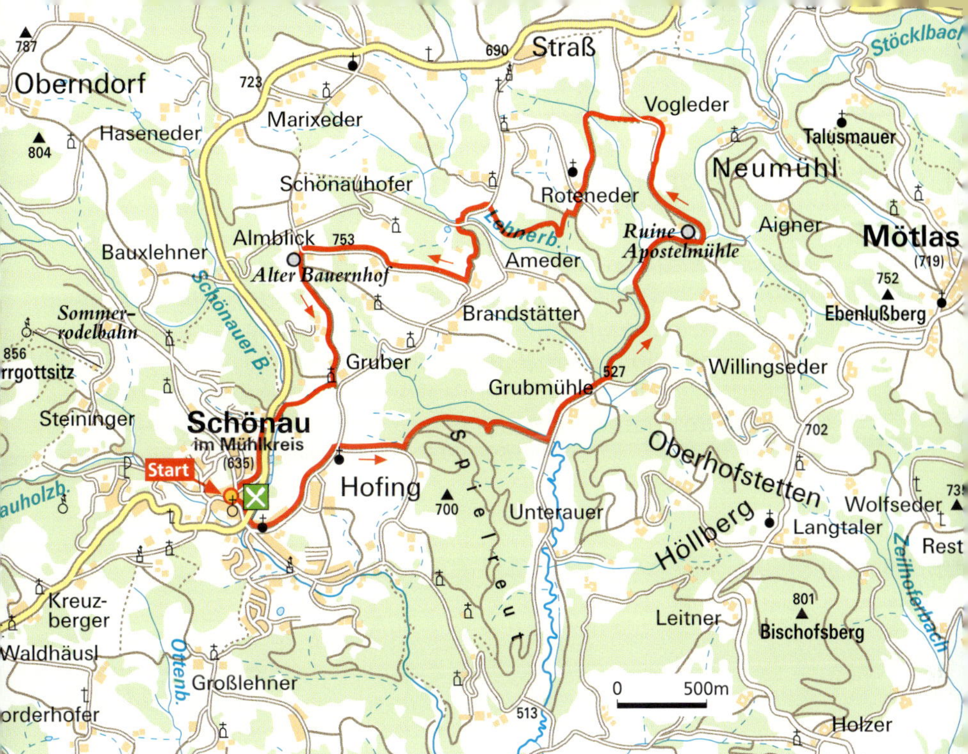

Wegbeschreibung: Wie alle Wanderungen in Schönau startet auch dieser am Dorfplatz. Wir halten uns an die Wegweiser mit der Aufschrift *Naartal-Erlebnisweg (Wegnummer 82).* Nach der Pfarrkirche die Hauptstraße querend, verlassen wir den Ort und erreichen bald die Hofinger Kapelle. Hier zweigt der Weg rechts durch das Waldstück Spielreut ins Naarntal ab. Auf einer Nebenstraße im Tal passieren wir die Grubmühle, bevor es auf unbefestigten Wegen in die Natur, entlang der Naarn geht. Wir gehen bis zur „Apostelmühle", wo uns eine Holzbrücke über den Fluss führt. Durch Wald und Wiesen hinauf gewinnen wir wieder an Höhe. Die schönen Ausblicke genießend, vorbei an einer Pferdeschwemme und am beschriebenen alten Bauernhof, wandern wir auf Güterwegen und Nebenstraßen zurück zum Ausgangspunkt.

Weglänge: 10,5 Km; **Höhenmeter ↑↓:** 310 Hm; **Gehzeit:** 3,5 Std.

Tipp: Wie wäre es mit einem Picknick am Fluss? Ein besonders schöner Platz dazu befindet sich bei den Waldwiesen neben der „Apostelmühle".

Einkehr: Im Ortszentrum von Schönau freut sich auf uns das *Gasthaus Schmalzer-Treff 16*. Der Familienbetrieb serviert regionale Speisen, hausgemachte Pizzen und spezielle Eiskreationen.

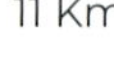

11 Km

340 Hm

3,5 Std

Zur Burgruine Ruttenstein

Sie zählt zu den eindrucksvollsten Burganlagen des Landes. Erhaben thront sie auf einem bewaldeten Bergrücken über den Tälern der Großen und Kleinen Naarn. Ruttenstein sollte man unbedingt einmal gesehen haben. Am besten in Verbindung mit einer Wanderung, auf der wir uns auf dieses faszinierende Erlebnis einstimmen.

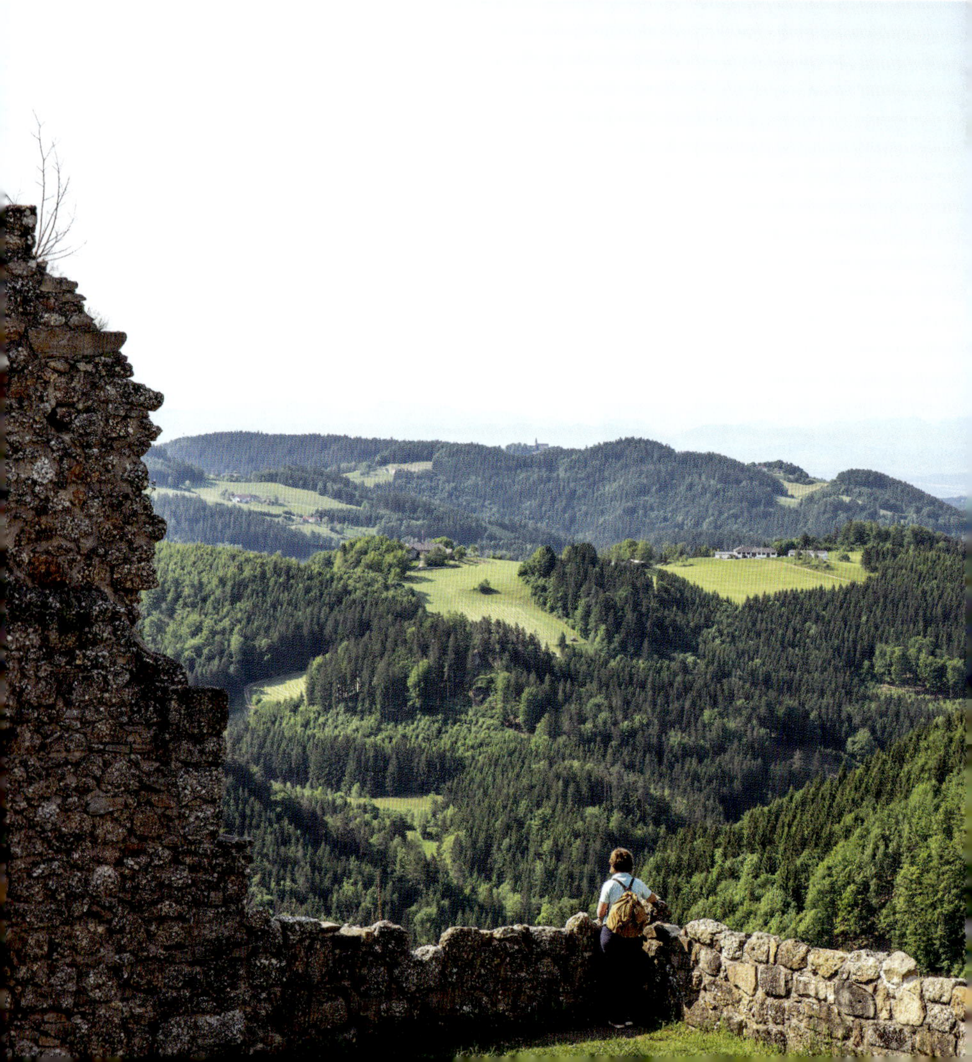

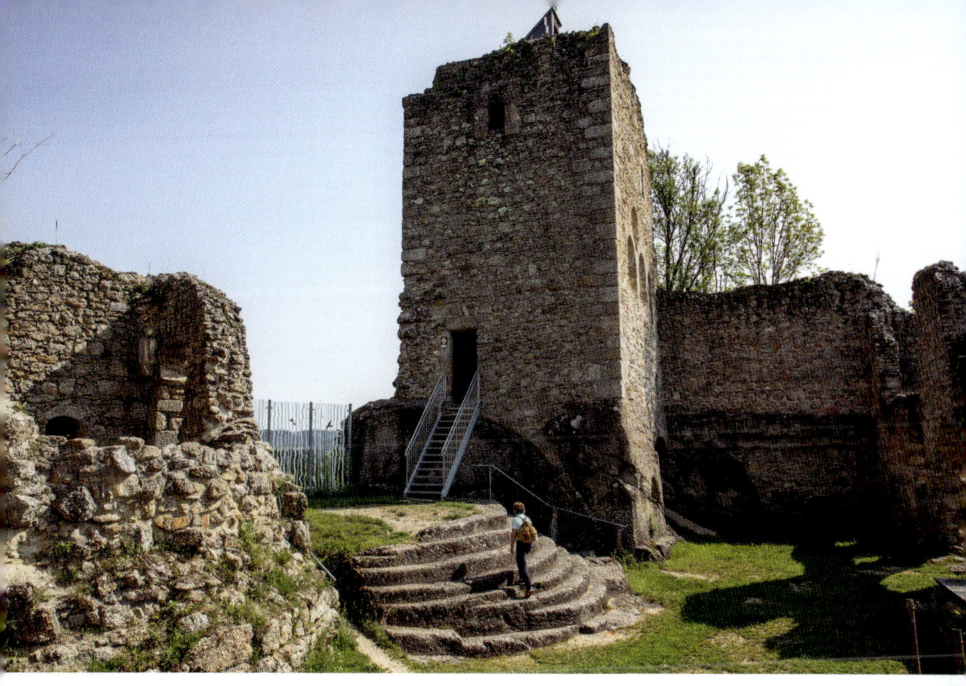

Als wäre Ruttenstein ein Luftschloss. So kommt es einem vor, wenn man aus der Ferne die mächtigen Mauern und Felstürme aus dem Wald ragen sieht. Wie eine Erscheinung – gar nicht wirklich oder nur erträumt. Für die damaligen Untertanen mit Sicherheit respekteinflößend und unnahbar.
Verständlich, warum sich so viele Sagen um diese Ruinen ranken. Einige erzählen von Hirten, die in Burgnähe einst ihre Schafe hüteten. Einmal soll sich einer von ihnen bei einem offenen Tor einige Zwetschkenkerne eingesteckt haben. Auf dem Weg nach Hause wurden die Taschen immer schwerer. Ihr Inhalt hatte sich nämlich auf wundersame Weise in Gold verwandelt. Das soll angeblich auch heute noch funktionieren: Dazu muss man innerhalb der Burg nur einen Stein aufheben und diesen in einer seiner Taschen verstauen. Bis man zu Hause ist, darf man jedoch nicht an den Stein denken – so heißt es – sonst klappt der Zauber natürlich nicht.
Sein Glück kann man auf jeden Fall versuchen. Nach unserem sanften Anstieg durch den Wald steht die Burg ganz unvermittelt vor uns. Auf einer Gesamtfläche von rund 5000 m² erstreckt sich der umbaute Bereich. Im

▲ Unterwegs in der Hauptburg mit dem vierseitigen Wohnturm, auf den eine Treppe hinauf führt.

◀ Ein Logenplatz der Sonderklasse – die 758 Meter hoch gelegenen Ruinen von Ruttenstein.

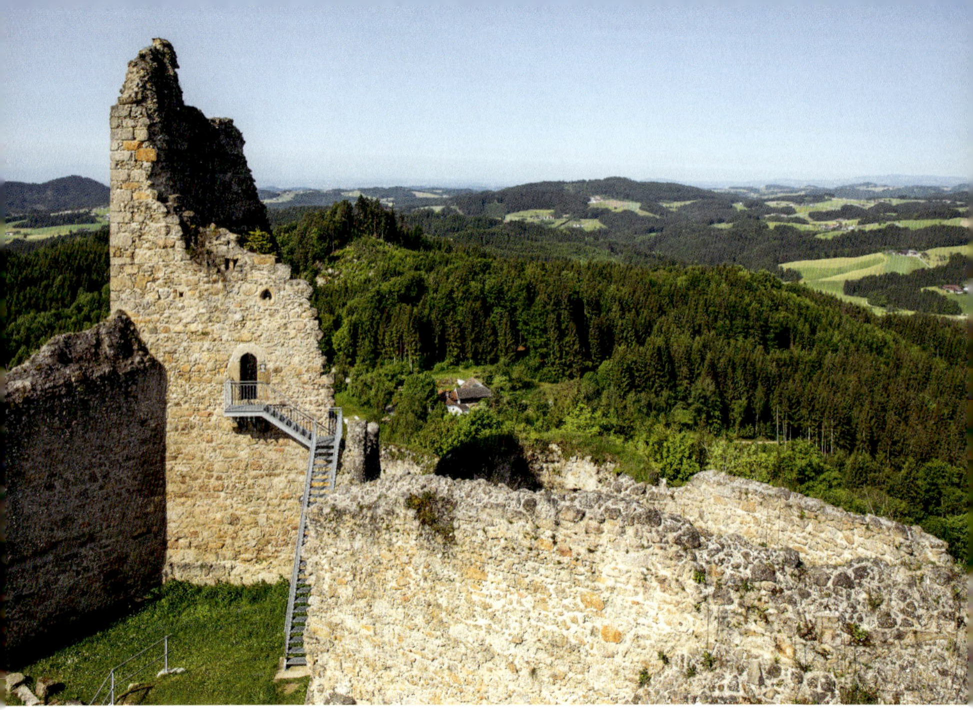

▲ Ausblick vom Wohnturm auf den verfallenen Bergfried und die Weiten der Mühlviertler Hügelwelt.

▼ Auf dem Rückweg im Naarntal.

Zentrum der Anlage ragen die immer noch imposanten Reste der romanischen Hochburg in den Himmel, die ehemaligen Wohngebäude, die Wirtschafts- und Speicherräume, Teile einer frühgotischen Kapelle und der Bergfried. Die wertvolle Arbeit des Ruttensteiner Erhaltungsvereins bewahrt die Ruine vor dem weiteren Zerfall. Für Besucher hat man Wege angelegt, die einen sicheren Zugang gewährleisten. So führt auf die Aussichtsplattform eines noch 15 Meter hohen Wohnturms gefahrlos eine Treppe hinauf. Oben angekommen, raubt uns der Ausblick garantiert den Atem.

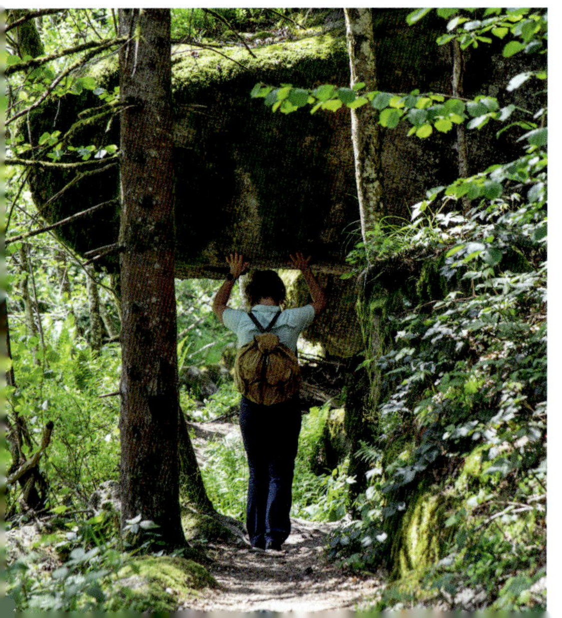

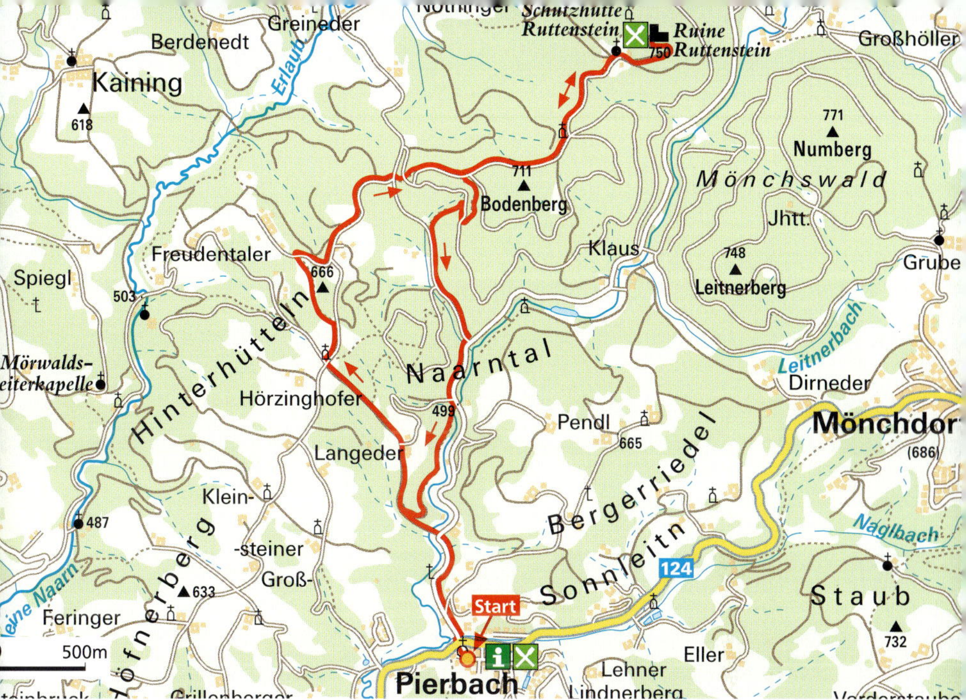

Wegbeschreibung: Startpunkt ist, wie auch für die meisten Johannesweggeher, der Dorfplatz von Pierbach. Der Weg ist durchgehend beschildert und trägt die Bezeichnung *Ruttenstein (Wegnummer 95)*. Wir verlassen den Ort nach Norden und folgen ein Stück weit der Großen Naarn, dann zweigt der Weg links ab und führt hinauf zum *Hörzinger Kreuz*. Auf Forststraßen im Wald, immer leicht bergauf, erreichen wir schließlich das Burgareal. Innerhalb der Anlage gibt es verschiedene Wege, Stationen und Infotafeln. Für eine Besichtigung sollte man rund eine Stunde zusätzliche Zeit einplanen. Zurück geht es zunächst auf dem gleichen Weg. Nach rund 1,5 Kilometern biegen wir jedoch links ins Naarntal ab. Dem Fluss folgend, erreichen wir wieder den Ausgangspunkt.
Weglänge: 11 Km; **Höhenmeter ↑↓:** 340 Hm; **Gehzeit:** 3,5 Std.

Tipp: Warum nicht einmal etwas früher aufbrechen und sich vor der Burgbesichtigung in der *Schutzhütte Ruttenstein* ein Frühstück gönnen? Die Hütte hat ab 9 Uhr geöffnet. Eine Reservierung ist empfehlenswert.

Einkehr: Unterhalb der Burgruine liegt die *Schutzhütte Ruttenstein,* ein idealer Ort für eine Stärkung und Treffpunkt der Wanderer. Auf dem Weg liegt auch das *Gasthaus Trinkl* im Naarntal. In Pierbach bietet der *Gasthof Populorum* hervorragende und durchgehend warme Küche.

BEZIRK PERG

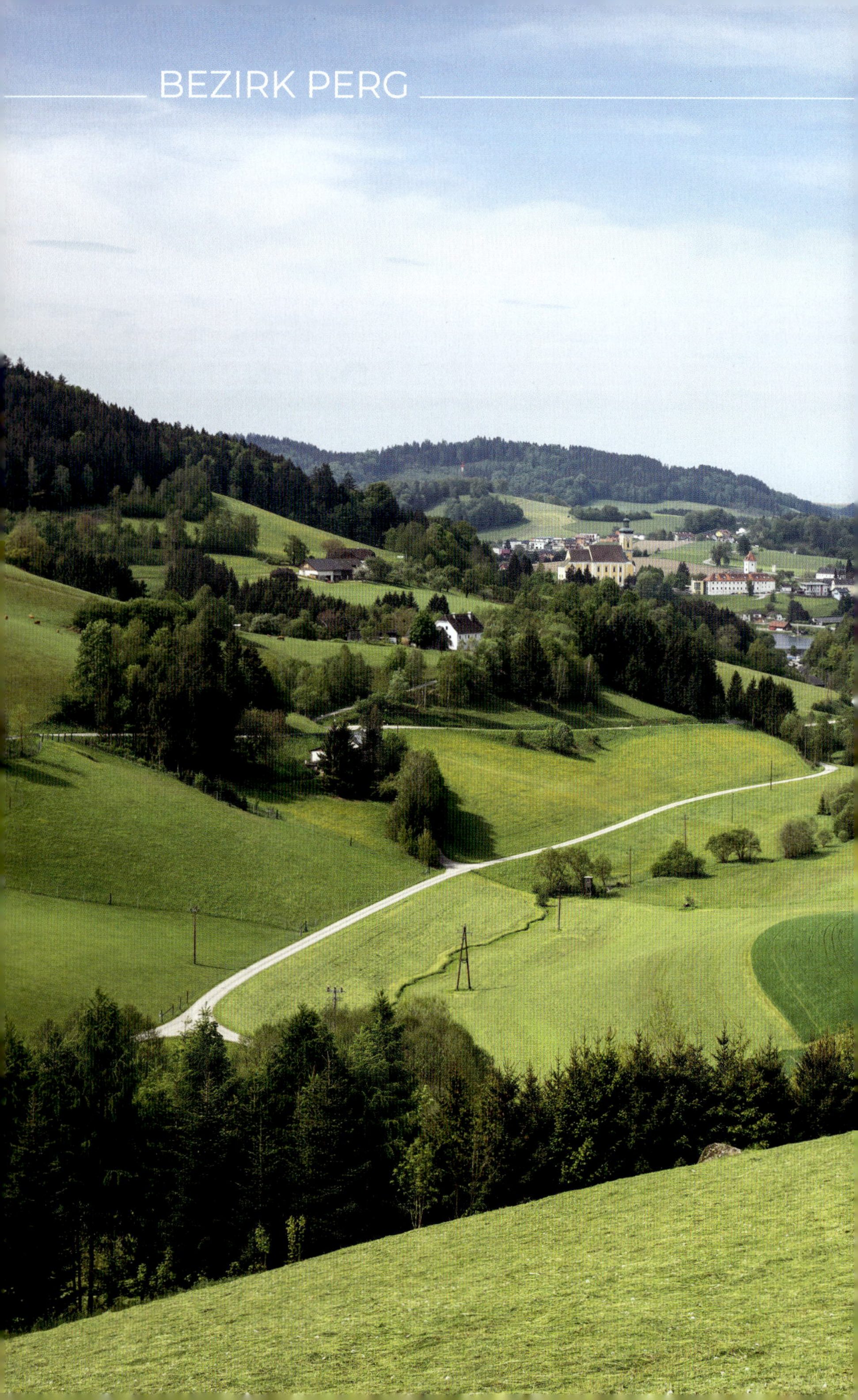

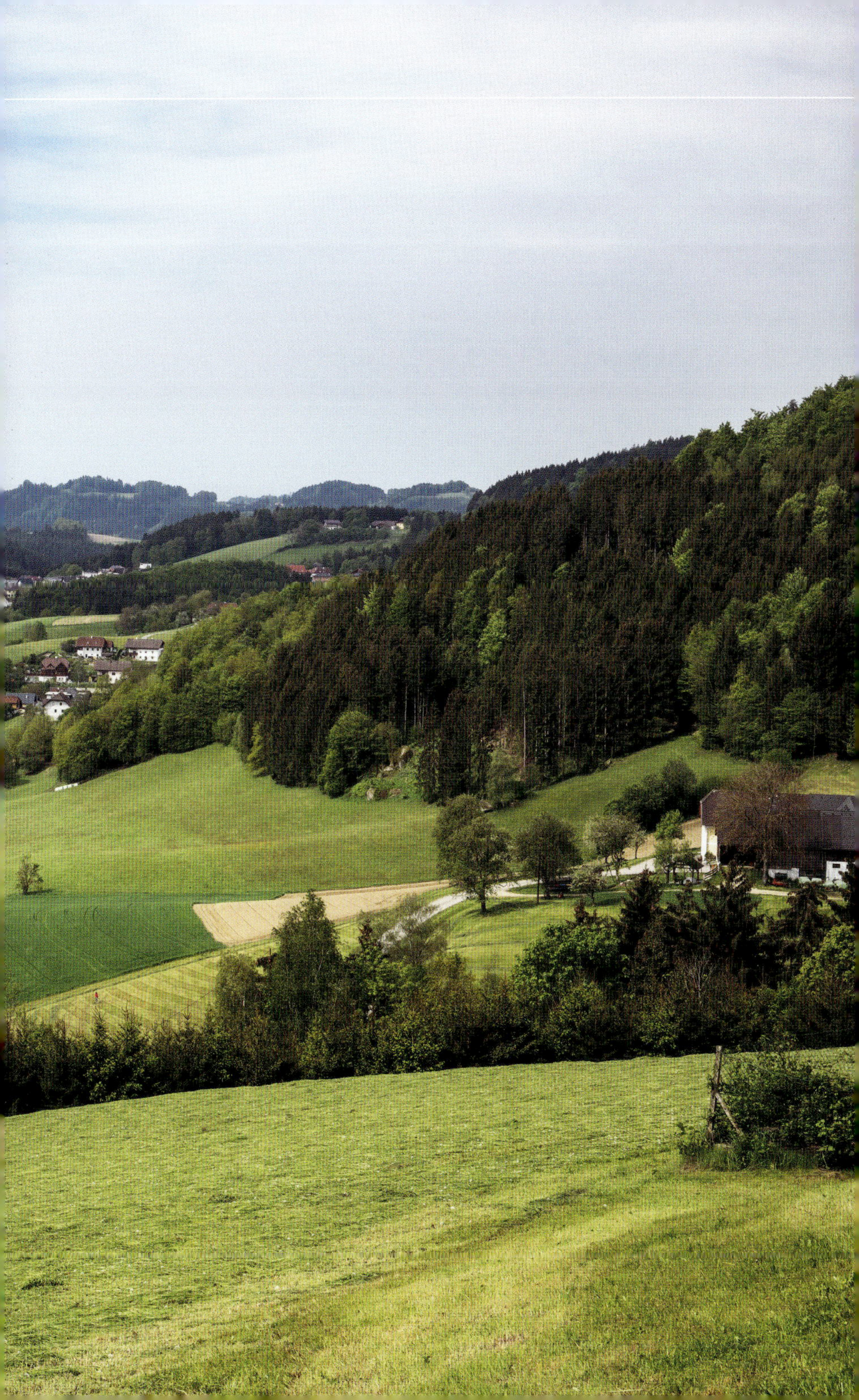

Auf dem Kugelmanderlweg

9 Km

180 Hm

2,5 Std

Woher dieser Weg seinen eigenwilligen Namen hat, verrät uns während der Wanderung eine am Rastplatz Weinzierl nachzulesende Sage. Noch interessanter aber ist die Geschichte von Perg sowie die umliegende Landschaft, die gar nicht mehr so typisch ins Mühlviertel passen will. Davon zeugen auch einige Sandsteinbrüche und die auslaufenden Hügel zur Donauebene.

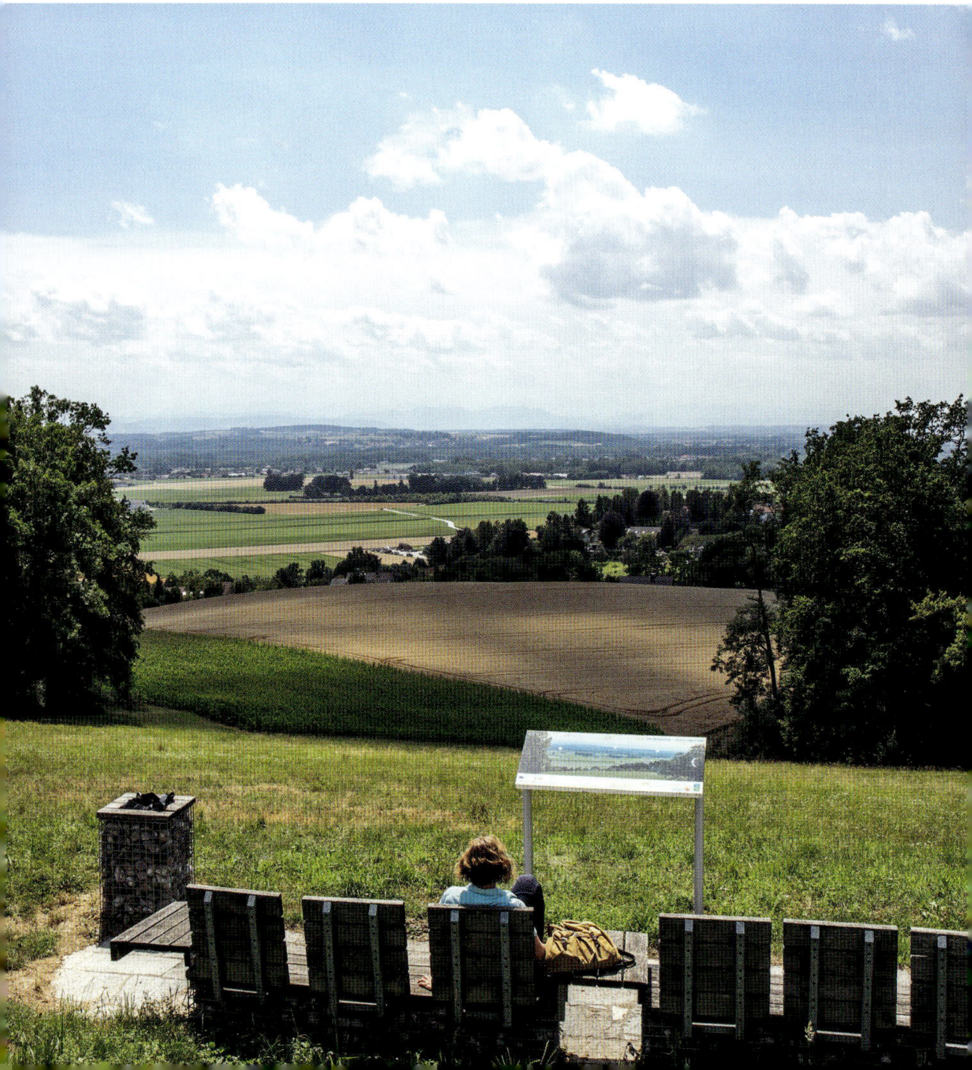

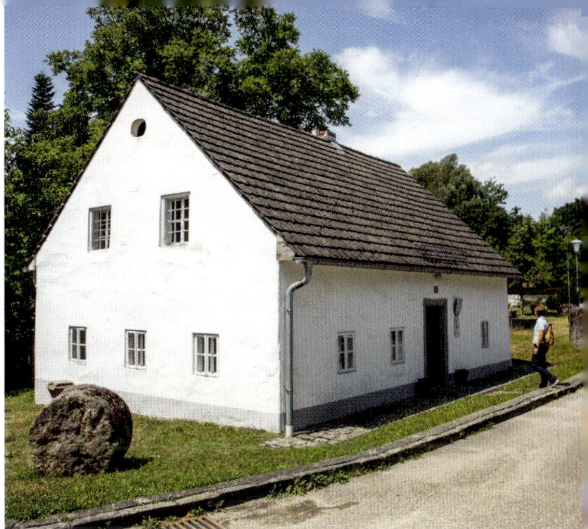

Die Bezirkshauptstadt Perg liegt genau im Übergangsbereich zwischen dem Granithochland und den fruchtbaren Niederungen des Machlands. Ein uralter Siedlungsraum im Einflussbereich der Donau, die von Perg nur mehr wenige Kilometer entfernt ist. Der Kugelmanderlweg nutzt die letzten sanften Ausläufer der Hügel, um entlang schöner Aussichtspunkte hinaus auf die Ebenen zu blicken. An manch klaren Tagen reihen sich in der Ferne dann sogar die Alpengipfel auf.

Als Teil und Erweiterung des Weitwanderwegs „Donausteig“ taucht der Kugelmanderlweg aber auch in die Geschichte der Region ein. Diese steht nämlich nicht mit dem Granit in Verbindung, sondern vielmehr mit dem hier vorkommenden Sandstein. Ein Material, das sich bestens zur Mühlsteinerzeugung eignet, was man hier jahrhundertelang wirtschaftlich für sich zu nutzen wusste. Zur Zeit der Monarchie wurden in den Sandsteinbrüchen pro Jahr rund 2000 Mühlsteine herausgehauen. Eine Menge, die Perg lange Zeit zum Zentrum der Mühlsteinerzeugung machte.

Dieser bedeutsamen Tradition wird im historischen Steinbrecherhaus Rechnung getragen. Als Museum ausgebaut und restauriert, kann dort noch vieles dieser einstigen Handwerkszunft anschaulich erlebt werden. Im frei zugänglichen Außenbereich stapeln sich im Original erhaltene Mühlsteine.

▲ Vor dem alten Steinbrecherhaus.

▶ Beachtenswert – die historischen Mühlsteine.

◀ Schöne Aussichtspunkte lassen uns hinaus auf die fruchtbaren Donauebenen blicken.

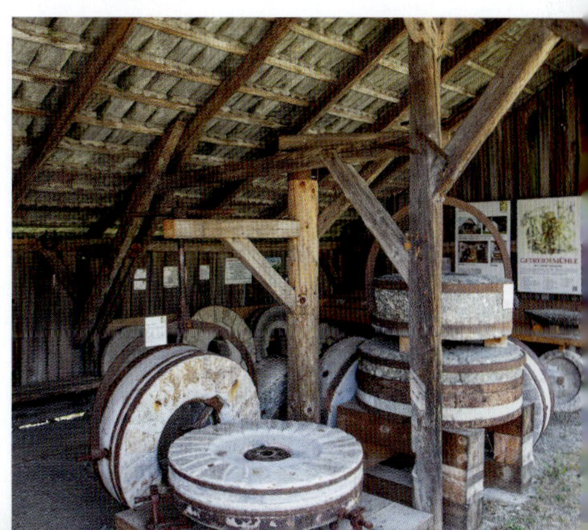

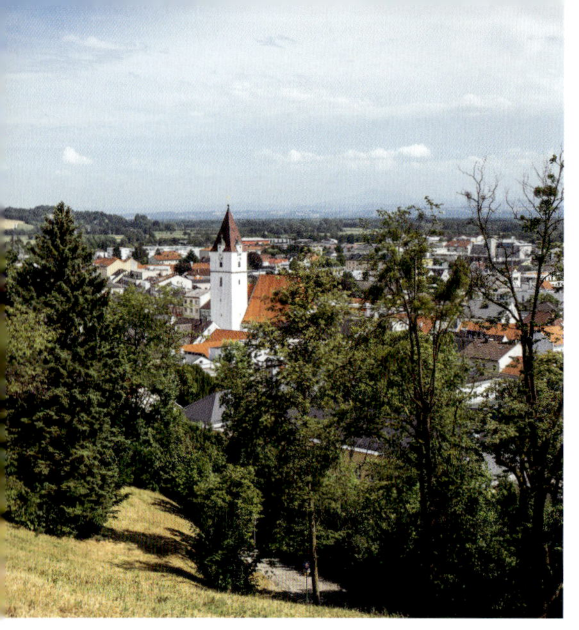

Einer anderen, jüngst wiederbelebten Tradition begegnen wir noch am Weg in der Ortschaft Weinzierl. Wie der Ortsname schon verrät, wurde hier früher Wein angebaut. An den sonnigen Südhängen zur Donau sollte das doch auch heute noch funktionieren.

▲ Blick vom Kalvarienberg auf die Bezirkshauptstadt Perg.

▼ Ein traditioneller Bauerngarten in Aisthofen.

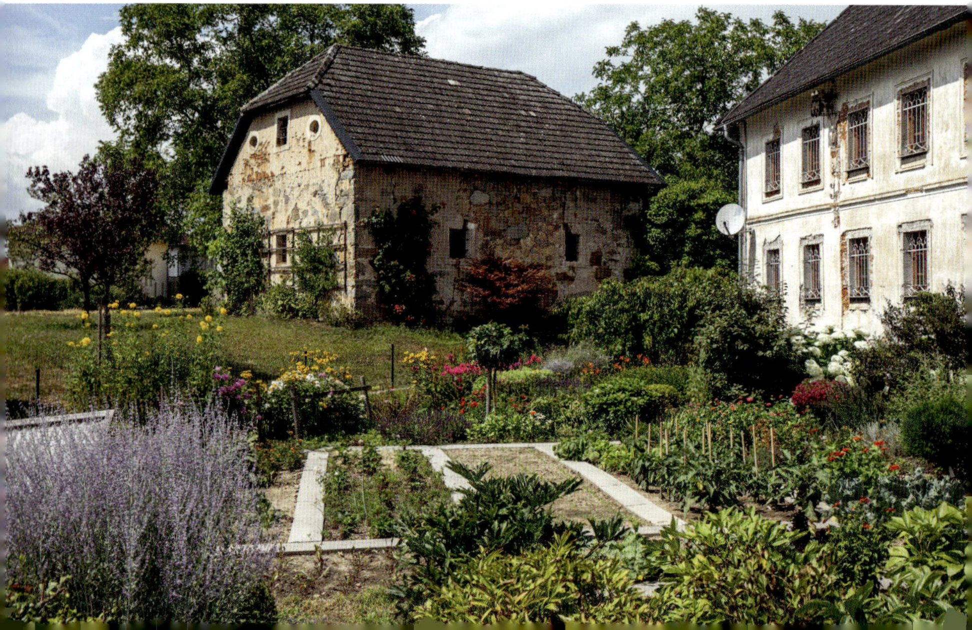

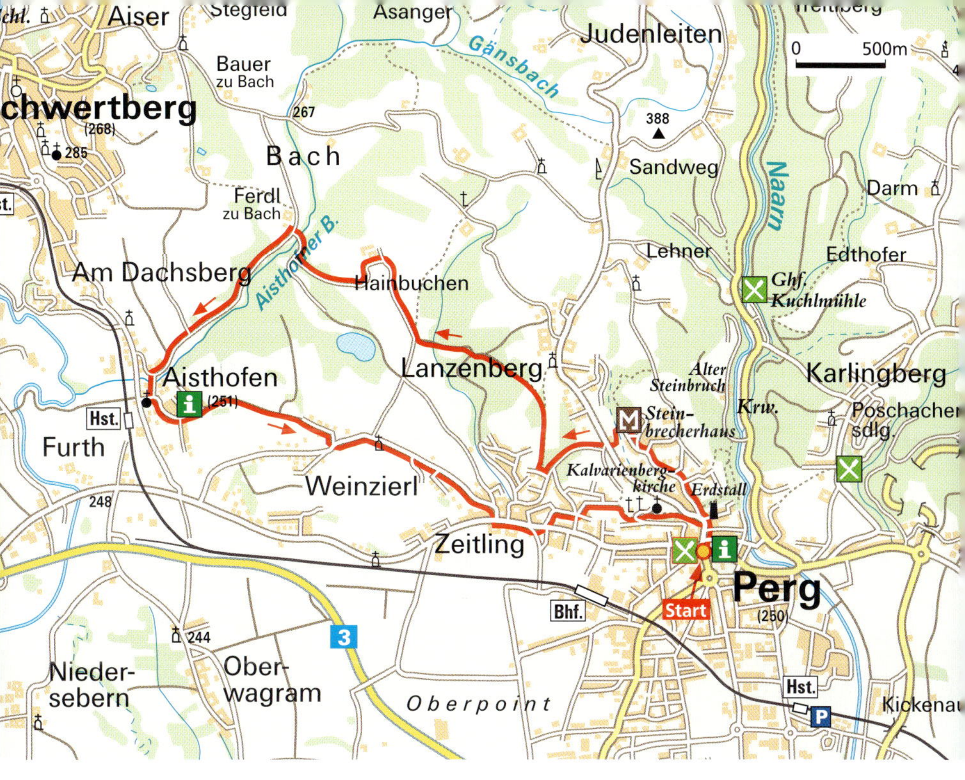

Wegbeschreibung: Alle Wanderwege in der Umgebung von Perg starten am Hauptplatz bei einer großen Infotafel. Der *Kugelmanderlweg* ist durchgehend gut beschildert. Wir verlassen die Stadt in nordwestlicher Richtung und erreichen nach einem halben Kilometer das *Museum Steinbrecherhaus*. Auch wenn es nicht geöffnet hat, erfahren wir viel zur Mühlsteinerzeugung im schön gestalteten Außenbereich. Dann lässt der Weg die letzten Häuser der Stadt hinter sich – wir kommen ins *Zaubertal* und durch ein Waldstück hindurch zum Weiler Hainbuchen. Dem Aisthofner Bach entlang, spazieren wir zur Ortschaft Aisthofen und weiter nach Weinzierl, wo uns bei einem Rastplatz die Sage von den Kugelmanderln erzählt wird. Abschließend führt uns der Weg noch über den Kalvarienberg, mit einer sehenswerten spätbarocken Kirche und schönen Ausblicken über die Stadt, zurück zum Ausgangspunkt.
Weglänge: 9 Km; **Höhenmeter ↑↓:** 180 Hm; **Gehzeit:** 2,5 Std.

Tipp: Schauen Sie sich in der Stadt Perg den *Erdstall Ratgöbluckn* im Stephaniehain an, ein über 100 Meter langes unterirdisches Gänge- und Kammernsystem.

Einkehr: Ob gemütliches Gast- oder Kaffeehaus, im Stadtzentrum von Perg wird man gewiss fündig werden.

6,2 Km

170 Hm

2 Std

Panoramafreuden und Geschichte erleben

Die erhöhte Lage von Windhaag begünstigt eine Fernsicht, die an klaren Tagen bis zur Alpenkette reicht. Der Panoramaweg verbindet dabei die schönsten Aussichtspunkte. Dazu offenbart uns der Ort eine interessante Geschichte, die mit dem exzentrischen Reichsgrafen Enzmilner in Verbindung steht und deren Spuren noch überall sichtbar sind.

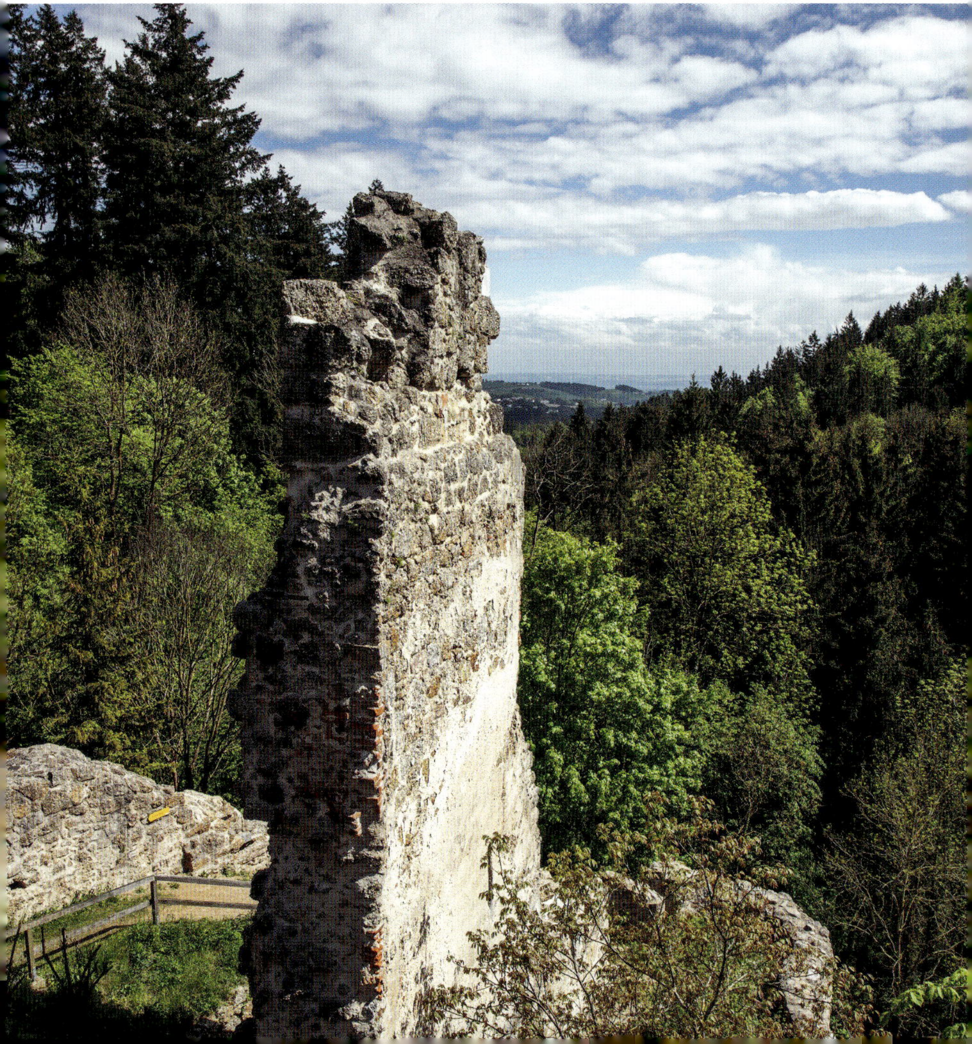

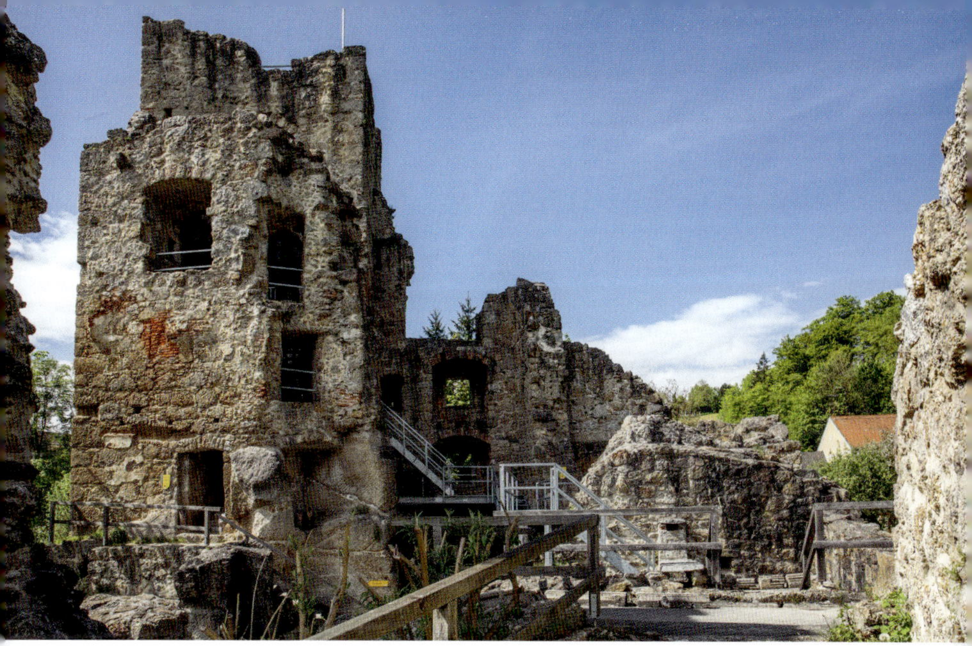

Das Wirken eines einzigen Mannes im 17. Jahrhundert hat das heutige Erscheinungsbild von Windhaag wesentlich mitgeprägt. Dabei ist das, was noch vorhanden ist, nur ein Abglanz des Prunks, der den Ort einst beherrscht hat. Anhand der Mauerreste der Burg kann man sich kaum mehr vorstellen, dass hier eines der prächtigsten Renaissanceschlösser des Landes gestanden haben soll. Erbaut von Joachim Enzmilner, einem Gegenreformator, der als einfacher Bürger eine unglaubliche Karriere bis hin zum Reichsgrafen machte. Seine einzige noch lebende Tochter, Eva Magdalena, die sich weniger zum Reichtum, sondern mehr zu einem klösterlichen Leben hingezogen fühlte, ließ das Schloss nur zehn Jahre nach dem Tod ihres Vaters wieder abreißen. Mit dem abgetragenen Baumaterial veranlasste sie die Errichtung einer imposanten Klosteranlage, von der in der

▲ Eine Arbeitsgemeinschaft hat die Burgruinen hervorragend saniert und mit Wegen und Stiegenkonstruktionen versehen.

▶ Unterwegs am Panoramaweg.

◀ Blick vom Bergfried über die Mauerreste der Burg von Windhaag.

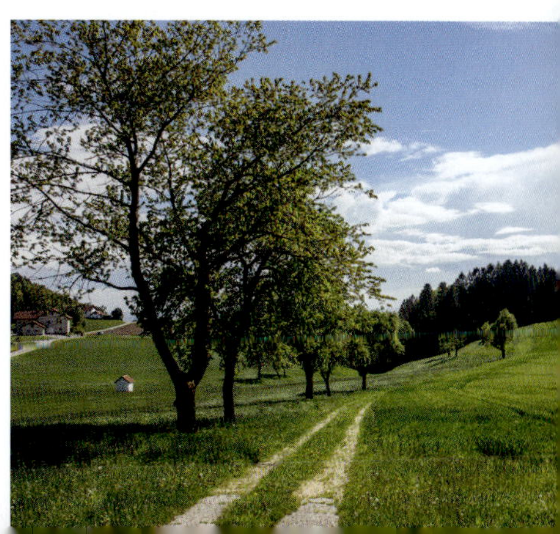

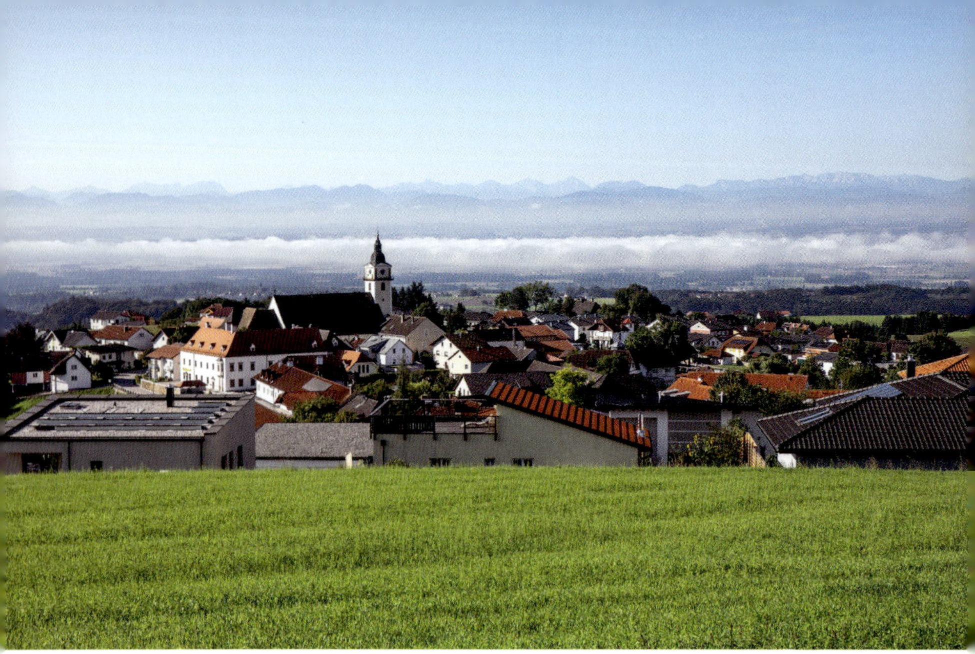

▲ Weitreichend ist der Panoramablick über Windhaag hinaus ins Donautal und je nach Sichtverhältnissen bis zu den Alpen.

▼ Einzigartig sind die rund 500 Jahre alten Fresken in der Gruft der Filialkirche Altenburg.

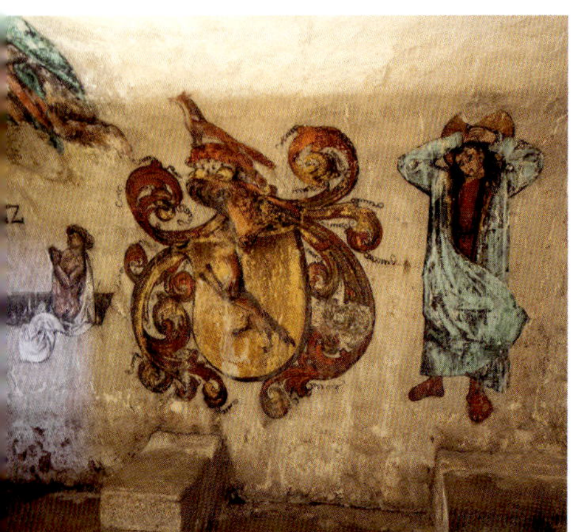

Dorfmitte die große Pfarrkirche und einige der sie umgebenden Gebäude noch Reste sind.
Es zahlt sich auf jeden Fall aus, wenn man sich für diese historischen Begebenheiten ein wenig Zeit nimmt. Als Wahrzeichen gilt das schöne noch erhaltene Nordportal, der Kleine Torbogen, als ehemaliger Eingang zum Kloster. Ein kurzer Abstecher bringt uns zur Burgruine, die in vielen wertvollen Arbeitsstunden renoviert und für Besucher zugänglich gemacht wurde. Es ist ein ruhiger Ort, der unsere Phantasie anregt und ein wenig zum Träumen einlädt.
Die eigentliche Wanderung führt uns dann vom Ort hinaus in die schöne ländliche Umgebung von Windhaag, gespickt mit Plätzen, bei denen wir die Blicke schweifen lassen.

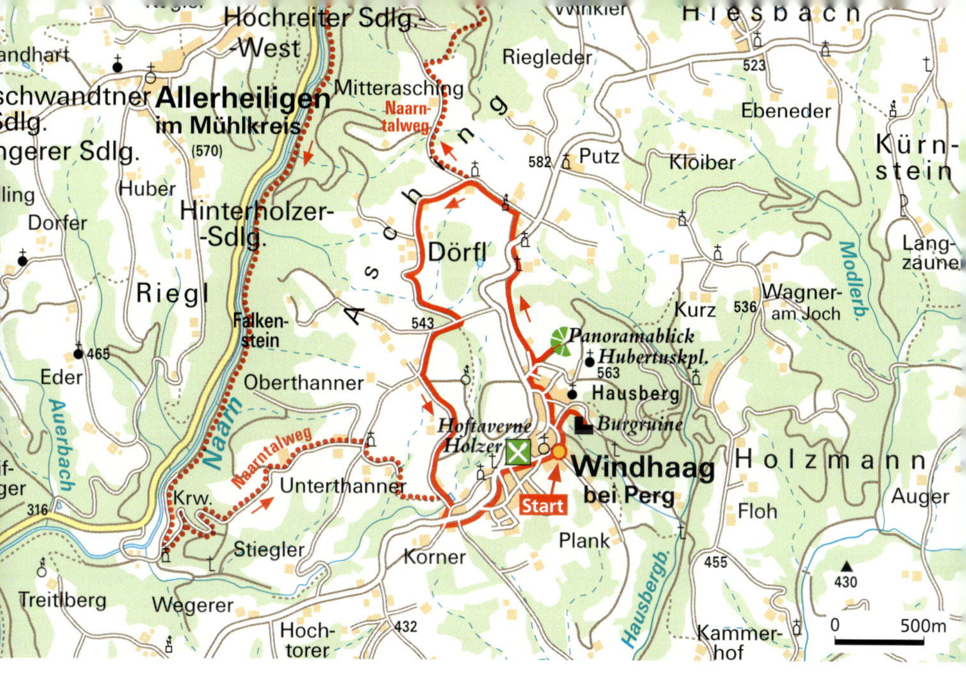

Wegbeschreibung: Startpunkt ist das Ortszentrum oder die Infotafel vor der *Hoftaverne Holzer*. Die Rundwanderung ist mit gelben Wegweisern mit der Aufschrift Panoramaweg markiert. Um die Pfarrkirche herum spazieren wir zum Kleinen Torbogen und biegen nach diesem rechts, zu einer Besichtigung der Burgruine, ab. Nach diesem Abstecher zur Burg, den Ort durch den Großen Torbogen verlassend, haben wir die Möglichkeit zu einem besonders schönen Aussichtspunkt zu gelangen. Dieser weitere, nur rund 200 Meter lange Weg auf eine Anhöhe, ist ebenfalls empfehlenswert. Über eine Hügelkuppe hinweg und ein Stück der Hauptstraße entlang kommen wir zum Bauernhaus *Bauernstein*. Von dort ergeben sich schöne Ausblicke zur Nachbargemeinde Allerheiligen. Über den Weiler Dörfl, den Reiterhof Rothmayr und den Bäckerteich gelangen wir zurück zum Ausgangspunkt.
Weglänge: 6,2 Km; **Höhenmeter ↑↓:** 170 Hm; **Gehzeit:** 2 Std.

Variante: Wer noch einen anderen Landschaftseindruck mitnehmen will, für den lässt sich der Panoramaweg gut mit dem Naarntalweg kombinieren.
Weglänge: 12 Km; **Höhenmeter ↑↓:** 400 Hm; **Gehzeit:** 3,5 Std.

Tipp: Sehenswert ist die *Filialkirche Altenburg,* die mit 500 Jahre alten Fresken einen wahren Kunstschatz hütet. Im angegliederten Museum Altenburg lässt man die Ortsgeschichte aufleben.

Einkehr: Mit gemütlicher Atmosphäre und guter traditioneller Küche empfängt uns am südwestlichen Ortsrand die *Hoftaverne Holzer*.

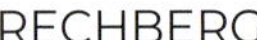

Großartiger Naturparkweg

7,5 Km

250 Hm

3 Std

Die Menge an Naturschönheiten, die diese Wanderung auf engstem Raum vereint, ist kaum zu überbieten. Oft sind es nur wenige Schritte und schon staunen wir über die nächste imposante Granitformation, eingebettet in noch naturnahe Lebensräume. Dazu gesellen sich noch ein rund 400 Jahre alter Denkmalhof und eine Aussichtswarte.

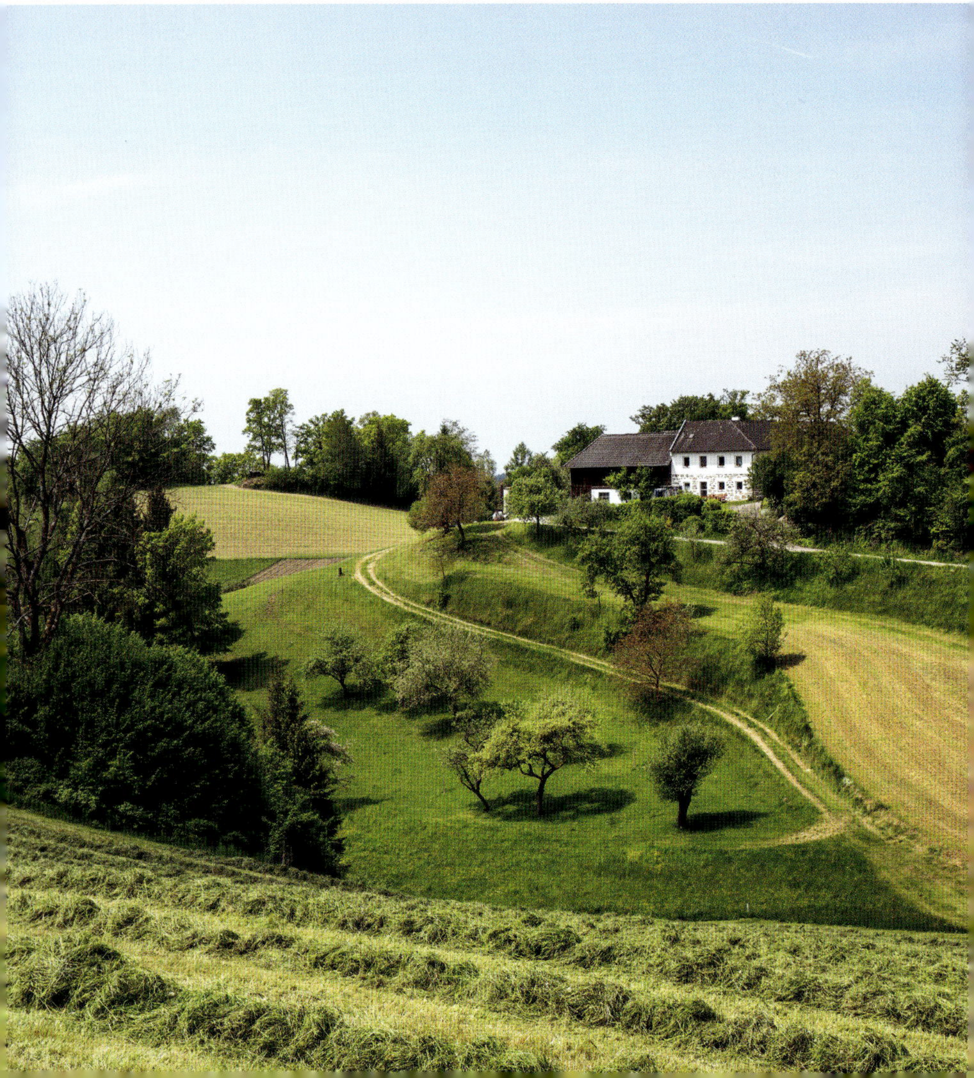

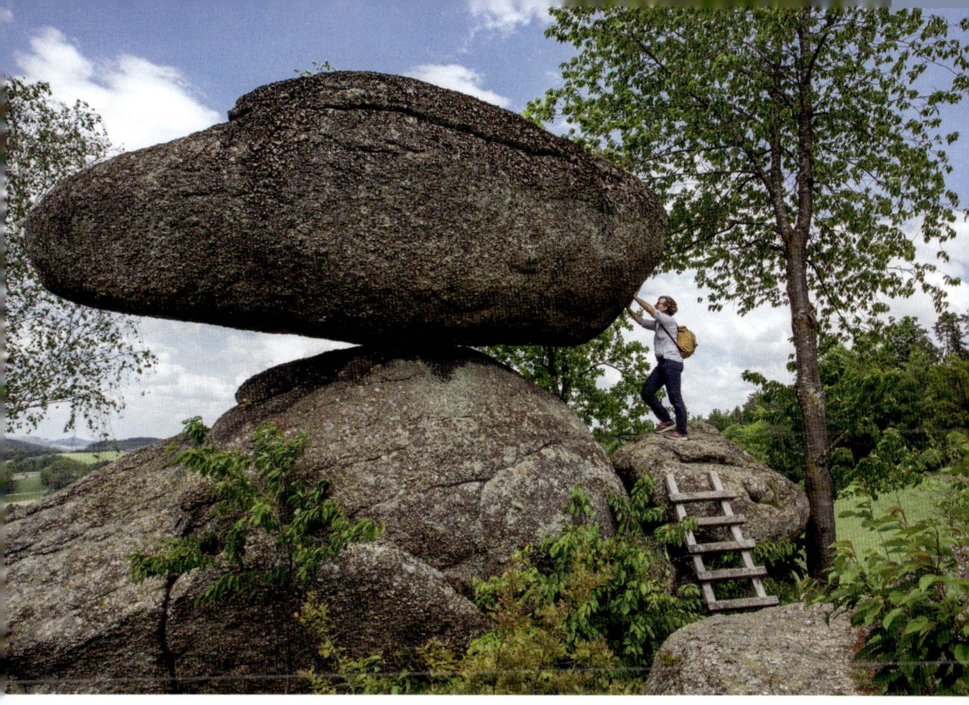

Wer hat nicht zumindest schon einmal ein Bild von ihm gesehen, dem „Schwammerling“, Wahrzeichen und Aushängeschild des Naturparks Mühlviertel? Schon Napoleons Soldaten wollten diesen mächtigen und wohl berühmtesten Wackelstein des Mühlviertels vom Sockel stoßen. Zum Glück ist es ihnen nicht gelungen. Bis heute hält der Stein die Balance und lässt sich nicht aus dem Gleichgewicht bringen. Der Naturparkweg führt direkt an ihm vorbei. Wie beeindruckend groß er tatsächlich ist, lässt sich nämlich erst ermessen, wenn man einmal davorgestanden ist. Zusammen mit den Gemeinden Bad Zell, Allerheiligen und St. Thomas am Blasenstein ist Rechberg Teil des Naturparks Mühlviertel. Dieses Landschaftsschutzgebiet zeichnet sich durch eine besonders reich strukturierte Kulturlandschaft aus. Es geht um ökologisch wertvolle Flächen, die erst durch die Besiedlung des Menschen entstanden sind und von Landwirten seit Jahrhunderten gehegt werden. Ein Kreislauf, in dem Mensch und Landschaft auf das engste miteinander ver-

▲ Größer als gedacht ist der Schwammerling. Wohl schon seit Jahrtausenden lässt sich der bekannte Wackelstein nicht aus dem Gleichgewicht bringen.

◀ Als besonders reich strukturiert erweist sich die Landschaft in der Naturpark-Gemeinde.

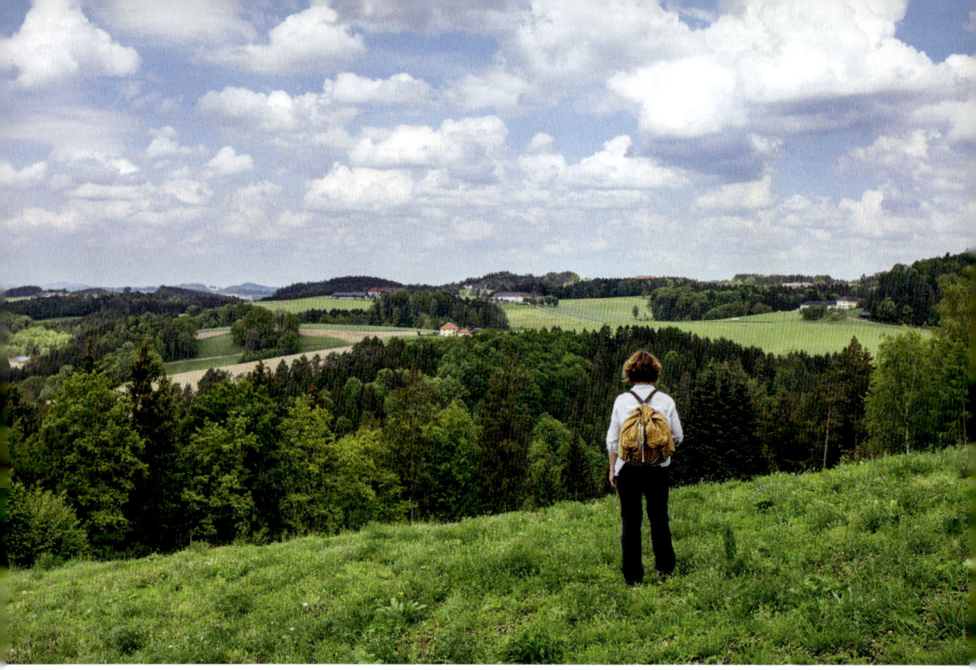

▲ Immer wieder ergeben sich herrliche Ausblicke in die Landschaft.

▼ Eindruck hinterlassen die mit dicken Moosen bepackten Fuchsmauern.

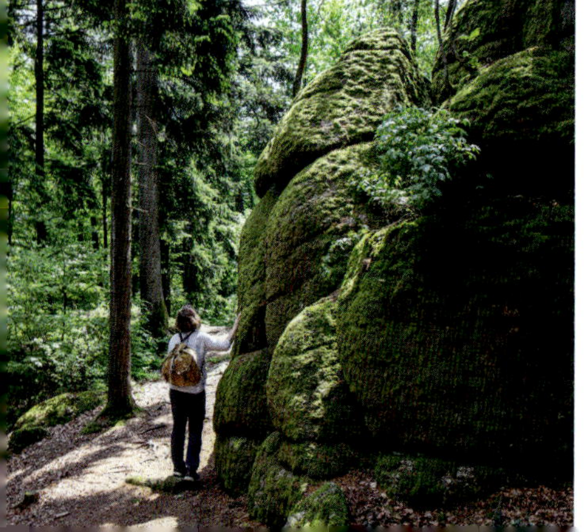

netzt sind. „Wo die Natur blüht, blüht der Mensch auf“, so lautet auch die Naturpark-Philosophie. Rechberg und der hier vorgestellte Naturparkweg bilden ein wenig das Zentrum und von allem etwas.

Ihren charakteristischen Stempel hat der Weinsberger Granit dieser Landschaft aufgedrückt – ein rund 350 Millionen Jahre altes Urgestein. Die sogenannte Wollsackverwitterung hat dann mit der Zeit jene faszinierenden Gesteinsformen geschaffen, denen wir in dieser Gegend so zahlreich begegnen. Der Wackelstein des Schwammerling ist ja bei weitem nicht der einzige. So kommen wir auch noch beim eigenwilligen Elefantenstein vorbei und in einem schönen Mischwald durchstreifen wir die Fuchsmauern – eine ganze

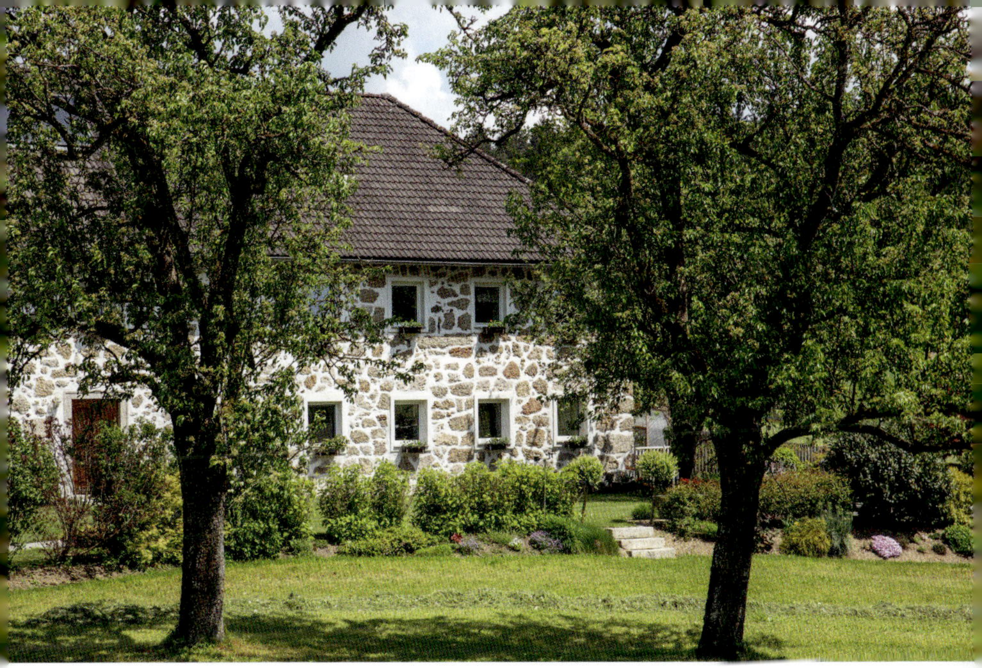

Ansammlung aufeinander gestapelter Gesteinsblöcke. Leicht vorstellbar, dass sie Füchsen seit jeher ein ideales Versteck geboten haben.
Als weiteres Naturdenkmal ist die Pammerhöhe interessant, eine mit Granitblöcken übersäte Hügelkuppe. Aufgrund besonderer hydrologischer Verhältnisse weist sie Heidelandcharakter auf. Ein selten gewordener Landschaftstyp mit ausgeprägter Trockenvegetation. Hier gedeihen ausschließlich Pflanzen, die sich mit diesem nährstoffarmen Boden und extremen Lebensbedingungen zurechtfinden. Charakterarten sind das Heidekraut, die rosa blühende Heidenelke und der Wacholderstrauch.

▲ Ein traditionelles Bauernhaus ist von einer Streuobstwiese umgeben.

▶ Noch größer als sein Namensgeber ist der Elefantenstein auf der Pammerhöhe.

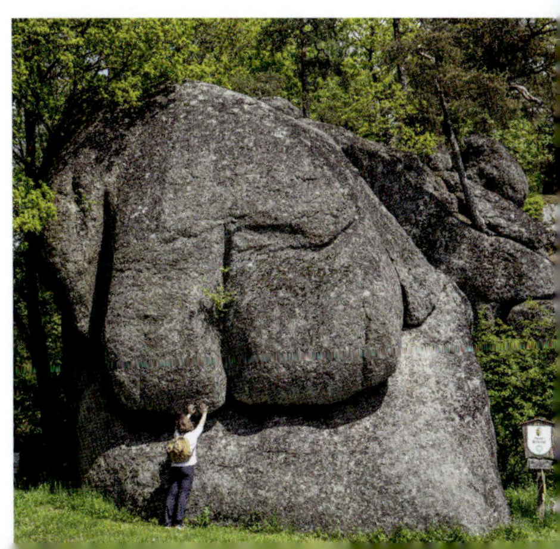

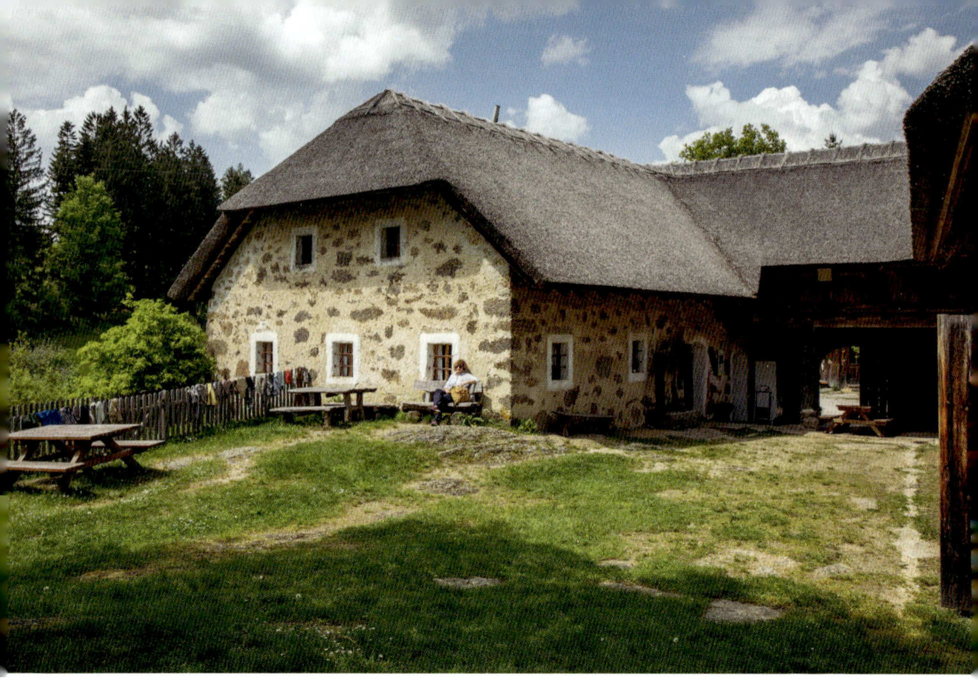

▲ Das Freilichtmuseum Großdöllnerhof lädt zur Rast und Besichtigung ein.

▼ Bescheidener Luxus: Das einstige Schlafgemach der Hofbesitzer.

Abwechslung zur Natur schafft dann ein ganz von Menschenhand geschaffenes Denkmal. Das Freilichtmuseum Großdöllnerhof dreht für uns die Zeit zurück und gibt uns eine Vorstellung vom früheren bäuerlichen Leben. Schon von außen ist der in Steinbloßbauweise errichtete Dreiseithof beachtenswert, das Dach noch mit Stroh gedeckt. Treten wir ein, finden wir uns in den im Originalzustand erhaltenen Räumen wieder. Ein Erlebnis, das uns vor Augen führt, mit welch einfachen Dingen und mit wie wenig die Menschen einst zufrieden waren. Abschließend steigen wir am Plenkerberg noch auf die Karl Weichselbaumer Aussichtswarte und lassen über die Naturpark-Region die Blicke schweifen. Unter uns liegen wiederum große Felsblöcke im Wald, angeblich als Zeugen eines schon vorchristlichen Kultplatzes. Sie sind der Ausklang einer Wanderung, deren Eindrücke vielfältig sind.

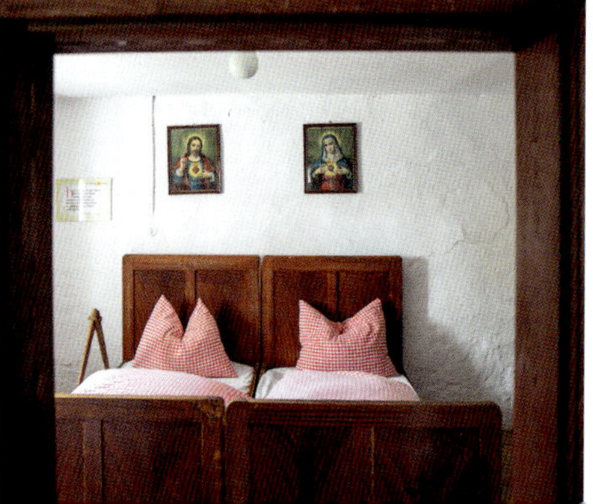

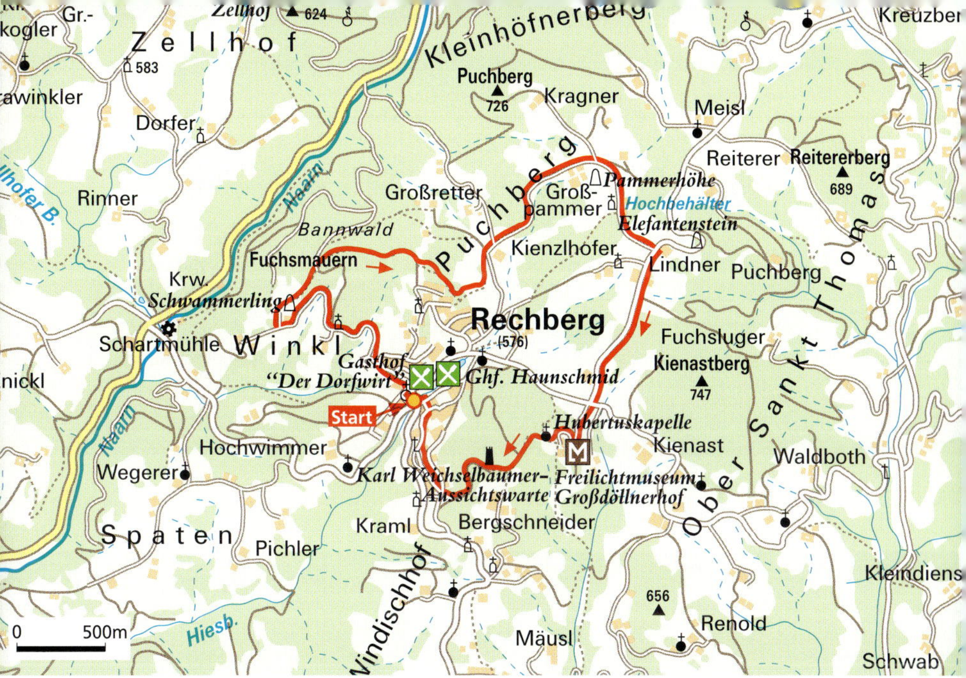

Wegbeschreibung: Zentraler Ausgangspunkt für alle Wanderungen in der Naturparkgemeinde ist der Dorfbrunnen im Ortszentrum. Wir achten auf die gelben Wegweiser mit der Aufschrift *Naturparkweg (Wegnummer 4)*. Den Ort in nordwestlicher Richtung verlassend, erreichen wir schon bald den bekannten Wackelstein des Schwammerling. Es folgen in einem Waldstück die Felsformationen der Fuchsmauern, bevor es auf einer Nebenstraße hinauf zur Pammerhöhe und zum Elefantenstein geht. Den Berg wieder hinunter, erreichen wir das Freilichtmuseum Großdöllnerhof. Von dort führt der Weg über die sogenannte Steinwiese hinauf zur Karl Weichselbaumer Aussichtswarte. Den Plenkerberg hinab, gelangen wir zurück zum Ausgangspunkt.
Weglänge: 7,5 Km; **Höhenmeter ↑↓:** 250 Hm; **Gehzeit:** 3 Std.

Tipp: Entlang des Weges finden sich einige schöne Rast- und Picknickplätze, wie jene beim Schwammerling, auf der Pammerhöhe oder beim Großdöllnerhof. Dieser hat in der warmen Jahreszeit an den Wochenenden von 13 bis 18 Uhr geöffnet. Ein Naturbadesee am Ortsrand bietet sich im Sommer für eine Abkühlung an.

Einkehr: Im Ort freut sich auf uns *Der Dorfwirt* und der *Gasthof-Pension Haunschmid*. Beide Gastronomiebetriebe servieren eine reiche Auswahl an heimischen Spezialitäten, zubereitet aus überwiegend regionalen Produkten.

1,5 Km
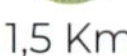

50 Hm

0,5 Std

Heilige Orte – Orte der Kraft und Energie

In St. Thomas am Blasenstein hat man das Gefühl, ganz oben zu stehen. Ganz oben an einem Ort, der über der Welt zu schweben scheint. Vom Oberen Burgstall aus liegt uns das Mühlviertler Hügelland zu Füßen. Angrenzend steht die gotische Wallfahrtskirche, deren Gruft eine geheimnisvolle Mumie beherbergt. Und nicht zu vergessen, die bekannte Bucklwehluck´n, ein Durchkriechstein, dem heilende Kräfte nachgesagt werden.

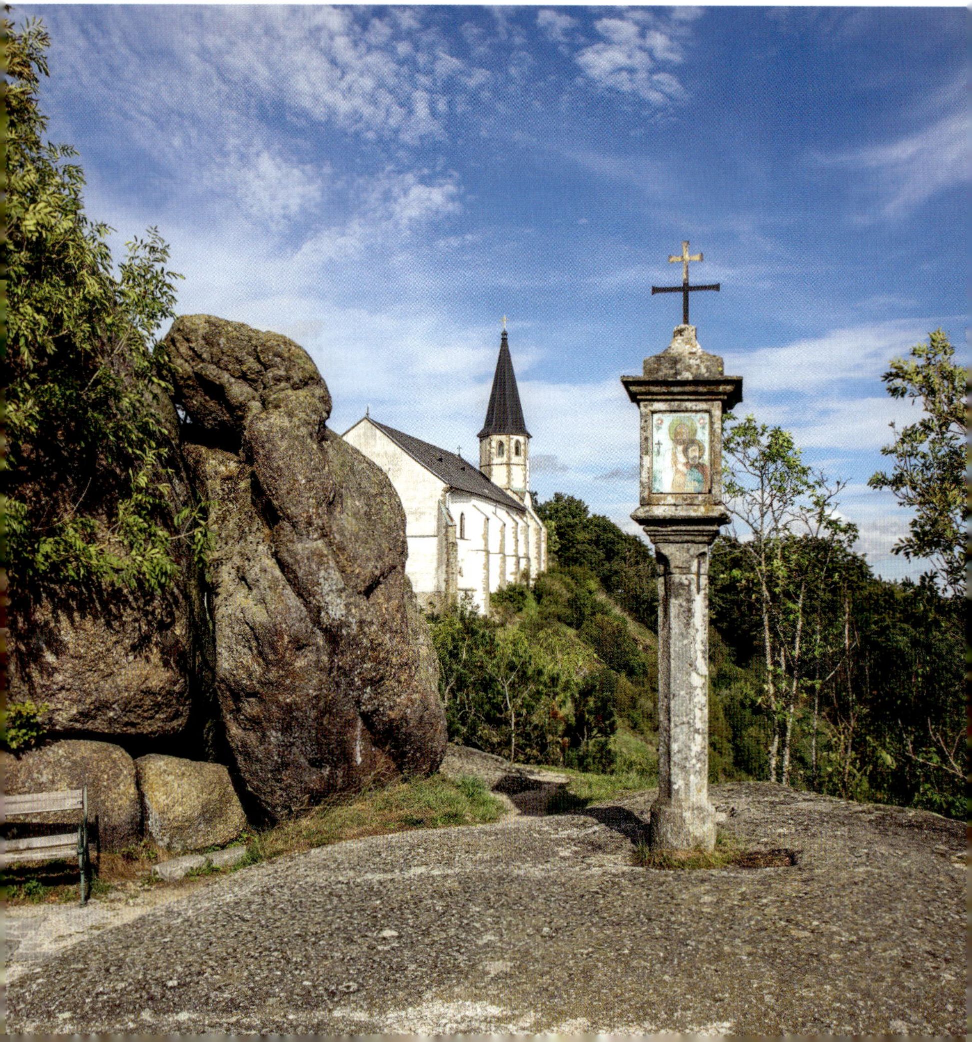

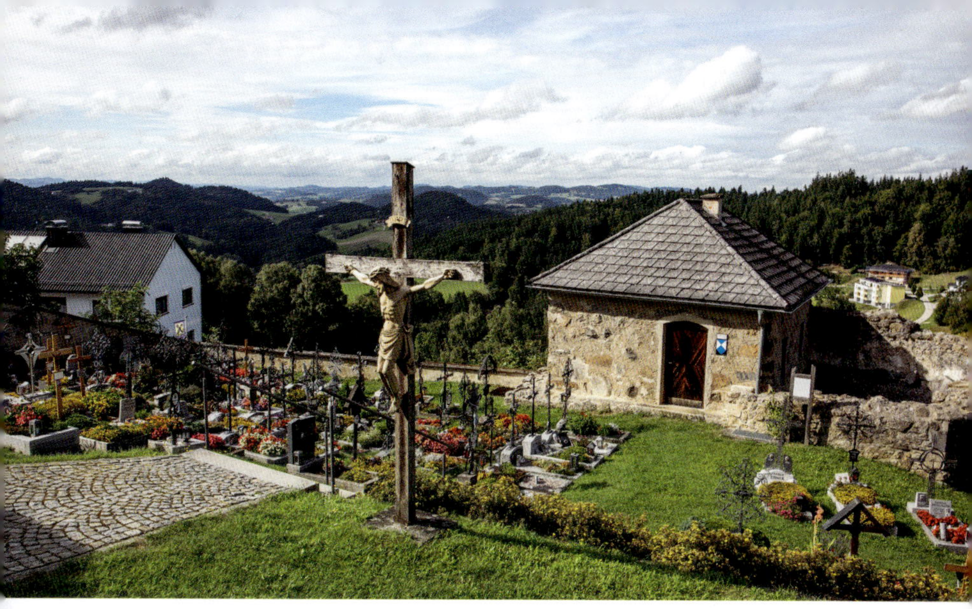

▲ Erhöht über dem Land und dem Himmel nah – der Friedhof von St. Thomas.

◀ Legendenumrankt ist die Bucklwehluck`n mit ihrer Steinsäule. Wer durch den schmalen Spalt der beiden Steine schlüpft, soll von Rückenleiden geheilt werden.

Weithin sichtbar krönt die Kirche von St. Thomas die steinerne Hügelkuppe des Blasensteins. Ein Wahrzeichen, das aus der Landschaft nördlich der Donau sprichwörtlich herausragt und uns an schönen Tagen schon von der Ferne Orientierung bietet. Warum also nicht einmal diesen hoch gelegenen Ort mit seinen besonderen Sehenswürdigkeiten besuchen? Das ungewöhnlichste Schaustück, das wir in St. Thomas zu sehen bekommen, ist vermutlich die im Volksmund als „luftg´selchter Pfarrer" bekannte Mumie. Lange Zeit war die Herkunft und die Entstehung dieses natürlich mumifizierten Leichnams im Reich der Legenden angesiedelt. Erst jüngste naturwissenschaftliche Untersuchungen haben mehr Klarheit über die Mumie gebracht. Tatsächlich soll es sich um einen jungen Priester handeln, der Anfang des 18. Jahrhunderts in St. Thomas gelebt hat. In der neu gestalteten Gruftkammer hat man seine Geschichte, seinen Tod und seine Mumifizierung anhand von Schautafeln sehr interessant aufbereitet.
Viel lichter ist es hingegen bei der Bucklwehluck´n, einem uralten Kultplatz. Ein großer, aufragender Granitblock hat sich dort an einen noch größeren gelehnt. Wer durch den engen Spalt der beiden Felsen von Ost

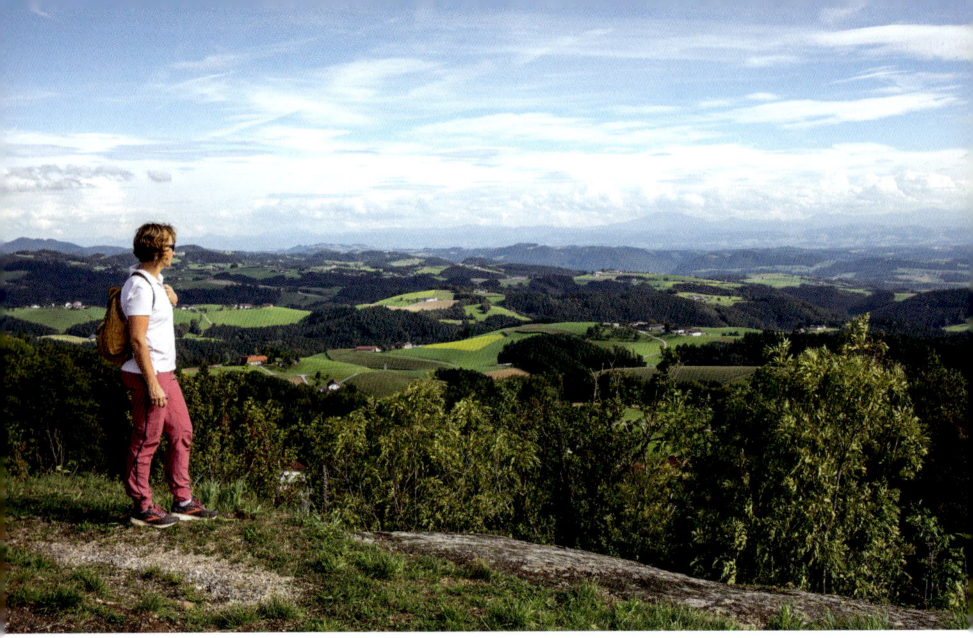

▲ Atemberaubend ist das Panorama über die Mühlviertler Hügelwelt vom Oberen Burgstall.

▼ Wer in die Gruft der Pfarrkirche hinabsteigt, wird dort dem „luftg`selchten Pfarrer“ begegnen.

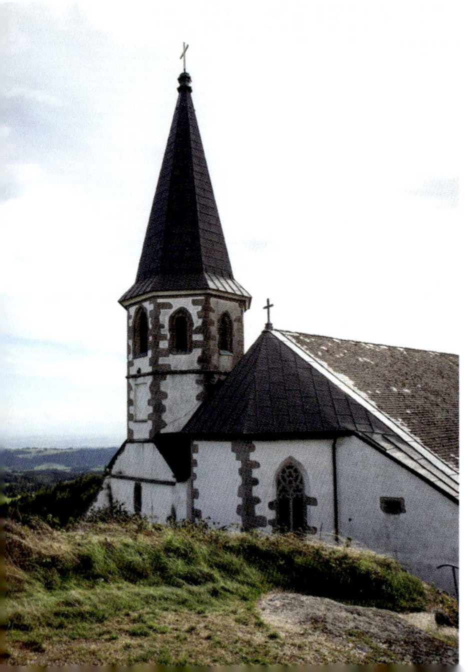

nach West hindurchschlüpft, soll nach altem Glauben von Kreuzschmerzen und Rheuma geheilt werden. Den Ort ziert ein schöner Bildstock, der seine Christianisierung verdeutlicht. Denn auch seine Sünden soll man an den Steinen seither abstreifen können.
„Heilige Orte – Orte der Kraft und Energie“ nennt sich ein Spaziergang durch den Ort, der die genannten Sehenswürdigkeiten verbindet. Dazu zählt auch eine atemberaubende Aussicht, die an klaren Tagen sogar die Alpen zum Greifen nahe rücken lässt.

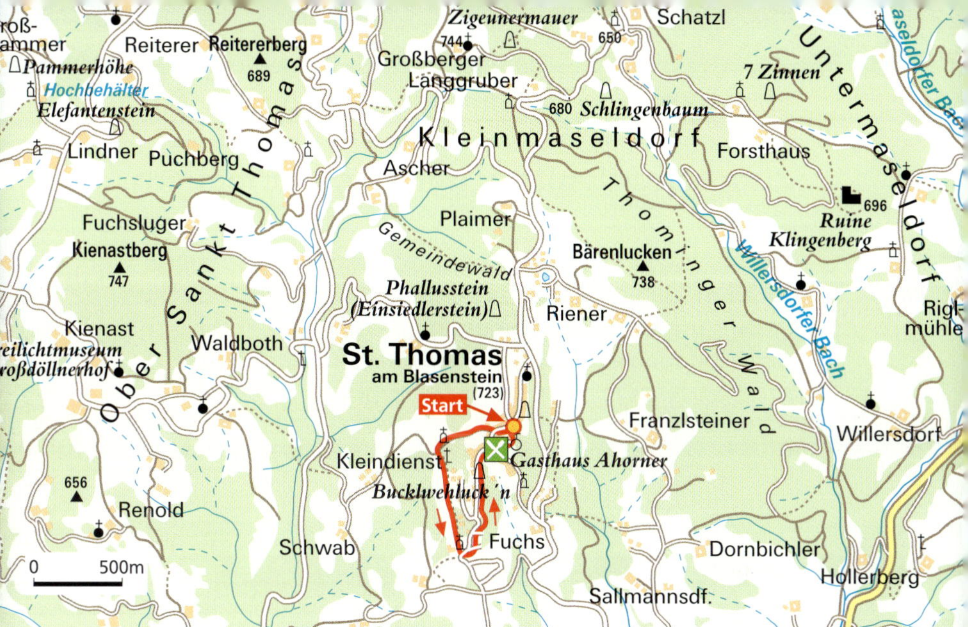

Wegbeschreibung: Im Ortszentrum von St. Thomas am Blasenstein sind alle sehenswerten Plätze gut ausgeschildert. Ausgangspunkt ist eine große Infotafel vor dem Gemeindeamt. Einen Parkplatz finden wir nach der Ortseinfahrt unterhalb des Friedhofs. Über eine Stiege steigen wir zu den Felsen der Bucklwehluck`n hinauf. Es folgen eine Besichtigung der Kirche und der Gruftkammer mit dem „luftg`selchten Pfarrer“, bevor wir von der Felskuppe am Oberen Burgstall die großartige Aussicht genießen. Über die Bedeutung und die Geschichte der Plätze informieren Texte. Bänke laden zum Verweilen ein.
Weglänge: 1,5 Km; **Höhenmeter ↑↓:** 50 Hm; **Gehzeit:** 0,5 Std.

Variante: Gut verbinden lässt sich mit diesen „Orten der Kraft“ der *Prozessionsweg (Wegnummer S1)*. Dieser wurde jüngst zu einem *Schmetterlings-Erlebnisweg* ausgebaut, bei dem auch Kinder auf ihre Kosten kommen. Sieben Aktivstationen lassen uns staunen und die Welt der Falter entdecken. In der Natur, entlang des Weges, sind wir in ihrem Lebensraum unterwegs.
Weglänge: 2 Km; **Höhenmeter ↑↓:** 80 Hm; **Gehzeit:** 1 Std.

Tipp: Besuchen Sie im Ortszentrum auch das außergewöhnliche Puppenmuseum. Rund 2500 antike Porzellankopfpuppen und diverse Puppenstuben geben dort Einblick in vergangene Spielwelten.

Einkehr: Hausgemachte Mehlspeisen und Bodenständiges serviert das *Gasthaus Ahorner* im Ortszentrum. Auf unserem Spaziergang kommen wir direkt an ihm vorbei.

Zum Naturdenkmal der Zigeunermauern

9 Km

280 Hm

3 Std

Die wunderbaren Plätze um die Bucklwehluck´n im Ortszentrum von St. Thomas ziehen viele Besucher an. Weniger bekannt sind die faszinierenden Felsformationen, die sich im Gemeindegebiet meist in den Wäldern verstecken. Zu den mächtigsten von ihnen zählen die Zigeunermauern, mit natürlichen Überdachungen und Kammern. Grund genug, um seine Wanderschuhe zu schnüren und die Umgebung zu erkunden.

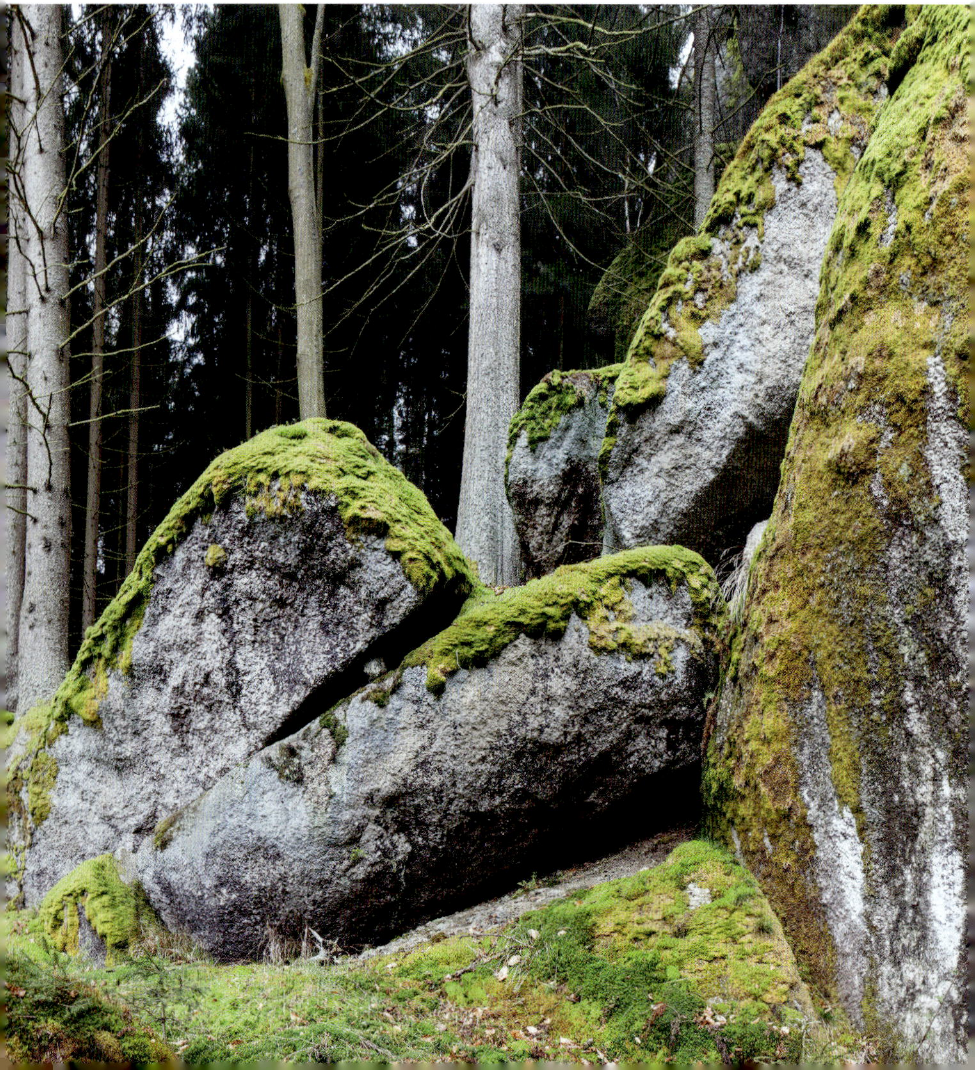

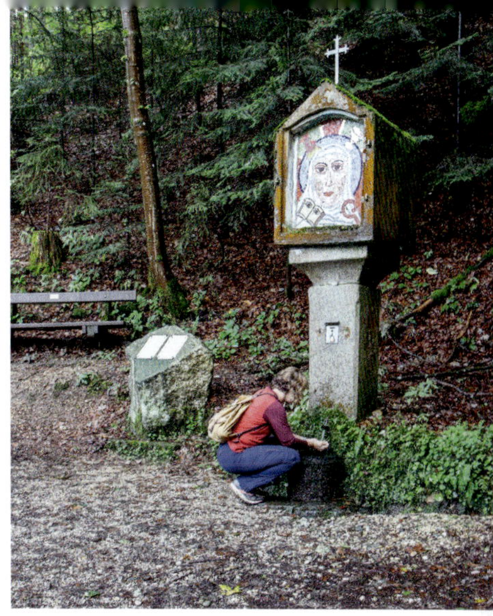

In der Gegend von St. Thomas am Blasenstein hat es die Menschen scheinbar immer schon zu den Steinen hingezogen. Davon zeugen einige alte Rodungshöfe, in deren unmittelbarer Nähe sich oftmals Schalen- und Opfersteine befinden. Vermutlich hatten die Höfe dort sogar noch ältere Vorläufer. Eine Anziehungskraft, die bezeichnend und rätselhaft ist. Waren es einst wahrscheinlich Kultstätten religiöser Verehrung, ziehen sie uns bis heute als Kraft- und Energieplätze in den Bann.
So lohnt es sich, auf dem Weg zu den Zigeunermauern, einen kurzen Abstecher zum rund fünf Meter hohen Phallusstein zu machen. Sein Name verrät uns bereits seine phallische Form, die von heutigen Forschern als das Ergebnis einer vorwiegend chemischen Verwitterung verstanden werden mag. Unsere keltischen Vorfahren hingegen sahen in solchen Felsgebilden eine Symbolik der Fruchtbarkeit und göttlichen Offenbarung. Ganz anders wirken dann die Zigeunermauern auf uns: Als ein wilder Haufen sich gegenseitig stützender Felsblöcke, aufgetürmt zu einer großen löchrigen Pyramide. Mit ihrer Mächtigkeit zählt sie zu den eindrucksvollsten Felsformationen im Unteren Mühlviertel.

▲ Im Wald, unterhalb der Felsformation, liegt das Augenbründl. Das Quellwasser verspricht der Legende nach Heilung.

▶ Seine ungewöhnliche Form weist den Phallusstein als Naturdenkmal aus.

◀ Die übereinander gewürfelten Felsblöcke der Zigeunermauern sind mit dicken Moosen bepackt.

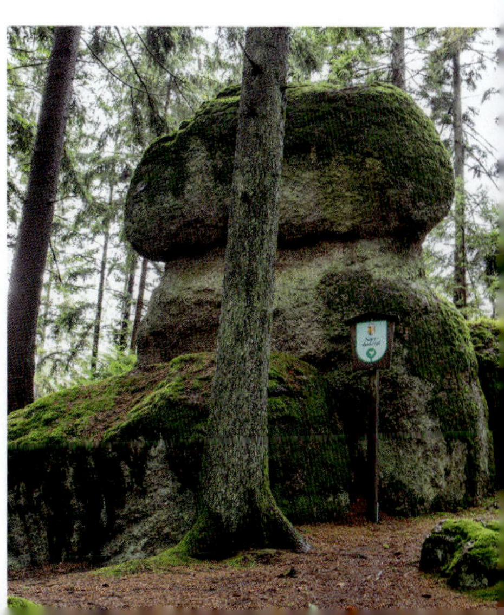

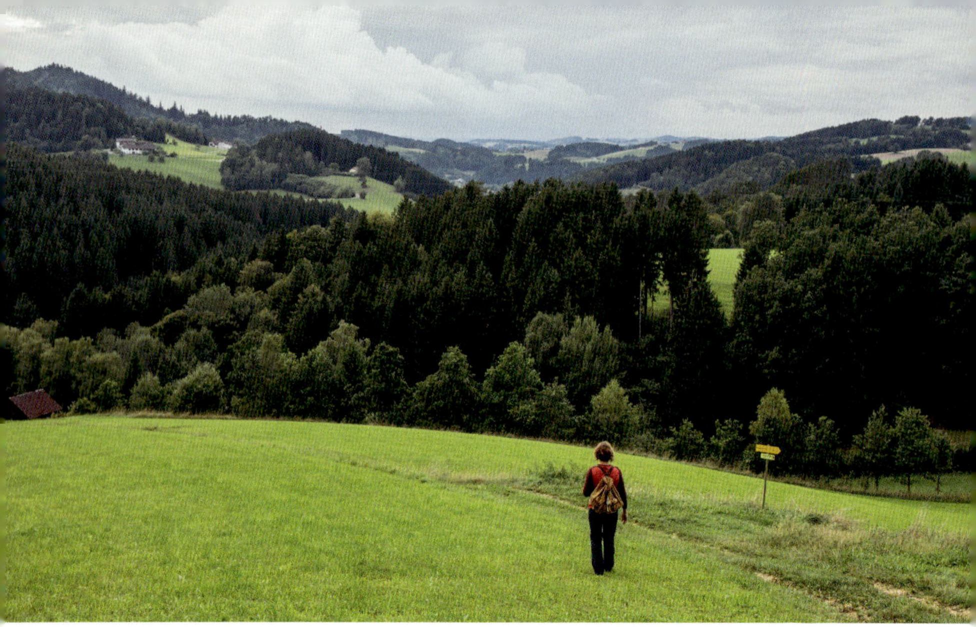

▲ Auf dem Weg zu den Zigeunermauern ergeben sich immer wieder schöne Ausblicke über die Landschaft.

▼ Ein Baum hat auf einem Felsen Fuß gefasst.

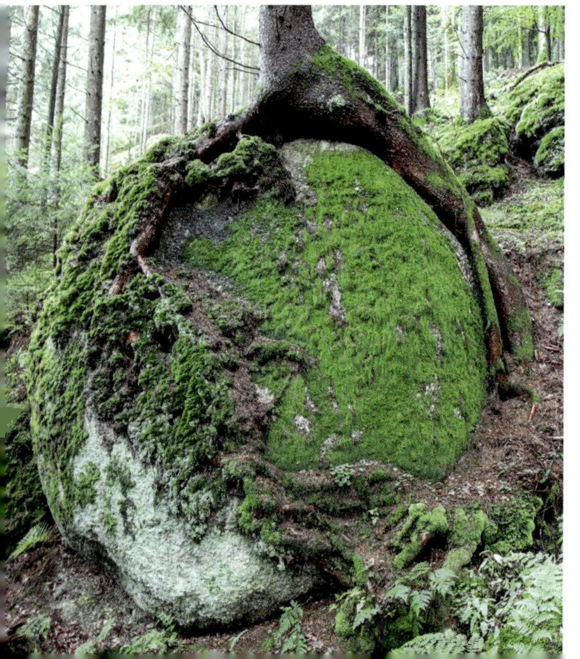

Die größte unter den Felsblöcken liegende Kammer ist samt Opfertisch fast wie ein Wohnraum ausgestattet. Fahrendes Volk, im Volksmund früher „Zigeuner“ genannt, soll sich hier gerne aufgehalten haben. Nicht zuletzt auch die legendäre Räuberbande um Hans Jörg Grasl, die Anfang des 19. Jahrhunderts plündernd übers Land zog – angeblich aber auch arme Leute beschenkt haben.

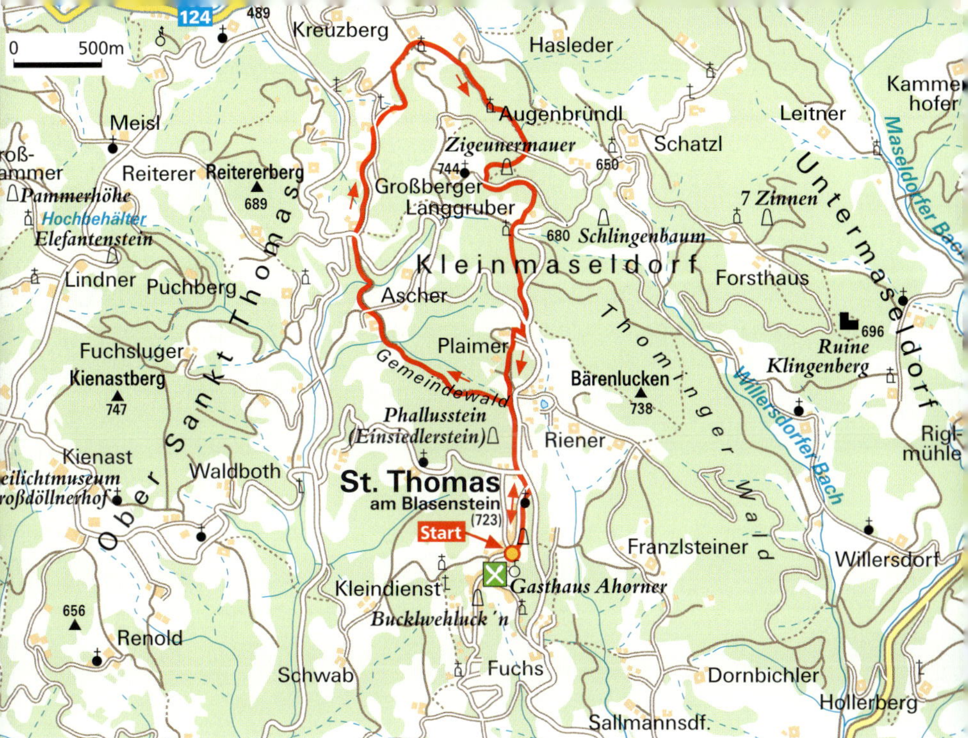

Wegbeschreibung: Wie alle anderen Wanderwege startet auch der Weg zu den Zigeunermauern im Ortszentrum. Er trägt die Wegnummer S7, auf die man bei der gelben Beschilderung achten soll. Wir verlassen den Ort auf der Zufahrtsstraße in nördlicher Richtung. Bei einer Siedlung am Ortsrand zweigt links der kurze Abstecher zum Phallusstein ab. Wieder zurück auf der Straße beginnt beim Tennisplatz am Ortsende der eigentliche Rundweg. Es geht abwechselnd durch den Wald und die offene Kulturlandschaft, vorbei bei den Bauernhöfen *Hinterholzer* und *Kaufrechter*. Dann folgt das *Augenbründl,* eine Heilquelle mit einem schönen Steinmarterl. Im Wald den Hang hinauf erreichen wir die Zigeunermauern, ein idealer Ort für eine stille Rast. Über einige Forst- und Nebenstraßen wandern wir zurück zum Ausgangspunkt.

Weglänge: 9 Km; **Höhenmeter ↑↓:** 280 Hm; **Gehzeit:** 3 Std.

Tipp: Statten Sie unbedingt auch den bekannten „Kraftplätzen im Ort" einen Besuch ab (Siehe Tour Nr. 52).

Einkehr: Hausgemachte Mehlspeisen und Bodenständiges serviert das *Gasthaus Ahorner* im Ortszentrum.

4 Km

180 Hm

2 Std

Der Natur-Geheimnis-Pfad

Stein- und waldreich ist die Gegend in St. Georgen am Walde. Ideale Voraussetzungen für eine echte Wandergemeinde und um interessante wie erlebnisreiche Wege anzulegen. Einer davon ist der Natur-Geheimnis-Pfad auf den Kranzberg, der mit Erlebnisstationen aufwartet und am Gipfel durch ein Labyrinth aus wuchtigen Felsen und Höhlen führt.

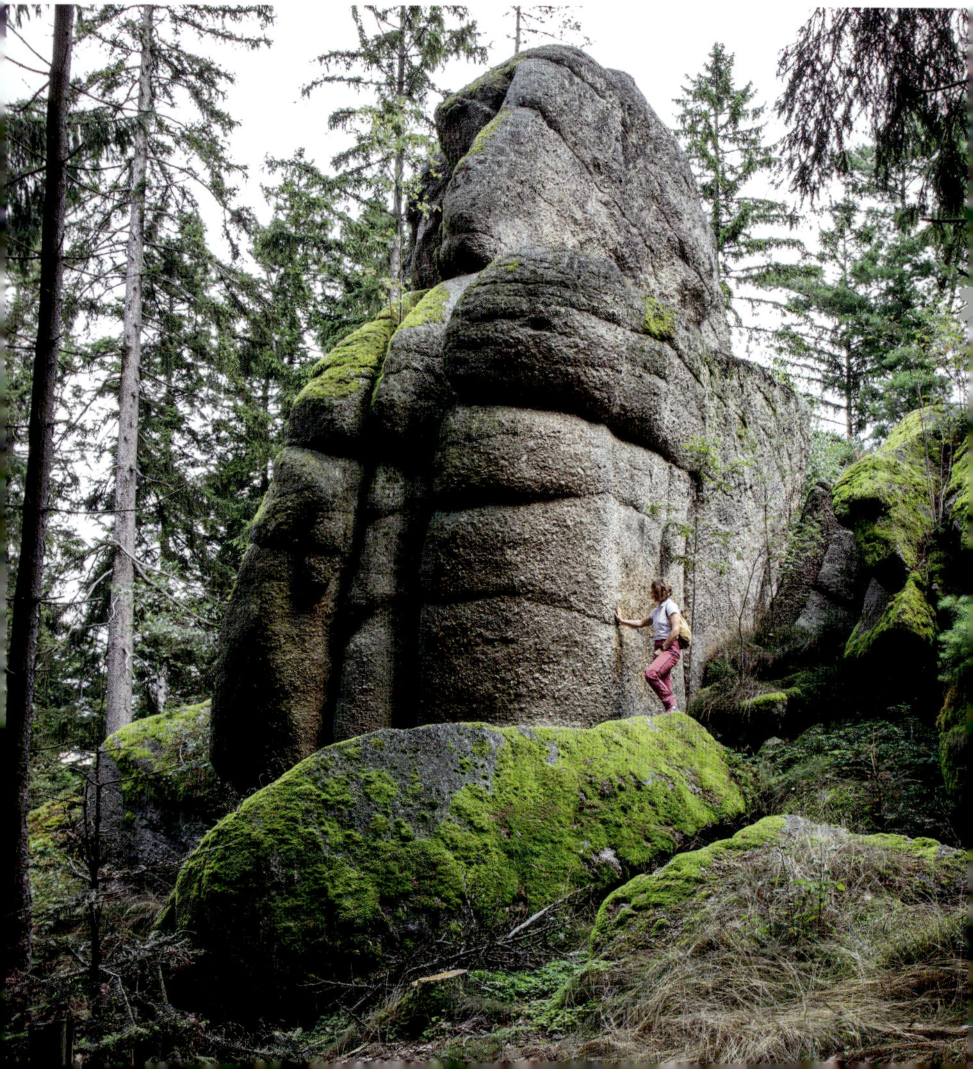

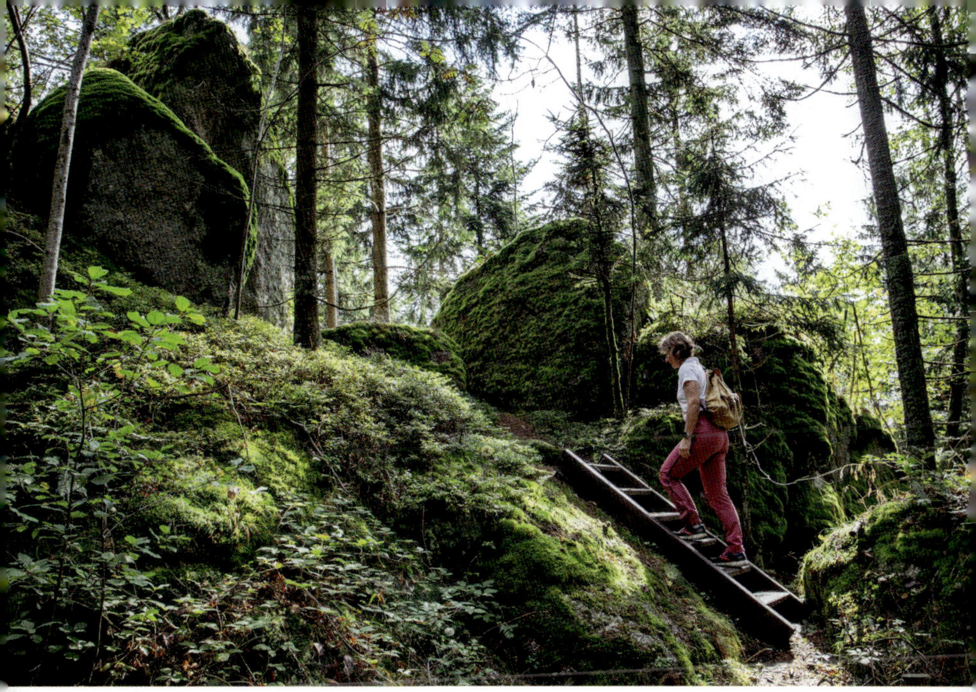

In St. Georgen am Walde hat man sich ganz dem Naturerleben verschrieben. Das verdeutlicht gleich am Ausgangspunkt aller Wanderwege ein in ökologischer Bauweise errichteter Pavillon. Hergestellt aus Holz, Stroh und Lehm, dient er als Infopoint und gibt einen Überblick über alle möglichen Aktivitäten im Gemeindegebiet. Sehr vorbildlich ist auch das gut ausgebaute Wegenetz, das alle Wanderherzen höherschlagen lässt. Für jeden ist hier etwas dabei.

Aus insgesamt fünf angelegten Rundwegen kann man den Natur-Geheimnis-Pfad gewissermaßen als Einstiegstour empfehlen. Er wurde so konzipiert, dass er allen Altersstufen gerecht wird und auch Familien mit Kindern garantiert auf ihre Kosten kommen. So führt der Weg an einem begehbaren Fuchsbau vorbei, der uns Einblick in das verborgene Leben einer Fuchsfamilie gewährt. An einem weiteren Erlebnispunkt erfahren wir von der Sage einer versteinerten Heufuhre, die als riesengroßer Felsblock auf einer Waldlichtung zurückgeblieben ist. Wir treffen auf die Hubertuskapelle und ein Waldgebet, auf einen Opferstein und den

▲ Steighilfen erleichtern den Zugang zu manchen Überraschungen am Natur-Geheimnis-Pfad.

◀ Auf dem Gipfelplateau des Kranzbergs finden wir mächtige Felsformationen vor.

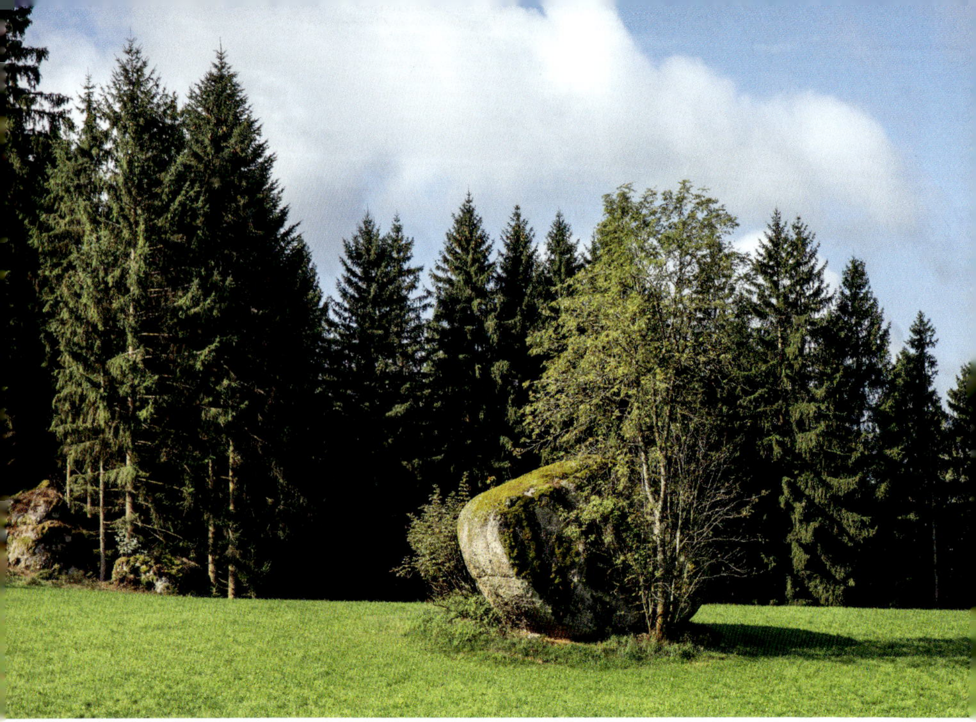

▲ Eine Sage erzählt uns bei diesem Felsen von einer versteinerten Heufuhre.

▼ Der Info- und Naturpavillon am Ausgangspunkt der Wanderwege.

„Apostelsitz“ – einem Kraftplatz zwischen Wald und Felswänden. Höhepunkt ist das Gipfelplateau des Kranzbergs, auf dem die ganze Vielfalt der Wollsackverwitterung des Weinsberger Granits zutage tritt. Höhlen und Durchkriechsteine, Felsgassen, Mauern und Türme bilden ein Labyrinth, das jedweden Entdeckerdrang garantiert zu stillen weiß. Von einer Bank am Gipfel genießen wir zudem einen herrlichen Blick auf den Ort.

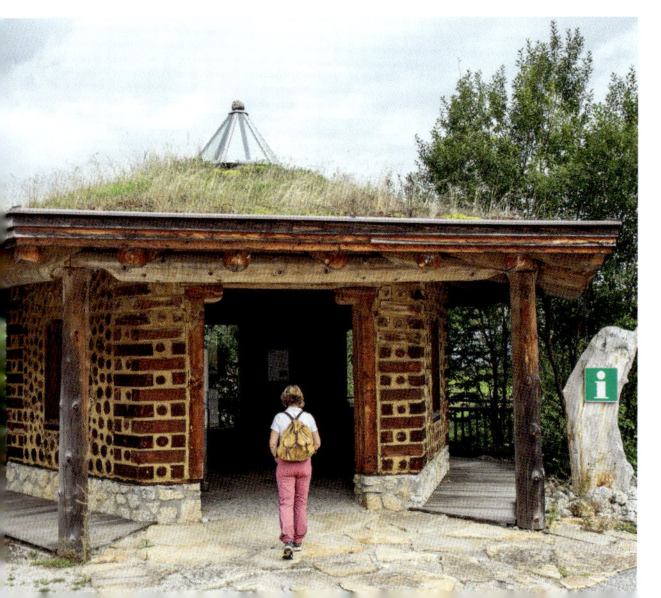

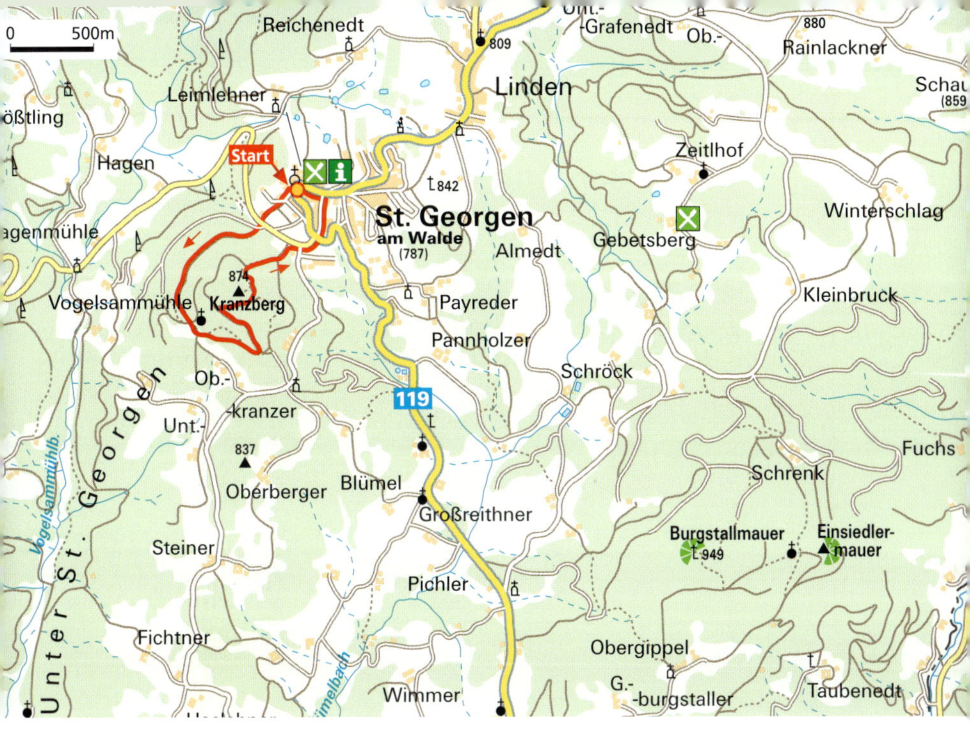

Wegbeschreibung: Ausgangspunkt ist der Naturpavillon am Ende des Marktplatzes. Der Rundweg auf und um den Kranzberg ist gut beschildert und trägt die Bezeichnung *Natur-Geheimnis-Pfad (Wegnummer 05)*. Man hat sich viel Mühe gegeben, die verschiedenen Stationen zu einem Erlebnis werden zu lassen bzw. etwas über die Natur und die Besonderheiten der ausgewiesenen Plätze zu erfahren. Bänke laden zum Innehalten und Rasten ein. Als Hausberg von St. Georgen ist der Kranzberg ohne langen Anmarsch schnell und einfach zu erreichen. Der Weg führt zunächst in westlicher Richtung um den bewaldeten Berg herum und dann von Osten auf ihn hinauf. Vom Gipfel geht es dann geradewegs zum Startpunkt zurück.
Weglänge: 4 Km; **Höhenmeter ↑↓:** 180 Hm; **Gehzeit:** 2 Std.

Tipp: Wer in St. Georgen für einige Tage zum Wandern bleiben möchte, nutzt am besten die Angebote für einen „Urlaub am Bauernhof“. Im *Georgs Kutscher Hof* kann man sogar in einem exklusiven „Bett im Kornfeld“ nächtigen.

Einkehr: Im Gasthaus *Zum schwarzen Adler* serviert man im überdachten Innenhof Hausmannskost und Grillspezialitäten. Vielfältigen Biergenuss aus der hauseigenen Brauerei bietet der *Braugasthof Sengstbratl*. Beide im Ortszentrum.

Hinauf zu den Burgstallmauern

12 Km

440 Hm

4 Std

Mit 949 Metern ist der Burgstall die höchste Erhebung im Bezirk Perg. Darauf verweist auch ein markantes, auf einer Steinsäule stehendes Gipfelkreuz. Als Ziel dieser Wanderung bietet der Burgstallgipfel eine einmalige Aussichtskanzel über die weiten Hügelketten der Mühlviertler Alm bis zu den Alpen. Ein Stück weiter, bei den Einsiedlermauern, blicken wir nach Niederösterreich.

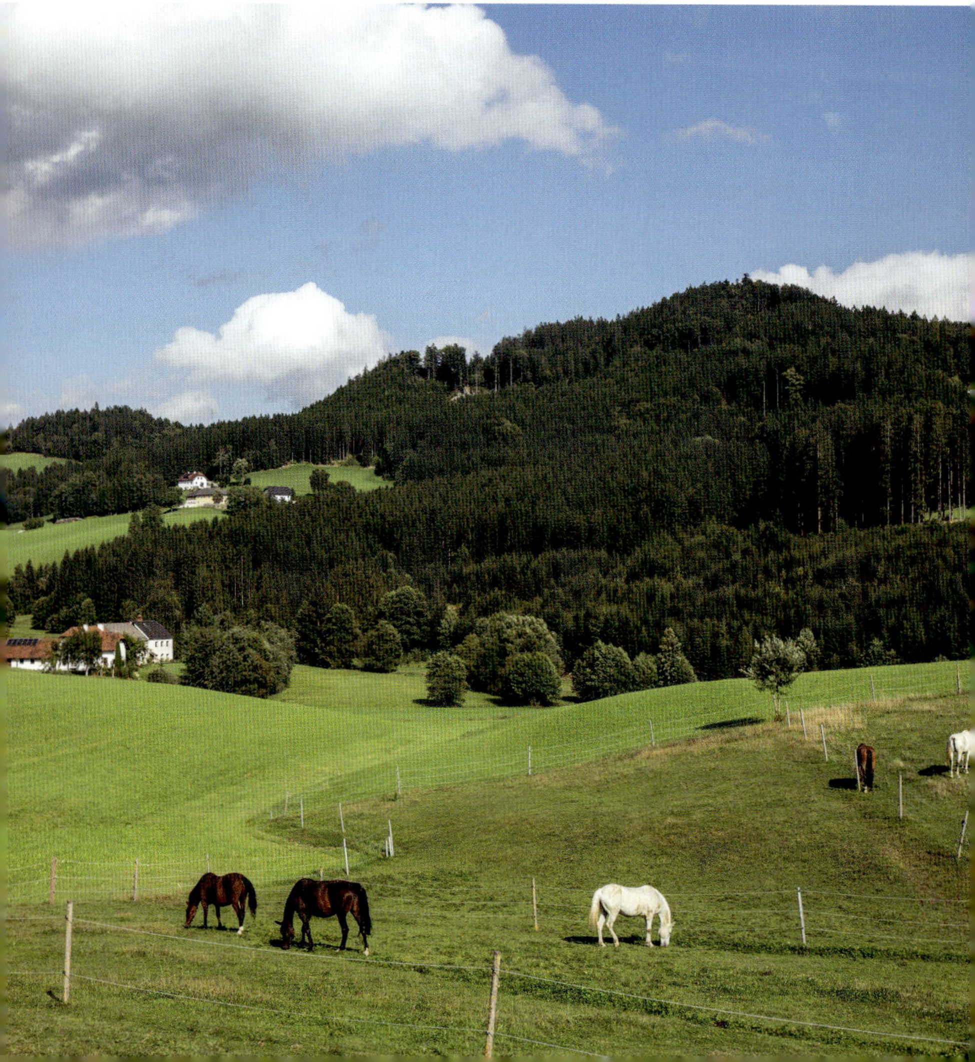

Schon immer soll der Burgstall den Menschen eine Zufluchtsstätte gewesen sein. In unruhigen Zeiten suchten sie Schutz bei den Gipfelfelsen. Hat hier gar einmal eine Burg gestanden? Genau weiß man das nicht mehr. Eine Sage erzählt von Gold und Edelsteinen, die sich in den Höhlen des Berges befinden sollen. Jedes Jahr zur Mettennacht öffnet sich das Felsentor und gewährt Eintritt. Wehe jedoch dem, der sich von dem Schatz blenden lässt. Für ewige Zeiten ist er im Berg verloren.

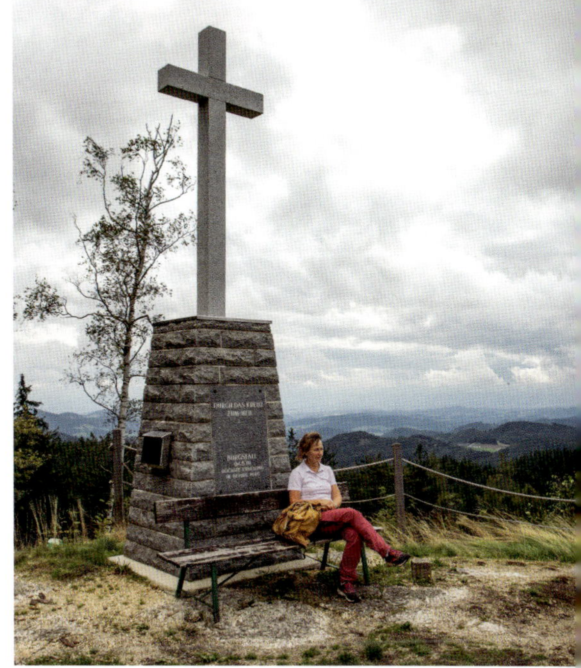

Wie geschaffen ist der Burgstall für eine ausgedehnte und abwechslungsreiche Wanderung. Das Landschaftsbild bestimmen saftige Wiesen und dunkelgrüne Wälder. Neben traditionsreichen Bauernhöfen weiden Kühe, so wie wir es normalerweise nur aus den Werbebotschaften von Biomilchprodukten kennen.

Ein Anblick, der einer Erleichterung gleichkommt, dass es das alles tatsächlich noch gibt. Wenn auch ein wenig am Rande der Welt und des Mühlviertels lohnt es sich schon deswegen nach St. Georgen zu kommen. Noch mehr aber spüren wir das auf dem Gipfel des Burgstalls. Was wir uns erwandert haben, liegt uns dort oben zu Füßen. Die Häuser und der Ort sind in der Ferne klein geworden. Machen wir hier anschließend einen Abstecher zu den Einsiedlermauern, verstärkt sich dieser Eindruck nur noch mehr. Fließend gleiten die Wälder und Hügelkuppen nach Niederösterreich ins Waldviertel hinüber. Auf den Felsen sitzend und aus dem Wald hinaus übers Land schauend, fühlen wir uns wohltuend, geerdet und frei.

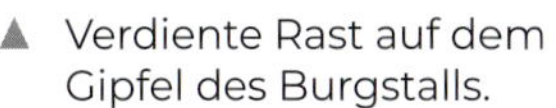

▲ Verdiente Rast auf dem Gipfel des Burgstalls.

◀ Eine Landschaft, die für ein genussreiches Wandern die besten Voraussetzungen bietet.

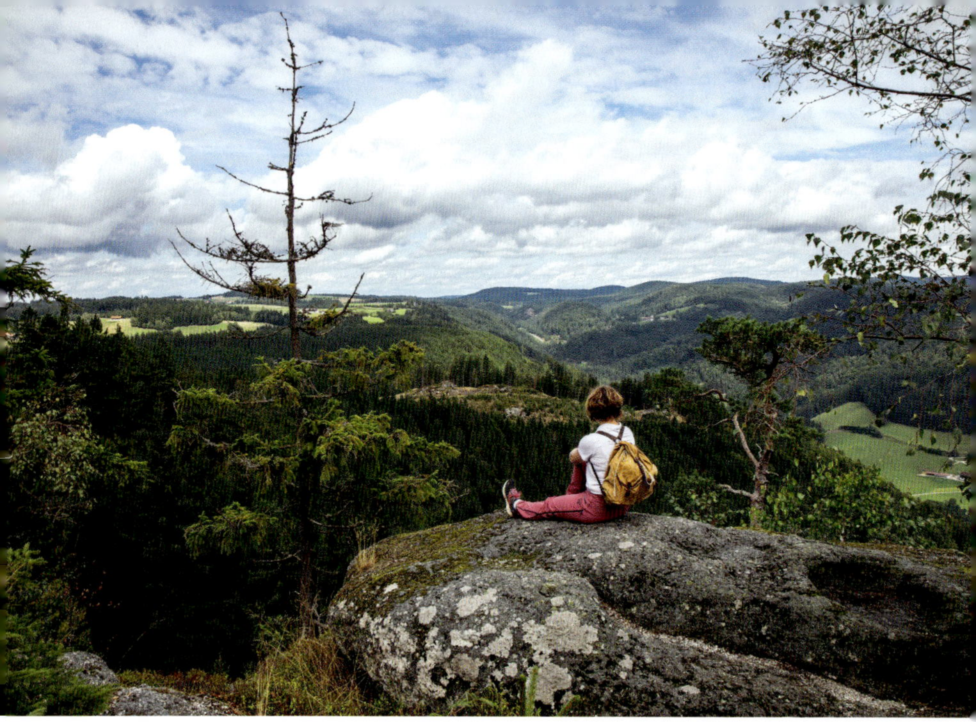

▲ Der stille Platz bei den Einsiedlermauern gehört uns meistens allein.

▼ Saftige Wiesen erfreuen nicht nur die Kühe.

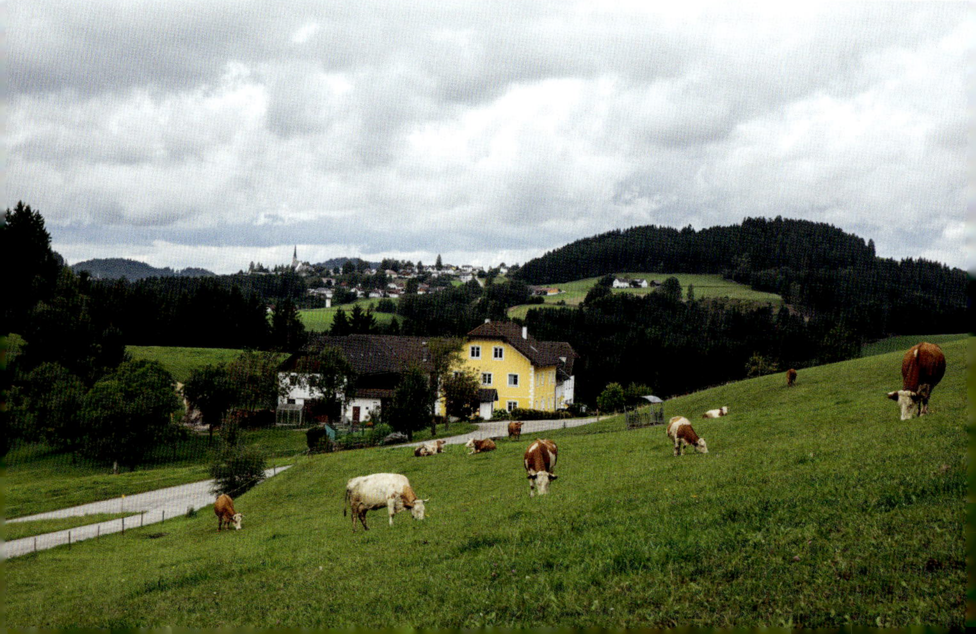

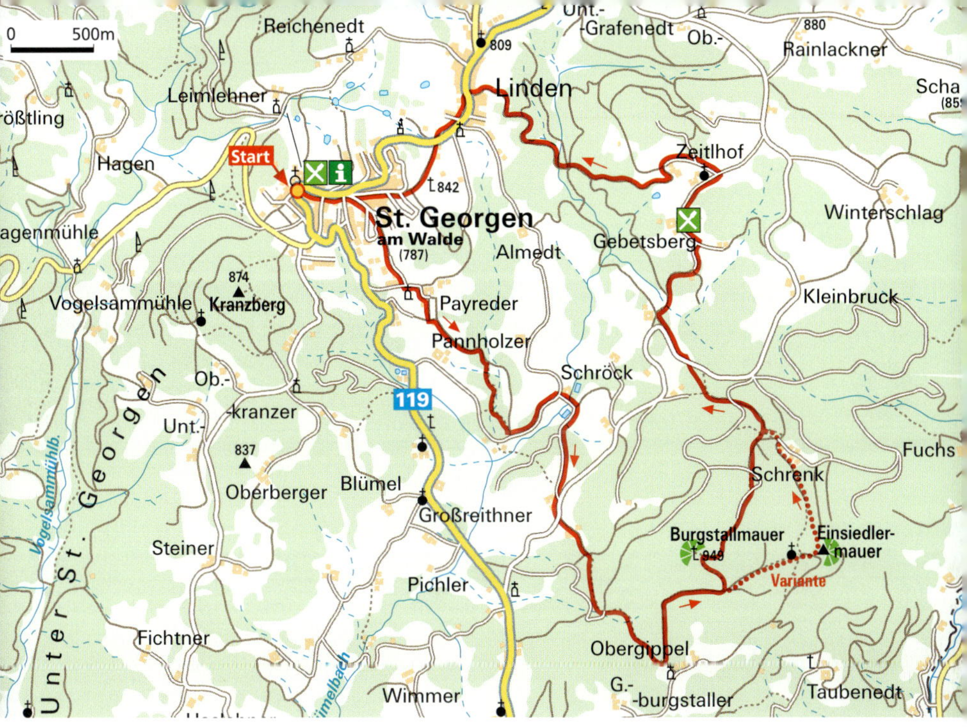

Wegbeschreibung: Wir starten beim Naturpavillon im Ortszentrum und folgen den Wegweisern mit der Aufschrift *Burgstallweg (Wegnummer 03)*. Den Ort verlassen wir auf Wald- und Wiesenwegen in südöstlicher Richtung hinab zum Blümelbach. Dann geht es stetig, leicht ansteigend bergauf. Durch den Wald erreichen wir schließlich die Gipfelfelsen. Verdient genießen wir auf den Bänken um das Gipfelkreuz die herrliche Aussicht. Weiter auf Waldwegen und Forststraßen wandern wir hinab zur Jausenstation Gebetsberger. Über Zeitlhof und Linden gelangen wir wieder zurück zum Ausgangspunkt.
Weglänge: 12 Km; **Höhenmeter ↑↓:** 440 Hm; **Gehzeit:** 4 Std.

Variante: Lohnend ist die vom Burgstall gar nicht weit entfernten Einsiedlermauern mitzunehmen – einem weiteren schönen Rast- und Aussichtspunkt. Dazu steigen wir vom Burgstallgipfel den Aufstiegsweg bis zu einer Wegkreuzung hinab und folgen von dort den Wegweisern.

Tipp: Unterhalb des Ortszentrums gibt es einen Freizeitteich, in dem man sich nach der Wanderung abkühlen kann.

Einkehr: Auf dem Weg liegt die *Jausenstation Gebetsberger*. Im Ort finden wir das Gasthaus *Zum Schwarzen Adler* und den *Brau-Gasthof Sengstbratl*.

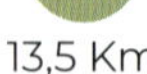

13,5 Km

450 Hm

4,5 Std

Sagenhafte Ausblickrunde

Die grandiosen Ausblicke auf dieser Rundtour können sich sehen lassen. Aber sie allein sind nicht der einzige Grund, warum man nach Waldhausen zum Wandern kommen sollte. Zwischen den Aussichtspunkten gibt es viel Wald, der kein gewöhnlicher ist, sondern mit unzähligen Gesteinsformationen eine ganze Märchenwelt in sich birgt.

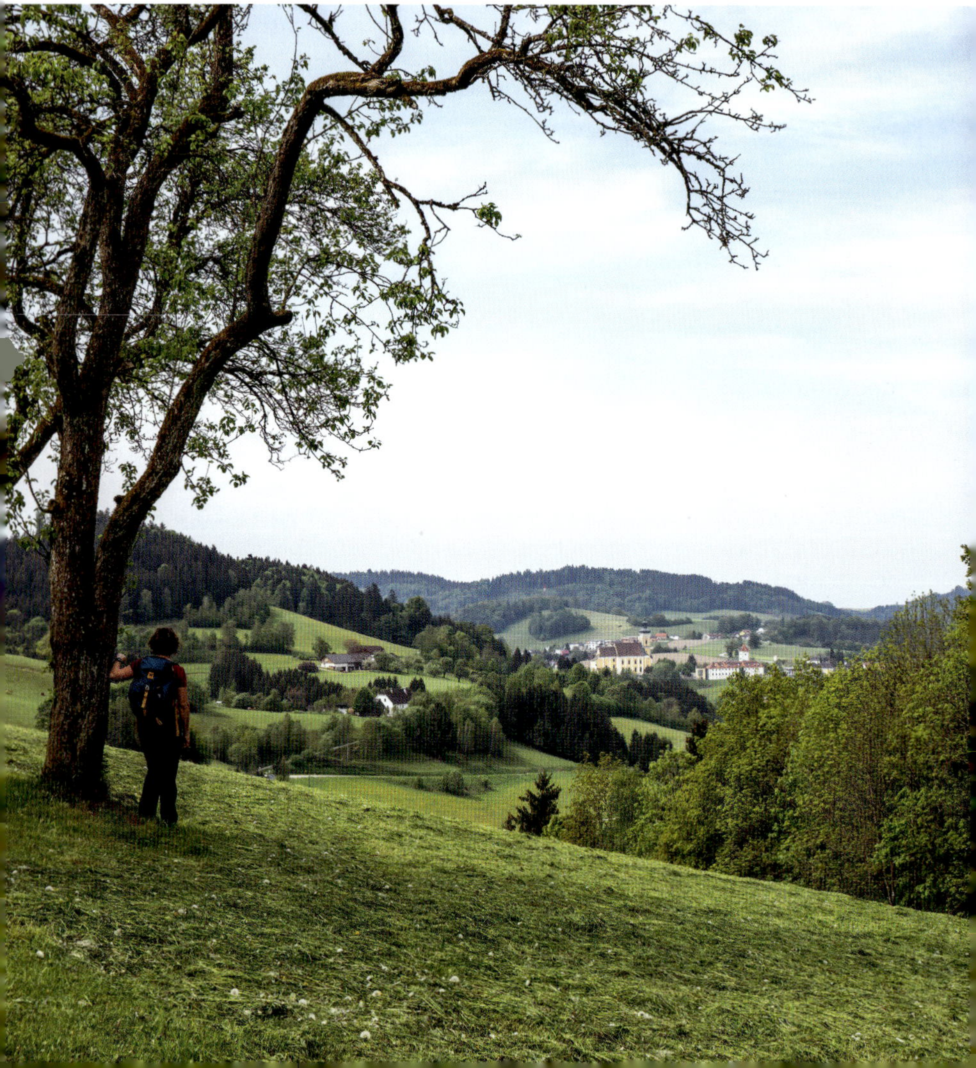

Wenn wir auch als Wanderer meist zuerst an die Natur denken, so ist Waldhausen ebenso gut unter Kulturliebhabern bekannt. Das liegt vor allem an der ehemaligen Stiftskirche, die als herausragendes Juwel frühbarocker Architektur gilt. Betreten wir deren tonnengewölbtes Langhaus, finden wir uns in einer überirdischen Welt himmlischer Darstellungen wieder. Allein schon die Dimensionen beeindrucken. Das durch die Emporenfenster einströmende Licht fällt auf schwarze, reich verzierte Altäre und beleuchtet farbenfrohe Fresken an den Decken und Wänden. In der neu renovierten Krypta sehen wir Mumien, die angeblich von Pröbsten aus dem 17. Jahrhundert stammen.
Eingebettet sind der Ort und das Stiftareal in einen Talkessel mit umliegenden großen Waldflächen. Sie machen rund 60 Prozent des gesamten Gemeindegebiets aus. Ideale Voraussetzungen also, um sich über Wege in die Natur Gedanken zu machen. Zumal es in den Wäldern eine Vielzahl an mystischen Plätzen gibt, die wohl bereits in vorchristlichen Zeiten als Kultplätze dienten. Auf der Ausblickrunde kommen wir an den bedeutendsten von ihnen vorbei. So treffen wir auf imposante Blockburgen, auf Opferschalen, einen „schwingenden Stein" und auf eine Einsiedlerhöhle. In dieser soll einst viele Jahre lang ein Eremit gehaust haben, der sich nur von Wurzeln und Kräutern ernährt haben soll.

▲ Unterhalb der bekannten und sehenswerten Stiftskirche liegt ein schöner Badesee.

▶ Versteckt im Wald soll unter diesem Felsdach lange Zeit ein Einsiedler gelebt haben.

◀ Bevor es in den Wald hinein geht, blicken wir ein erstes Mal zurück auf Waldhausen.

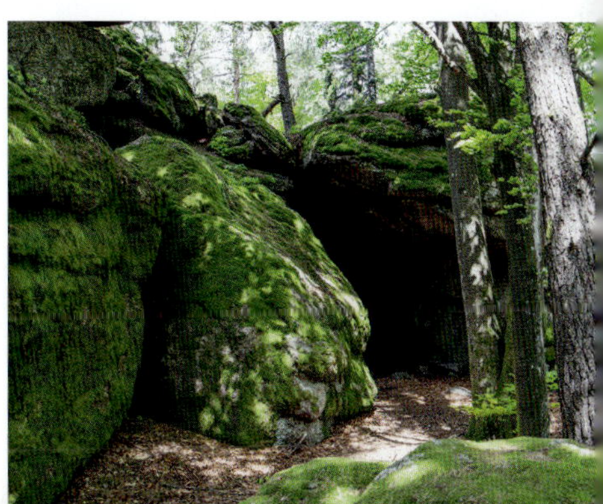

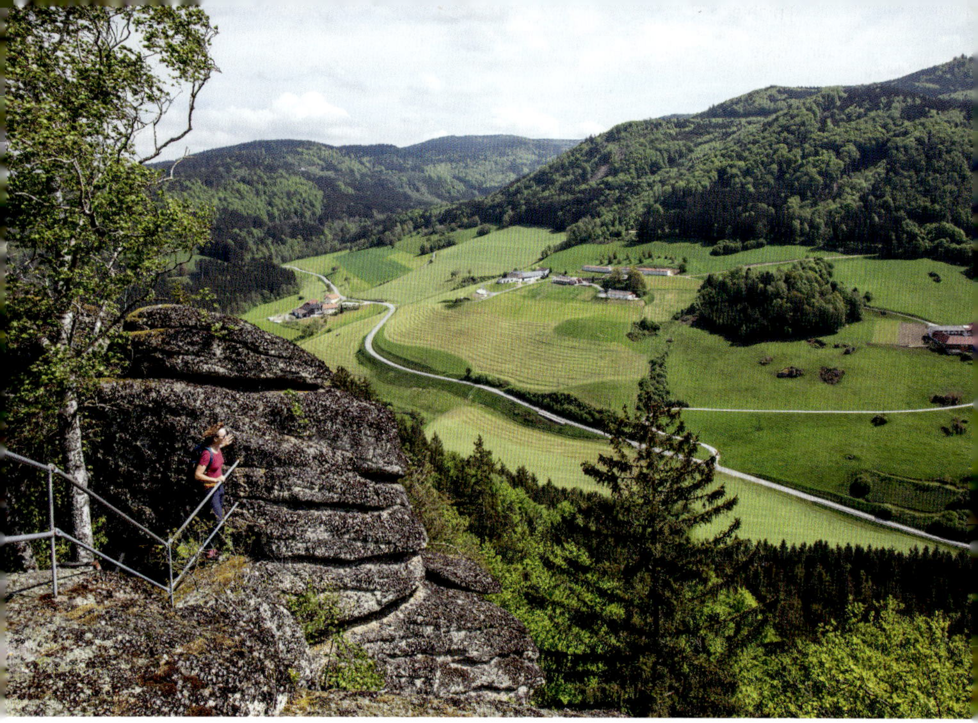

▲ Spektakulär ist der Ausblick von der Falkenmauer, deren mächtige Felsformationen über die Baumwipfel hinaus ragen.

▼ Gar märchenhaft liegen im Schatten der Bäume riesenhafte Steine verstreut.

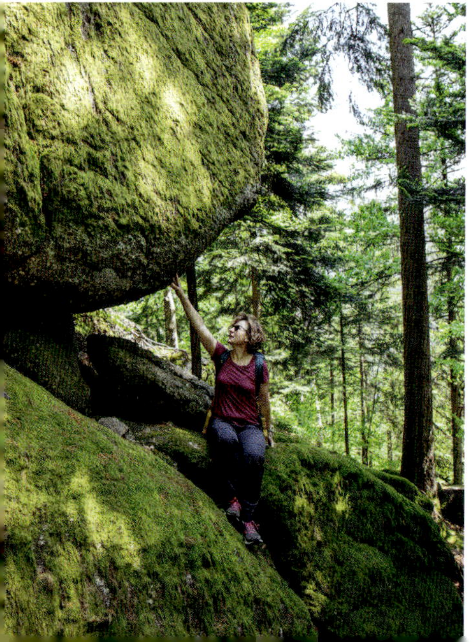

Seine schlichte „Wohnung“ aus tonnenschweren, aufeinanderliegenden Gesteinsblöcken, ist sehenswert und im Prinzip bis heute jederzeit bezugsfertig. Dort, wo der Wald ein wenig Platz für die Landwirtschaft macht, oder wo einige Felsmauern über die Baumwipfel hinausreichen, kommen dann auch die Ausblicke nicht zu kurz. Zum Abschluss gibt es sogar noch einen 13 Meter hohen Aussichtsturm, von dem wir hinab auf den Ort schauen und über die bewaldeten Bergkuppen ringsum.

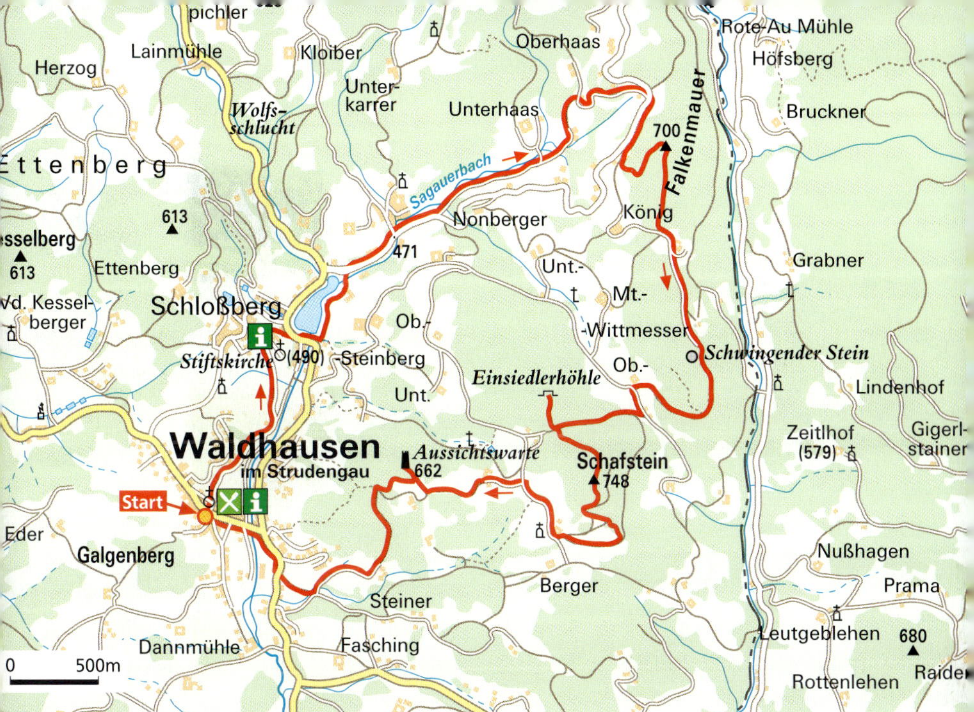

Wegbeschreibung: Startpunkt ist der Marktplatz von Waldhausen. Von dort folgen wir den gelben Wegweisern mit der Aufschrift *Ausblickrunde*. Vorbei an der Pfarrkirche geht es zunächst auf dem *Klostersteig* nach *Schloßberg* zur Stiftskirche, wo wir uns Zeit für deren Besichtigung nehmen sollten. Am rechten Ufer des stiftsnahen Badesees entlang und ein Stück der Hauptstraße folgend, spazieren wir auf einem Güterweg hinauf zum Bauernhof *Oberpichler* mit dem ersten herrlichen Ausblick. Dann folgt der Abschnitt durch den Wald mit den Stationen der imposanten Felsformationen. Tolle Ausblicke haben wir hier von der *Falkenmauer* und vom Naturdenkmal *Schafstein* aus. Schließlich erreichen wir die Aussichtswarte mit dem aufgesetzten 7 Meter hohen Heimkehrerkreuz. Auf Forststraßen hinab gelangen wir zurück zum Ausgangspunkt.
Weglänge: 13,5 Km; **Höhenmeter ↑↓:** 450 Hm; **Gehzeit:** 4,5 Std.

Tipp: Aufgrund des hohen Waldanteils ist die Wanderung auch für heißere Sommertage geeignet. Danach sorgt der unterhalb des Stifts gelegene Badesee für eine Abkühlung.

Einkehr: Kulinarisch verwöhnt uns am Marktplatz von Waldhausen der *Gasthof Schauer*, ein Familienbetrieb in einem alten renovierten Vierseithof.

Durch die Wolfsschlucht zur Burg Kreuzen

4,7 Km

170 Hm

1,5 Std

Auf einem bewaldeten Bergrücken erhebt sich unweit der Donau die Burg Kreuzen. Unterhalb der Burgmauern rauscht ein Bachlauf durch eine Urgesteinsschlucht, in der schon Mitte des 19. Jahrhunderts erste Kuranwendungen verabreicht wurden. Heute führt durch die Wolfsschlucht ein Natur- und Kulturwanderweg, der im Strudengau zu einem beliebten Ausflugsziel geworden ist.

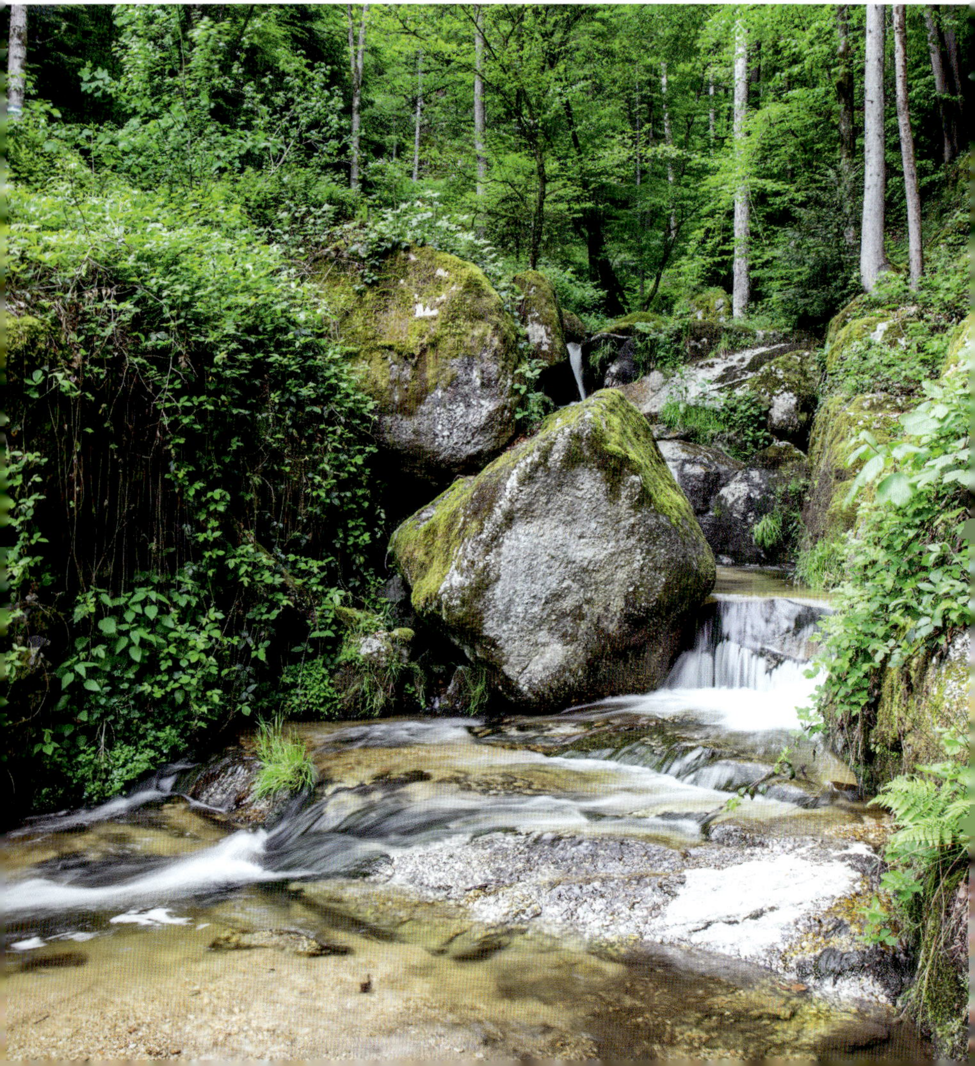

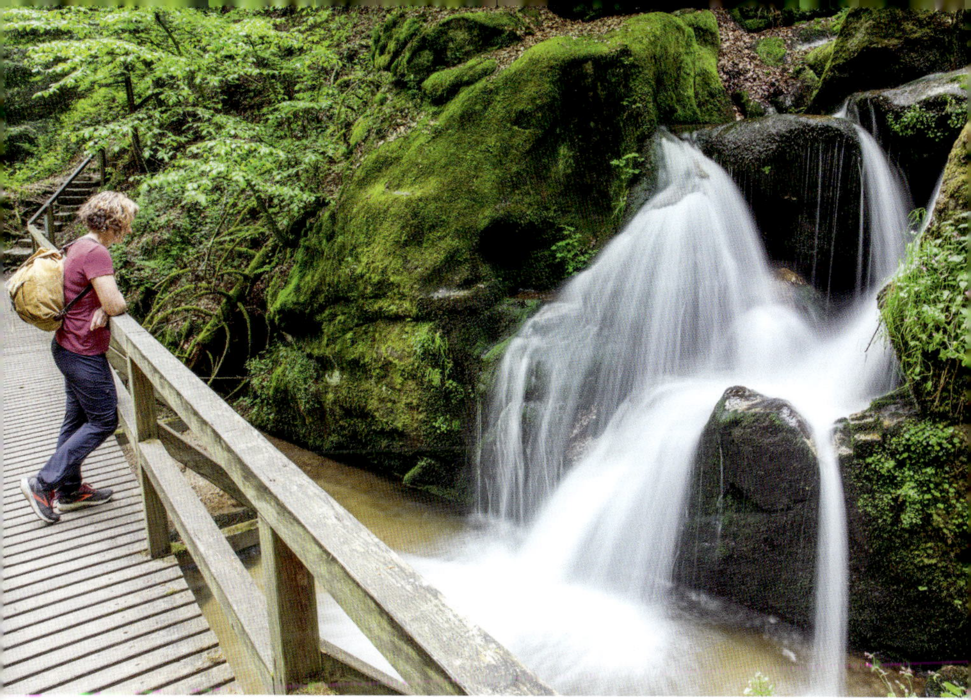

Bad Kreuzen hat sich als Kurort einen Namen gemacht. Nur sieben Kilometer von Grein an der Donau entfernt bietet der Ort in wunderbarer Lage alles, was man sich als Erholungssuchender zu wünschen gedenkt. Zentrum ist das Kneipptraditionshaus der Marienschwestern, dessen Betrieb bis ins Jahr 1846 zurückreicht. Am besten schaut man sich dort den öffentlich zugänglichen Kneipp-Garten an. Auf rund 19.000 m² lädt diese großartig gestaltete Gartenanlage zu einem Spaziergang ein: Hierbei kann man den fünf Säulen der Kneipplehre nachspüren und einen Kräutergarten mit vielen Heilpflanzen entdecken.

Vorher aber wandern wir durch die wildromantische Wolfsschlucht, wo der Kurbetrieb seine Wurzeln hat. Anhand verschiedener Stationen tauchen wir in die Geschichte der damaligen Kneippanwendungen ein. So gab es verschiedene Wasserduschen und sogar ein Regenbad, bei dem das Wasser durch ein eingeschobenes Sieb fein zerstäubt wurde. Erfrischend waren sicher auch die Bäder, in den von natürlichen Wasserfällen gespeisten Felsenbecken. Dort kann man bei einer Wanderung durch die Schlucht auch heute noch seine Füße kühlen. Gerade an heißen Sommertagen ist das eine wahre Wohltat.

▲ Station für Station geleitet uns die Weganlage durch die Schlucht.

◀ Am Eingang der Wolfsschlucht.

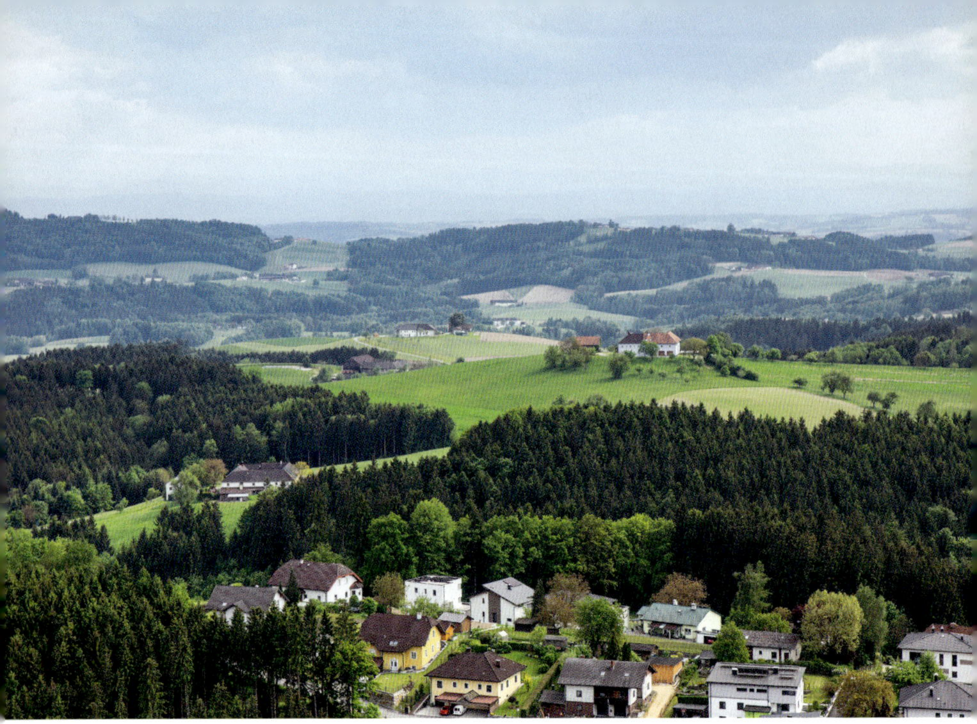

▲ Angelangt bei der Burg, erfreuen wir uns über eine weitreichende Aussicht.

▼ Im Kräutergarten der Marienschwestern.

Nach diesem kurzweiligen wie genussreichen Aufstieg durch die Wolfsschlucht gelangen wir direkt zum Burgareal. Dicke Mauern sind Zeugen einer Wehranlage, in der einst gewiss nicht jeder willkommen war. Bevor 1880, nach einem verheerenden Brand, langsam der Verfall einsetzte, galt die Burg Kreuzen über viele Jahrhunderte als eine der schönsten und größten Burganlagen im Land. Über die alten Mauern hinweg genießen wir eine weitreichende Aussicht über das umliegende Hügelland bis zur Donau hinab. Regelmäßig finden im stimmungsvollen Rahmen des Burghofs auch Veranstaltungen statt.

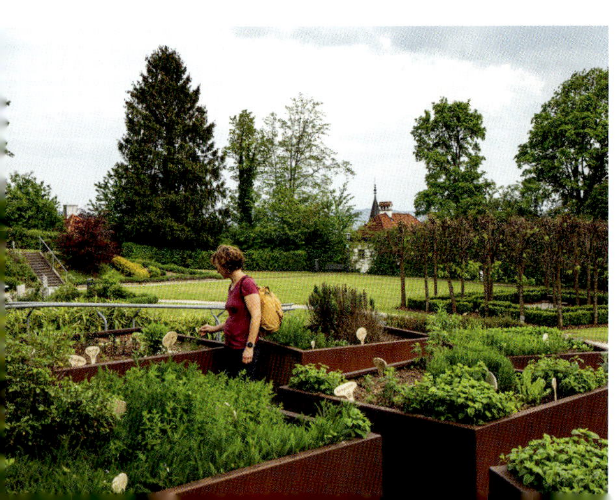

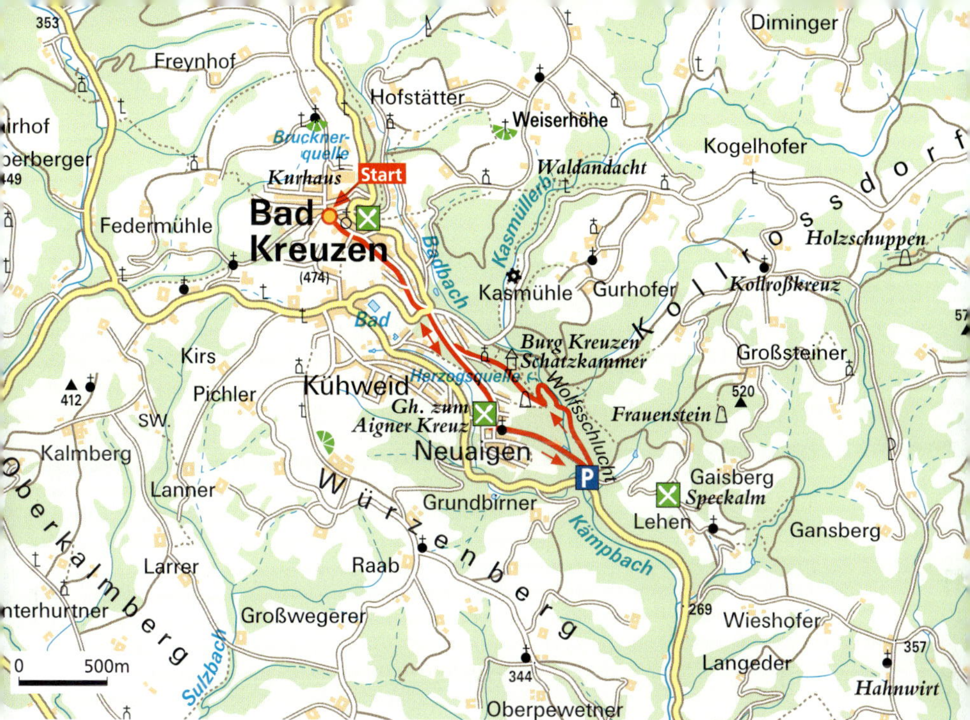

Wegbeschreibung: Den Wolfsschlucht-Rundwanderweg starten wir am besten im Ortszentrum von Bad Kreuzen. Er ist durchgehend beschildert und trägt die Wegnummer 5a. Durch das Ortszentrum hinaus führt uns der Weg rechts hinab zum Aigner Kreuz, einer schönen Wallfahrtskapelle aus dem Jahre 1852. Ein Stück unterhalb der Kapelle erreichen wir bald den großen Parkplatz am Eingang der Wolfsschlucht. Entlang der verschiedenen Stationen wandern wir die Schlucht aufwärts, bis wir das Burgareal erreichen und über dieses zurück zum Ausgangspunkt gelangen.
Weglänge: 4,7 Km; **Höhenmeter ↑↓:** 170 Hm; **Gehzeit:** 1,5 Std.

Variante: Alternativ können wir als Ausgangspunkt der Wanderung den Parkplatz am Schluchteingang wählen. Von hier startet auch der *Speckalmrundweg,* der uns nach dem Schluchterlebnis noch eine genussreiche Einkehr verspricht.

Tipp: Besuchen Sie unbedingt den Kneippgarten oder auch den *Kneippweg Fit & Fun,* einen Motorikpark, der sicher schon Pfarrer Kneipp gefallen hätte. Eine einzigartige Atmosphäre bietet das an die Burg Kreuzen angeschlossene *Hotel Schatz.Kammer*.

Einkehr: Mit Gerichten aus regionalen Produkten verwöhnen uns in Bad Kreuzen der *Landgasthof zur Zugbrücke,* der *Kirchenwirt* oder das Restaurant *Zum Aigner Kreuz*.

Die Donaublickrunde

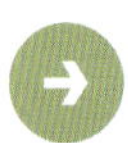

6 Km

160 Hm

2 Std

Als Perle des Strudengaus wird Grein gerne bezeichnet. Zurecht, denn das beschauliche Städtchen an der Donau versprüht Charme und eine interessante Geschichte. Auf der Greiner Donaublickrunde erschließen sich uns manche Sehenswürdigkeiten und das grüne Umland der Stadt reizt mit schönen Ausblicken.

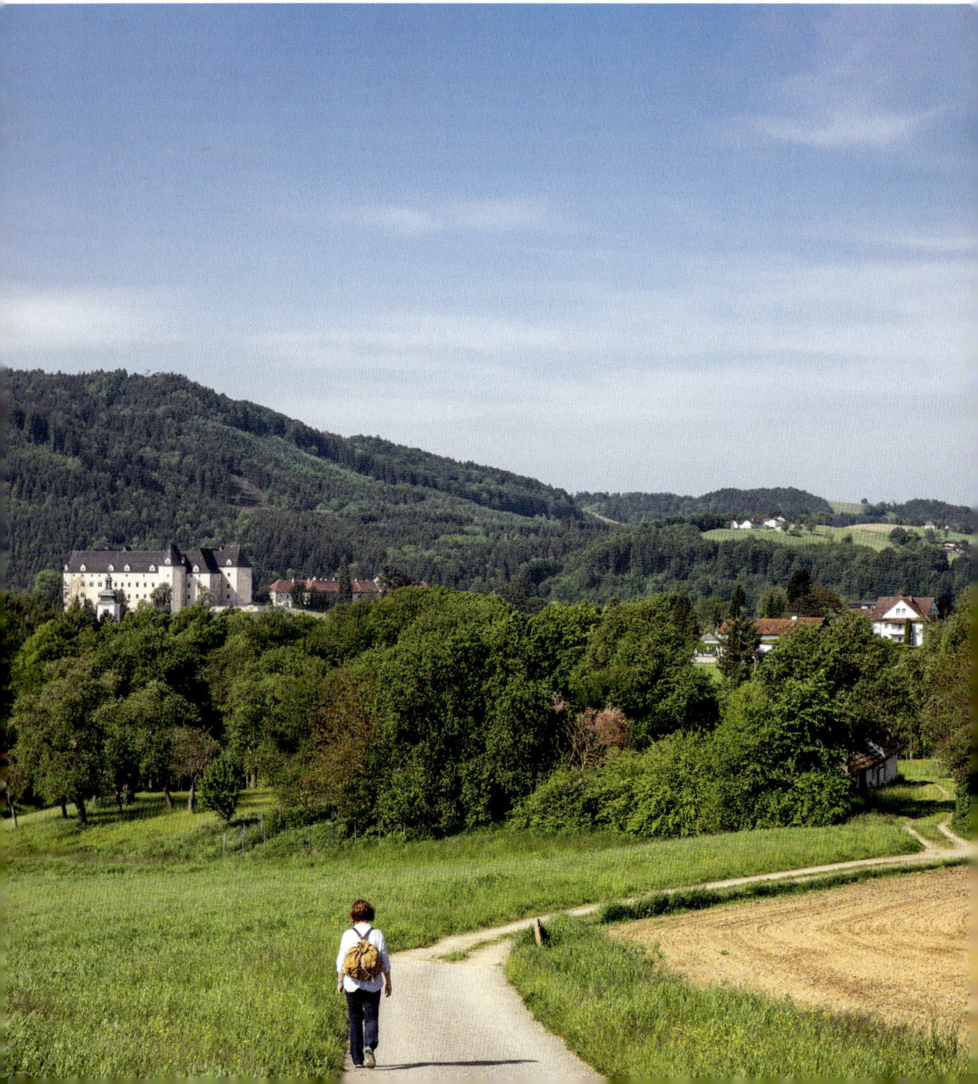

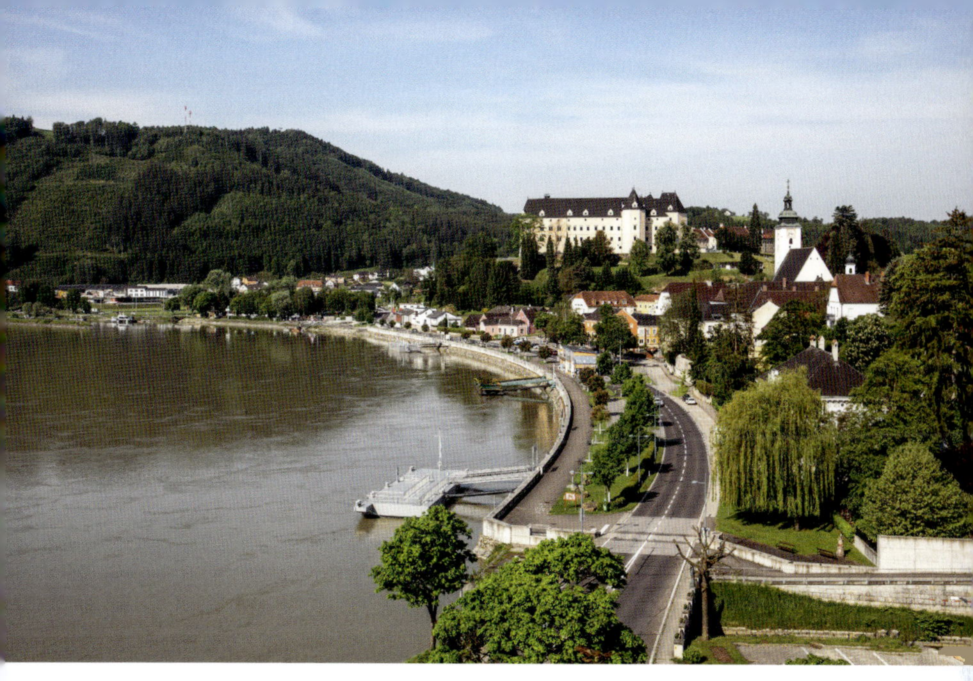

Jahrhundertelang galt der Strudengau für die Schifffahrt als einer der gefährlichsten Abschnitte. Symbolhaft dafür treffen wir an der Donaulände, gleich zu Beginn unserer Wanderung, auf die Skulptur eines nackten Flößers. Und ein Stück weiter erinnert, auf einem Felsen stehend, das Halterkreuz an einen Hirten, der in die Fluten stürzte und gerade noch gerettet werden konnte. Viele andere hatten in jener Zeit wohl geringeres Glück.

▲ Blick vom Kalvarienberg auf das charmante Donaustädtchen Grein.

◀ Unterwegs im grünen Hinterland, Schloss Greinburg in Sichtweite.

Wenige Stufen sind es vom Fluss hinauf auf den Kalvarienberg, von dem aus sich eine erste schöne Aussicht über das Donaustädtchen ergibt. Bemerkenswert ist hier neben der Kapelle die sogenannte Galerie aus Granit des Bildhauers Miguel Horn. In einfacher Symbolsprache hat er Botschaften unserer Zivilisation in Felsblöcke gemeißelt, die seiner Meinung nach auch anstehende Katastrophen überstehen würden.
Die eigentliche Wanderung führt uns vom Kalvarienberg ins reizvolle Hinterland der Stadt. Auf verkehrsarmen Nebenstraßen sowie auf Wald- und Wiesenwegen genießen wir in der sanften Hügellandschaft die Ruhe der Natur. Dabei werden wir immer wieder mit Ausblicken auf Grein und die Donau belohnt. An den

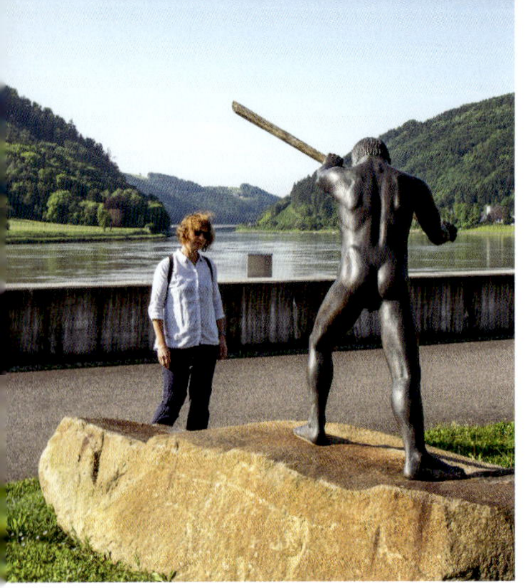

▲ Skulptur eines Flößers an der Donaulände.

▼ Sehenswert: Der einzigartige Arkadenhof im Schloss Greinburg.

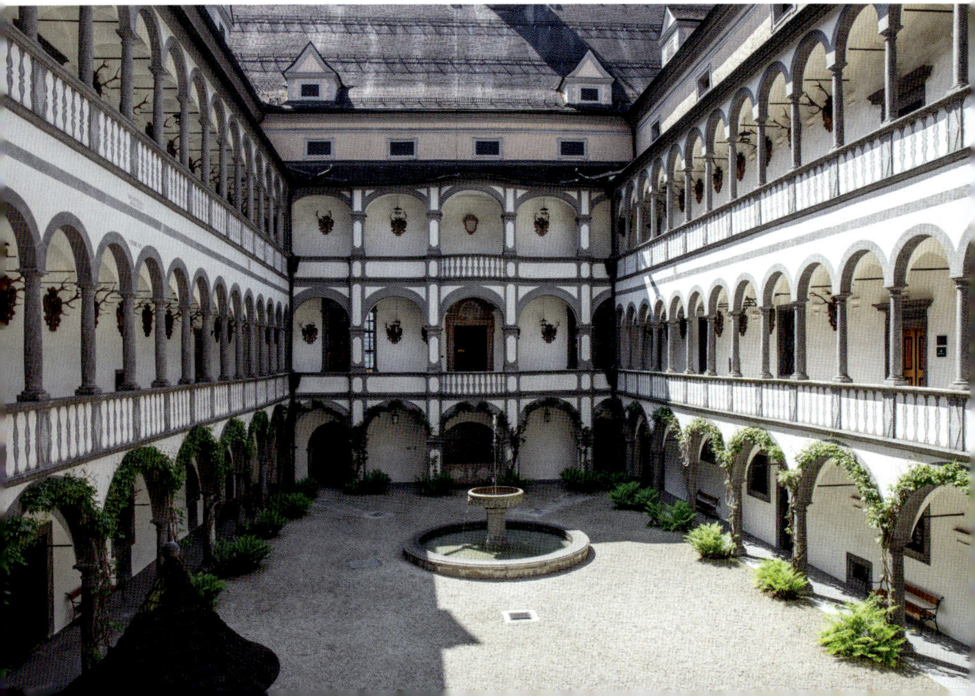

schönsten Plätzen laden Bänke zum Rasten ein.
Schließlich passieren wir am Ende dieser Rundtour noch Schloss Schloss Greinburg, wo man sich unbedingt Zeit für eine Besichtigung nehmen sollte.
Seit dem 15. Jahrhundert wacht dieses mächtige Bauwerk über dem Strudengau. Einzigartig ist der prachtvolle Arkadenhof, dessen Bogengänge vier Gebäudeflügel umschließen und sich über drei Geschosse erstrecken. Repräsentationsräume sind das spätmittelalterliche Diamantgewölbe, ein ungewöhnliches „Steinernes Theater“ sowie die imposanten Rittersäle. Das in einigen Räumen untergebrachte Schifffahrtsmuseum zeigt detailgetreue Modelle früherer Boote und Flöße.

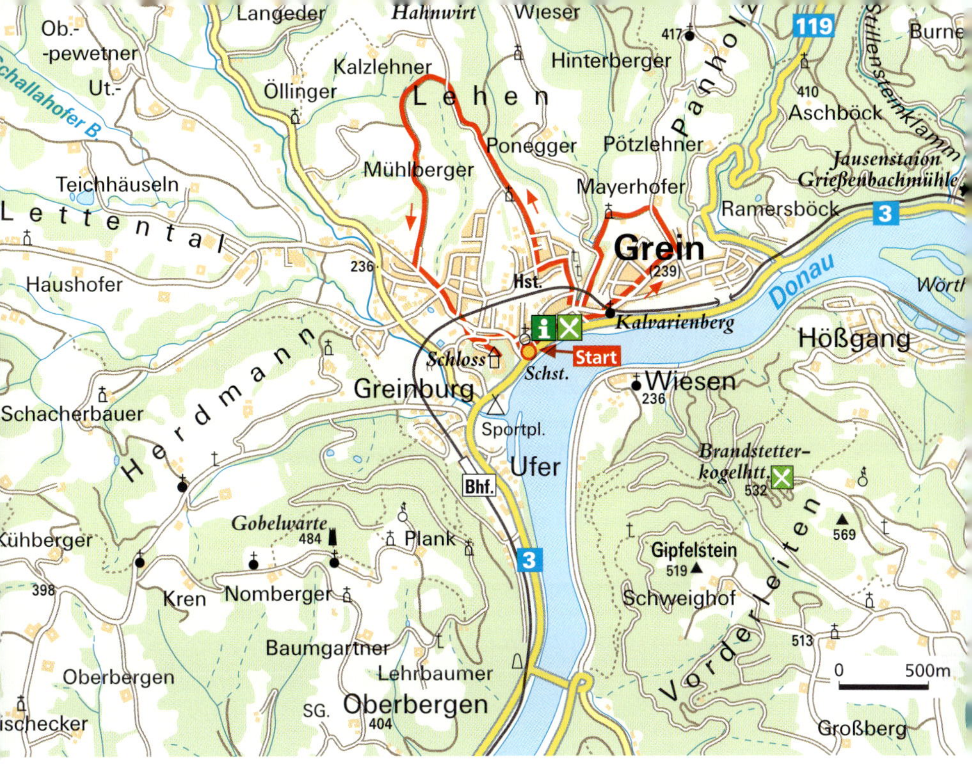

Wegbeschreibung: Startpunkt für Wanderungen in und um Grein ist der Wanderinfopoint an der Donaulände. Wir folgen den gelben Wegweisern mit der Aufschrift *Greiner Donaublickrunde*. An der Skulptur eines Flößers vorbei geht es zuerst auf den Kalvarienberg. Die Stadt verlassend, wandern wir dann auf Güterwegen leicht bergauf zu einem schönen Aussichtspunkt bei Mühlberg. Schloss Greinburg schon in Sichtweite, spazieren wir von dort zurück zum Ausgangspunkt.

Weglänge: 6 Km; **Höhenmeter ↑↓:** 160 Hm; **Gehzeit:** 2 Std.

Tipp: Nehmen Sie sich Zeit, auch das historische Stadttheater zu besichtigen. Es ist seit dem Jahr 1791 das älteste, im Originalzustand erhaltene, Bürgertheater Österreichs und somit ein kulturgeschichtliches Juwel. In den Sommermonaten finden regelmäßig Führungen statt.

Einkehr: Gleich mehrere Gastronomiebetriebe bieten sich uns an. Als Traditionsbetrieb mit gemütlicher Atmosphäre und regionalen Schmankerln kann man den *Gasthof Zur Traube* empfehlen. Das *Cafe Konditorei Schörgi* verwöhnt mit Aussicht auf die Donau die süßen Gaumen.

59

5 Km

260 Hm

2 Std

Zum Donaupanorama auf die Gobelwarte

Um in den Genuss eines fantastischen Rundblicks über den Strudengau zu kommen, müssen wir hinauf auf die 484 Meter hohe Gobel wandern. Schon seit 1894 steht dort oben, hoch über der Donau und Grein, eine Aussichtswarte. Dieser Tradition folgend hat man die alte, baufällig gewordene Gobelwarte im Jahr 2018 durch eine neue ersetzt. Herausgekommen ist eine 20 Meter hohe, architektonisch interessante Stahlkonstruktion. Von Grein aus führen gleich drei Wege hinauf, die sich gut zu einer Rundtour verbinden lassen.

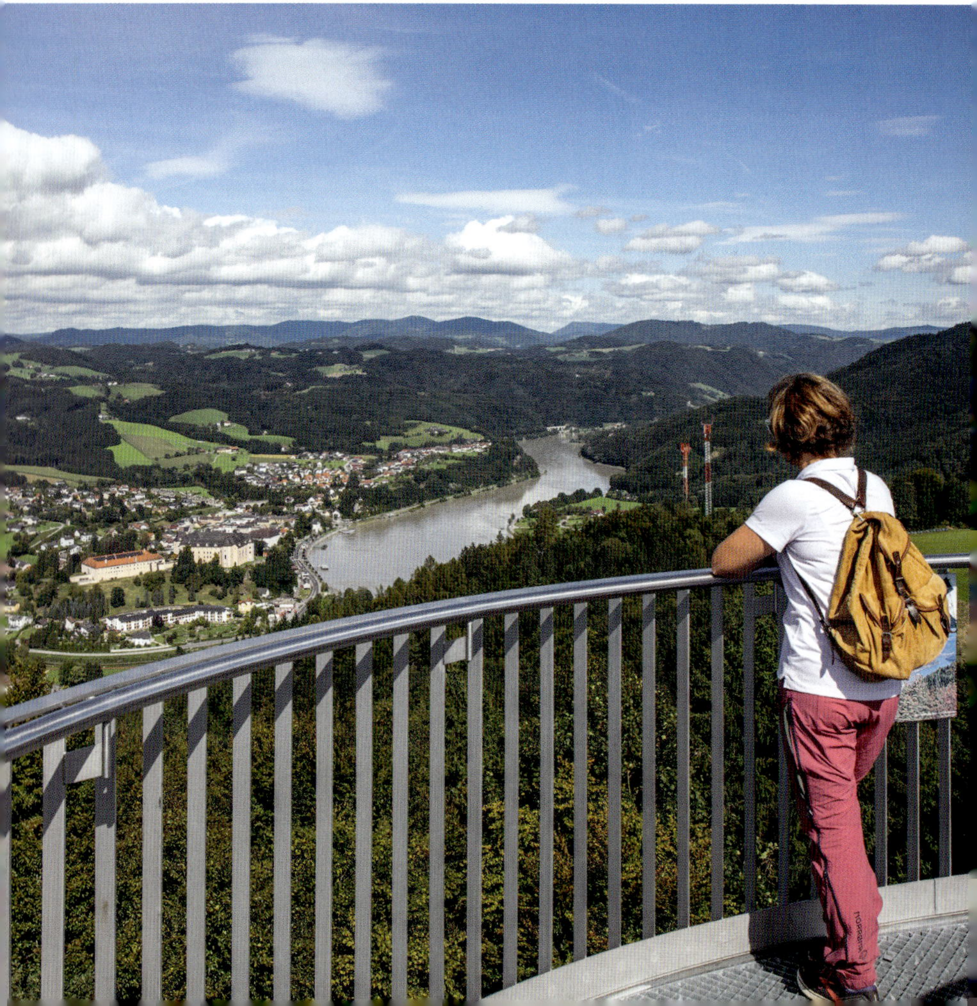

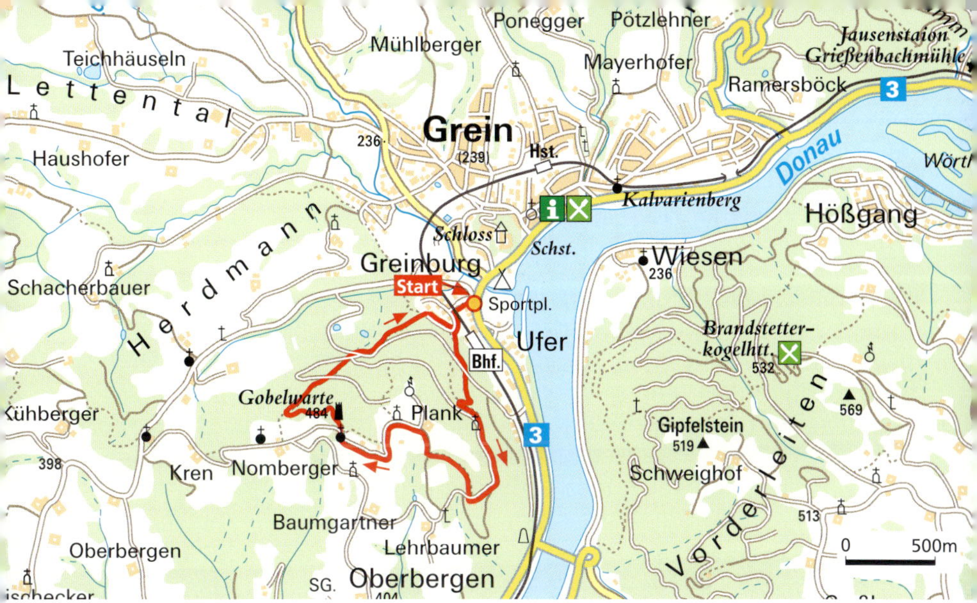

Wegbeschreibung: Starten kann man beim Wanderinfopunkt an der Donaulände oder, etwas kürzer, beim Roten Kreuz an der Donaubundesstraße. Für den Aufstieg wählen wir den *Reitsteig-Donausteig (Wegnummer 1)*. Durch den Wald stetig ansteigend, erreichen wir, oben angekommen, den *Bauernhof Labegger*. Auf einer Nebenstraße weitergehend, folgt der schön gelegene *Rastplatz Gobelwarte* und schließlich der neu errichtete Aussichtsturm. Für den Rückweg wählen wir den *Nombergersteig (Wegnummer 2)* der uns geradewegs durch den Wald hinab zum Ausgangspunkt zurückbringt.
Weglänge: 5 Km; **Höhenmeter ↑↓:** 260 Hm; **Gehzeit:** 2 Std.

Einkehr: Gastronomie in Grein

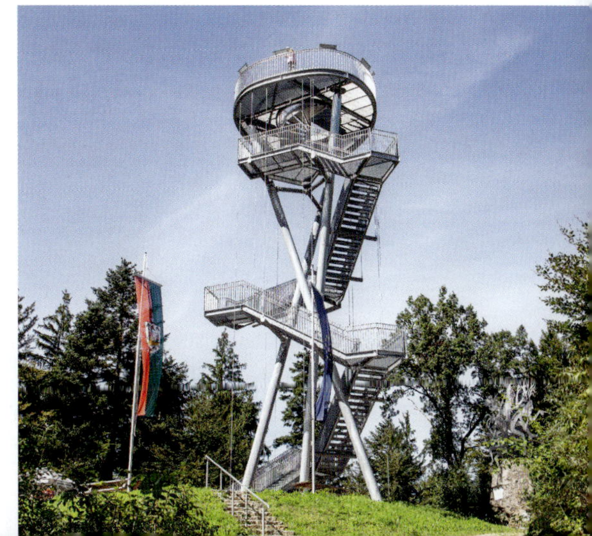

◀ Von der Aussichtsplattform der Gobelwarte liegt uns Grein und die Donau zu Füßen.

11 Km

410 Hm

4 Std

Durch die Stillensteinklamm zum Marienstein

Die Wanderung durch die Stillensteinklamm ist beliebt. Wildromantisch plätschert und rauscht der Gießenbach durch die Schlucht zur Donau hinab. Bis es bei einem großen Stein ganz still wird und der Bach wie von Zauberhand plötzlich vom Erdboden verschluckt ist. Ein Abstecher zum Marienstein belohnt uns abschließend mit einem herrlichen Ausblick auf Grein und die hügelige Landschaft des Strudengaus.

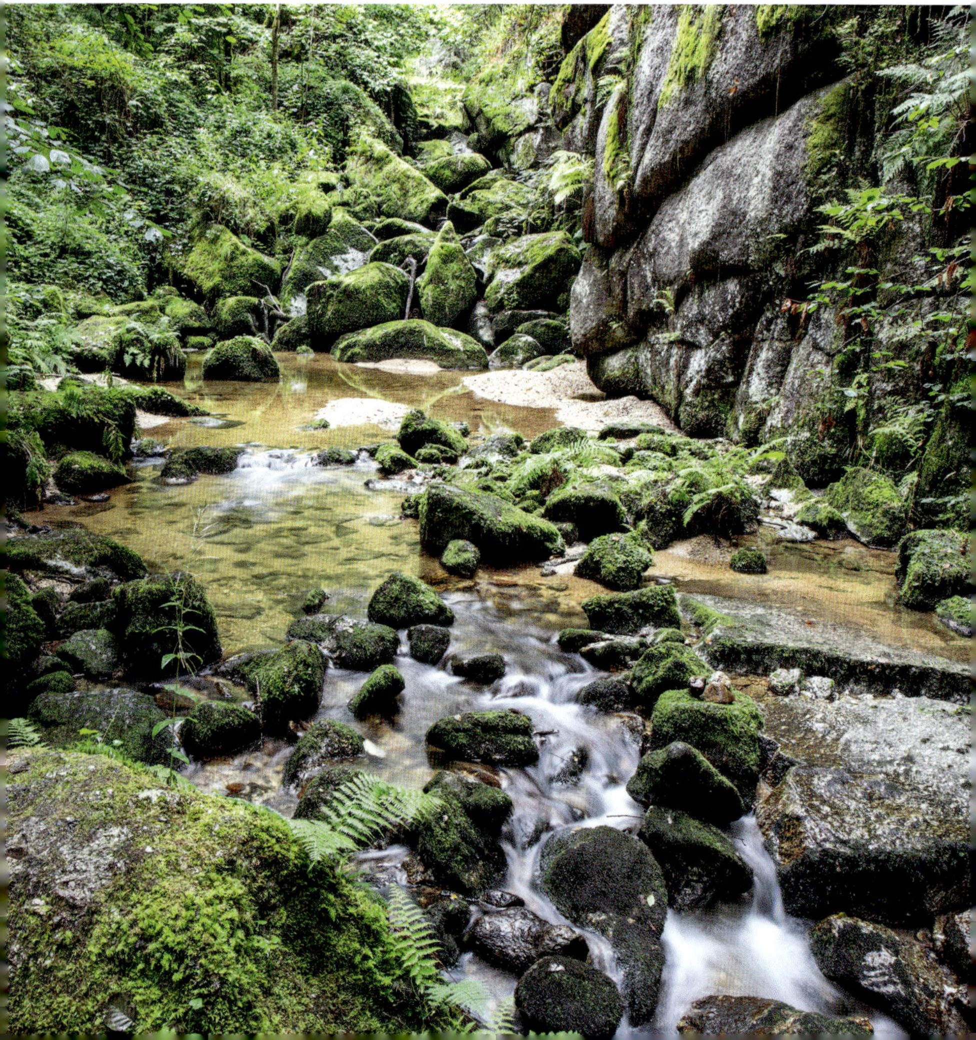

Eine Sage rankt sich um den Stillenstein, einem wuchtigen Felsen, der im oberen Abschnitt der Schlucht den Weg zu versperren droht. Der Müllerstochter von der Gießenbachmühle soll sich hier einst der Berg geöffnet haben. In seinem Inneren führte sie ein Männlein in einen paradiesisch schönen Garten mit einem Schloss. Dort gab man ihr die für ihre todkranke Mutter so dringend benötigten Heilkräuter. Als sich das Felsentor hinter ihr wieder schloss, erbebte die Schlucht mit einem lauten Donner. Fortan aber war es an diesem Ort still und der Bach unter einem mächtigen Felsen verschwunden.
Setzt man sich auf diesen sagenumwobenen Stein und ist man wirklich einmal still, kann man den Gießenbach immerhin noch unterirdisch murmeln hören. Ein wunderbarer Ort, um zur Ruhe zu kommen, auch wenn man hier an Schönwetterwochenenden vermutlich nicht allein sein wird. Verständlich, dass auch andere den Zauber dieser Klamm gerne erleben

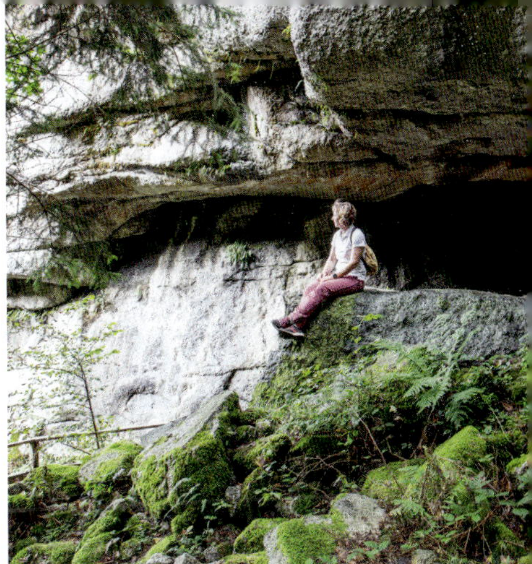

möchten. Auf dem Weg entlang des Bachlaufs finden sich aber viele weitere Stellen, die zum Staunen und zur Rast einladen. Für jeden findet sich also ein „stilles Platzerl".
Garantiert nur mehr wenigen Menschen wird man beim Marienstein begegnen, der sich auf unserem Rückweg zum Klammeingang als Abstecher anbietet. Außerhalb der Schlucht weitet sich der Himmel über dem Donautal und wir wandern über saftig grüne Wiesen und durch Waldinseln hindurch. Obwohl ein wenig versteckt, finden wir

▲ Ein magischer Ort – der Stillenstein, unter dem sich der Sage nach ein paradiesisches Schloss befinden soll.

▶ Die Gießenbachmühle am Klammeingang.

◀ Im Schatten der Klamm plätschert der Gießenbach über moosgepolsterte Blockhalden.

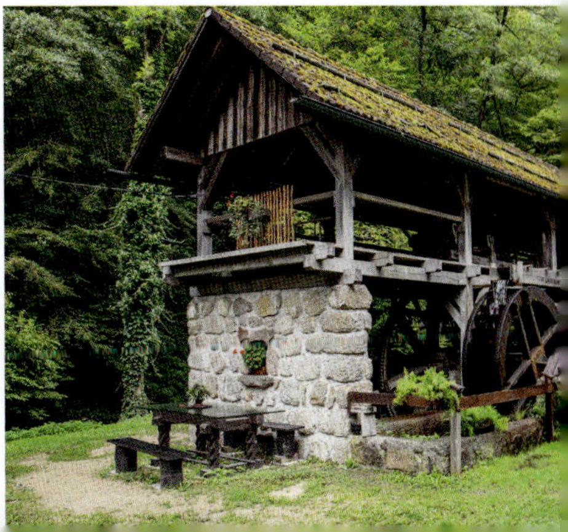

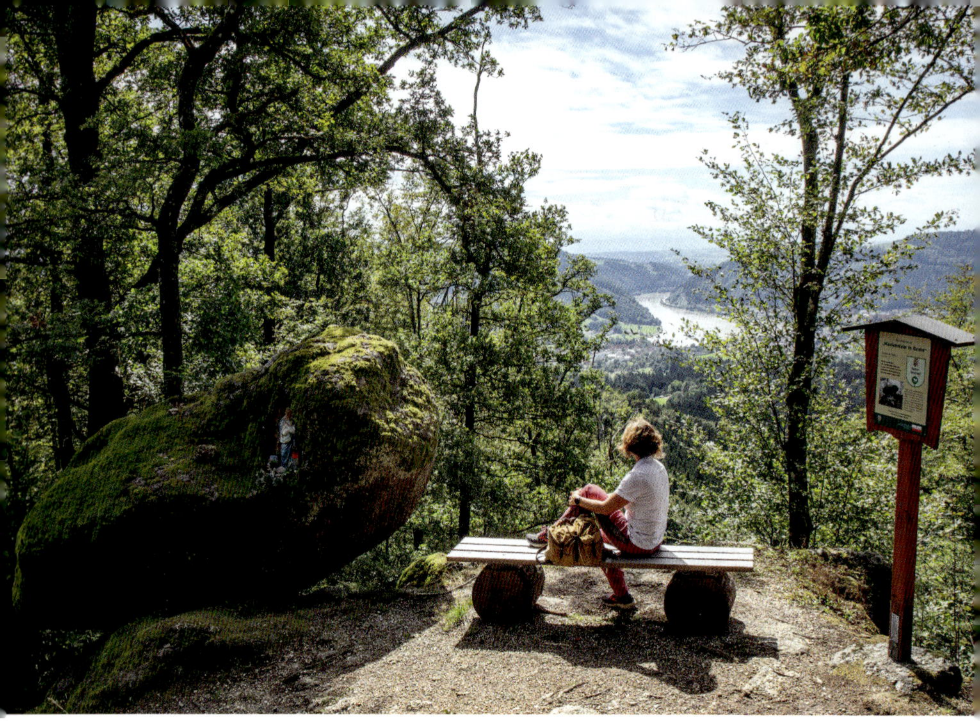

▲ Sagenhaft ist die Aussicht beim Marienstein.

▼ In offener Landschaft geht es auf Wiesenwegen wieder zur Donau hinab.

über einen Wegweiser zum Marienstein, einem zauberhaften Wackelstein mit einer Marienstatue. Eine Andachtsstätte mit Fernblick, bei der es, auf einer Bank sitzend, wiederum ganz still sein kann.

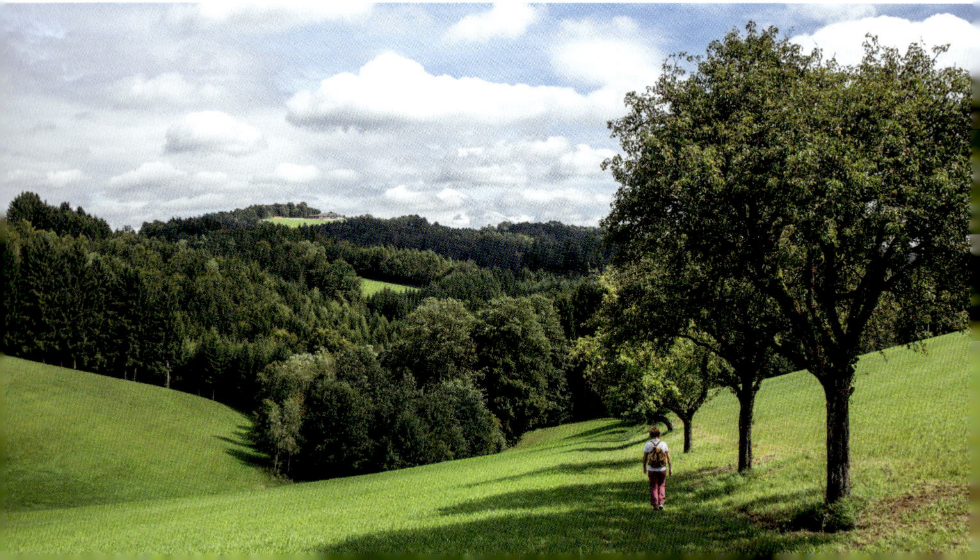

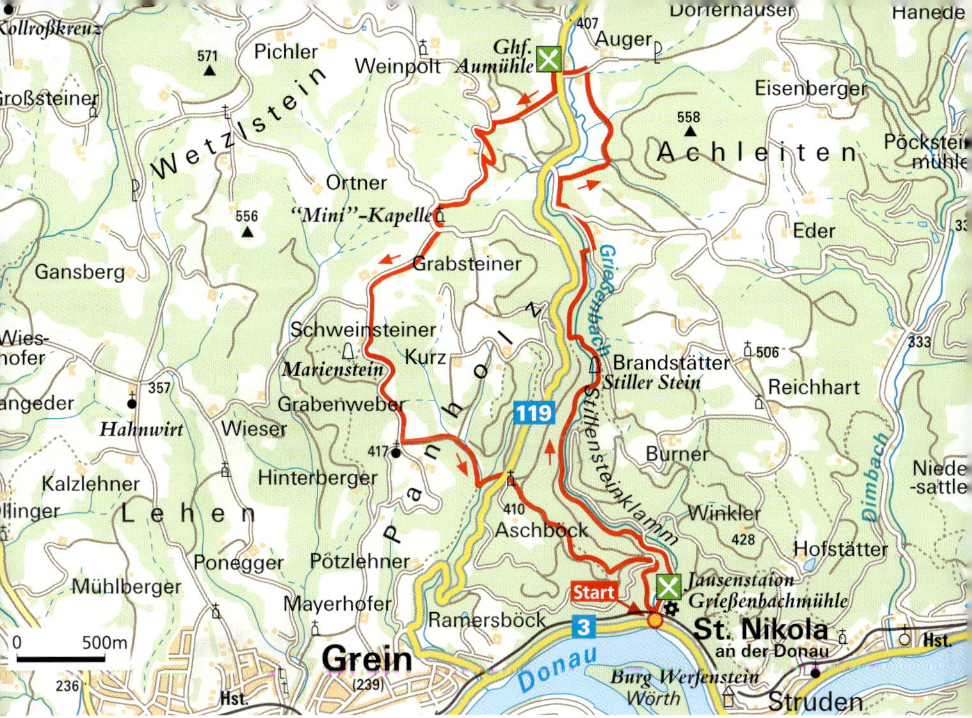

Wegbeschreibung: Ausgangspunkt ist an der Donau bei der Gießenbachmühle. Der Weg mit der Bezeichnung *Stillensteinklamm (Wegnummer 9)* ist durch den Schluchtverlauf klar vorgegeben. Über eine Weg- und Steiganlage folgen wir dem Gießenbach die Schlucht aufwärts bis zum Stillenstein und weiter, bis ganz hinauf zum Gasthaus-Hotel Aumühle. Für den Rückweg über den Marienstein müssen wir ein wenig auf die richtigen Wegweiser achten. Ca. 100 Meter vor der Aumühle, links auf einen Feldweg abbiegend, folgen wir ein Stück dem Wegweiser mit der Nummer 6 und dann den Wegweisern mit der Nummer 7 *(Höhenwanderweg nach Grein)*. Von diesem Weg zweigt nach rund drei Kilometern der kurze, beschilderte Abstecher zum Marienstein ab. Nach einer Rast geht es hinab zum Pötzlehnergraben und nach dem wir die Hauptstraße überquert haben, spazieren wir auf dem Weg Nr. 9a *(Eingang Stillensteinklamm)* zurück zum Ausgangspunkt.
Weglänge: 11 Km; **Höhenmeter ↑↓:** 410 Hm; **Gehzeit:** 4 Std.

Variante: Wer nur die Klamm begehen möchte, geht auf demselben Weg zurück oder zweigt oberhalb vom Stillenstein auf den Weg mit der Nummer *9a* ab. Dieser führt auf Forststraßen ebenfalls zurück zum Klammeingang.

Einkehr: Beim *Gasthaus-Hotel Aumühle* oder am Klammeingang bei der *Jausenstation Gießenbachmühle*.

MEHRTAGESTOUREN

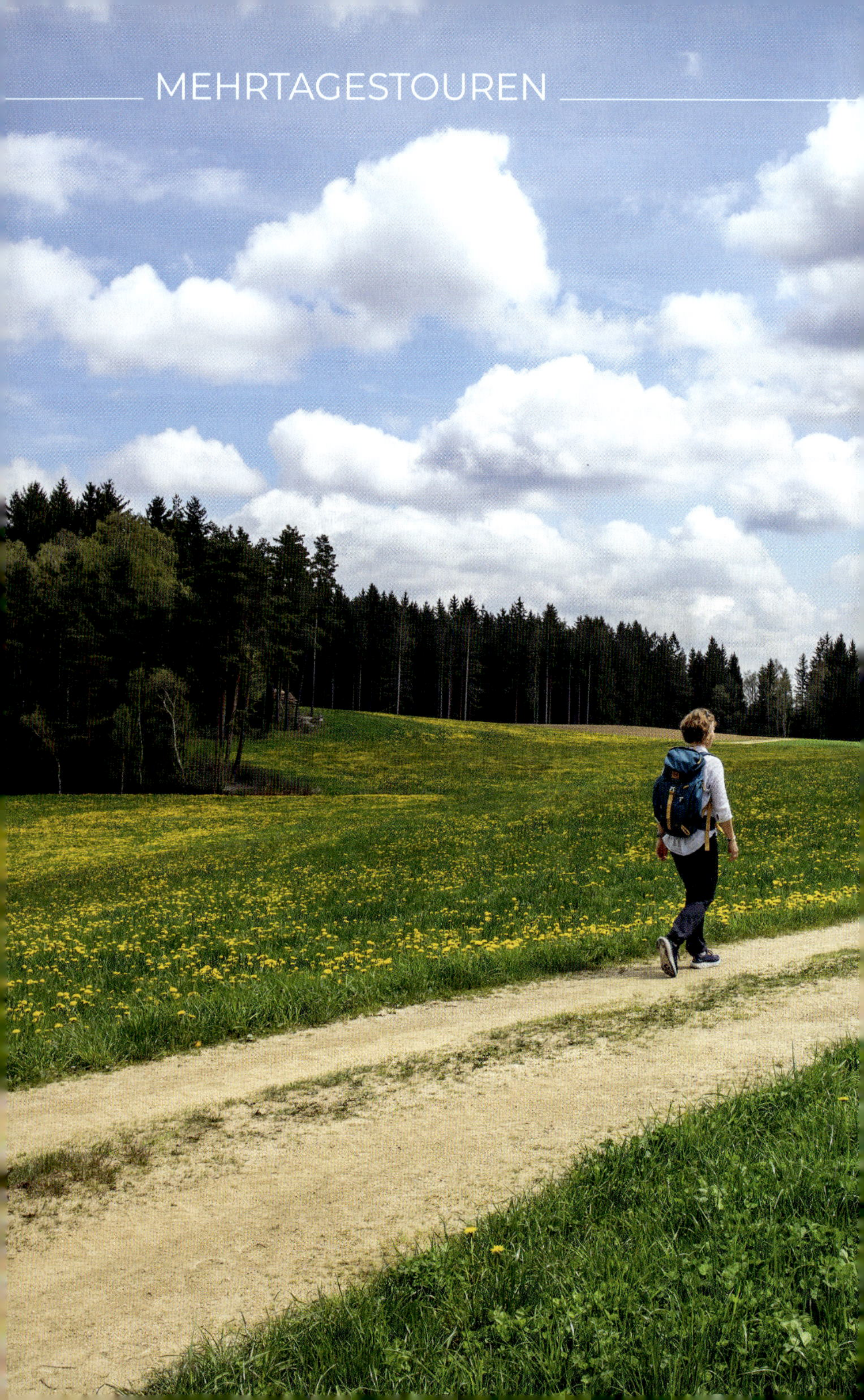

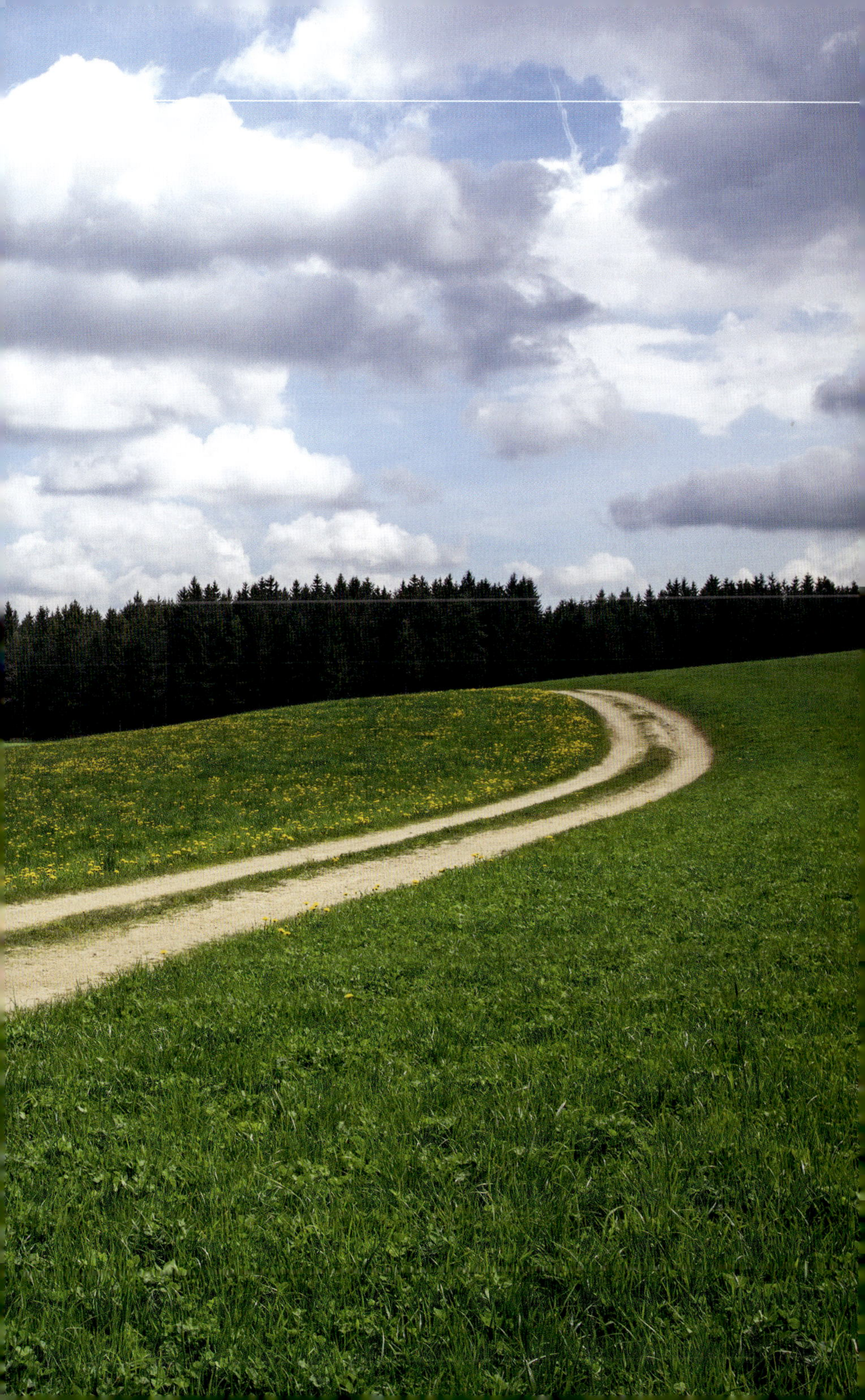

84 Km

4 Tage

Aufblühen am beliebtesten Pilgerweg des Mühlviertels

Viele kennen ihn und sind ihn bereits gegangen. Aus ganz Österreich und auch aus den benachbarten Ländern findet er regen Zulauf. Die Popularität, die der Johannesweg seit seiner Eröffnung im Jahr 2012 erfahren hat, ist eine Erfolgsgeschichte. Das liegt an der großartigen Idee zu diesem Weg, seinen außergewöhnlichen Kraftplätzen und der gelungenen Wegführung, die diese Stationen in reizvoller Landschaft zu verbinden weiß.

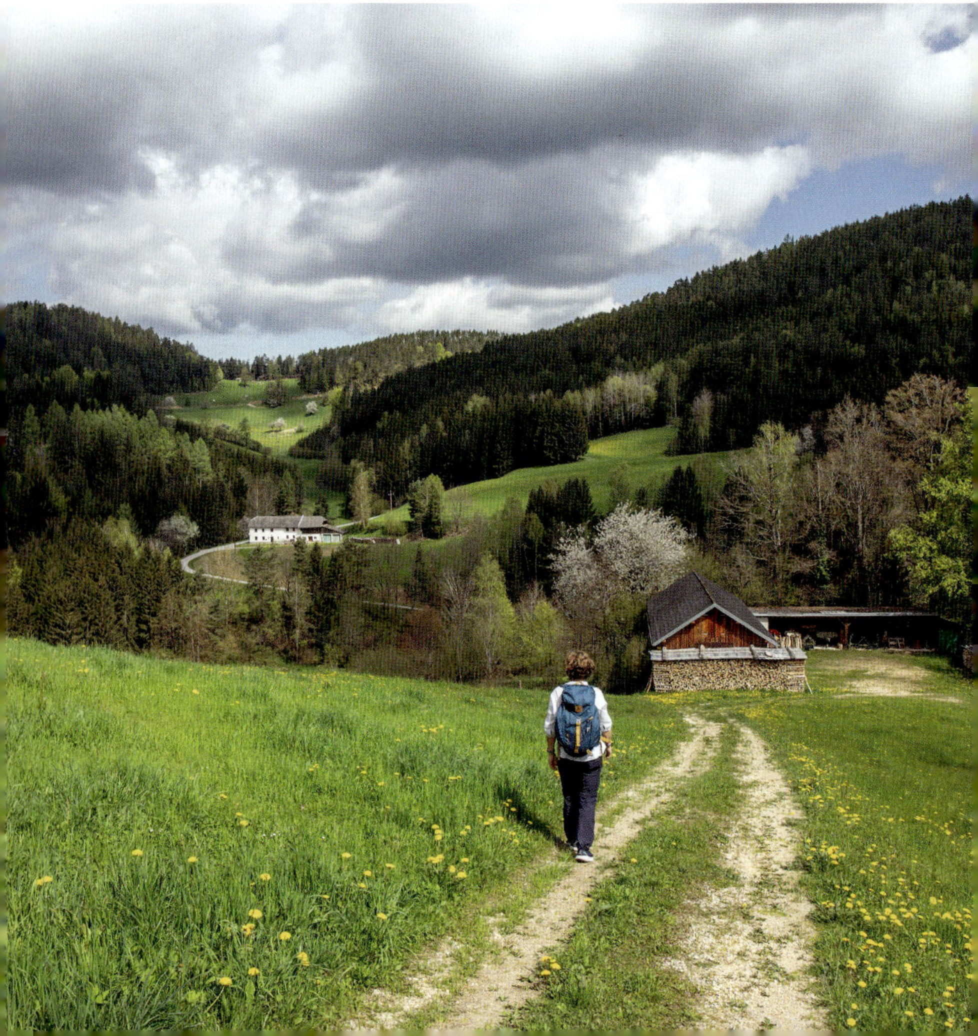

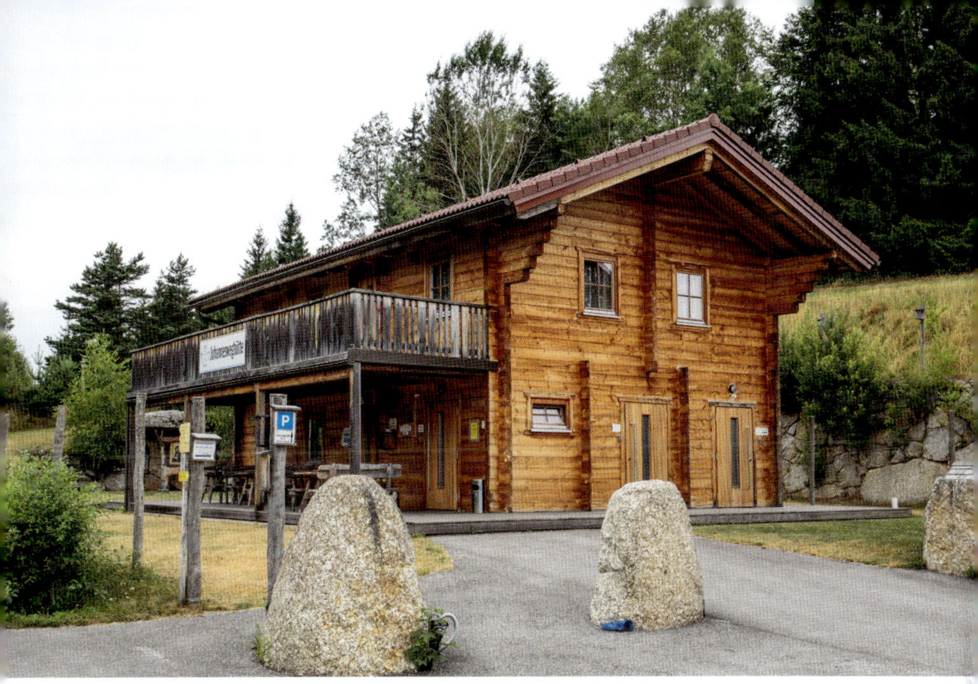

Konzept und Charakter:

Alles begann mit der Vision des Dermatologen Johannes Neuhofer, einen Pilgerweg zu etablieren, dessen Ausrichtung einem spirituellen Wandern und der körperlichen wie seelischen Gesundheit dienen sollte. In der Form einer Lilie, dem Symbol für Frieden und Licht, sollte sich der Wegverlauf in die Landschaft schreiben. Eine Herausforderung und ein Konzept, das man in Zusammenarbeit mit dem OÖ Tourismus weiterentwickelte und das schließlich in der Tourismusregion Mühlviertler Alm die idealen Voraussetzungen fand und zur Umsetzung gelangte. Benannt nach Johannes dem Täufer, dem Rufer in der Wüste, hat man diesen insgesamt 84 Kilometer langen Rundwanderweg im Juni 2012 feierlich aus der Taufe gehoben.

Die Johannesweg Gemeinden:

Pierbach – Schönau im Mühlkreis – St. Leonhard bei Freistadt – Weitersfelden – Kaltenberg – Unterweißenbach – Königswiesen

▲ Die Johannesweghütte in Unterweißenbach ist ein beliebter Wandertreffpunkt.

◀ Unterwegs in der Umgebung von St. Leonhard bei Freistadt.

Die 12 Johannesweg Stationen:

Sie sind die Impulsgeber, die jeden Wanderer motivieren sollen, dankbar, hilfsbereit und positiv durch das Leben zu schreiten. An besonders schönen Plätzen laden diese Stationen zur Rast und Besinnung ein. Dazu wird einem jeweils ein Gedanke oder eine Weisheit mit auf den Weg gegeben, die Themen wie Geduld, Großzügigkeit, Ernährung oder Humor aufgreifen. Diese 12 Stationen, in Gehrichtung von Pierbach startend, sind:

1. Johannesbrunnen und Engelskapelle in Pierbach
2. Herrgottsitz auf dem Steininger Berg in Schönau i. M.
3. Herzogreitherfelsen in St. Leonhard b. Fr.
4. Bründlkapelle und Augenbründl in St. Leonhard b. Fr.
5. Galgenbühel in Weitersfelden
6. Zwischenstromwiese am Zusammenfluss von Schwarzer und Weißer Aist in Weitersfelden
7. Kammerer Kreuz-Kapelle auf dem Kammererberg in Weitersfelden
8. Ursprungskapelle und Augenbründl in Kaltenberg
9. Schüsselkapelle in Unterweißenbach
10. Wegererstein in Unterweißenbach
11. Gipfelkreuz Harlingsedt in Königswiesen
12. Langtalerkapelle in Pierbach

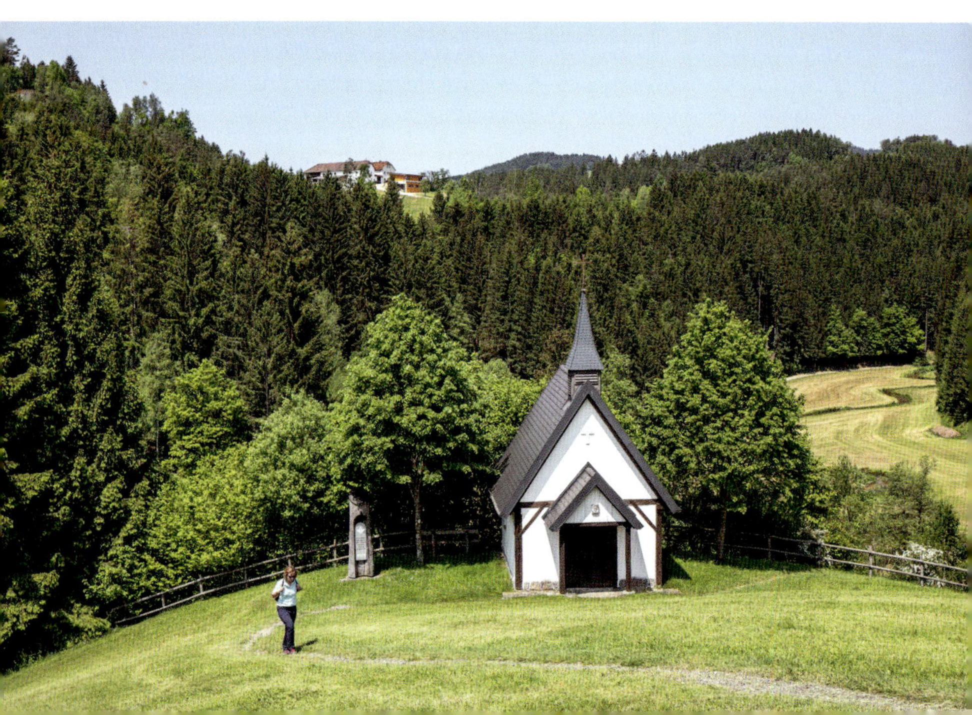

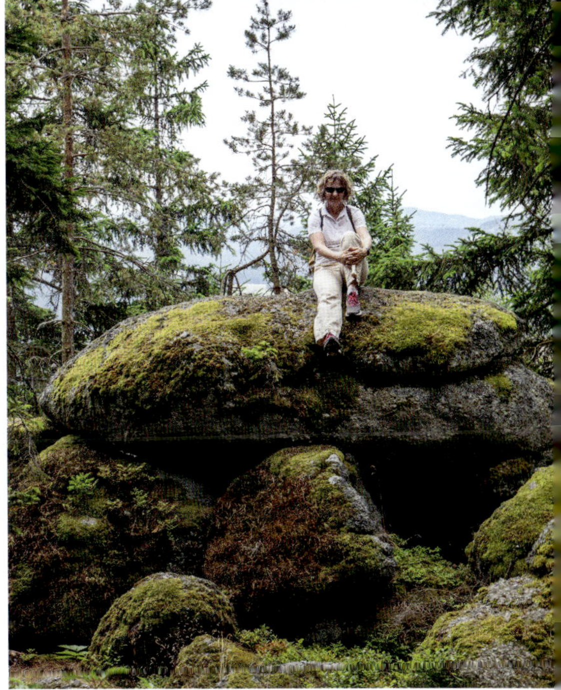

Sehenswürdigkeiten am Weg:

Es ist vor allem die wunderbare Landschaft und die Natur der Tourismusregion Mühlviertler Alm, die man auf dem Johannesweg authentisch erleben und entdecken darf. Insgesamt passieren wir fünf Gipfel mit herrlichen Weitblicken sowie verschiedene oft sagenumwobene Felsformationen. Dazu kommen weitere schöne Aussichtsplätze mit Bänken und Wege entlang naturnaher Flusstäler. Viele Materl (Bildstöcke), Kapellen und Kirchen bereichern den Weg. Herausragend sind die beiden Burgruinen Prandegg und Ruttenstein, für deren Besichtigung man ausreichend Zeit einplanen sollte. Nicht zu vergessen die Menschen, die in der Region verwurzelt sind und sie nachhaltig geprägt haben. Sie wissen spannende Geschichten zu erzählen vom Brauchtum und ihren Traditionen.

Praktische Hinweise:

Wo nächtigen, wenn man mehrere Tage unterwegs ist? Auch dafür ist auf dem Johannesweg bestens gesorgt. Seine Beliebtheit und die große Nachfrage hat das Angebot in den Tourismusgemeinden ständig erweitert. Ob in einem Hotel, in einer Privatpension, in einem traditionellen Gasthaus oder auf einem Bauernhof – für jeden ist etwas dabei. Viele, wie das Hotel Fürst in Unterweißenbach, bieten Packages und sogar einen täglichen Transfer zu den Einstiegsstellen an. So kann das schwere Gepäck auf dem Zimmer bleiben und man kann mit einem leichten Tagesrucksack wandern.

▲ Rast auf einem Schalenstein am Weg zum Gipfelkreuz Harlingsedt.

◄ Erste Station am Weg – die Engelskapelle und der Johannesbrunnen in Pierbach.

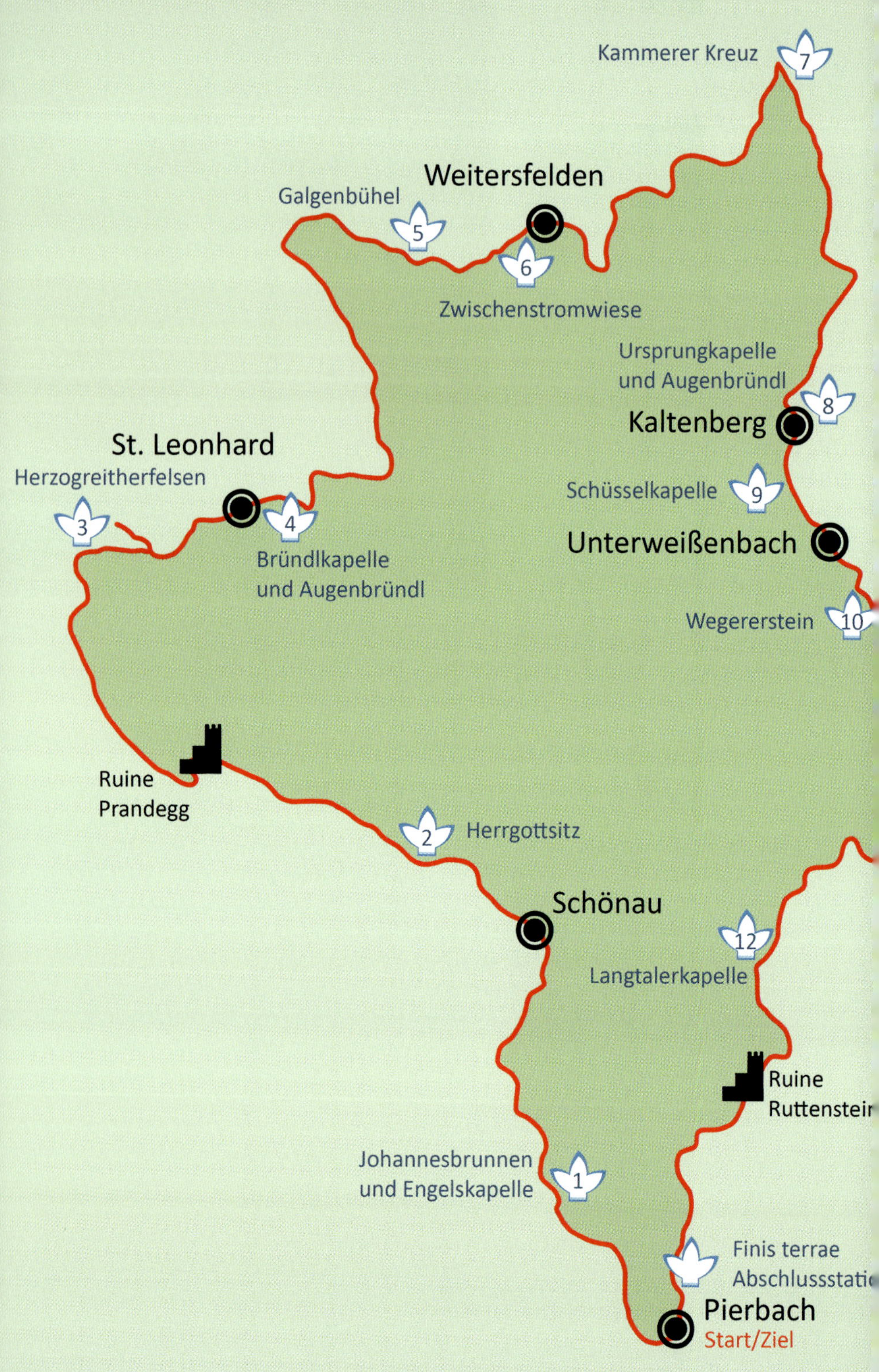
Kammerer Kreuz
7
Weitersfelden
Galgenbühel
5
6
Zwischenstromwiese
Ursprungkapelle
und Augenbründl
8
Kaltenberg
St. Leonhard
Herzogreitherfelsen
3
4
Schüsselkapelle
9
Unterweißenbach
Bründlkapelle
und Augenbründl
Wegererstein
10
Ruine
Prandegg
2
Herrgottsitz
Schönau
12
Langtalerkapelle
Ruine
Ruttenstei
Johannesbrunnen
und Engelskapelle
1
Finis terrae
Abschlussstati
Pierbach
Start/Ziel

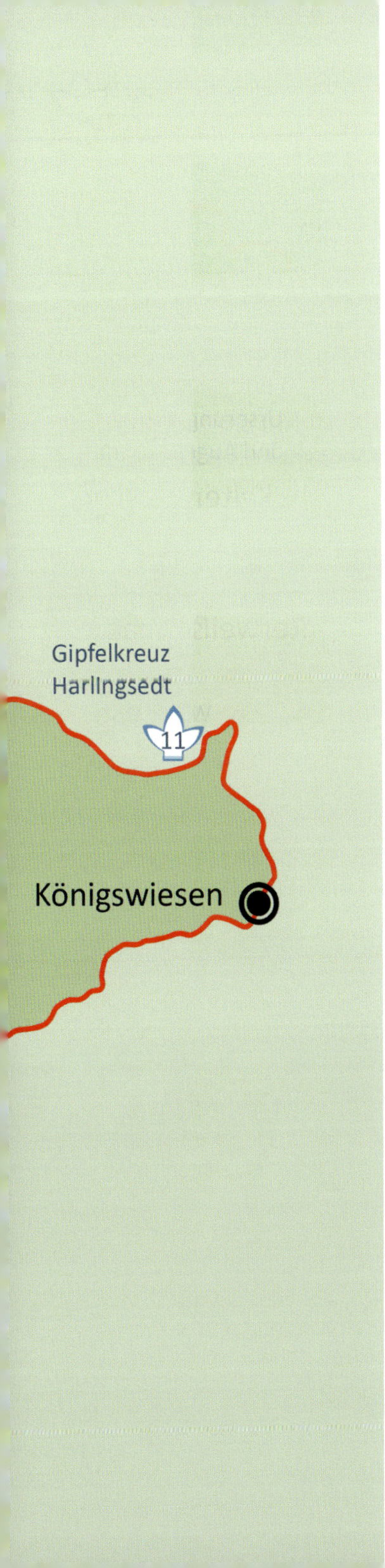

Gipfelkreuz
Harlingsedt

11

Königswiesen

Startpunkt:
Der offizielle und empfohlene Startpunkt ist das Ortszentrum von Pierbach. Dort ist für die Wanderer auch ein Parkplatz ausgewiesen. Grundsätzlich kann der Weg aber von jeder der Johannesweggemeinden gestartet werden.

Tagesetappen:
Für routinierte Wanderer ist die Gesamtstrecke von 84 Kilometern in vier Tagen gut zu bewältigen. Tag 1: Pierbach – Prandegg (16 Km); Tag 2: Prandegg – Weitersfelden (22 Km); Tag 3: Weitersfelden – Königswiesen (27 Km); Tag 4: Königswiesen – Pierbach (19 Km). Sportliche Wanderer schaffen den Johannesweg auch in drei Tagen, Genießer hingegen veranschlagen fünf Tage.

Siehe auch:
In diesem Buch die Infos und Bilder bei den Touren Nr. 36, 40, 42, 46, 48.

Weiterführende Informationen:
Im Internet, unter www.johannesweg.at, finden Sie alle Infos, die sie für die Planung und eine erfolgreiche Durchführung ihrer Pilgerreise benötigen. Der Tourismusverband Mühlviertler Alm Freistadt versorgt Sie gerne mit Infomaterial und einer Johannesweg-Wanderkarte. Ebenfalls verfügbar ist eine Johannesweg App.

48 Km

2-3 Tage

Kraft tanken bei 350 Millionen Jahre alten Steinen

Das Zeitalter der Dinosaurier war noch nicht angebrochen, als der Weinsberger Granit entstand. Bis heute prägt er in den Naturparkgemeinden Bad Zell, Rechberg, Allerheiligen und St. Thomas am Blasenstein das Landschaftsbild. Zahlreiche Felsblöcke sind hier Zeitzeugen von Jahrmillionen. Für den Wanderer auf dem Stoakraftweg werden sie zu faszinierenden Energie- und Inspirationsquellen.

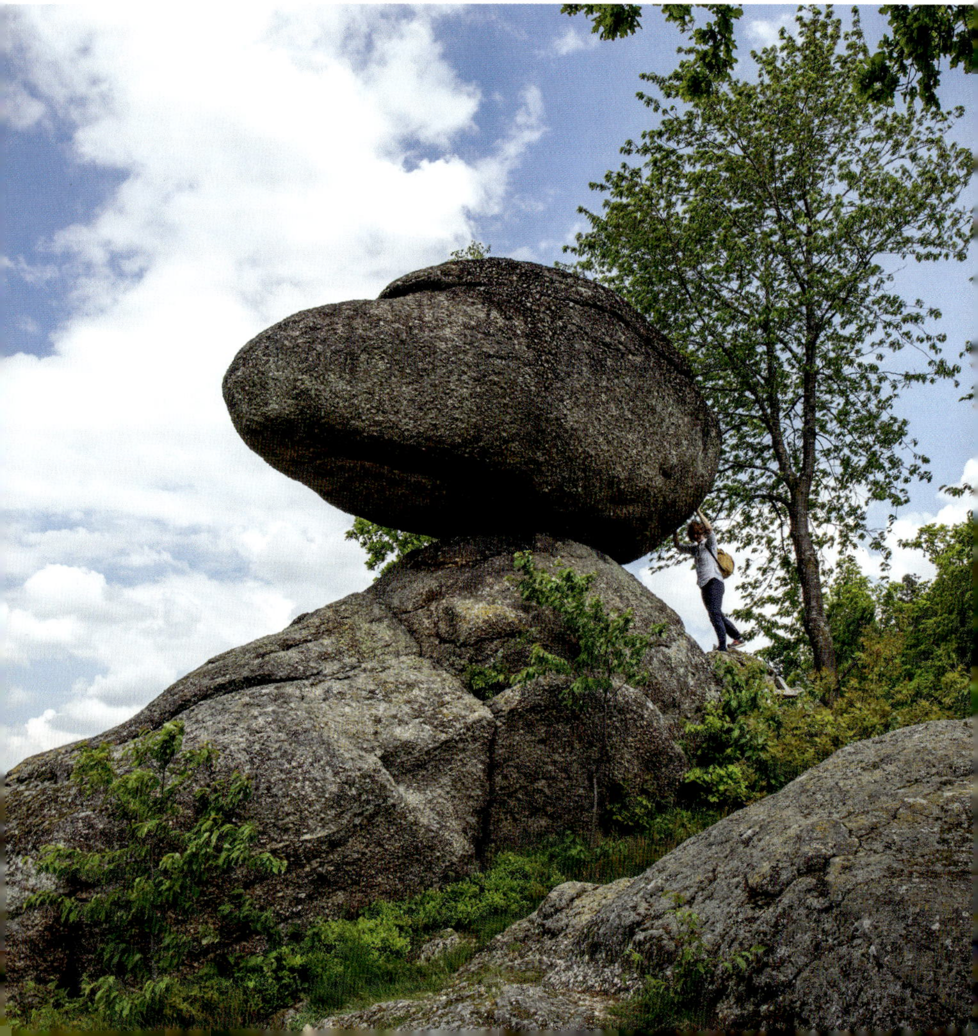

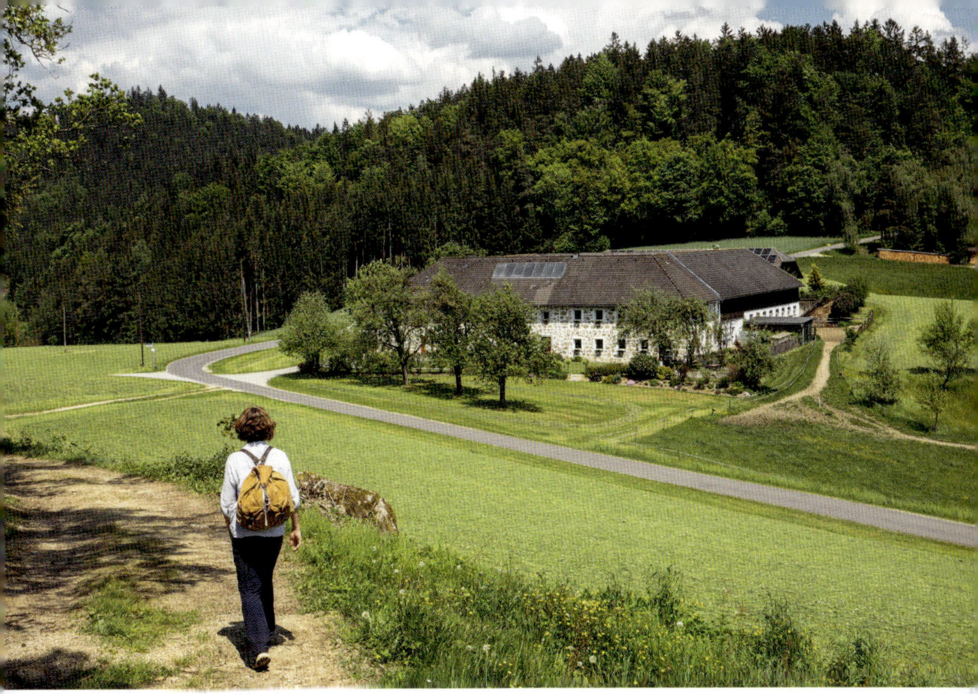

Konzept und Charakter:
Der Naturpark Mühlviertel ist ein Landschaftsschutzgebiet, das sich durch eine besonders reich strukturierte Kulturlandschaft auszeichnet. Es ist nicht nur der Weinsberger Granit, der hier in besonders ausdrucksstarken Formen zutage tritt. Darüber hinaus hat der Mensch diese Landschaft seit Jahrhunderten mitgestaltet und ökologisch wertvolle Flächen geschaffen. Der Stoakraftweg wurde so angelegt, dass er die geologisch interessantesten und schönsten Naturschauplätze miteinander verbindet. Wer den Naturpark Mühlviertel mit all seinen Facetten kennenlernen möchte, für den bietet diese Weitwanderrunde die beste Gelegenheit. Im sanften Auf und Ab ist man auf Naturwegen und verkehrsarmen Nebenstraßen unterwegs.

▲ Unaufgeregt schön ist es zwischen Wäldern, Wiesen und eingestreuten Bauernhöfen.

◀ Beeindruckend – der mächtige Wackelstein des „Schwammerling“ in Rechberg.

Sehenswürdigkeiten am Weg:

Herausragend sind am Stoakraftweg die vielen als Naturdenkmäler ausgewiesenen Steinformationen. Sie haben sich in der Region einen Namen gemacht. Am bekanntesten ist der riesige Wackelstein des „Schwammerling“ in Rechberg. Andere sind der Elefantenstein, die Fuchsmauern, der Falkenstein oder die Zigeunermauern. In St. Thomas am Blasenstein setzen uns die „Orte der Kraft“ ins Staunen. Dort begegnen wir einem sagenumwobenen Durchkriechstein und in der Gruftkammer der Wallfahrtskirche einer Mumie, die im Volksmund als „luftg´selchter Pfarrer“ bekannt ist. Das Freilichtmuseum „Großdöllnerhof“ in Rechberg zeigt uns einen 400 Jahre alten, noch mit Schilf gedeckten, Mühlviertler Dreiseithof. Besondere Naturerlebnisse bieten das Flusstal der Naarn, artenreiche Magerwiesen und die Heidelandschaft auf der Pammerhöhe. Herrliche Aussichtsplätze lassen uns immer wieder über das Land blicken.

Praktische Hinweise:

Gestartet werden kann in jeder der vier Naturparkgemeinden. Die meisten Gastronomie- und Nächtigungsbetriebe finden sich in Rechberg und in Bad Zell. Startet man in Rechberg, kann man den Stoakraftweg über einen kurzen Verbindungsweg auch als Achterschleife gehen (siehe Karte).

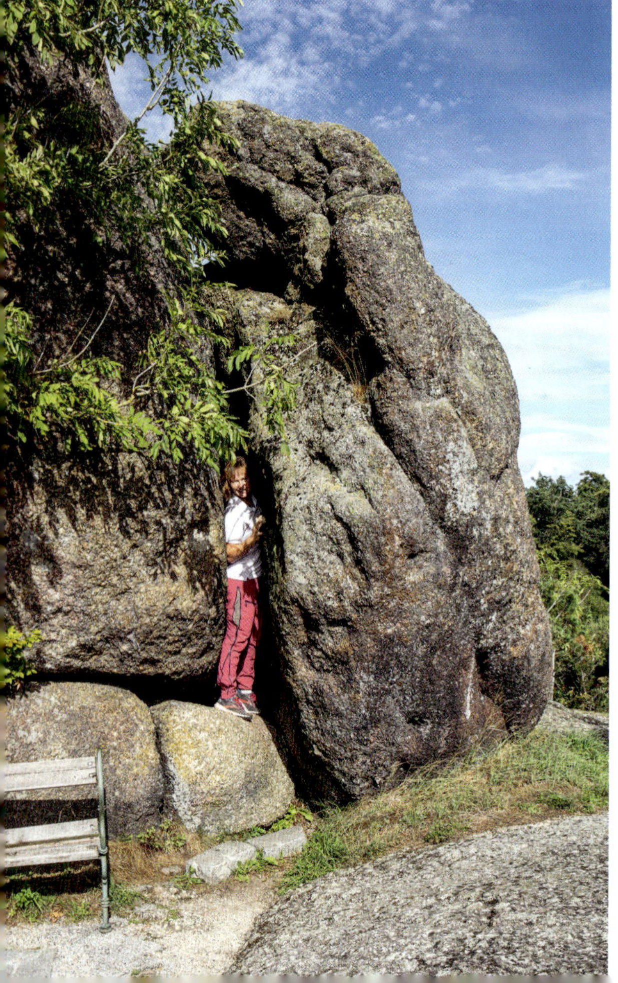

◀ Beim Durchkriechstein der Bucklwehluck´n in St. Thomas am Blasenstein.

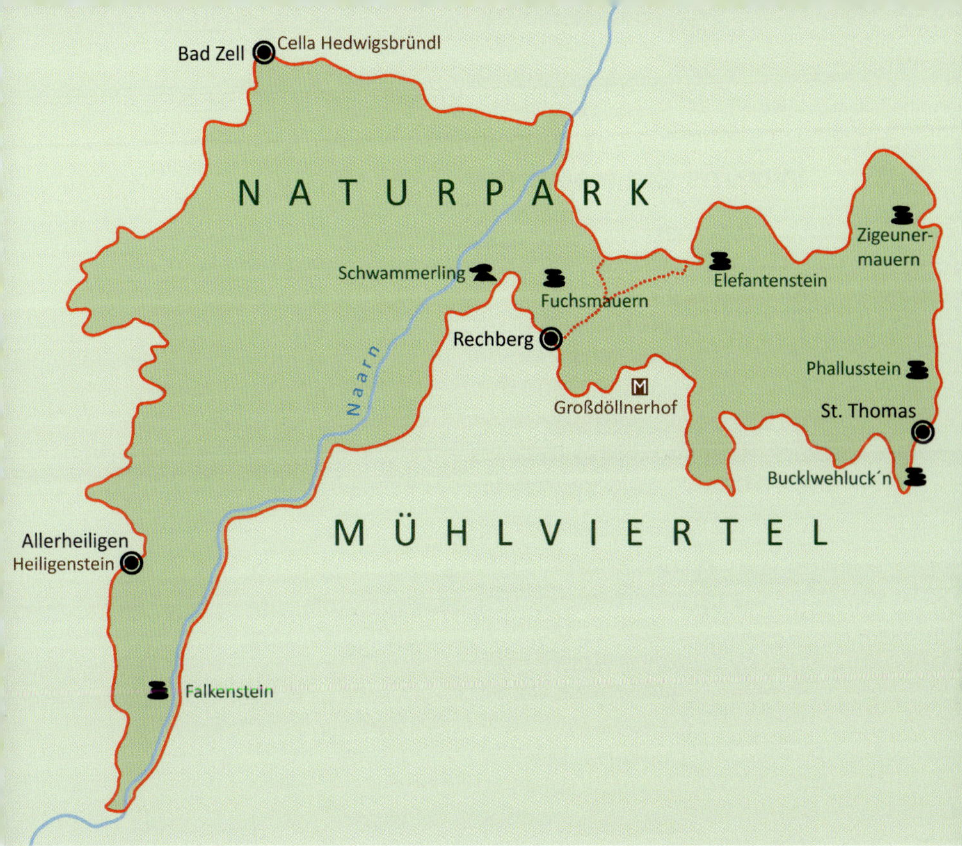

Tagesetappen:

Für routinierte Geher ist die Gesamtlänge von 48 Kilometern in zwei Tagen gut zu bewältigen. Zum Beispiel: 1 Tag: Bad Zell – St. Thomas am Blasenstein – Rechberg (26 Km); 2 Tag: Rechberg – Allerheiligen – Bad Zell (22 Km). Genießer planen drei Tage ein, dann bleibt auch ausreichend Zeit, um an den schönen Plätzen zu verweilen.

Siehe auch:

In diesem Buch die Infos und Bilder bei den Touren Nr. 45, 51, 52, 53.

Weiterführende Informationen:

Im Internet unter www.stoakraftweg.at. Eine Stoakraftweg-Wanderkarte ist über den Tourismusverband Mühlviertler Alm Freistadt erhältlich. Ebenso steht eine kostenlose Stoakraftweg App mit einer interaktiven GPS-Karte zur Verfügung.

71-165 Km

4-9 Tage

Wo uns die Natur den Takt vorgibt

Hoch im Norden Oberösterreichs rauscht der Böhmerwald. Er beherrscht das Gebiet und schwingt sich am Grenzkamm zu Tschechien zu aussichtsreichen Gipfeln auf. Unterhalb des Waldes, im Tal der Großen Mühl, liegt Aigen-Schlägl, die bekannte Braustadt und mit dem Stift Schlägl das geistige Zentrum der Region. Ein idealer Ausgangspunkt, um im Schritttempo dem Alltag Geschwindigkeit zu nehmen und im Schatten der Bäume seine Gedanken zu ordnen.

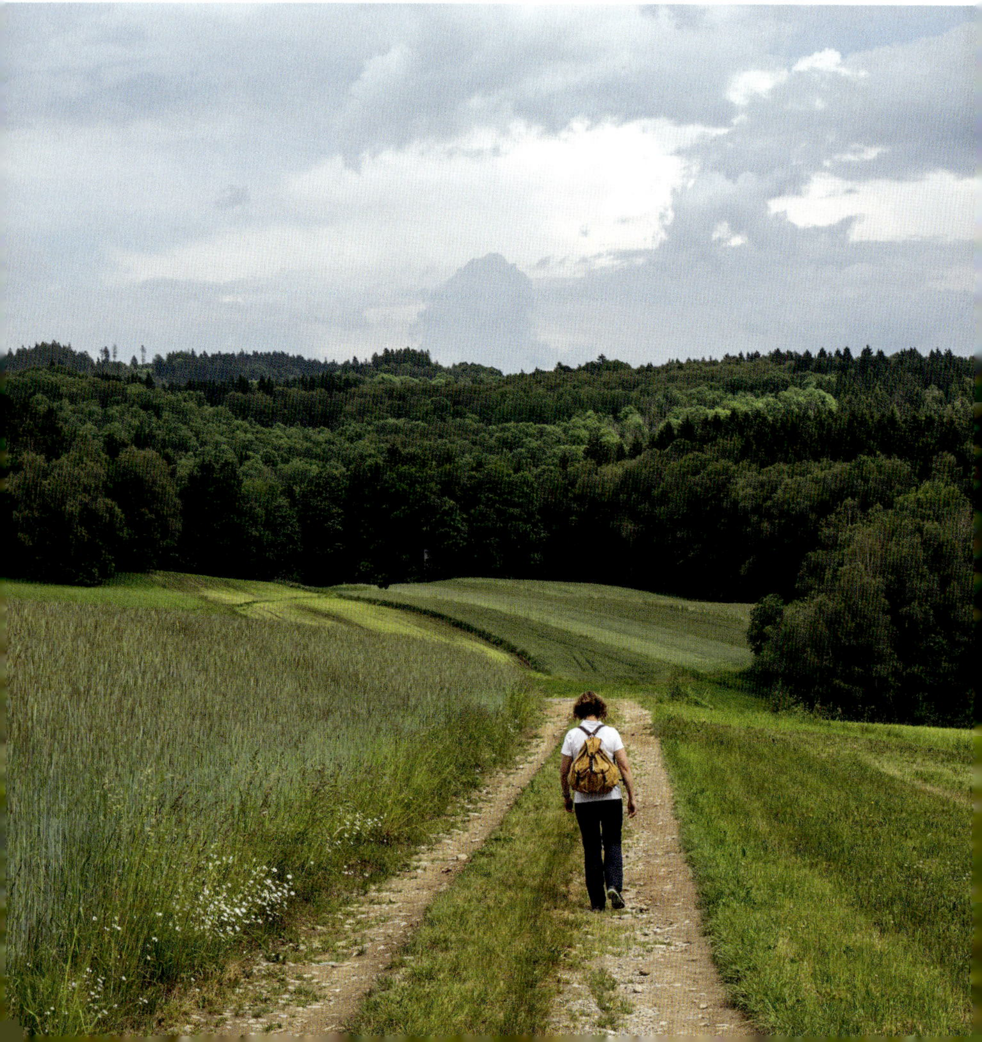

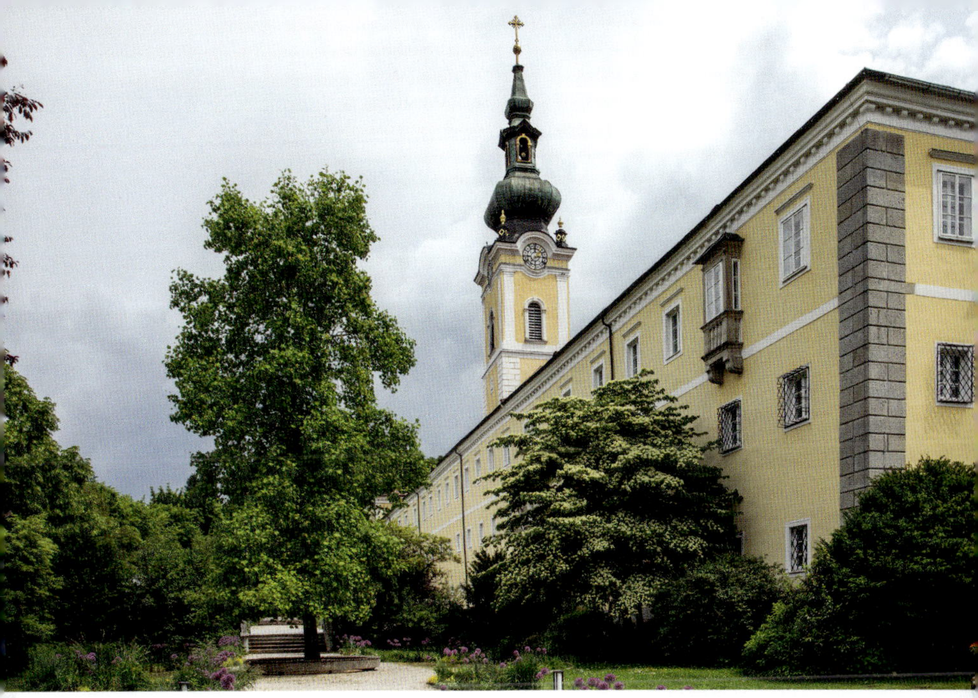

Konzept und Charakter:
Der Weg der Entschleunigung wurde in vier Varianten mit unterschiedlichen Längen und Tagesetappen angelegt. Somit bestimmen wir selbst, wie viel Zeit wir einer Auszeit in der Ferienregion Böhmerwald einräumen wollen. In vier, sechs oder neun Tagen erwandern wir uns eine Landschaft, die auf uns ihre entschleunigende Wirkung entfaltet.

Sehenswürdigkeiten:
Je nach dem für welche der Varianten wir uns entscheiden, erwarten uns ganz unterschiedliche Eindrücke. Bei der Tour „Gipfelge(h)nuss pur" sind es die fantastischen Ausblicke am Hauptkamm des Böhmerwaldes. Wir überschreiten dabei den Plöckenstein, den Hochficht, die Stingelfelsen und den Bärenstein. Bei der Tour „Besonderheiten entdecken" passieren wir die Steilstufe des Schwarzenbergischen Schwemmkanals und wandern über Haslach, Helfenberg und die Bezirkshauptstadt Rohrbach-Berg über die abwechslungsreiche Hügellandschaft des südlichen Böhmerwaldes. Wer sich für die beiden längeren Varianten entscheidet, durchwandert zusätzlich das Tal der Kleinen Mühl und gelangt über Peilstein und Julbach nach Klaffer am Hochficht mit seinem bekannten Bio-Heilkräutergarten.

▲ Ausgangspunkt ist Aigen-Schlägl, wo sich auch das sehenswerte Stift Schlägl befindet.

◀ Auf dem Weg zur Steilstufe des Schwarzenbergischen Schwemmkanals.

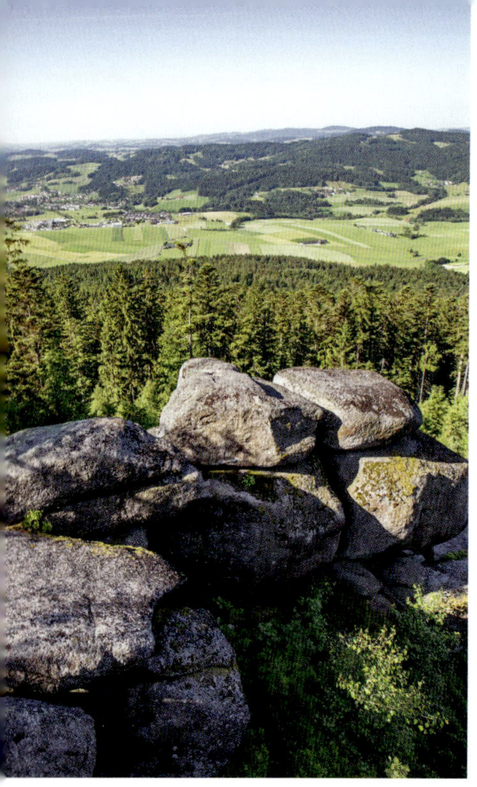

◄ Aussicht von den Hochbuchet-Felsen unterhalb des Bärensteins.

Praktische Hinweise:
Die Ferienregion Böhmerwald hält zu den Varianten buchbare Komplett-Angebote bereit. Diese inkludieren die Unterkünfte und die Verpflegung, auf Wunsch auch einen Gepäck- und Personentransport zu den Etappenstarts. Infos unter www.wegderentschleunigung.at.

Startpunkt:
Egal für welche Variante wir uns entscheiden, Start und Ziel der vier Weitwanderrunden ist Aigen-Schlägl. Eine Besichtigung von Stift Schlägl und der Stiftsbrauerei gehört hier unbedingt dazu.

Die vier Varianten:
Sie sind als Rundtouren angelegt und gliedern sich wie folgt:

Gipfelge(h)nuss pur:
4 Tage, 71 Km; Aigen-Schlägl – Schwarzenberg – Holzschlag – Hintenberg – Aigen-Schlägl.
Besonderheiten entdecken:
4 Tage, 78 Km; Aigen-Schlägl – Haslach – Helfenberg – Rohrbach-Berg – Aigen-Schlägl
Natur erleben:
6 Tage, 115 Km; Aigen-Schlägl – Haslach – Helfenberg – Rohrbach-Berg – Peilstein – Kohlstatt – Aigen-Schlägl.
Kraft & Energie tanken:
9 Tage, 165 Km; Aigen-Schlägl – Haslach – Helfenberg – Rohrbach-Berg – Peilstein – Kohlstatt – Schwarzenberg – Holzschlag – Hintenberg – Aigen-Schlägl.

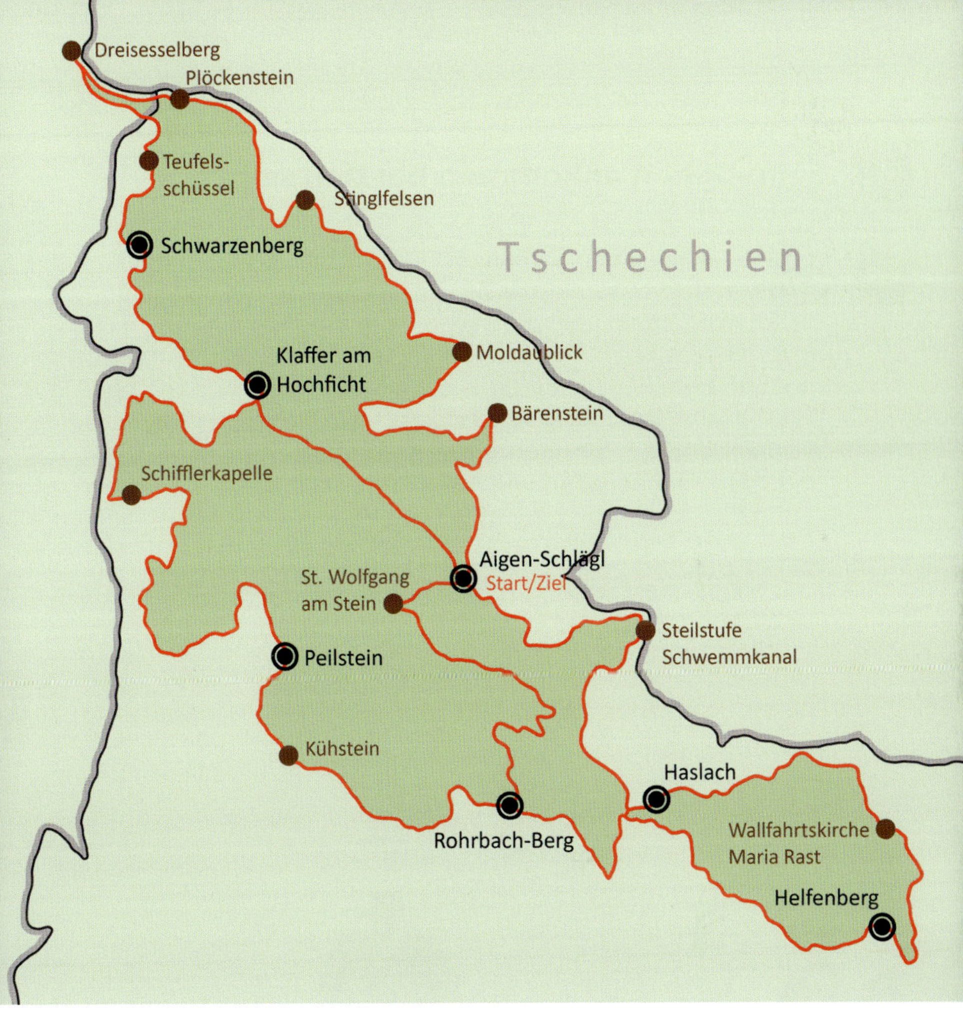

Siehe auch: In diesem Buch die Infos und Bilder bei den Touren Nr. 1, 2, 3, 4, 5, 6, 7, 9, 10, 11, 12.

Weiterführende Informationen:
Im Internet unter www.wegderentschleunigung.at oder www.boehmerwald.at. Unter diesen Adressen ist auch eine extra für den Weg der Entschleunigung gestaltete Wanderkarte mit allen nötigen Infos erhältlich.

96 Km

3-4 Tage

Im Gehen ankommen bei sich selbst

Eine Region, deren Boden und Geschichte vom Granit geprägt ist. Ein Gestein, das für Beständigkeit steht und einen Ruhepol schafft. Das spürt man beim Granitpilgern und das ist die Idee, die hinter dieser mehrtägigen Weitwanderrunde steht. Zwischen St. Martin und Haslach an der Mühl tauchen wir in eine faszinierende Landschaft ein, die uns anregt, auch in uns etwas in Bewegung zu setzen. Etwas, das uns im Unterwegs sein Innehalten und Ankommen lässt.

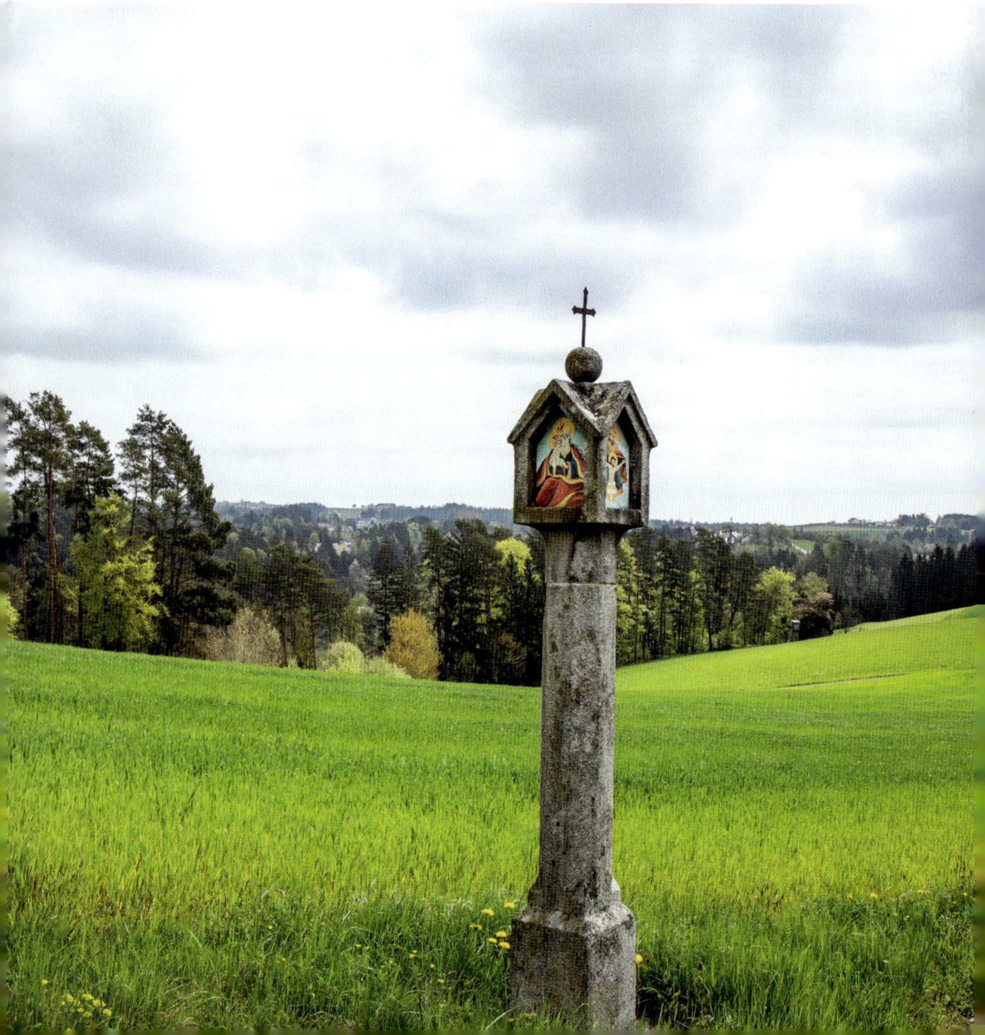

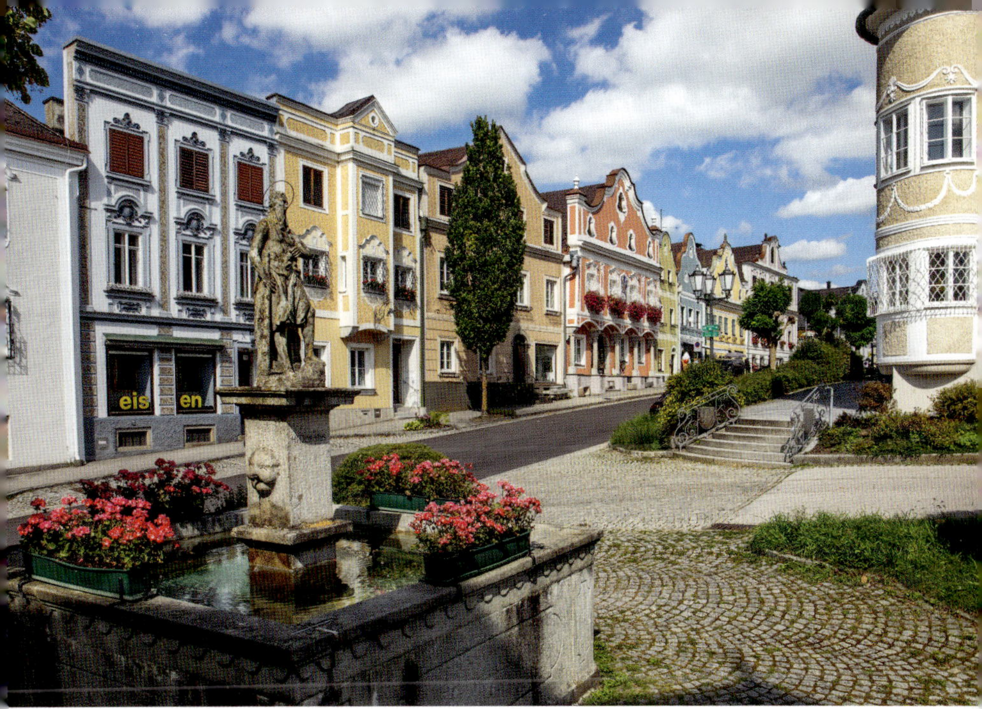

Konzept und Charakter:
Die Idee vom Granitpilgern geht klar aus dem Konzept und der Bewerbung dieses Weitwanderweges hervor: Es geht um den Einfluss der Mühlviertler Landschaft in der Auseinandersetzung mit sich selbst beim Gehen. „Innehalten, erkennen, reflektieren und als ein anderer zurückkommen", so steht es auf einem originell gestalteten Flyer geschrieben, der Wanderer motivieren soll, für einige Tage über die Hügelwelt dieser Region zu ziehen.

Die Granitpilger-Gemeinden:
St. Martin i. M. – Kleinzell – Neufelden –
St. Ulrich i. M. – St. Peter a. W. – Auberg –
Haslach a. d. Mühl – Helfenberg –
St. Johann a. W. – Niederwaldkirchen

▲ Barocke Häuserfassaden begrüßen den Wanderer am Marktplatz von Neufelden.

◀ Eine schöne Steinbildsäule ziert einen Wegrand bei Kleinzell.

Sehenswürdigkeiten am Weg:
Das Außergewöhnliche soll auf diesem Weg nicht im Vordergrund stehen. Vielmehr geht es um die stille Schönheit der Landschaft und die kleinen Dinge am Wegrand, die in der Eile oft unbemerkt bleiben. Dennoch kommen wir während der Wanderung an einigen Kraftplätzen und besonderen Orten vorbei, die es wert sind, gesehen zu werden oder dort eine Pause einzulegen. Erwähnenswert ist die Erlebniswelt Granit in St. Martin, der historische Marktplatz von Neufelden, das Freilichtmuseum Unterkargererhof in Auberg, die Waldkapelle Maria Rast in Helfenberg oder die Burgruine Piberstein. Dazu gesellen sich schöne Aussichtspunkte sowie unzählige Kleinkulturdenkmäler in der Form von Steinsäulen (Materln) und Kapellen.

Praktische Hinweise:
In allen Granitpilger-Gemeinden finden sich Einkehr- und Übernachtungsmöglichkeiten, meist in Form von familiengeführten und traditionellen Gastronomiebetrieben. Manche von ihnen bieten auch einen Transfer von einer Etappe zur nächsten an. Eine Auflistung finden sie unter www.granitpilgern.at.

Startpunkt:
Der empfohlene Ausgangspunkt ist beim Pilgermonument in St. Martin im Mühlkreis, einer von der Künstlerin Eva Höll gestalteten Steinsäule. Von hier ist der Weg im Uhrzeigersinn beschildert.

Tagesetappen:
Die insgesamt 96 Kilometer lassen sich für routinierte Wanderer in vier Tagen gut bewältigen. Tag 1: St. Martin – Neufelden (16 Km); Tag 2: Neufelden – Haslach (32 Km); Tag 3: Haslach – St. Johann (28 Km); Tag 4: St. Johann – St. Martin (20 Km). Sportliche Wanderer schaffen es auch in drei Tagen.

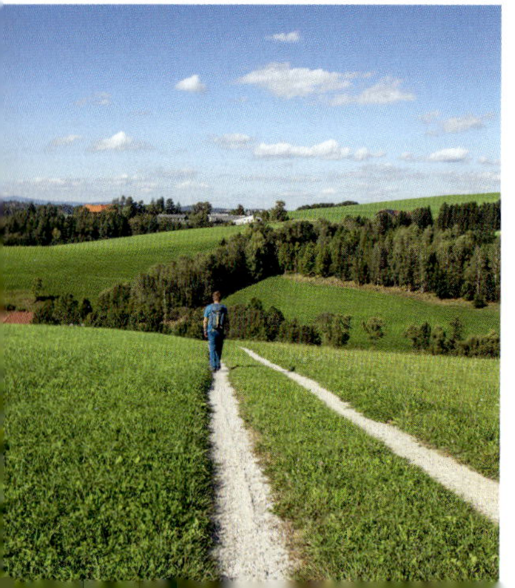

Siehe auch:
In diesem Buch die Infos und Bilder bei den Touren Nr. 8, 9, 13, 17.

Weiterführende Informationen:
Im Internet unter www.granitpilgern.at. Unter dieser Adresse sind auch ein originell gestalteter Flyer und eine sehr gute Wanderkarte erhältlich. Im Pustet Verlag ist ein Granitpilgern Wegbegleiter erschienen.

Konzept und Charakter:
Ein Vorläufer des Nordwaldkammwegs geht auf ein Wegekonzept des Deutschen Böhmerwaldbundes im Jahr 1910 zurück. Aufgrund der politischen Verwerfungen durch die beiden Weltkriege und den Eisernen Vorhang musste sein Wegverlauf mehrmals angepasst werden. Als ältester österreichischer Weitwanderweg wurde er vom Alpenverein im Jahr 1960 eröffnet. Am Höhenrücken des Böhmerwalds ist man meist auf Naturwegen unterwegs, längere Passagen sind aber auch auf asphaltierten Nebenstraßen zu bewältigen.

Wegverlauf:
Offizieller Startpunkt ist der 1332 Meter hohe Dreisesselberg an der Grenze zwischen Bayern und Tschechien. Ziel ist der tschechische Ort Nové Hrady, kurz nach dem Grenzübertritt bei Pyhrabruck. Ca. drei Viertel des Weges verlaufen im Mühlviertel, ein Viertel im niederösterreichischen Waldviertel, einige Abschnitte nahe am Grünen Band Europas bzw. an der Mitteleuropäischen Hauptwasserscheide. Die höchsten Erhebungen am Wegverlauf sind der Hochficht (1338m), der Sternstein (1125m), der Braunberg (902m) und der Nebelstein (1015m).

Praktische Hinweise:
Zu den Unterkünften in den Orten bieten sich als Nächtigungsmöglichkeiten auch zwei Alpenvereinshütten an – die Braunberg- und die Nebelsteinhütte.

Tagesetappen:
Für den ca. 160 Kilometer langen Weg werden folgende 7 Tagesetappen empfohlen: 1. Tag: Dreisesselberg – Schöneben (24 Km); 2. Tag: Schöneben – Haslach (23 Km); 3. Tag: Haslach – Bad Leonfelden (27 Km); 4. Tag: Bad Leonfelden – Freistadt (22 Km); 5. Tag: Freistadt – Sandl (26 Km); 6. Tag: Sandl – Nebelstein (25 Km); 7. Tag: Nebelstein – Novè Hrady (20 Km)

Variante: Alternativ zur klassischen Route wurde im Jahr 2021 der Nordwaldkamm-Panoramaweg eröffnet. Dieser startet in Freistadt und wurde als 95 Kilometer langer Rundweg konzipiert.

Siehe auch: In diesem Buch die Infos und Bilder bei den Touren Nr. 1, 2, 3, 4, 6, 7, 9, 24, 26, 30, 33.

◄ Rast am Kammverlauf des Böhmerwalds.

Weiterführende Informationen:
Eine Wanderkarte zum Wegverlauf ist über die Tourismusverbände erhältlich. Detaillierte Infos bietet der Wanderführer Nordwaldkammweg, erschienen im Anton Pustet Verlag.

Impressum

Titelbild: Auf dem Natur-Geheimnis-Pfad in St. Georgen am Walde; Seiten 4/5: Landschaft in der Umgebung der Hirschalm in Unterweißenbach; Seiten 22/23: Blick vom Kühstein zum Grenzkamm des Böhmerwalds; Seiten 90/91: Sonnenaufgang über den Hügeln bei Waxenberg; Seiten 126/127: Blick vom Buchberg zur Kirche St. Michael ob Rauchenödt; Seiten 216/217: Auf der Ausblickrunde in Waldhausen am Strudengau; Seiten 266/267: Auf dem 3-Gipfelweg in St. Leonhard bei Freistadt; Umschlag hinten: Bauernhaus in Silberberg auf dem Weg zur Kammerer-Kreuz-Kapelle.

1. Auflage 2024
©Fotografie und Text: Andreas Mühlleitner
Aufbereitung der Karten: Arge-Kartographie
Layout und Gestaltung: Gerhard Schiessl, Andreas Mühlleitner
Lektorat: Marlene Lichtenberger, BA
Herstellung: Passavia Druck, Passau
ISBN: 978-3-9504722-8-8

Alle hier angeführten Wanderungen wurden vom Autor nach bestem Wissen recherchiert und beschrieben. Bedenken Sie jedoch, dass Wege und Wegbezeichnungen Veränderungen unterworfen sind. Außerdem können sich inhaltliche Fehler eingeschlichen haben, für die weder vom Autor noch vom Verlag eine Haftung übernommen werden kann. Die Benützung dieses Wanderführers erfolgt auf eigene Verantwortung.

Kein Teil des Werkes darf ohne schriftliche Genehmigung des Verlags oder des Autors reproduziert oder unter Verwendung elektronischer Systeme verarbeitet, vervielfältigt oder verbreitet werden.

©edition-panoptikum, Hinterholz 14, A-4933 Wildenau, 07755-5021
www.edition-panoptikum.at

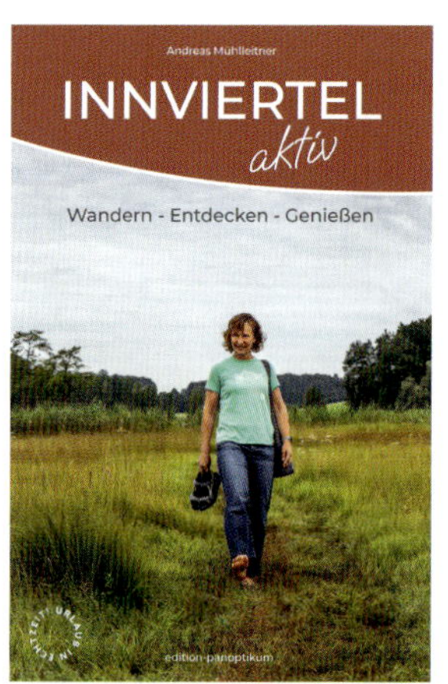

Weitere Titel der Reihe „aktiv“:

Entdecken Sie 55 großartige Wanderungen – vom Europareservat Unterer Inn zu den Höhenzügen des Kobernaußerwalds, von den Schluchtwäldern im Donautal zum 895 Meter hohen Haugstein im Sauwald, vom zentralen Hügelland zu den Moränenlandschaften um das Ibmer Moor. Französische Broschur, 21 mal 14 cm, 248 Seiten, rund 300 Abbildungen.